国家社科基金一般项目（项目编号：18BSS0

# Cultural Wars

# 文化战争

## 美国最高法院的踌躇与公正的迷失

江振春 著

The U.S. Supreme Court's Hesitation and the Loss of Justice

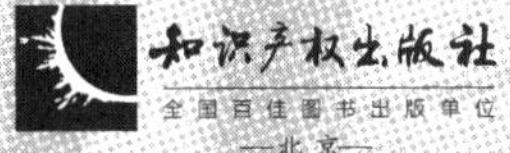

**图书在版编目（CIP）数据**

文化战争：美国最高法院的踌躇与公正的迷失/江振春著. —北京：知识产权出版社，2025.6. —ISBN 978-7-5130-9927-1

Ⅰ. D971.262

中国国家版本馆 CIP 数据核字第 2025F1Y792 号

**责任编辑**：李　婧　　　　**责任印制**：孙婷婷

**文化战争——美国最高法院的踌躇与公正的迷失**

WENHUA ZHANZHENG——MEIGUO ZUIGAO FAYUAN DE CHOUCHU YU GONGZHENG DE MISHI

江振春　著

| | | | |
|---|---|---|---|
| **出版发行**： | 知识产权出版社有限责任公司 | **网　　址**： | http://www.ipph.cn |
| **电　　话**： | 010－82004826 | | http://www.laichushu.com |
| **社　　址**： | 北京市海淀区气象路 50 号院 | **邮　　编**： | 100081 |
| **责编电话**： | 010－82000860 转 8594 | **责编邮箱**： | laichushu@cnipr.com |
| **发行电话**： | 010－82000860 转 8101 | **发行传真**： | 010－82000893 |
| **印　　刷**： | 三河市国英印务有限公司 | **经　　销**： | 新华书店、各大网上书店及相关专业书店 |
| **开　　本**： | 787mm×1092mm　1/16 | **印　　张**： | 26.5 |
| **版　　次**： | 2025 年 6 月第 1 版 | **印　　次**： | 2025 年 6 月第 1 次印刷 |
| **字　　数**： | 486 千字 | **定　　价**： | 118.00 元 |

ISBN 978-7-5130-9927-1

献给任东来教授（1961—2013）

# 前　言

## （一）

2022 年 6 月 24 日，美国最高法院在“多布斯诉杰克逊妇女健康组织案”（*Dobbs v. Jackson Women's Health Organization*，简称“多布斯案”）中推翻了 1973 年“罗伊案”判决，撤销了美国妇女堕胎权，近五十年来，该项权利从未获得美国保守派接受。这就意味着，堕胎权不再是美国宪法保护的个人基本权利，并允许美国各州颁令禁止堕胎。早在 2022 年 5 月，该判决就已经泄露因而导致美国社会民意激烈反弹。虽然历史上的美国最高法院并非如一些媒体所说的那样完全是密不透风的“神秘组织”，但该起文件泄露事件是美国最高法院历史上一起严重的泄密事件，也把美国党派之争与意识形态之争暴露出来，损害了美国最高法院的声誉。《华盛顿邮报》曾评价道，“这对美国司法程序的合法性意味着什么仍有待观察，但应该可以安全地假设在最高法院内部，曾经成为‘弟兄们’的那些融洽相处的法官之间所有的信任都消失了。”[1] 推翻“罗伊案”的判决的消息泄露显示美国司法政治化的现实。基于司法

[1] CARRINGTON N T，STROTHER L. Leaks don't hurt trust in the Supreme Court. Unpopular decisions do[EB/OL].（2022-5-13）[2024-4-18]. https://www.washingtonpost.com/politics/2022/05/13/roe-dodds-leak-confidentiality-legitimacy-scotus/.

作用于政治所催生的“政治的司法化”，以及基于政治作用于司法所衍生的“司法的政治化”，构成了美国当代司法政治的基本内核。❶

2022 年 6 月 23 日，美国最高法院在“纽约州步枪和手枪协会诉布鲁恩案”（*New York State Rifle & Pistol Association Inc. v. Bruen*，简称“鲁恩案”）中判决：美国人有权在公共场合携带枪支，推翻了纽约州已经实行了 108 年的枪支管控法律。❷ 而就在 2022 年 5 月 24 日，美国得克萨斯州尤瓦尔迪市罗布小学发生一起严重的大规模枪击案，该枪击事件死亡人数已经上升到 21 人，其中包括 18 名儿童和 3 名成年人。据统计，目前美国人口占全球人口不到 5%，但民间拥枪数却占全球 46%。近几年，美国各类枪支暴力事件频发，2019 年，与枪支有关的死亡人数为 33 599 人，2022 年，这一数字上升到 44 290 人，增幅约 32%。❸ 2022 年 6 月，美国首都华盛顿举行 4 万人参加的名为“为我们生命游行”的活动，反对枪支暴力，要求国会通过控枪法案。美国共和、民主两党围绕着枪支管制问题开始新一轮的政治角斗，这样无休无止的政治争斗在美国经常上演，但禁枪似乎是不可能的。

上述一系列案例反映了美国文化战争有越演越烈的趋势，美国最高法院已经深陷文化战争的泥淖而不能自拔。美国文化战争从传统的宗教道德领域蔓延到身份政治与国家认同领域，美国越来越撕裂。“文化战争牵扯了美国大量精力、浪费了大量资源，正在杀死美国人。”❹ 美国几乎所有文化战争问题既是社会问题，也是政治问题，最终会演化为司法问题。文化战争议题激发了人们的道德想象力，把原本普通的、平静的民众变得激情四射，卷入了旷日持久的党派冲突之中，美国政治也显得越来越极化。美国民众的喧嚣与激情事实上也不一定与现实世界的发展和趋势联系在一起，毕竟文化战争的某些议题离现实很远。

## （二）

在美国，几乎所有的文化战争议题属于意识形态领域的斗争。“意识形态在其现

---

❶ 江国华，李鹰. 美国司法政治变迁的内政逻辑：从“罗伊案”说开去[J]. 河北法学，2021(1)：41.

❷ New York State Rifle & Pistol Association Inc. v. Bruen, 597 U. S. ____ (2022).

❸ 江振春. 美国为何做不到禁枪？[J]. 历史评论，2024(1)：52.

❹ 杨逸夫.《十问美国民主》揭开美国民主假面[N]. 光明日报，2021-12-7(11).

实性上是特定阶级或集团为凝聚社会成员，以价值观念为核心内容而构建的思想理论体系。”[1] 在当今西方发达国家中，美国的宗教色彩浓厚。从殖民地开始，美国就面临着宗教领域的意识形态的斗争。由于在欧洲受到宗教压迫，清教徒不远万里来到北美这个“新迦南”，开始构建自己梦想中的“山巅之城”。[2] 同样，清教徒对其他宗教的教徒也没有表现出包容，欧洲宗教的意识形态斗争在殖民地上演。人们生活在社会集体中，社会集体的团结与冲突来源于一些象征性层面的某种意识。当美国信教的民众关心自己生活的世俗世界时，宗教意识形态必然投射到现实。“某种总体的意识形态是关于丰富的现实的一个包罗万象的体系，它是充满激情的一系列信念，它试图全面改造生活方式。对于意识形态的这种承诺——对一种‘事业’的渴望，对深刻的道德情感的满足——不一定是以观念的形式反映利益。我们在此使用它的这个意义说明意识形态是一种世俗的宗教。”[3] 人们在公共领域上的种种行为是基于这样的假设：什么是“良善社会”？如何实现“良善社会”？什么构成了人类的“道德”生活？有时，这些关于公共道德秩序的假设并非唯一，它确实与其他的假设不相容，甚至发生冲突。当道德、世界观与社会结构上的差异相一致时，政治冲突就可以从公民政治转变为文化战争。

当代美国人一直在构思美国未来的蓝图，提出不同的愿景。或许美国建国时期就已经埋下了文化战争的种子。美国建国时期先贤的愿景究竟是构建一个犹太教-基督教（清教）思想为主流意识形态的国度还是构建一个兼容并包、各类思潮并行不悖、多元文化并存的国度？如果以犹太教-基督教（清教）思想为美国建国初心，那么它所追求的良善社会与道德生活显然具有犹太教-基督教（清教）色彩，如果以多元文化、兼容并蓄为初心，那么它对良善社会与道德生活持一种开放态度，与时俱进，与

---

[1] 张力涛，代洪宝，魏沧波．意识形态教育与“意识形态终结论”思潮［J］．国家教育行政学院学报，2014（3）：16.

[2] 早在殖民地时期，从英国来到北美的清教徒们就引用圣经，将新英格兰地区比喻为“山巅之城”（City Upon a Hill）。曾担任马萨诸塞湾殖民地总督的约翰·温思罗普（John Winthrop）为美国历史定下了基调，他预言：“我们将如山巅之城，为万众瞻仰。因此，我们如果在已经着手的视野中欺蒙我主，使主收回目前赐予我们的庇佑，我们就将成为世人笑柄，天下丑闻。”而这一比喻也在之后被引申到整个美国，也表达出清教徒的使命感。布尔斯廷．美国人：殖民地历程［M］．时殷弘，等译．上海：上海译文出版社，2014：3.

[3] 丹尼尔·贝尔．意识形态的终结［M］．张国清，译．南京：江苏人民出版社，2001：459.

时偕行。但是，随着时代发展，两种愿景必然会发生冲突，因为这两种愿景会把美国带向两个不同的方向。

无论是 1960 年丹尼尔·贝尔（Daniel Bell）的名作《意识形态的终结》（*The End of Ideology*），还是 1992 年弗朗西斯·福山的名作《历史的终结及最后之人》（*The End of History and the Last Man*），都乐观地揭示了未来人类的归宿：源于 19 世纪传统的普遍性意识形态日趋衰落，资本主义与社会主义的“左右之争”已经丧失意义，美式自由民主的共识能够避免遭遇左、右翼的激进颠覆❶，而现代自然科学的逻辑与“寻求承认的斗争”这两股力量最终导致各种专制暴政倒台，推动文化各不相同的社会建立起奉行开放市场的自由民主国家。❷ 然而，意识形态并没有“终结”，历史也没有“终结”，西方的自由民主不是人类的最终归宿，它也不可能成为世界各国所仿效的样板，因为在美国这样的民主国家中，陷入了旷日持久的文化战争，“‘意识形态终结’的宣告来得有点儿早。结果，美国在基本原则上争斗不休，从战争与和平到种族与女权主义”❸。

经过 20 世纪六七十年代的民权运动的喧闹沸腾之后，他们却将批判的矛头集中指向性别、堕胎、枪支管制、女权、宗教……时光荏苒，当年的叛逆学生，如今有的已成为引领美国左翼的精英人物，但他们所执持的文化批判旗帜，却越发被指为空洞虚伪的“政治正确”。而 20 世纪 80 年代，新保守派登上美国历史舞台，以捍卫美国传统与道德之名，主张回归犹太-基督教（清教）的立国初心，希望获得绘制美国国家未来蓝图的话语权。宗教右翼、白人至上主义、白人民粹主义和基督教民族主义等思潮在美国此起彼伏。福山自己也承认，美国民主在沉沦中……❹

美国很多文化战争议题最初由现代自由主义者所设置。20 世纪 60 年代开始的民权运动狂飙让自由主义者找到了自身价值，他们抛出了各类议题，恣意扩张个人权利

---

❶ 丹尼尔·贝尔. 意识形态的终结[M]. 张国清，译. 南京：江苏人民出版社，2001：450-468.

❷ 弗朗西斯·福山. 历史的终结及最后之人[M]. 黄胜强，等译. 北京：中国社会科学出版社：2003：227-236.

❸ 小尤金·约瑟夫·迪昂. 为什么美国人恨政治[M]. 赵晓力，等译. 上海：上海人民出版社，2011：343.

❹ BROOKS S J. Francis Fukuyama and The End of (Democratic) History[EB/OL]. (2022-1-9)[2022-10-18]. https://www.dailymaverick.co.za/article/2022-01-09-francis-fukuyama-and-the-end-of-democratic-history/.

的边界。民权运动、女权主义运动及同性恋权利运动等，都是自由主义者主要的活动内容。而保守主义者发现，文化战争有些议题也可以为己所用，对于凝聚自己阵营、催生选票也是有帮助的，因此，双方都厉兵秣马、磨刀霍霍地投入文化战争之中，双方都指责是对方挑起了文化战争。文化战争的议题或许并非紧要，但是政治掮客和活动家的炒作导致文化战争议题变得非常迫切，变成了保守与自由、传统与进步的思想对决。

在美国，文化战争议题特别容易演化为选举议题，选举议题可以由政客精心设计出来。设计精巧的选举议题可以动员（煽动）选民、巩固选举基本盘，分化竞选对手阵营，操弄选举议题本身就是一种选举策略。当然，文化战争议题容易被政客操弄，成为动员选民的一个隐喻符号。此外，当前美国政治中最具争议的一些问题也和“文化”相连，文化战争的理念在某种程度上吸引了一些民众注意，政治不仅仅是一个划分“经济蛋糕”的问题。“展望未来，共和党与民主党或许能够就一种模糊混杂的经济干预政策迅速达成休战共识。然后，为了在两党体制中彼此分别，他们不得不存同求异，大力渲染对立之处。确凿无疑的是，两党的差异就在于文化认同。”❶

事实上，普通民众的意愿和精英阶层的统治规则之间存在很大落差。当代政治精英炒作文化战争议题，掩饰自己对公平正义价值想象力贫乏的缺陷。贫富差距，无疑是当今全人类所共同面对的最大不公不义。然而，美国政治精英无法解决贫富差距问题，尤其是白人劳工的贫穷问题。随着全球化和国际分工的不断细化，科技发展日新月异，服务业成为美国支柱性产业，制造业在美国经济结构中不断萎缩，这导致蓝领工人大量失业，地区发展严重不平衡。金融服务业和高科技产业促进了美国沿海中心城市的繁华，同时也导致曾经的美国中西部和南部工业区荒废成“铁锈带”，经济凋敝。传统制造业外移，传统工业城市的凋敝，导致白人劳工边缘化和贫困化，从而使白人民粹主义兴起。事实上，经济的平等与消除贫困等议题都具有特定的倾向性甚至阶级性，反而可能忽视了真正影响社会大多数的公平正义问题。以同性恋平权为例，关注、同情乃至投身其中的，无论个人的性取向如何，更多是来自中产阶级或以上的富裕阶层，他们乐此不疲地加入同性恋的权利运动中。如果不是采取价值绝对化的取向，同性恋权利这个议题并非毫无正当性。以英国、美国为代表的西方国家，由于收

❶ HAMID S. The Forever Culture War[N/OL].(2022-1-8)[2022-10-20]. https://www.theatlantic.com/ideas/archive/2022/01/republicans-democrats-forever-culture-war/621184/.

入分配持续不均，贫富分化日趋加重，普通民众的不满情绪日益高涨，民粹主义浪潮风起云涌。另外，西方社会政治精英闭目塞听，产生了认知失调。英美自由主义者对此至今束手无策，无法提出全面的批判理论和解决之道。但是，为了选举，为了现实政治需要，他们不得不操弄文化战争议题，选战的胜利或许比解决公平正义更加迫切。对于美国政客来说，公平正义是永远遥不可及的目标，而选举的胜利则是切实的利益——掌握权力。掌握了权力，就掌握了国家资源的分配权。女权运动、支持堕胎运动、同性恋权利运动、支持大麻合法化运动等，或许成为现代自由主义逃避真难题的“避风港”，而保守主义者可以挥舞着维护传统与道德价值观的旗帜，把自己装扮成美国未来的设计者和捍卫者。

自20世纪60年代以来，形形色色的各类文化战争裹挟并撕裂着美国社会。这些文化战争经年累月，横跨社会很多层面，涉及诸多议题，从堕胎权、同性婚姻权、持枪权、“安乐死”到人体干细胞试验等，这些议题与美国传统、宗教、道德伦理和价值观相关，美国文化战争进入1.0版本时代；21世纪，从移民、医保、气候变化再到“黑人的命也是命”，这些文化战争议题与文化多元主义、国家认同和身份政治紧密相连，美国文化战争进入2.0版本。当下的美国，两种版本的文化战争叠加，相互影响，文化战争显得非常复杂。即便是挽救生命的公共卫生措施，如戴口罩和接种疫苗，都能点燃文化战争之火，成为政治身份的标志，连科学也不再能免于政治争论。文化战争仿佛成为美国各类社会与政治问题的症结，仿佛文化战争可以解释美国一切难题，但是文化战争的内涵与外延又是如此不清晰。

2021年1月20日，民主党总统约瑟夫·拜登宣誓就任第46任美国总统。在美国新冠疫情形势非常严峻的情势下，拜登立刻发布一系列总统行政命令，重新掀起“文化战争”的“闪电战”：第一，继续扩大LGBTQ群体权利。[1] 将现行联邦法禁止歧视的范围扩大到LGBTQ对象。这项命令也要求学校，必须允许学童依照性别认同进入洗手间、更衣室或是参加学校体育赛事。该命令指出：“跨性别儿童应该要专心学习，不必担心是否会被拒绝进入他们性别认同的洗手间、更衣室及体育活

[1] LGBTQ，是指女同性恋者（lesbian）、男同性恋者（gay）、双性向者（bisexual）、跨性别者（transgender）与酷儿（queer）等这几个英语单词的首字母合成。

动。”任何接受联邦政府资助的学校，都必须落实上述命令。❶ 第二，推翻前总统特朗普禁止跨性别者从军的行政命令；也就是说，未来美军将重新开放 LGBT 人士入伍。❷ 第三，拜登总统还发布了另一项行政命令，恢复奥巴马医改政策，其中最关键的一点就是废止“墨西哥城政策”，撤销妇女保健服务获取中的阻碍，将恢复对提供堕胎的诊所和提供堕胎咨询组织的联邦资金支持。废止墨西哥城政策，也就是禁止美国金援提供堕胎咨询，或转介的国际非营利组织。❸ 这项行政命令也是推动妇女堕胎权的一项有力举措。第四，2021 年 2 月 2 日，拜登政府颁布三项行政命令对前任特朗普移民政策进行修正。民主党及拜登的所作所为将美国文化战争推向了新高潮。风水轮流转。如今特朗普重新上台执政，对拜登政府进行“清算”。2025 年 1 月 20 日，特朗普在上台第一天签署了《捍卫女性免受性别意识形态极端主义侵害，恢复联邦政府对生物学真相的尊重》（*Defending Women From Gender Ideology Extremism and Restoring Biological Truth to the Federal Government*）行政令，明确将“性别”定义为基于生物学的真相，拒绝“性别认同”的概念。上台的第二天，特朗普签署了行政令《结束非法歧视，恢复基于能力的机会》（*Ending Illegal Discrimination and Restoring Merit-Based Opportunity*），打击“多样性、公平与包容”（DEI）理念；此外，特朗普承诺对美国的移民政策采取强硬立场，计划宣布边境进入紧急状态，以获取国防部的资金和资源，用于大规模驱逐非法移民。他还誓言结束“出生地公民权”，并可能通过行政令终止移民申请庇护的相关程序。美国又陷入无休止的文化战争中……

---

❶ Executive Order on Preventing and Combating Discrimination on the Basis of Gender Identity or Sexual Orientation[EB/OL].(2021-1-20)[2022-11-5]. https://www.whitehouse.gov/briefing-room/presidential-actions/2021/01/20/executive-order-preventing-and-combating-discrimination-on-basis-of-gender-identity-or-sexual-orientation/.

❷ Executive Order on Enabling All Qualified Americans to Serve Their Country in Uniform[EB/OL].(2021-1-25)[2022-11-5]. https://www.whitehouse.gov/briefing-room/presidential-actions/2021/01/25/executive-order-on-enabling-all-qualified-americans-to-serve-their-country-in-uniform/.

❸ fact sheet: President Biden to Sign Executive Orders Strengthening Americans' Access to Quality, Affordable Health Care[EB/OL].(2021-1-28)[2022-11-15]. https://www.whitehouse.gov/briefing-room/statements-releases/2021/01/28/fact-sheet-president-biden-to-sign-executive-orders-strengthening-americans-access-to-quality-affordable-health-care/. 墨西哥成政策也被称为“全球堵漏规则”(Global Gag Rule),其禁止了美国税收资金流向提供堕胎咨询或转介的国际非营利组织,以及禁止该组织获得联邦资助。

## （三）

长久以来，美国政治层面表现为阶级政治，经济问题所导致的社会公平正义问题是政治的核心问题，自由主义和保守主义主要围绕着经济收入福利等问题开展。然而，“在新政和20世纪80年代之间，美国发生了一场权利革命”❶，不仅国会创制了一系列法律，而且美国大法官也“发现”并创制了美国历史上从未有过的个人权利，如隐私权和堕胎权等。20世纪60年代民权运动之后，美国政治突出特点之一就是政治重心从阶级政治转化为身份政治。界定当今美国政治，与其说是经济或意识形态问题，不如说是身份问题。“政治斗争的主线从意识形态的‘左右’变成了身份认同上的‘族群’。有时候，这种高涨的族群意识体现为民族主义或种族认同，有时候则体现为宗教情感，有时候体现为性别或性取向意识，等等。”❷ 美国文化战争从某种程度来说是一种身份政治。

当今美国自由主义阵营对构建范围更广的经济平等与公平正义的关注减弱或者说自由主义者无法提出全面的批判理论、治理良方和解决之道，表现得局促不安、束手无策，因此，他们转而更多地关注如何促进各个边缘群体的利益，如少数民族、移民、难民、妇女和性少数群体，这些少数族群问题成为自由派阵营发起运动的抓手。对于保守主义阵营来说，共和党很多经济政策向左靠拢，两党在经济政策上区分度不大，因此，固守美国文化传统是共和党的神主牌，共和党仍然长期保有竞争力的全部秘诀就在于把握住了一大批美国人的文化认同。对于保守派而言，美国国家的发展及趋势已经背离了美国建国时的初心，多元主义文化侵蚀了美国的优良传统，把美国的未来带向了一种不确定状态，他们的使命就是维护美国传统的民族身份与认同，弘扬传统文化与基督教精神，强调美国本土身份并抵制移民和难民，虽然很少公开地表达种族主义，但本质上具有种族主义倾向。近年来，美国右翼民粹主义兴起就印证了这种倾向，如果这种倾向得不到遏制，任由泛滥变得格外极端，就可能导致白人民族主义甚至白人至上主义。

文化战争议题是意识形态领域的斗争，这些议题往往非黑即白，难以调和，两极

---

❶ 桑斯坦.权利革命之后：重塑规制国[M].钟瑞华，译.北京：中国人民大学出版社，2008：13.

❷ 福山.身份政治：对尊严与认同的渴求[M].刘芳，译.北京：中译出版社，2021：导读3.

呈现，绝无第三条道路可选，导致结果之一就是族群对立，选民对立，选民和政客逐渐滑向政治光谱的左右两端，美国政治呈现极化态势。美国自由和保守阵营对美国文化战争议题长期争执不休，治丝益棼。“身份政治”与“新部落主义”加剧了美国文化战争。以堕胎为例，那些支持堕胎、支持选择权的人就被打上了选择派（pro-choice）的标签，获得了支持女性个人权利的身份；同样，那些反对堕胎、支持胎儿生命权的人则被打上了生命派（pro-life）的标签，无论是选择派抑或是生命派，他们相互抱团取暖、相互支持，形成不同阵营，加剧美国社会对立。各种各样的社会运动和权利运动使得社会“部落化”。“即使摆脱了意识形态教条，人类社会也并没有走向一种普遍的理性主义，而是陷入了一种碎片化的、易燃易爆的‘新部落主义’。”❶ 部落主义本质上是排他的，是相互仇恨，是非友即敌。部落认同一旦生根，就很难达成任何妥协。物以类聚，人以群分，人类本能地寻找与自己相似的人，不论是种族宗教、性别性向或其他政治身份。当人们将政治建立在身份上时，任何妥协似乎都是一种耻辱、都是失去尊严的表现。从 20 世纪 60 年代起，同性恋者一步一步争取自己的权益，每一次的委屈和挫败对于他们来说，都威胁到了自我价值，都感到尊严受损。每一次挫折都是对自我意识的挑战，同时也促使下一次权利运动的发起，直至实现同性婚姻合法化。❷

当文化战争议题被政治化时，社会就会付出很大代价，两党政治陷入无休止的意识形态的口水战中，无关紧要的议题成为优先议题，各种“政治正确”满天飞，政治精英整天打嘴炮，而国家经济建设和大众民生等切实问题却被搁置起来。两党背后所代表的不同群体与选举阵营，针锋相对，水火不容，社会严重撕裂，就连标榜公平正义的美国最高法院也陷入文化战争的战火中。2003 年，美国最高法院保守派大法官安东尼·斯卡利亚（Antonin Scalia，1986—2016）对美国最高法院卷入文化战争感到无比愤怒❸，他在“劳伦斯诉得克萨斯州案”（*Lawrence v. Texas*，简称“劳伦斯案”）异议意见中说：“美国最高法院失去了起码的公正，因为它背离了自己作为

---

❶ 福山. 身份政治：对尊严与认同的渴求[M]. 刘芳，译. 北京：中译出版社，2021：导读 3.

❷ 江振春. 爱与自由：美国同性婚姻研究[M]. 北京：法律出版社，2017：447-480。2003 年“劳伦斯案”的判决分析详见第八章第一节内容。

❸ 1986—2016 这个时间段是指斯卡利亚大法官在美国最高法院的任职起止时间，下同。

一个中立的观察者的角色，它在美国文化战争中，选边站队。”[1] 美国最高法院文化战争的判决，自由和保守分野非常明显，大法官无法超越保守与自由的藩篱，无法做到超然独立与公正，美国最高法院成为“政治法院”。由于长期无休止的文化战争造成政治精英对立仇视，政治极化，展示了美国民主衰败的迹象。

（四）

美国最高法院卷入文化战争是美国最高法院政治化的表现。作为美国政治机构的一个分支，美国最高法院很难超然于文化战争之外。美国最高法院在文化战争中拥有强大的话语权，是文化战争的最终诠释者。然而，美国最高法院的介入并不能让文化战争停歇，有时甚至还会在文化战争的战火上浇油，因为在极化政治背景下，美国很多民众相信，美国最高法院关于文化战争案件的审判具有政治性。从大法官的提名到文化战争案件极化判决的出台，都很难突破自由与保守意识形态的藩篱。梳理、分析和解释美国最高法院陷入文化战争的历史、相关案件审判过程及其司法哲学是本课题的主旨所在。

从 2008 年起，笔者在恩师任东来先生的鼓励和指导下开始关注和研究美国最高法院与文化战争的关系，相继在《美国研究》《读书》《南京大学学报》和《学术界》等期刊发表相关论文 10 余篇，并和东来先生合作出版了《比登天还难的控枪路——持枪权与美国第二条修正案研究》（中国政法大学出版社 2013 年版），遗憾的是，东来先生并没有看到该书正式出版。2014 年，笔者以美国同性婚姻为主题申请到平生第一个国家社科基金项目。经过几年研究，优秀结项，并于 2017 年出版专著《爱与自由——美国同性婚姻研究》（法律出版社出版）。自此，笔者完成对美国文化战争中两大主题——持枪权和同性婚姻的学术整理与分析。笔者完成了持枪权和同性婚姻主题的研究之后，对美国最高法院和文化战争的关系有了更深入、更全面的理解。美国文化战争不是一个简单的社会问题。美国文化战争议题迟早会演变为政治问题与司法问题，这是由美国特有的民主制度与政治制度所决定的。于是，笔者萌发了梳理、分析和总结文化战争框架内的美国最高法院历史变迁及其司法哲学的愿望，于是 2018 年以

[1] Lawrence v. Texas, 539 US 558, 602 (2003).

“美国联邦最高法院与文化战争研究”为题申请到了国家社科基金项目，本书稿就是该项目最终研究成果，结项成果于 2023 年 5 月被评定为优秀。

本书稿的研究基本框架是第一章到第五章，是文化战争与美国最高法院总论，第一章主要是阐述文化战争的概念、词源、当下文化战争的特点、美国历史上的文化冲突等；第二章主要阐述美国文化战争 1.0 版本，主要是以宗教和基督教右翼为重点；第三章主要阐述美国文化战争 2.0 版本，主要是以多元文化主义与身份政治为重点；第四章阐述文化战争议题的政治化与美国政治极化；第五章阐述文化战争议题的司法化以及美国最高法院的政治化。从第六章到第九章是文化战争与美国最高法院分论，主要根据论述 20 世纪 60 年代以来，不同时期美国最高法院标志性文化战争案件的审理，第六章论述沃伦法院（1953—1969 年）时期的节育权、黑白通婚以及公立学校的宗教实践活动等几个突出案件的审理；第七章论述了伯格法院（1969—1986 年）时期的堕胎权、同性恋权利以及死刑案件的审理；第八章重点论述了伦奎斯特法院（1986—2005 年）时期的安乐死、大麻合法化案件的审理；第九章重点论述了罗伯茨法院（2005—）时期的持枪权、同性婚姻、医改、移民和气候变化等方面的案件。[1]通过对美国最高法院这四个时期文化战争经典案例的剖析，探究 20 世纪 60 年代以来美国最高法院随着美国国内政治的变迁而深陷文化战争之中，分析了美国最高法院审理文化战争案件特殊的历史背景、政治演进以及司法哲学的变迁。入选美国最高法院四个时期的经典文化战争案件都是“引爆”文化战争议题案件，本书根据文化战争案件被“触发”的先后顺序进行编排，例如，堕胎权案件触发的时代是在伯格法院时期，那么 1973 年的“罗伊案”就作为伯格法院时期最经典的案件单独成为一个章节进行重点描述，尽管 1973 年之后美国最高法院也审理了若干其他里程碑式的堕胎权案件，但在其他法院时期就不再单独成为一个章节进行阐述了，只是作为一般的内容介绍出现在相应的美国最高法院版块中，如 2022 年的“多布斯案”虽然是推翻堕胎权的里程碑案件，因它出现在罗伯茨法院版块中，就不再单独作为一个章节内容进行阐述了。

在美国最高法院视域中，一个文化战争主题案件的触发、审理和判决之后，并非

[1] 美国最高法院史分期是根据首席大法官的任期而划分，每个时期也是以首席大法官的名字而命名，从第一任首席大法官约翰·杰伊（John Jay，1789—1795 年）起至现在，一共经历了 17 位大法官，所以到目前为止，美国最高法院史也就分为 17 个分期。

一锤定音，该文化战争主题继续演化着，一波未平一波又起，另一个文化战争主题的案件触发，又进入美国最高法院审理程序中，它的判决依旧接受未来的检验。因此，美国最高法院现在面临着文化战争不同主题叠加、审理大量不同的文化战争主题的案件的局面。传统领域的文化战争（主要是社会层面）趋向偃旗息鼓的时候，另一种新型的文化战争的苗头已经出现。“新文化战争”主要是基于身份认同、国家认同和民族认同，主要反映在移民、气候变化和反恐等议题上。学者张业亮认为，文化战争新转向主要是由以下三个原因造成：“首先，移民大量涌入带来美国人口结构的变化，导致白人的‘身份焦虑’和‘民族认同焦虑’”；“其次，最近十多年来，全球化和技术进步、产业的梯度转移造成的美国制造业就业岗位流失和蓝领工人就业竞争加剧，中低收入工人阶层工资停滞，工会成员及其传统的福利在下降，收入不平等和贫富差距不断扩大，也导致蓝领白人对移民的不满，成为‘新的文化战争’展开的经济原因”；“最后，特朗普在其总统竞选中和就任后所提出的‘美国优先’、反移民、反精英、反建制的立场和政策，以及他的‘西方文明正受到非西方文化围攻’的思想也在某种程度上加剧了‘新的文化战争’”。❶ 近 10 年来，气候变化问题进入司法领域，2022 年美国最高法院开始审理涉及气候议题的案件，并做出了里程碑式的判决。❷

因此，本书努力借鉴其他学科的分析工具，从多角度、多学科客观来透视美国最高法院和文化战争的关系，在研究中主要采用了以下研究方法。

（1）利用历史分期方法，根据重要的历史事件（特别是里程碑式案件）进行分期，在不同的历史时段内分析重要的历史事件的来龙去脉、判例及美国最高法院司法哲学的变迁。

（2）利用文献研究法贯穿整个美国最高法院和文化战争研究之中，研读重要的第一手史料，特别是重要判例的判决书和法案等，分析这些判决书，梳理总结剖析其间的司法哲学；分析重要法案出台的历史背景与经过以及历史影响等。

（3）利用政治学中选举理论来分析同性婚姻问题作为美国民主党和共和党两党的“楔子议题”如何影响总统大选，分析保守与自由势力的博弈如何影响美国总统选举，以及美国最高法院的法官的任命与司法运行；借鉴了政治学中的身份政治、多

---

❶ 张业亮. 弗吉尼亚种族骚乱:“新的文化战争”撕裂美国[J]. 唯实,2018(1):90.

❷ West Virginia v. EPA, 142 S. Ct. 420 (2021).

元文化主义等相关理论分析探讨美国文化战争的深层原因。

(4) 通过案例分析法，分析美国州最高法院与联邦最高法院相关案件的判决，揭示了文化战争标志性案件在美国宪政框架内的司法解释的多元性及最高法院的政治化等。

本书的九个基本观点如下。

(1) 美国“文化战争”是一种政治隐喻，最初由美国政治精英所包装和炮制出来，但是经过媒体和学者大量的描述和叙事，文化战争成为美国真实的一种存在，而且“文化战争”一词在美国有泛用的趋势。

(2) 文化战争不仅指美国文化冲突，也是不同意识形态派别，主要是保守主义与自由主义，传统派与进步主义等不同价值之间的冲突。美国历史上一直存在着各种各样的文化战争，文化战争是美国历史发展的常态。

(3) 美国文化战争大致可以分为两个版本：文化战争 1.0 版本是由道德观、宗教和传统文化等因素引起，文化战争 2.0 版本主要是由文化多元主义与身份政治引起。美国已进入两个版本的文化战争叠加的时代。

(4) 文化战争议题不容易谈判和妥协，因此，这些议题最能撕裂美国社会。美国社会因为各种各样的文化战争，各种社会运动和权利运动风起云涌，社会被分割成不同的“新部落”，分割为不同的利益群体，给社会造成不和谐和动荡，也是造成美国政治极化的原因之一。

(5) 文化战争本来属于社会问题，但是经过政治精英的政治操弄，文化战争成为共和党、民主党两党差异化竞争的重要议题，也是衡量保守与自由的意识形态的重要尺度，文化战争议题容易成为政治问题，也是美国总统大选和国会选举等其他选举绕不开的选举议题。文化战争议题是巩固基本盘、动员选民最为简单有效的抓手，操纵文化战争议题可以获得政治利益。

(6) 文化战争议题属于“政治正确”的议题，它关乎美国国家前途、美国国家特质及美国未来命运。实际上，与经济建设和民生福祉议题相比，文化战争议题根本没有那么迫切，但是这些议题可以“高大上”地搬上台面。美国共和党和民主党在经济建设和民生福祉议题上，或者成就乏善可陈，或者两党在经济建设、国家治理不当，或者两党政策趋同等，在这些情形下，文化战争议题就成为“最正确”的议题，也是最能区别两党的议题。

（7）文化战争议题被政治化之后，文化战争的战火迟早会燃烧到美国最高法院。美国最高法院难以独善其身，难以超越意识形态的藩篱，文化战争案件的审理与判决最能折射美国最高法院的政治化。文化战争议题也是衡量大法官自由与保守意识形态的“试金石”。

（8）美国最高法院介入文化战争是美国最高法院政治化的重要表现，让非民选的大法官通过宪法解释这种途径去判决夫妻间的节育、妇女的堕胎、人类的婚姻制度等一系列文化战争议题的是非对错，案件的胜负在一票之间，判决结果高度体现大法官自由与保守意识形态的分野与对决，极化判决有损最高法院的司法权威，改革美国司法体制的呼声不绝于耳。

（9）美国最高法院审理文化战争案件折射出司法的限度。文化战争议题或许交给民选的、专业性更强的立法机关讨论、辩论和协商更符合民主的要义。司法机关即使审理文化战争案件，也要在司法能动主义与司法克制主义之间找到一个平衡点。

由于美国最高法院与文化战争之间的关系是一个新的领域，涉及多学科、多领域，每个文化战争主题都可以单独成书，每个文化战争主题时间跨度大、内容庞杂，限于笔者学识与写作水平，很难做到详略得当、去芜存精，本书中的一些理论与见解也只是个人的一种理解与体悟，不足之处请同仁和专家不吝指正。

# 目　录

## 上篇　文化战争与美国最高法院总论

## 下篇　文化战争与美国最高法院分论

# 上篇

## 文化战争与美国最高法院总论

第一章

# 美国文化战争的传统：从殖民地到民权运动

“文化战争”一词有特定的内涵，该词在美国出现得比较晚，但美国文化战争作为历史现象在北美殖民地时期就已经存在。本章主要讨论“文化战争”的概念、词源与美国文化战争的特征。结合美国具体历史事件，探讨美国殖民地时期到20世纪60年代民权运动时期典型的文化冲突。

## 第一节　文化战争的分析：概念、词源与特征

“文化战争”一词在美国是舶来品，20世纪90年代学界开始使用这一术语。该词有特定的含义与特征，区别于中国学者对这个词的一般定义。美国学界对文化战争作为一种现象存在争议：有的学者认为，在美国，文化战争是精英阶层的虚构；有的学者认为，文化战争是真实存在的。不可否认的一个事实是，文化战争作为一种政治隐喻已经广泛地被使用。

## 一、"文化战争"的概念

"文化战争"最初主要指文化、社会思想领域及意识形态领域的冲突，在不同国家和不同语境有不同的含义。自冷战结束以来，美国宗教和文化上的保守派/传统派（右派）和自由派/进步派（左派）在道德、文化和价值观领域围绕着节育、堕胎、枪支管制、同性婚姻合法化、协助自杀、人体干细胞研究、大麻合法化等一系列社会问题展开了激烈的辩论，发生激烈冲突。美国民主、共和两党也加入其中进行辩论，他们之间的分歧导致政治精英的意识形态的极化，最终导致普通公众也进行党派选择（party sorting），学界称之为"文化战争"。[1] 这些社会问题表面上是由于世界观，或者说集体意识（collective consciousness）或集体无意识（collective unconsciousness）的不同而造成，但归根到底是道德价值观问题，都可以在不同的道德权威体系或者说是非观中找到根源。正如美国保守派旗手迈克尔·诺福克（Michael Novak）所言："文化战争就是道德领域里展开的战斗。"[2]

事实上，美国文化战争几乎席卷了美国社会的方方面面，"交战双方主要是进步主义者（自由主义者），或者是民主党的支持者与保守主义者，或者是共和党的拥护者，虽然双方的阵营都会因为议题或者时间等因素而发生一些变化，甚至出现内部分裂或者倒戈的现象，但总体而言，交战双方的主体是比较稳定的"[3]。广义的美国文化战争体现在政治、经济和社会等几个方面。政治方面，进步主义者认为，政府权力和职能要与时俱进，主张"大政府"观念，扩大民众的福利与社会保障，而保守主义者坚持有限政府观念，政府权力不应扩张，更不能介入社会保障领域。经济方面，进步主义者认为，美国社会的贫富分化，不公正和剥削源于私有制、自由市场和资本主义，因此应该要进行干预；而保守主义者认为，私有产权、自由市场和资本主义有助于一个社会的自由与繁荣。因此，他们的目标既不是要消灭贫富差距，也不是要追求经济平等。本书中的文化战争更多指的是社会层面的文化战争，反映的是 20 世纪

---

[1] GELMAN A. Red State Blue State Rich State Poor State: Why Americans Vote the Way They Do [M]. Princeton: Princeton University Press, 2008: 5.

[2] NOVAK M. Culture Wars, Moral Wars[M]// BOXX W, QUINLIVAN G, et al. Culture in Crisis and the Renewal of Civil Life. New York: Rowman & Littlefield Publishers, INC., 1996: 115.

[3] 王建勋. 文化战争、保守主义与西方文明的未来[J]. 当代美国评论, 2019(4): 61.

60 年代民权运动以来出现的一些社会问题，如堕胎、同性婚姻、枪支管制、安乐死和人体干细胞试验等，“如果说政治和经济领域的文化战争聚焦的是老问题的话，那么，社会领域的文化战争针对的则是新问题”❶。因此，从不同层面理解文化战争是不一样的，而且由于对于文化的理解不同，美国国内外的“文化战争”研究有泛化的趋势。❷ 本书侧重研究美国社会文化领域内的文化战争议题。

20 世纪 60 年代是美国社会“大变革”的时代，美国国内倾向于自由主义与倾向于保守主义的政治势力纷争不断。但是，此时美国内政依旧保持着稳定与进步，各种权利运动此起彼伏，各种思潮风起云涌。在这样的时代背景中，孕育着新的文化战争，这种文化战争所表现出激烈的新型社会思想冲突与交锋弥漫全美，造成美国社会的分裂。“当代美国人在社会态度、文化和宗教道德价值观上分为两大极化的团体，并且随着时间流逝，这种分裂日益严重。”❸ 20 世纪 60 年代以后出现的文化战争，率先从道德领域或宗教领域爆发出来，“这种道德理解体系不仅是一种生活态度、一种价值观，而且是一种基本的信仰，这种信仰使生活其间的人们有归属感、目的感与团体精神”❹，它折射了当代美国的社会问题，也是社会问题与社会现象的真切表达。

无论美国文化战争发生在哪个层面，最终都关乎美国的“体制与理想”，正如美国社会学家、弗吉尼亚大学教授詹姆斯·戴维森·亨特（James Davison Hunter）教授所言，文化战争实质就是“要界定美国的意义——美国人如何生活在一起，生活的条件是什么，什么是良好社会的构成元素”，从本质上讲是一场保守派与进步派就如何确定美利坚民族特性、美利坚价值观和美利坚未来走向的斗争。❺ 因此，战争的双方不易妥协，社会也日益分裂为保守与自由两大阵营。美国前总统卡特对堕胎、死刑、女权、同性恋、科学与宗教之争、政教分离等心存不满：“这些问题和争论在我们国家造成了前所未有的分裂。民主党和共和党都借助媒体广告相互攻击，以赢得选

---

❶ 王建勋. 文化战争、保守主义与西方文明的未来[J]. 当代美国评论,2019(4):64.

❷ 在中国学界,“文化战争”更多是指一个国家向另一个国家进行文化输出,推广其文化产品如电影、书籍、音乐等,宣扬本国文化优势,依靠文化这种精神手段以达到同化目的。在这个意义上等同于文化侵略。

❸ 张业亮.“极化”的美国政治:神话还是现实?[J]. 美国研究,2008(3):8-9.

❹ 朱世达. 美国社会中的文化断裂[J]. 美国研究,1999(3):59.

❺ J·D·亨特. 文化战争:定义美国的一场奋斗[M]. 安荻,译. 北京:中国社会科学出版社,2000:53.

举；国会的议事活动带有渐趋明显的党派敌对特征。全国民众习惯于用‘红色’和‘蓝色’两个词表示各州内部及各州之间对立的阵营。”❶“当代美国人在社会态度、文化和宗教道德价值观上分为两大极化的团体，并且随着时间的流逝这种分裂趋势日趋严重”。❷ 由于双方阵营的观点和立场泾渭分明，不容调和，且双方都认为自己是在设计美国的未来，因此把这场思想冲突与交锋比喻为“战争”比较恰当。

美国文化战争是由一系列文化冲突组成的。但是，文化冲突主体是有序的，是在美国的民主框架进行的，包括公众辩论、选举活动、立法、两党政治、游说、法律诉讼和法庭审判、利益集团和智库制定的议程、宗教运动和学术争鸣，等等。文化战争显然就是由社会文化领域蔓延到政治领域的意识形态斗争。随着美国政治的极化，文化战争成为美国选战主题之一，且愈演愈烈。文化战争的战火不再局限于政治层面，它也蔓延到了美国最高法院。

## 二、“文化战争”的词源与亨特

对于美国来说，“文化战争”（culture wars）一词是舶来品，源自德语（Kulturkampf），由德国政治家鲁道夫·菲尔肖（Rudolf Virchow）首创。❸ 19 世纪 70 年代之后，德意志民族国家统一步伐加快，“德国的经济、政治、社会的迅速发展和深刻变革，从而爆发了一场持续 10 多年的文化斗争。斗争涉及宗教信仰、文化教育、社会生活、国家统一，甚至外交关系”。❹

当德意志新兴资产阶级走上历史舞台，德意志新教开始主导德意志民族的时候，罗马天主教教廷依旧坚持认为教皇在德意志的绝对神学权威。“1869 年，教皇庇护九

---

❶ 吉米·卡特.我们濒危的价值观:美国道德危机[M].汤玉明,译.西安:西北大学出版社,2007:导言第 2.

❷ 张业亮.“极化”的美国政治:神话还是现实[J].美国研究,2008(3):8.

❸ 菲尔肖对医学教育主要贡献是鼓励医学生使用显微镜;菲尔肖以多项科学发现而闻名,他是第一个发现白血病的人;他建立了细胞病理学,比较病理学(对比人与动物的疾病)以及人类学。作为自由德国进步党(Deutschen Fortschrittspartei)的发起人与成员,他是俾斯麦主要的反对者,但是,菲尔肖在反教权、反罗马天主教会的文化战争中则与俾斯麦持同一立场。菲尔肖宣称:反教权法案是“为了人性所进行的一场伟大斗争”。菲尔肖是在就《五月法案》的讨论中,首次使用了“文化战争”这一词语。

❹ 李世隆.重温德国历史上的文化斗争[J].德国研究,2005:61.

世在罗马召开的梵蒂冈公会议，把在信仰和伦理等问题上‘教皇永无谬误’这个论点宣布为信条，并于1870年7月18日公布了这一信条。”❶ 腐朽的罗马天主教教廷的权力宣示无疑惹怒了德意志民族主义者和自由派人士。1871年，普鲁士最终完成德意志统一，德意志第二帝国成立。❷“1871年7月8日，普鲁士文化部天主教处撤销，文化斗争由此爆发。”❸ 此后，俾斯麦政府实行自由主义的改革，通过一系列法律，反对教权与神权，清除神圣罗马帝国时期形成政教合一权威的余毒。❹ 例如，俾斯麦政府通过了《布道条例》《学校监督法》和《耶稣会法》等，限制或禁止教士们以“危害公众和平的方式”进行传教，禁止教会管理监督学校，限制耶稣会成员在德国定居，教士必须接受德国大学一段时间的教育与培训等。对于不执行法律的教士严惩不贷，“这导致了普鲁士12个教区中，8个教区没有主教，他们有的被投入监狱，有的流亡他国或者藏匿起来”。❺“1873年，《五月法令》颁布，取消了普鲁士宪法中保护天主教会独立的规定，国家拒绝录用没有参加国立学校和大学规定考试的神职人员，并且设立国家法庭，处理教会事务。1874年，《五月法令第二部分》颁布，实行《民事婚姻法》，规定只有在户籍登记处办完手续的婚姻才具有法律效力。《五月法令》的颁布被视为文化战争的高潮……”❻ 罗马天主教会和德意志帝国俾斯麦政府之间围绕教育和教职任命权等议题进行的文化斗争愈演愈烈。这些反教权性质的法律具有自由主义色彩，由占多数地位的自由派议员发起并通过，因此，这也伤害了普鲁士的保守派势力，不仅损害了德国天主教徒的利益，而且也威胁到了新教福音派的地位，导致德国内政、外交、政治和经济都出现严重问题。最后罗马教皇利奥十三世和德国俾斯麦政府双方达成妥协，这场文化战争最终结束。

学界对这场文化战争的性质看法不一，有学者认为，这是一场政治斗争，“由俾斯麦挑起的政治纷争”；还有些学者认为，这是世俗现代国家与天主教的斗争，是“普鲁士国家和天主教会之间的斗争”，“这场危机起源于天主教会和现代国家之间的

---

❶ 李世隆. 重温德国历史上的文化斗争[J]. 德国研究,2005:61.

❷ 从1871年普鲁士统一德国到1918年霍亨索伦王朝最后一任皇帝威廉二世退位为止的德国,也被称为德意志第二帝国,因为将神圣罗马帝国算为第一个帝国。

❸ 李世隆. 重温德国历史上的文化斗争[J]. 德国研究,2005:61.

❹ RABKIN J. The Supreme Court in the Culture Wars[J]. The Public Interest,1996(3):4.

❺ RABKIN J. The Supreme Court in the Culture Wars[J]. The Public Interest,1996(3):5.

❻ 李世隆. 重温德国历史上的文化斗争[J]. 德国研究,2005:62.

紧张关系”；而有的学者干脆说，这场斗争压根儿和文化没有关联，是“为世俗文化而斗争’的幌子下所进行的普鲁士容克统治帝国和反普鲁士容克统治的斗争，是普鲁士大邦和西南中小邦争霸德意志的权力之争”。[1] 然而对于菲尔肖来说，这场文化战争的定义就是“两种不同的人生观与世界观的博弈。（尽管）这个名称并不能确切表达事物的本质”[2]。菲尔肖的定义很有代表性，自此，由菲尔肖创立的“文化战争”这个概念在学界流行开来。

20 世纪六七十年代，美国民权运动喧嚣过后进入了保守的 80 年代。里根当选美国总统后，美国保守主义迎来了欣欣向荣的时期。美国一些学者开始将这段时期的社会、政治和文化分裂与俾斯麦时期德国所发生的文化冲突联系起来。这种做法极大地吸引了美国宗教右翼势力和一些社会保守派的领袖，因为这与他们捍卫的传统价值观具有共性。无论 20 世纪 80 年代美国社会的紧张关系与 19 世纪 70 年代德国文化冲突之间的相似程度如何，“文化战争”这个词还是能够描述文化冲突的本质。

“文化战争”一词成为美国的政治话语源于 1992 年休斯敦的共和党全国委员会的帕特·布坎南（Pat Buchanan）的竞选讲话。布坎南是美国著名的保守主义评论家，也是当时共和党前总统提名候选人。那年布坎南站在休斯敦天文圆顶体育馆的讲台上正式吹响了“文化战争”的号角。他对美国后冷战时代出现的状况痛心疾首，他要对美国“内部敌人”宣战：“我的朋友们，这次选举不仅仅是谁得到什么。这关乎我们是谁。这关乎我们的信仰，以及我们作为美国人的立场。”“这个国家正在进行一场宗教战争。这是一场文化战争，就像冷战本身一样，对我们将成为什么样的国家至关重要，因为这场战争关乎美国的灵魂。”[3] 布坎南的讲话让共和党树立了一个“假想敌”（内部敌人），也让文化战争上升到了一个“关乎美国的灵魂”的新高度。布坎南的讲话，标志着美国政治新时代的开始——两党相互指责抹黑、不干实事、乐于意识形态斗争和操弄身份政治。或许是对美国 20 世纪 60 年代以来自由化的不满，或许是 20 世纪 80 年代新保守主义的兴起，文化战争这个概念逐渐被保守派势力所接纳。在布坎南普及这个词后的 30 年里，“文化战争”已经从边缘右翼局外人使用的

---

[1] 李世隆.重温德国历史上的文化斗争[J].德国研究,2005:62.

[2] 李世隆.重温德国历史上的文化斗争[J].德国研究,2005:62.

[3] FIORINA M,AMUEL S J,POPE J C. Culture War? The Myth of a Polarized America[M]. New York:Pearson Longman,2005:1.

策略转变为美国保守主义的核心组织原则，这个词也成为政治领域的一个核心词。文化战争的语言已经在美国的话语中无处不在——“激进”“建制派”和“政治正确”等术语成为两党常用的措辞。在布坎南休斯顿讲话的前一年，也就是1991年，美国学界出版了亨特教授最重要的著作《文化战争：定义美国的一场奋斗》（*Culture Wars*：*The Struggle to Define America*），布坎南关于文化战争的宣示显然受到了这本书的启迪。❶

在该书中，亨特教授第一次清晰地提出了“文化战争”一词，在学界引起极大反响。20世纪90年代，美国社会围绕着堕胎、同性婚姻、持枪权、学校祈祷、家庭价值、人体干细胞实验、死刑、安乐死、大麻合法化、移民、医保和生活方式等议题展开了旷日持久、针锋相对的大辩论，不仅引起了学术界和教育界的大讨论，同时美国两党政治和选举也卷入其中。亨特认为，“文化战争覆盖全美，有宗教的，也有‘非宗教的’，交战方式也很奇特。”❷ 文化战争被称为美国“冷内战”或者是“无暴力内战”。由于文化战争是一场“决定美国人未来生活方式的战争”，是关乎“美国国家灵魂”的战争❸，所以亨特教授认为：“正是由于正统派（保守派）和进步派之间的‘两极冲动’，彼此激战造成了当代文化战争。”正统派信奉“外在的、可以界定的、超越世俗的权威”；而进步派则认为，“道德权威常常是由现代的精神来界定的，这种精神就是理性主义与主观主义精神”❹。传统主义者渴望“复兴和实现被他们视为最为高尚的理念和文明成就”❺。保守与自由两大极化的阵营力图在价值观、道德观及生活方式上占据理论高地，美国民众被裹挟进来并选边站队，造成美国政治和社会撕裂乃至出现对峙的局面。2011年，美国历史学家、普林斯顿大学教授丹尼

---

❶ FIORINA M, AMUEL S J, POPE J C. Culture War? The Myth of a Polarized America[M]. New York: Pearson Longman, 2005: 2.

❷ 亨特. 文化战争：定义美国的一场奋斗[M]. 安获，译. 北京：中国社会科学出版社，2000: 47.

❸ HARTMAN A A. War for the Soul of America: A History of the Culture Wars[M]. Chicago, Illinois: The University of Chicago Press, 2015: 7.

❹ 亨特. 文化战争：定义美国的一场奋斗[M]. 安获，译. 北京：中国社会科学出版社，2000: 45, 460.

❺ HUNTER J D, WOLFE A. Is There Culture War? A Dialogue on Values and American Pubic Life[M]. Washington D. C.: Brookings Institution Press, 2006: 14.

尔·罗杰斯（Daniel Rodgers）形容美国已进入“撕裂的年代”。[1]“文化战争”虽然只是一种隐喻，不涉及真正的战争，不存在流血，也无法和美国内战或其他重大国家混乱的灾难相提并论。[2]但是，文化战争所表现出的意识形态领域的冲突和斗争正在分裂着美国社会与政治，深深地影响了美国的历史发展进程。

## 三、美国当下文化战争的特征

美国文化战争 1.0 版本中，价值观、道德准则和生活方式是美国精英和普通民众争论的主要对象；文化战争 2.0 版本中，多元文化主义与身份认同是争论的主要对象。文化战争是美国当代主要政治现象之一，它是一种隐喻，美国很多纷争都用这个词，因此，该词有滥用的趋向，“专家和政党将所有议题都描绘成一场文化战争，即使是那些与文化毫无关联的问题也未能幸免”[3]。作为意识形态的斗争，当代美国文化战争具有以下五个特征。

第一，因为文化冲突导致社会分裂为二元对立的阵营是美国历史的常态，也是文化战争最基本的特点。美国历史学家格特鲁德·希梅尔法布（Gertrude Himmelfarb）认为，美国当代文化分裂为两个阵营很正常，他非常认同亚当·斯密的观点，文明社会存在两套截然不同的道德系统：严谨和朴素的道德系统和自由放纵的道德系统。传统之人自然追求的是第一种道德，而追求新潮、求变之人向往第二种道德。[4]美国社会与政治运作的核心特征是价值冲突而不是价值共识。美国政治是在冲突中求发展的。“美国的文化战争是美国价值危机的直接结果，而价值危机本身又加剧了文化战争。”[5]

无论是亨特还是亨廷顿都认为，当代美国在社会与政治层面上不存在价值共识。缺乏价值共识才是导致美国社会与政治分裂的原因之一。不过，这两位学者的观点并

---

[1] DANIEL T. Rodgers. Age of Fracture[M]. Cambridge, Massachusetts: The Belknap Press of Harvard University Press, 2011.

[2] CHAPMAN R, CIMENT J. Culture Wars: An Encyclopedia of Issues, Viewpoints and Voices[M]. New York: Routledge, 2014: xxvii.

[3] HAMID S. The Forever Culture War[EB/OL]. (2022-1-8)[2022-11-5]. https://www.theatlantic.com/ideas/archive/2022/01/republicans-democrats-forever-culture-war/621184/.

[4] HIMMELFARB G. One Nation, Two Cultures[M]. New York: Vintage Books, 1999: 3.

[5] 朱世达. 美国社会中的文化断裂[J]. 美国研究, 1999(3): 78.

非相同。亨廷顿认为，自由、平等和民主等理想承诺与现实体制之间的裂痕所导致的无法实现理想追求，才是美国政治经验的核心；承诺与实现之间时隐时现的裂痕，才是美国政治失衡的原因。[1] 与亨廷顿不同的是，亨特认为："美国社会与政治变迁的基本特征是以宗教多元化为核心的文化多元主义；文化多元主义所导致的结果，并不在于价值与体制之间的断裂，而在于美国人在价值层面上进入了一种'文化战争'的状态。"[2]

保障社会的公平正义，是自由主义者的核心价值。因此，他们非常强调权利意识，主张从维护权利出发，保护社会弱势群体的利益。无论是女权运动还是同性恋平权运动都突出了这个特点。传统的保守主义派更侧重于义务意识，强调个人的社会责任，双方在这类"文化"课题上针锋相对，相持不下，也是自然的结果。

第二，美国文化战争的议题主要涉及宗教、伦理、道德、身份认同和国家认同等，而这些关乎美国立国根基、国家灵魂、人民生活方式和美国未来发展方向，这些涉及终极问题的追问，例如"美国存在的意义""美国的灵魂是什么""谁才是真正的美国人"等规范性问题。美国文化战争"带有极强的宗教色彩。可以说是宗教的美国与世俗的美国之间的争论"。[3] 当然文化议题的争论或辩论非常激烈，往往被冠以"文化战争"的修辞进行推动，"敌我阵营"非常明显。美国文化大辩论不仅关乎道德、价值观，而且也关乎伦理，因此，"它具有极强的伦理思辨性。在争论的所有公共政策问题中，都涉及伦理的标准和对伦理的理解"。[4] 文化战争议题通常不太适合谈判和妥协，保守与自由意识形态的分野非常清晰。

第三，总体来说，文化战争是和平的、非暴力的。不同阵营、派别或政党的世界观、价值观念对立，彼此追求的政治目标迥异，社会和国家发展与变革的范围和方向也不相同，因此，不同阵营、派别或政党必须有一套意识形态来凝练思想、凝聚共识去实现目标。近年来，美国社会阶层差异性增大，社会分裂加剧，意识形态之间的斗争愈发激烈。"意识形态为美国各阶层提供了赖以观察政治事件的透镜，理解所处政治世界的概念框架，评估生活于其中的社会或政治秩序的标准，以及在公共事务中应

---

[1] 亨廷顿. 失衡的承诺[M]. 周端，译. 北京：东方出版社，2005：13.

[2] 何俊志. "文化战争"与美国政治的神话和现实[J]. 国外理论动态，2015(10)：73.

[3] 朱世达. 美国社会中的文化断裂[J]. 美国研究，1999(3)：78.

[4] 朱世达. 美国社会中的文化断裂[J]. 美国研究，1999(3)：78.

该如何行动和应该做什么的规则。”[1] 文化战争是在美国宪制框架内的理性的辩论与冲突，因此是可控的，不存在暴力与流血，“美国的权力制衡体系有可能缓和有关公共政策辩论中出现的过火行为。美国广大的中产阶级有一种调和的能力和影响力，在争论轴心的两极之间、在两端极端分子之间存在大量的实用主义者。占人口大多数的实用主义最终将决定公共政策的结果”。[2]

第四，美国文化战争一般发生在保守派与进步派之间。文化战争不一定发生在不同宗教或教派之间，文化战争“所涉及的核心问题是传统道德观与非传统道德观的对立，所以宗教上的分歧不再是教派之间的冲突，而是各教派内保守派与进步派之间的分化，导致美国宗教组织在这次文化战争中重新组合，各自以保守和进步立场划线，分别结成跨教派的共同联盟”。[3] 当代美国的文化战争早已不再局限于神学或教会的冲突，它已扩张到保守派和进步派关于世界观的冲突，“分裂不再围绕着某个特定教义问题、宗教执礼的方式或组织，而是以我们最基本的、最注重的假定为中心——在这个社会，如何安排我们的生命，如何与他人共处。”[4] 正是因为世界观、价值观和人生观的不同，抑或是集体意识或集体无意识的不同，人们在这些敏感的社会问题上所产生的分歧乃至冲突是美国多元文化主义的表现。现代文化战争的发起者一般是进步主义或自由派，他们处于一种进攻的姿态，而保守主义不得不做出回应，他们处于一种守势。随着时代发展，“进步主义者总是‘与时俱进’，不断‘推陈出新’，提出新的看法、新的观念，甚至新的道德标准，很多堪称是革命性的；而保守主义者则一直‘不思进取’‘墨守成规’，对新的看法、观念和道德标准保持怀疑，甚至想方设法加以抵制，竭力捍卫传统的观念和道德准则。”[5]

第五，文化战争是美国两党认同的“试金石”，也是美国政治极化的反映。美国共和党和民主党两党进行分化、重组，两党政治逐渐迈向政治极化的时代。“从 20 世纪 60 年代民权运动导致的重大变化到 20 世纪 90 年代中期，国会政党体制逐渐转型，

---

[1] 韩震. 当代美国政治思想的意识形态图景[J]. 江海学刊,2003(4):33.

[2] 朱世达. 美国社会中的文化断裂[J]. 美国研究,1999(3):78.

[3] 王恩铭. 美国 20 世纪末的一场文化战争:保守派与进步派的较量[J]. 世界历史,2011(5):41.

[4] 亨特. 文化战争:定义美国的一场奋斗[M]. 安荻,译. 北京:中国社会科学出版社,2000:44.

[5] 张建勋. 文化战争、保守主义与西方文明的未来[J]. 当代美国评论,2019(4):66.

政党按照意识形态划界重组后形成了新的竞争性平衡。”❶ 意识形态的冲突是政治的常态，在美国当然也不例外。美国两党都坚持自己的一套价值观，认为自己的优越于对方、比对方更先进，更能代表美国未来的发展方向。价值观冲突上升到意识形态的斗争，那么意识形态的话语体系与解释模式就会开启。两党意识形态的冲突发生时，如何安排它们的优先顺序就成为两党斗争的焦点。选举政治涉及红蓝州的政治角斗、街头政治与选民动员、宗教力量与利益集团的介入与左右，一切为了选举，选举具有任意性和不确定性，而文化战争议题是选举政治最容易挑动族群对立、加速左右两极分野、激发潜在民众投票、催生选票的议题。

在两党重组与意识形态斗争的过程中，两党政治精英为了壮大自己的阵营，谋求政治优势与政治利益，宗教和文化是最直观、最简单、最容易操弄的政治议题。“随着共和党在预算、产业和贸易问题上向左靠拢，作为基本政治辩题的经济就已经中立化了。左右之争，在种族、身份认同及何谓真正的进步等议题上的意义，远大于商业管理、市场调控和收入分配。由于前者在本质上与‘何谓良善’的观念分歧相关，此类议题很难寻求妥协空间、引入专家意见或者借助技术官僚进行修补。换言之，这些争议关乎‘我们是谁’，而不是‘如何解决问题’。”❷ 美国政治冲突与文化战争有很大关联性，美国国内的政治冲突通过文化战争的形成直观而形象地表现出来。文化战争议题能动员两党选民基本盘，催生选票的“利器”，也是区别民主党和共和党两党身份的“试金石”。

## 四、虚构还是现实：文化战争的学术分歧

美国是否真正存在文化战争，美国学界有不同观点。文化战争究竟是虚构还是现实？美国学界对以亨特为代表的学者所提出的文化战争观表示怀疑，而以胡佛研究院政治学教授莫里斯·费奥瑞纳（Morris Fiorina）及波士顿学院政治学教授艾伦·沃尔夫（Alan Wolfe）为代表的学者，提出了他们的文化战争观。

第一，美国社会并不存在所谓的文化战争。2005 年，费奥瑞纳认为，过去

---

❶ 戴维森等. 美国国会：代议政治与议员行为[M]. 刁大民，译. 北京：中国科学文献出版社，2016：122.

❷ HAMID S. The Forever Culture War[EB/OL]. (2022-1-8)[2024-4-16]. https://www.theatlantic.com/ideas/archive/2022/01/republicans-democrats-forever-culture-war/621184/.

10~15 年关于文化战争两极分化的言论是虚伪的。他认为,“毫不奇怪,没有人比新闻界更热情地接受文化战争的概念,他们会对具有‘新闻价值’的话题保持警惕。”❶也就是说,文化战争是新闻工作者新闻写作的噱头之一。伍尔夫认为,文化战争在美国从未发生过!即使有,它也只存在于一些精英人士当中,“文化战争只是存在于新闻工作者和政治活动积极分子脑中,普通民众并没有这样的概念”❷。沃尔夫认为,至少在“郊区中产阶级的美国人”中不存在文化战争,毕竟他们是我们这个国家的一分子;文化战争只存在于“知识分子”中,他们才热衷于打这场所谓的“文化战争”。在沃尔夫等学者看来,所谓的文化战争只发生在精英阶层,或者说是精英阶层虚构出来的概念,普通美国人并没有卷入文化战争,因为普通民众与这些知识分子不同,他们“没有判断力”。另外,沃尔夫还认为,缺乏对文化战争的状态进行判断的标准。❸然而,“文化战争”一词却又经常出现在报纸、学术文章与政治辩论当中,它又真切地存在,这又不能让沃尔夫视而不见。后来,沃尔夫又对自己的观点进行了修正,毕竟文化战争的议题都有如此高的政治能见度。他不再声称没有文化战争,而是说它“已经过时”了。他预测,那些坚持与文化战争作斗争的人“很可能在美国的政治未来中处于次要地位”。❹

第二,道德价值观不足以让美国分裂。但道德价值观在政治选举中扮演极其重要的作用却是不争的事实。例如,在 2004 年美国总统大选中,道德价值观问题比伊拉克问题、恐怖主义、经济和税收等问题还要重要。然而,对于沃尔夫来说,这并不能说明什么,他不认同道德价值观问题左右了美国的选举。他认为,“对党的忠诚超越文化战争的主题,无论是‘选择派’的民主党人还是‘生命派’的共和党人可能更依据党派阵营去划分,而非根据他们对于堕胎的态度去划分。党派选民背叛自己的政

---

❶ FIORINA M,ABRAMS S J,POPE J C. Culture War? The Myth of a Polarized America[M]. New York:Pearson Longman,2005:4.

❷ WOLFE A. The Culture War That Never Came[M]//HUNTER J D,WOLFE A,et al. Is There a Culture War? Washington D. C. :Brookings Institution Press,2006:42.

❸ WOLFE A. One Nation,After All:What Middle Class Americans Really Think about God,Country,Family,Racism,Welfare,Immigration,Homosexuality,Work,the Right,the Left,and Each Other[M]. New York:Viking Penguin,1998:276.

❹ HIMMELFARB G. The Other Culture War[M]//HUNTER J D,WOLFE A,et al. Is There A Culture War? Washington D. C. :Brookings Institution Press,2006:74-75

党绝非道德价值观问题，更多的是经济或伊拉克问题。”❶ 也就是说，道德价值观问题并不能影响选民的态度。对沃尔夫来说，多数美国人的立场，包括道德价值立场是温和的。如果真的存在文化战争，那也只是发生在美国人内部，并非把美国人分裂成两部分，“美国人信仰传统宗教价值和个人自由，但是对美国人来说，决定哪个更重要并非易事”。❷ 也就是说，美国人追求传统的道德价值，推崇个人自由，没必要在两者之间制造对立，它们不是非此即彼的关系。

第三，如果真的有所谓的“文化战争”，那也只是人为操纵的结果。沃尔夫认为，当代文化战争在美国呈现极化的态势是一个迷思（myth），它是由政治积极分子的敌意及各种各样利益集团的目标所诱发，但是大量的美国群众并没有被卷入其中，大部分人的观点还是温和的、行为上是包容的。❸ 也就是说，沃尔夫认为，文化战争是人为政治操弄的结果。

沃尔夫的观点得到很多其他学者的认同。斯坦福大学政治学教授莫里斯·费奥瑞纳（Morris P. Fiorina）也认为，文化战争这套言说显然被某些学者、政治家及新闻工作者夸大其词，甚至有点天方夜谭。❹ 费奥瑞纳认为，美国压根儿就没有所谓的“文化战争”，也没有所谓的为美国灵魂而进行的激烈的斗争。费奥瑞纳还认为，即使有文化战争，它也只是存在于精英中的一个现象，但它并没有“群众基础”。❺ 费奥瑞纳非常担心精英因为痴迷于文化战争而扭曲政策并对政治参与造成不良影响。他认为，选民“不得不呈现出另类的极化现象—堕胎要么非法，要么是（正常的）需

---

❶ WOLFE A. The Culture War That Never Came[M]//HUNTER J D, WOLFE A, et al. Is There a Culture War?. Washington D. C.: Brookings Institution Press, 2006: 42-43.

❷ WOLFE A. The Culture War That Never Came[M]//HUNTER J D, WOLFE A, et al. Is There a Culture War?. Washington D. C.: Brookings Institution Press, 2006: 46.

❸ WOLFE A. One Nation, After All: What Middle Americans Really Think about God, Country, Family, Racism, Welfare, Immigration, Homosexuality, Work, the Right, the Life, and Each Other[M]. New York: Viking Penguin, 1998: 19.

❹ FIORINA M, ABRAMS S J, JEREMY C. Pope-Culture War? The Myth of a Polarized America[M]. New York: Pearson Longman, 2005: 8.

❺ FIORINA M, ABRAMS S J, JEREMY C. Pope-Culture War? The Myth of a Polarized America[M]. New York: Pearson Longman, 2005: 8.

求—选民们不得不在两者之间做出选择。”[1] 他认为，精英“沉溺于文化战争—堕胎、同性婚姻、枪支管制、国旗、宣誓、协助自杀，干细胞等—仿佛这些问题是这个国家面临的最重要的问题，而事实上，民意调查一直反映选民认为这些问题微不足道”[2]。言外之意，精英阶层过度纠缠于这些所谓“文化战争”议题，在这个领域掀起纷争并没有重大意义。与迫切的国计民生议题相比，这些文化战争议题显然微不足道。同时，费奥瑞纳也认为文化战争中的某些议题还是要引起关注，美国政治中的宗教重要性的研究需要加强，要更加严肃地思考宗教的重要性。

事实上，对于美国普通民众是否已卷入精英所设计的文化战争中，中国学者周琪认为，“在总的意识形态打分方面，绝大多数对调查作出应答的公众认为自己处于中间位置，或者偏向于自由立场或保守立场，政治立场分布并不极端”，但是“在对具体政治议题上的意识形态打分方面，情况有很大不同，公众在许多政策议题上都显示出了极端立场”。[3] 尽管美国部分学者认为，文化战争并不存在，或者说文化战争只存在于知识分子或精英当中，甚至也不愿承认文化战争让美国社会发生分裂的事实。但是，精英与大众的关系非常密切，“精英—大众”的社会结构与秩序具有长期固化的特质，“精英处于优越的主导地位，享有引领大众、控制大众的特权的制度安排”。[4]“他们维护精英与民众之间大体平衡的社会秩序、权力结构和制度安排，并不主张排斥精英的大众民主，更不热衷于推动下层民众的政治参与。”[5] 美国政治精英为了选战的需要，精心设计文化战争的议题，利用这些议题去鼓动、操纵普通大众及选民。因此，尽管文化战争由美国精英所设计、操纵和驱使，但是精英与大众之间的关系与互动，使文化战争的议题一拨接一拨地出现在美国的政治日程中。

---

❶ FIORINA M, ABRAMS S J, JEREMY C. Pope-Culture War? The Myth of a Polarized America[M]. New York: Pearson Longman, 2005: 8-9.

❷ FIORINA M, ABRAMS S J, JEREMY C. Pope-Culture War? The Myth of a Polarized America[M]. New York: Pearson Longman, 2005: 9.

❸ 周琪，王欢. 值得关注的美国政治“极化”趋势[J]. 当代世界，2011(4): 25.

❹ 丛日云. 民粹主义还是保守主义：论西方知识界解释特朗普现象的误区[J]. 探索与争鸣，2020(1): 125.

❺ 丛日云. 民粹主义还是保守主义：论西方知识界解释特朗普现象的误区[J]. 探索与争鸣，2020(1): 125.

## 第二节　美国文化战争的历史片段：从殖民地到民权运动

美国文化战争的根源在于道德价值的根本对立。尽管“文化战争”一词在美国出现得比较晚，但是美国文化战争的历史和现象可以追溯到北美殖民时期。“追溯文化战争的历史渊源实际上就是探究美国历史上宗教派别之间在信仰和价值方面的分歧和争斗，因为正是这些教派宗教观念上的差异和对立导致了它们道德价值观上的分歧乃至势不两立。”❶ 与19世纪70年代德国的文化战争一样，美国这些年来所发生的文化战争的根源也需要从宗教信仰上去寻找。❷ “文化冲突就是美国的故事。”❸ 以下从美国历史中选择几个文化战争的片段。

### 一、“泛新教主义”与宗教多元主义的冲突

表面上看，美国是一个“政教分离”的国家，提倡宗教自由。事实上，是清教徒和清教主义奠定了美国社会的基础，并从各个方面影响了美国社会、美国政治乃至其对外政策。美国是移民组成的国家。从殖民时期开始，宗教和文化的多元性导致殖民地内部宗教和文化冲突非常激烈。宗教上的冲突可以追溯到近代欧洲，当时欧洲天主教与新教之间纷争不断，新教内部也矛盾重重。17世纪初，一批怀有强烈宗教激情的欧洲清教徒，为逃避宗教迫害来到北美大陆。❹ 这些基督教新教信徒自认为是上帝选民，肩负着建立“山巅之城”、拯救世界的神圣使命。❺ 清教追求宗教伦理与政治价值的一致性，把自己装扮成一种“民主的、共和的宗教”，以其宗教教条的模糊性去吸引犹太移民和天主教移民。

殖民地早期清教徒与天主教徒矛盾非常激烈。在英国宗教改革期间，英国政府允

---

❶ 王恩铭. 美国20世纪末的一场文化战争：保守派与进步派的较量[J]. 世界历史，2011(5)：39.

❷ 潘小松. 美国“文化战争”的历史根源[J]. 博览群书，2001(9)：14.

❸ 亨特. 文化战争：定义美国的一场奋斗[M]. 安荻，译. 北京：中国社会科学出版社，2000：36.

❹ 英国清教徒是16世纪后半期英国宗教改革背景下产生的新教中的一支——加尔文派的分支，其主张清除英国国教中的天主教残存因素，追求信仰上的纯洁性和社会生活的简朴。

❺ 布尔斯廷. 美国人：殖民地历程[M]. 时殷弘，等译. 上海：上海译文出版社，2014：3.

许本国的天主教徒到北美马里兰殖民地居住。美国内战爆发后，许多圣公会国教徒移民到北美宾夕法尼亚、弗吉尼亚等殖民地落户。马里兰殖民地和宾夕法尼亚殖民地是美国早期天主教徒的大本营。无论是早期马里兰州新教徒对天主教徒的打压与迫害，还是马萨诸塞州浸礼会、贵格会教徒与清教徒之间的冲突，这些宗教冲突在美国早期历史中并不鲜见。“直到独立战争前夕，除罗德岛和宾夕法尼亚之外的英属北美殖民地都充斥着反天主教的氛围，新教徒中普遍存在着对天主教徒强烈的怀疑和歧视，天主教徒被剥夺了选举和担任公职的权利。”❶ 天主教徒与清教徒的冲突由来已久，可以追溯到宗教改革时期，北美殖民地的清教徒不堪欧洲天主教徒的迫害才来到新世界。“美国原本是被欧洲移民来的新教徒殖民的，反天主教的情绪也移到了美国，并和殖民者非官方的政治、文化传统结合在一起，自然是不足为奇。”❷

同样，美国早期殖民地的贵格会（Quakers）教徒也受到殖民地清教徒的迫害。英国早期的贵格会教徒因为抨击英国国教会及清教徒教会，而在英国曾受到迫害，并被送去监狱，所以大批贵格会教徒逃离英国来到了美洲。但是，贵格会教徒移民到美洲之后，又受到殖民地清教徒的迫害，他们又不得不离开马萨诸塞州寻找其他地方居住，后来定居在宾夕法尼亚殖民地。贵格会教派倡导自由，反对宗教迫害，贵格会教派没有牧师，自己与心灵对话，反对繁文缛节和烦琐的宗教仪式，等等。贵格会的教义有时并不被主流教派所接纳。

“泛新教主义”在相当一段时间内存在，“这个时期的美国大体上把自己看作是一个以新教为主体的基督教国家，既没有文化战争的必要性，也没有文化战争的可能性”。❸ 美国建国后，在相当长的时间里，新教主义弥漫在美国世俗生活中，成为美国主流意识形态。美国历史学家约翰·海姆指出，19 世纪的美国，“世俗生活中弥漫着一种公共的、普世的泛新教意识形态”。❹ 但是，随着移民大量进入北美大陆和宗教多元化，“泛新教主义”受到挑战。“从文化上讲，美国受基督教影响深远，新教徒众多，但‘泛新教’在美国文化中的霸权一开始就遭遇挑战。”❺ 移民蜂拥而至来

---

❶ 王静. 19 世纪美国与教皇国关系的演变[J]. 理论学刊,2015(11):123.

❷ 亨特. 文化战争:定义美国的一场奋斗[J]. 安获,译. 北京:中国社会科学出版社,2000:37.

❸ 王恩铭. 美国 20 世纪末的一场文化战争:保守派与进步派的较量[J]. 世界历史,2011(5):40.

❹ 林红. 一种以白人优越论为基础的种族歧视[J]. 瞭望,2021(48):31.

❺ 潘小松. 美国“文化战争”的历史根源[J]. 博览群书,2001(9):15.

到美国，平民地位的上升，不同教派渗透到政治领域，各教派之间相互影响，形成了独特的美国宗教多元主义，而“当代（美国）的文化战争是从百年之久的宗教张力之中发展出来的——通过美国宗教多元主义的扩张与重组”。[1] 回顾美国历史，它虽然没有大的军事斗争或者政治动乱，但是却有周期性的社会运动或金融危机，或许用一系列的文化冲突解释这个现象，当对上帝和善良的分歧变成肮脏或血腥或两者兼而有之时，社会运动或经济危机就会发生。[2]

## 二、杰斐逊的宗教信仰与1800年美国总统大选

回顾美国历史，就曾多次出现因为宗教和道德价值观的不同而引起的政治危机。1800年的美国总统大选就突出反映了宗教信仰的冲突。“1800年的美国总统竞选，可以说是美国历史上最激烈、最混乱、最龌龊的总统竞选。”[3] 美国建国之后，美国文化冲突延伸到美国政治中。例如，美国建国先贤们对法国大革命的看法不一，尤其是法国大革命中对宗教“革命”的看法也不一致。潘恩、杰斐逊和麦迪逊等人推崇法国大革命，而华盛顿、亚当斯和汉密尔顿等人则接受英国的保守主义先驱埃德蒙·伯克对法国大革命的批判。

美国建国之初，保守主义占了上风。1800年，美国总统大选在时任总统联邦党人亚当斯和正在崛起的民主共和党代表人物托马斯·杰斐逊之间展开。然而，杰斐逊的宗教信仰问题成为其政治斗争的焦点之一。联邦党人强烈地指控杰斐逊反对基督教，并推崇无神论，甚至抨击杰斐逊是宗教的敌人，是“异教徒”。的确，杰斐逊曾尖锐地批评过基督教：“我最近已经检查了世界上所有所知的迷信，在我们特有的基督迷信中我没发现赎罪这一特点。他们都是建立在神秘传说之上。百万计的无辜男女，因为基督教的劝导，被焚烧、折磨、处罚和禁闭。这种威权的作用何在？让一半人成为傻瓜，另一半成为伪君子，去支持地球上的欺诈和谬误。”[4] 1787年杰斐逊在给弗吉尼亚州政治家皮特·卡尔（Peter Carr）的信中对基督教也进行了抨击：“基督

---

[1] 潘小松．美国“文化战争”的历史根源[J]．博览群书，2001(9)：15.

[2] LOBEL D. The Quest for God and the Good：World Philosophy as a Living Experience[M]. New York：Columbia Univ. Press，2011：149-169.

[3] 董江阳．“1800年美国总统竞选”引发的宗教争论及意义[J]．基督宗教研究，2015(1)：52.

[4] SCHUMACHER T. A New Religion，Bloomington[M]. IN：iUniverse，2013：16.

教的神是三个头的妖魔，残忍、报复心重、反复无常。如果一个人想要更多了解这个狂怒的、三头畜牲般的神，这个人只需要看声称做它仆从的人们的器量。他们总是存在于两类人中：白痴和伪善者。”❶ 于是杰斐逊的言论在1800年总统大选中遭到质疑与抨击。亚当斯阵营向选民提出了一个煽动性竞选口号：如果你继续忠诚于上帝，那么就支持现任总统；你也可以支持不敬上帝的杰斐逊，那意味着你心中压根无上帝。❷

经过几轮投票，最终托马斯·杰斐逊当选为美国第三任总统，这是美国宪法本身缺陷所造成的。❸ 对杰斐逊宗教背景的怀疑与选举斗争被视为19世纪政治上文化战争的开始。历史学家更倾向认为，杰斐逊并非无神论者，他是一位自然神论者。事实上，杰斐逊对美国政教分离原则做出了杰出贡献。杰斐逊与亚当斯的宗教与文化冲突最终演变为政治冲突，特别是两者在联邦政府和各州之间的权力平衡问题上斗争激烈。

## 三、废奴运动与美国内战

美国建国之初，奴隶制存废问题就开始困扰着一部分建国先贤。作为对南方州的妥协，奴隶制没有废除，该问题一直拖到内战才得以彻底解决。美国废奴运动及内战的爆发，其实也是宗教与文化冲突的一种结果。18世纪末至19世纪初，“第二次宗教大觉醒运动”（the second great awakening）在美国轰轰烈烈地展开。一些教会的牧师公开呼吁废除奴隶制，主张种族平等，在信徒中反响强烈，于是很多民众加入废奴运动中来。北方自由州形成一个连续的地理区域，形成“废奴文化圈”。“第二次宗教大觉醒是一场大众宗教运动，它在进一步促进了宗教自由理想的传播的同时，鼓励人们去追求其他方面的自由。这自然会推动人们投身到反奴隶制的斗争中。”❹ 宗教

---

❶ DAVIS E N. House of Faith House of Cards：One Man's Journey through the World of Mormonism，Magic，and Murderers[M]. Bloomington，IN：AuthorHouse，2010：319.

❷ 董江阳.“1800年美国总统竞选”引发的宗教争论及意义[J].基督宗教研究，2015(1)：53.

❸ 美国宪法在第二条第一款中规定：总统大选时，得到选举人票数最多且票数等同或超过选举人票半数者当选总统、其次者当选副总统，如果得票最多者的票数相等，则由众议院投票决定。结果杰斐逊与伯尼都得了73票，而亚当斯得了65票。因此，总统必须由众议院在杰斐逊及伯尼两人中选出一个。在1801年2月17日的众议院在第36轮投票中，杰斐逊以超过半数的多数票当选总统，伯尼当选副总统。1803年12月9日国会通过了宪法第十二修正案，修正案的主要内容是明确规定投给总统与副总统的票必须分开写明，这样就彻底改变了此前总统副总统并在一起投票而以得票多少区分的规定。

❹ 郑易平.浅析基督教对美国废奴和民权运动的推动作用[J].学海，2004(4)：80.

觉醒运动宣扬自然权利学说，倡导人类自由平等，很多福音派教徒加入了废奴运动的行列，这就决定了废奴运动自始至终具有强烈的道德性。

奴隶制问题一直拷问着宗教界，宗教界也背负着沉重的道德压力。第二次宗教大觉醒运动促进了宗教界对废除奴隶制的大辩论，造成了南北宗教界的对立，最终导致宗教大分裂。南北战争“表面上的原因是南方的分裂主义者试图脱离北方联邦，但更深层的原因是因美国基督徒们对南方奴隶制的憎恶而引起的南北方对立”，“是有着废奴主义传统的基督教与奴役人的制度之间的战争”。❶ 美国内战前，奴隶制甚至成为一些教派冲突的焦点问题，有的教派甚至不再接纳奴隶主成为新会员甚至驱逐奴隶主会员。例如，美国长老会在 1837 年就发生了南北教会分裂，分裂的原因之一就是奴隶制。同样，浸礼会、循道宗等教派也发生分裂。在 1835 年废奴社团的成员里，有 2/3 的会员是福音派牧师。“很多废奴主义者都是福音派宗教的信徒，废奴主义的理念之中也包含了很多福音派宗教的因素，比如强调奴隶制是一种全国性的罪恶，呼吁人们立刻行动起来消灭这种罪恶，认为奴隶主也有能力自我拯救的，即认识到奴隶制的罪恶并立刻释放所有奴隶。”❷ 长老会和卫理公会都曾给予废奴运动属灵上的支持。东部和中西部的福音派人士，也时常卷入反对奴隶制的斗争中。“美国历史上的废奴主义者身处福音派宗教复兴的时代，深受宗教思想影响，其观念和话语具有鲜明的道德特征。”❸ 在宗教势力的支持下，废奴组织如雨后春笋般涌现，各类主张废奴主义的刊物遍布大街小巷，有力推动了废奴运动向前发展。联盟和邦联之间的战斗源于对《圣经》和奴隶制的斗争，部分诱因是由哈里特·比彻·斯托在 1852 年出版流行的小说《汤姆叔叔的小屋》引起的，在萨姆特堡战斗爆发的几年里，这部小说始终拨动着基督教徒的心弦。斯托夫人是一位牧师之女，她说是上帝本人写下的这本书，在整个故事结尾时，她说：“不管是南方或是北方，每个人都在神的面前有罪；教会对废奴问题已是责无旁贷!”❹ 废奴主义者成立了“地下铁路”（Underground Railroad），秘密解救南方种植园里的黑奴，将他们从南方各州带到北方自由州。例如，贵格会教派参与了很多争取社会正义的活动，坚决反对奴隶制，并协助黑奴逃亡。随着美国内战的爆发，这些废奴主义者成为主力军。1862 年 7 月 22 日，美国总

❶ 于歌. 美国的本质：基督新教支配的国家和外交[M]. 北京：当代中国出版社，2006：33.

❷ 杜华. 道德与政治：19 世纪 30 年代美国废奴运动的起源和特征[J]. 世界历史，2023(1)：61.

❸ 杜华. 道德与政治：19 世纪 30 年代美国废奴运动的起源和特征[J]. 世界历史，2023(1)：58.

❹ 于歌. 美国的本质：基督新教支配的国家和外交[M]. 北京：当代中国出版社，2006：34-35.

统林肯宣布《解放黑奴宣言》废除奴隶制度，废奴运动取得最终胜利。南北战争是内战，也是文化冲突，体现了对道德和宗教的关切。

## 四、美国与罗马天主教

19 世纪以清教主义为主要意识形态的美国与天主教立国的教皇国的关系几经变化，从一个侧面说明宗教所导致的文化冲突甚至影响了美国外交。美国建国后，是否与教皇国建立外交关系成为美国早期文化战争的缩影。美国建国先贤中，有相当一部分人对天主教及教皇持有偏见。例如，杰伊认为，教皇是邪恶的，极权的、破坏力很强，天主教不应在美国存在。[1]

为了与其他国家建立良好的关系，特别是商业关系，美国建国后成立了专门委员会负责同外国缔结友好合约，发展通商关系，教皇国当然也不例外。1797 年 6 月 26 日，美国国会任命了第一任驻罗马领事，1826 年教皇利奥十二世也任命了第一位驻美领事，1848 年美国正式把驻教皇国使团升级为公使级，美国与教皇国关系进入一个新的发展时期。然而，美国民众，特别是新教徒对美国与教皇国保持友好关系持警惕态度，“他们认为美国是新教国家，如与教皇国建立友好关系，势必会提升天主教徒对教皇的忠诚，从而引发与其他宗教派别的矛盾和冲突，这不仅违反宪法的有关规定，还会使美国的政教分离原则受到冲击和威胁”[2]。美国内战后，大量移民迁入美国，就业冲击和文化冲突引发了美国反天主教浪潮，最终导致美国关闭了驻教皇国的使馆，直到 1984 年，美国与梵蒂冈教皇国才再次建立外交关系。

20 世纪上半叶，总统候选人的天主教背景成为文化战争的主题之一。对于广大的天主教教徒而言，他们希望总统能够平等地对待天主教徒。对于总统候选人而言，天主教选民数量庞大，他们的诉求不得不考虑。1928 年和 1960 年的美国总统大选，天主教与新教之间的博弈尤为突出。1928 年美国总统大选，具有明显的反天主教倾向。在这次大选中，新教徒选民声称投票给民主党候选人、虔诚的天主教徒阿尔·史密斯（Al Smith）就是投票给无神论者。史密斯是美国历史上第一位信仰天主教的总统候选人，并成功赢得了民主党党内提名，但由于他的宗教背景及美国国内的反天主教文化传统，再加上西部和南部的农业区对他不支持，胡佛最终战胜了史密斯。这种

---

[1] SHAW R,JOHN D. The Unquiet Life and Times of Archbishop Hughes of New York[M]. New York:Paulist Press,1977:7.

[2] 王静. 19 世纪美国与教皇国关系的演变[J]. 理论学刊,2015(11):123.

景象仿佛是一种轮回，在 19 世纪时也曾发生过这种情形，清教徒攻击天主教徒，说他们背叛了上帝和国家。新教徒无论对待教皇制还是禁酒运动，都涉及宗教文化的冲突。美国社会与政治是在文化冲突中不断演进的。美国经过 20 世纪反主流文化运动之后，文化呈现多元化，社会包容性更强，美国新教徒对天主教的歧视明显改善，1961 年天主教教徒肯尼迪当选为美国总统从侧面说明，天主教在美国获得了应有的地位。美国与梵蒂冈在人权事务上有深入的合作，美国与梵蒂冈的关系得到进一步改善。然而，天主教与新教实现和解的同时，美国的文化战争则朝着另一个方向发展。

## 五、摩门教与文化冲突

美国内战前后的反摩门教运动，也曾把美国文化战争推向了一个新高潮。摩门教正式的名称是“耶稣基督后期圣徒教会”（The Church of Jesus Christ of Latter-day Saints），1830 年它创立于纽约西部，实际上它并不属于基督信仰各宗派运动的任何一个分支。摩门教初期实行“一夫多妻”制，遭到主张“一夫一妻”制的美国社会的强烈反对。摩门教徒不被当时的美国主流社会接纳，于是摩门教教徒遂向苦寒的西部迁徙。1844 年，摩门教创始人约瑟夫·史密斯（Joseph Smith Jr.）及支持他的民众因暴力摧毁了一个反教会的印刷所而锒铛入狱。1844 年 6 月 17 日，一群暴民闯入监狱，史密斯被杀死，成为摩门教的殉道者。摩门教并不被当时主流社会所接纳。1847 年 7 月，摩门教迁徙到荒凉的盐湖领地。在新首领杨百翰（Brigham Young）的带领下，盐湖地区的摩门教社区与宗教社会开始形成。正统的基督教新教徒一直认为摩门教是异端邪说。

从 19 世纪 50 年代起，犹他州摩门教的“一夫多妻”制严重威胁美国传统婚姻制度，联邦政府决意铲除摩门教这个婚姻制度。联邦政府解决“一夫多妻”制问题一波三折，最终还是在司法框架内予以解决。❶ 1875 年，美国最高法院在“罗诺德诉美利坚合众国案”（*Reynolds v. United States*，简称“罗诺德案”）中作出判决：联邦

---

❶ 联邦政府在废除一夫多妻制过程中，遭到犹他州摩门教徒反抗，甚至引起骚乱。1857 年，联邦政府派了 2 500 名士兵去镇压摩门教徒骚乱，酿成“犹他战争”。由于一夫多妻制，联邦政府一直拒绝犹他州加入联邦。武力终究解决不了一夫多妻制问题，最终还是通过立法和司法途径加以解决。1862 年林肯总统曾签署《莫里尔反对重婚法案》（*Morrill Anti-Bigamy Act*），该法规定一夫多妻制非法，由于内战正酣，该法没有很好执行。内战结束后，1874 年美国国会又通过了《普兰法》（*Poland Act*），强化了莫里尔法。

政府禁止“一夫多妻”制的法律是合宪的，这与摩门教宗教信仰自由不相矛盾。❶ 美国最高法院捍卫了传统婚姻的“一夫一妻”制，“罗诺德案”沉重地打击了摩门教徒，1890 年之后，大多数摩门教徒放弃了“一夫多妻”制。“罗诺德案”是美国最高法院介入文化战争案件的早期案例。

## 六、禁酒运动与道德立法

20 世纪初的禁酒运动也是一场文化战争。由于清教立国，美国从建国之初，就有很多美国人向酒宣战。早期移民很多是清教徒，他们强烈地把加尔文教教义带到了北美殖民地。清教徒虔诚地信奉上帝，他们认为一切都是上帝的给予，因此每个人都应当各司其职，勤奋节俭。他们厌恶懒惰、奢侈的生活及无节制的享乐，无节制的享乐行为最终会让人放纵自我、迷失自我，会导致人们擅离职守，失去对宗教的信仰。很显然，酗酒行为就是这样无节制的享乐行为。18 世纪末，第二次宗教大觉醒运动也把福音主义传遍了北美大陆。“福音派教会坚信，在此过程中，年轻的美利坚民族将扮演着重要角色，基督教文明就是要建立一个基督化的健康与文明的社会，只有这样，社会成员才能得到拯救，社会道德才能提升，民主社会才能有理想的公民。”❷

进入工业革命之后，移民问题和城市化问题凸显，社会陷入动乱之中，助长了酗酒行为。城镇酒馆文化盛行，带来一系列社会问题，引起宗教保守派势力和福音派的担忧和关注。宗教派别不同，对待城镇酒馆文化的态度也不同，天主教和犹太教的教徒并不谴责嗜酒行为，来自爱尔兰、德国等地的移民本身就有饮酒习惯。占主流意识形态的新教因为其地位受到威胁，急切想要扩大自身影响力，为了和天主教等其他宗教进行区分，于是新教大力推行禁酒运动。因此，支持禁酒运动就是坚持清教徒的宗教操守，回归清教传统，同时还可以打击天主教和犹太教。在福音派支持下，美国禁酒运动轰轰烈烈地开展起来。

19 世纪 20 年代，一批卫理公会教徒决定成立禁酒组织——“美国禁酒促进协会”，仅仅在一年内其成员就已经超过了两万人，十年后已经达到了一百多万人。宗教势力推动禁酒运动，把大量女性裹挟进来，比如他们设立了基督教妇女禁酒联盟，用女性的力量来促进禁酒运动。“在禁酒问题上，社会福音派基督教徒和进步主义者

---

❶ Reynolds v. United States,98 U. S. (8 Otto. )145(1878).

❷ 郭九林,尤广杰.社会福音运动与美国禁酒的宗教动因[J].西北民族大学学报,2011(2):80.

的观点一致。他们认为，基督徒的责任就是利用国家的世俗力量，改变文化大环境。过度饮酒不仅会摧垮人的身体，破坏人的心智，摧毁人的良知，消除人对上帝的敬畏感，使信徒对上帝失去虔诚，导致道德沦丧，而且还会引发疾病乃至死亡，对人的精神和肉体都造成极大伤害。”❶ 在宗教势力与世俗国家力量共同强力干预下，从 1920 年 1 月 17 日 0 时，美国宪法第十八条修正案（“禁酒令”）正式生效。❷ 禁酒令并没有根除酗酒等社会问题，反而造成了更严重的社会问题，引起了非法酿造、出卖和走私酒类饮料等犯罪行为，禁而不止，而联邦及各州政府又需要以酒税补充其财政收入，1933 年国会颁布宪法第二十一条修正案废止了禁酒令。❸ 这也是美国宪法史上国会通过一条修正案之后不到 15 年的时间，国会专门再通过一条修正案来推翻此修正案，成为一道“宪法奇观”。

## 七、激荡的 20 世纪 60 年代与文化冲突

20 世纪 60 年代，处在冷战中的美国迎来了历史上特殊而又动荡的年代。黑人民权运动、嬉皮士反文化运动、“新左派”激进运动、反越战和平运动和妇女解放运动等此起彼伏、交相呼应。逐渐普及的避孕技术、男女平等的思想和性解放思潮让社会更加自由、多元和激进。20 世纪 60 年代是美国历史发展的一个重要历史节点，美国权利运动及各种思潮的碰撞及社会世俗化加深等导致美国社会陷入意识形态危机。“许多人对传统上基于宗教观念而树立的民族、祖国、家庭、人生、社会责任与义务等观念日渐淡薄，取而代之的是唯我主义、实利主义、消费主义、享乐主义和性解放主义。”❹

---

❶ 郭九林，尤广杰. 社会福音运动与美国禁酒的宗教动因[J]. 西北民族大学学报，2011(2)：81-82.

❷ 美国宪法第十八条修正案于 1919 年 1 月 16 日获得批准，主要内容是禁止致醉酒类的酿造和销售。后来被宪法第二十一修正案取消。第一款本条批准一年后，禁止在合众国及其管辖下的一切领土内酿造、出售或运送作为饮料的致醉酒类；禁止此类酒类输入或输出合众国及其管辖下的一切领土；第二款国会和各州都有权以适当立法实施本条；第三款本条除非在国会将其提交各州之日起七年以内，由各州议会按本宪法规定批准为宪法修正案，不得发生效力。

❸ 美国宪法第二十一条规定，第一款 美利坚合众国宪法修正案第十八条现予废除；第二款 在合众国各州、各领地或属地内为交付或使用致醉酒类而进行的运送或输入，如违反有关法律，应予禁止。第三款 本条除非在国会送达各州之日起 7 年内经各州制宪会议按照宪法规定批准为宪法修正案，不发生效力。

❹ 钟文范. 七八十年代美国宗教新右派运动[J]. 武汉大学学报，1997(3)：4.

20世纪60年代以来，在民权运动中所形成的年轻一代反主流文化运动，目标之一就是破除传统主流文化、价值观和生活方式。他们生活在形形色色的亚文化中，而这些亚文化与主流文化格格不入。“反主流文化”运动与“新左派运动”具有一定的重合性。❶ 中国社会科学院美国研究所学者赵梅认为：“首先，对主流文化、对现存制度的不满与批判，对妇女、对少数民族处境的同情，对和平的渴望，是这两种运动的共同特征，而他们又源于同样的历史背景。从成员构成上看，很难在两者之间明确区分。不少反文化运动的参加者，同时也是新左派运动的成员。”❷ 反主流文化运动的后遗症非常明显，它成为文化战争的因素之一。“民权运动后，虽然共和党不得不接受多元文化主义所倡导的‘政治正确’和‘肯定性行动’政策，但其一直寻求机会对之进行扭转或‘纠偏’。”❸

20世纪60年代，美国民权运动深深影响了美国社会和政治。“民权运动最具永久意义的贡献是，它将民众争取权利的斗争变成了一种以群体为基础的斗争。它将以种族为整体的概念引入宪法中，把原来分散的、孤立的个人权利的概念变成了一种集体权利，要求联邦政府对这些权利进行保护。”❹ 从个人权利到集体权利，让很多族群看到了“团结就是力量”。“黑人的政治抗争激发了美国社会其他少数族裔及女性等弱势群体的权利意识，他们也开始控诉自己遭受的不公和不幸。”❺ 这些族群乘着民权运动的东风，以黑人民权运动为榜样，走上街头主张自己应有的权利。美国迎来了“权利革命”的年代，隐私权、堕胎权等新权利不断出现，个人权利的边界也不断扩张。正是在这一特殊历史背景下，美国的立国根基“犹太教—基督教”的文化价值和传统受到了严重威胁，现代文化战争因此产生。

---

❶ 人们把那些激进的青年学生主张用激进手段进行社会政治改革的运动称为“新左派运动”，而把那些中途辍学、以期通过吸毒、放纵等方式进行的文化反叛，称为“反文化”运动。引自赵梅.美国反文化运动探源[J].美国研究，2000(1)：70.

❷ 赵梅.美国反文化运动探源[J].美国研究，2000(1)：70.

❸ 牛霞飞.多元文化主义与美国政治极化[J].世界经济与政治论坛，2021(1)：39.

❹ 王希.原则与妥协[M].北京：北京大学出版社，2014：478.

❺ 牛霞飞.多元文化主义与美国政治极化[J].世界经济与政治论坛，2021(1)：38.

第二章

# 文化战争 1.0：宗教、传统与道德

美国文化战争最初与宗教、传统与道德息息相关，这成为美国“文化战争 1.0”版本的突出标志。美国文化战争最关心的一个问题是美国是什么样的国家？美国是宗教国家还是世俗国家？美国思想家雷茵霍尔德·尼布尔（Reinhold Niebuhr）认为，美国是世界上最世俗的国家，也是宗教性最强的国家。美国社会学家理查德·纽豪斯（Richard Neuhaus）则认为，美国社会的道德基础是犹太—基督教道德。[1] 从历史上看，美国本质特性涉及四个主要组成部分：人种、民族属性，文化（最突出的是语言和宗教）以及意识形态。[2] 文化战争是美国国家属性之争，同时也让美国人对自己的国家特性产生了怀疑。“美国是否存在一个单一的、清晰可辨的、能影响当今美国价值和信条的传统”成为当代美国文化战争最具争议的问题之一。[3] 美国文化战争的根源之一是宗教与道德。

20 世纪 60 年代以来，美国社会道德的溃败与沉沦在于美国传统价值观的丧失，

---

❶ 刘澎．当代美国宗教（修订版）［M］．北京：社会科学文献出版社，2012：前言 3-4.

❷ 塞缪尔·亨廷顿．谁是美国人？：美国国民特性面临的挑战［M］．程克雄，译．北京：新华出版社，2010：10.

❸ 王恩铭．美国 20 世纪末的一场文化战争：保守派与进步派的较量［J］．世界历史，2011(5)：42.

“制止当前美国道德失落、价值失衡、人格缺失的最有效方法，就是回归经典文明的价值观，重塑美利坚精神”。[1] 对于保守派来说，美国立国精神与文明根基是“犹太教—基督教”体系。保守派认为，无论是多元化还是世俗化，它们都给“以美国犹太教—基督教为基轴、以欧洲白人文明为主体的文化价值体系”带来冲击，而自由派（进步派）则认为，美国不存在“单一性的文化价值体系，主张以文化相对主义为原则，建立一个包括欧洲白人犹太教—基督教文明在内的多元、开放、包容的美国价值体系”。[2] 当保守派与自由派对美国立国精神与美国文明的根基的认知南辕北辙的时候，文化战争就难以避免了。

## 第一节　美国宗教的世俗化、宽容与自由

为了适应现代社会发展的需要，宗教自身也在不断调整，宗教世俗化是宗教发展的一个趋势。相比较欧洲国家，美国宗教世俗化并不是特别明显。美国依旧保持着犹太-基督教的国家特性，但是，宗教世俗化倾向还是令保守派对美国国家的未来产生焦虑。美国文化战争与宗教世俗化、宗教自由及宗教宽容息息相关。

### 一、美国宗教世俗化

第二次世界大战之后，美国“主流教会”在美国基督教会内的主导地位逐渐被福音派所取代，“‘主流教会’的衰落与福音保守派的崛起成为20世纪后半叶美国宗教团体中不同派别力量对比的最大变化”。[3] 除此之外，美国宗教版图还发生以下五大变化：一是“原先已有的宗教，如天主教、犹太教和摩门教，人口比例快速上升”；二是“原先美国没有的宗教组织或宗教信仰，尤其是来自亚洲和中东的宗教信

[1] 王恩铭.美国20世纪末的一场文化战争:保守派与进步派的较量[J].世界历史,2011(5):42.

[2] 王恩铭.美国20世纪末的一场文化战争:保守派与进步派的较量[J].世界历史,2011(5):42.

[3] “主流教会”主要由美国长老会、圣公会、联合基督教会、联合卫理公会等教派组成。在美国建国之后的100多年中,主流教会处于美国宗教的主导地位,为美国政界、企业界、教育界、财界提供了大批领袖人物。刘澎.当代美国宗教(修订版)[M].北京:社会科学文献出版社,2012:43.

仰及其组织，第二次世界大战后开始登上美国舞台，其中最有影响力的是伊斯兰教、佛教和印度教”；三是“20世纪七八十年代，美国出现了名目繁多、以人类潜质为基础的团体组织，形成了一个蔚为壮观的‘人类潜质运动’，其人数比例占全美人口总数的10%”；四是“20世纪后下半叶，在对宗教信仰进行民意调查时，越来越多的美国人称自己为‘世俗主义者’”；五是“20世纪60年代，美国社会运动此起彼伏，连结不断……从民权运动到新左派运动，从嬉皮士文化运动到女权主义运动，它们不仅挑战和嘲讽美国的传统价值观，而且执意用一套新的生活方式和新的价值理念取而代之。”❶ 在宗教版图所揭示的五种变化中，美国宗教世俗化问题格外引起学者注意。

对于美国的宗教信仰，很多美国人乐观地认为美国不存在宗教世俗化现象，实际上，“美国的政治家及一些专家学者或多或少担心相反的问题——美国已经变得更加世俗化，他们也问为什么?”❷ 所谓世俗化，“是指国家在政治、经济、社会以及人们心理上已经摆脱了宗教影响或束缚状态”，主要表现为：一是政治与宗教的分离；二是公民的绝对的信仰自由；三是社会生活不受宗教的清规戒律的束缚。❸ 对照这个标准，美国无疑是一个世俗化的国家，但很多学者认为，美国只是表面上的世俗化国家，“实际上，美国是一个非常宗教化的国家，基督教在国家的政治生活、社会生活、国民心理上起着关键的主导作用”。❹

贝格尔是经典世俗化理论的代表人物，在他看来，“世俗化过程分为两个层面：摆脱宗教制度的控制和摆脱宗教象征的控制。第一个层面，表现为社会分化，指宗教与国家、教育等制度的分离，即国家、教育等制度摆脱宗教制度的过程；第二个层面，文化生活和观念摆脱宗教象征的控制过程，即意识的世俗化，具体表现为科学世界观的兴起，以及看待世界和生活时不需要宗教解释的人本主义的兴起”。❺ 一些美国人总是回忆和留恋过去的美好时光，20世纪60年代以前，大多数美国人支持在公立学校进行祷告、朗读、研习《圣经》；支持在公共场所设置耶稣诞生的场景、十字

---

❶ 王恩铭.美国20世纪末的一场文化战争:保守派与进步派的较量[J].世界历史,2011(5):40-41.

❷ EISGRUBER C L. Secularization,Religiosity,and the United States Constitution[J]. Indiana Journal of Global Legal Studies,2016(13):445.

❸ 于歌.美国的本质:基督新教支配的国家和外交[M].北京:当代中国出版社 2012:11.

❹ 于歌.美国的本质:基督新教支配的国家和外交[M].北京:当代中国出版社 2012:13.

❺ 李华伟.“美国例外论”“欧洲例外论”的由来及其超越[J].世界宗教研究,2021(4):23.

架和十诫；婚姻只发生在男女异性之间；随意堕胎视为违法。然而，如今这一切发生了变化，堕胎权曾被视为基本权利，同性伴侣可以结婚，为什么会发生这种变化？是道德的沦丧还是个人权利的进步？如果是道德沦丧，是什么导致了这种道德崩溃？美国民众依旧相信基督教道德的存在，然而，人们作为一个整体，并不像以前那样认为《圣经》是绝对的权威。基督教在美国扮演了极其重要的作用，美国是一个宗教国家的定性也不算夸张，但是，进入 21 世纪之后，美国多少还是面临着宗教世俗化的困境。

### （一）宗教世俗化——以宗教如何看待同性婚姻为例

2015 年 5 月 12 日，美国皮尤调查公司发布报告《美国宗教景况变化》（*America's Changing Religious Landscape*），从这份报告中，可以管窥美国宗教世俗化的端倪。从 2014 年 6—9 月，这次调查历时三个多月，皮尤调查公司针对美国民众宗教信仰问题展开了大规模的电话访问，受访对象中有 35 071 位成年人，调查误差小于 0.6%，这是继 2007 年之后第二次开展这样大规模的调查。[1] 具体访谈结果如表 2-1 所示。

**表 2-1　美国宗教变化情况**

单位：%

| 宗教 | 2007 年 | 2014 年 | 变化幅度 |
|---|---|---|---|
| 基督教 | 78.4 | 70.6 | -7.8 |
| 新教 | 51.3 | 46.5 | -4.8 |
| 福音派 | 26.3 | 25.4 | -0.9 |
| 主流教派 | 18.1 | 14.7 | -3.4 |
| 传统黑人教派 | 6.9 | 6.5 | -0.4 |
| 天主教 | 23.9 | 20.8 | -3.4 |
| 东正教 | 0.6 | 0.5 | -0.1 |
| 摩门教 | 1.7 | 1.6 | -0.1 |
| 耶和华见证会 | 0.7 | 0.8 | 0.1 |
| 其他基督教 | 0.3 | 0.4 | 0.1 |
| 无宗教 | 16.1 | 22.8 | 6.7 |
| 无神论者 | 1.6 | 3.1 | 1.5 |

[1] America's Changing Religious Landscape[EB/OL].(2015-5-12)[2024-4-16]. http://www.pewforum.org/files/2015/05/RLS-08-26-full-report.pdf.

续表

| 宗教 | 2007 年 | 2014 年 | 变化幅度 |
| --- | --- | --- | --- |
| 不可知论者 | 2. 4 | 4. 0 | 1. 6 |
| 无特别宗教信仰 | 12. 1 | 15. 8 | 3. 7 |

资料来源：America's Changing Religious Landscape [ EB/OL ]. ( 2015 - 5 - 12 ) [ 2024 - 4 - 16 ]. http://www.pewforum.org/files/2015/05/RLS-08-26-full-report.pdf

从调查结果分析（如表 2-2 所示），至少有三个方面的数字变化直接影响了同性婚姻合法化。

表 2-2 非宗教人口占总人口的比例

单位：%

| 在美国成人中 | 2007 年 | 2014 年 | 变化幅度 |
| --- | --- | --- | --- |
| 沉默的一代（1928—1945） | 9 | 11 | 2 |
| 婴儿潮（1946—1964） | 14 | 17 | 3 |
| X 世代（1965—1980） | 19 | 23 | 4 |
| 前千禧世代（1981—1989） | 25 | 34 | 9 |
| 后千禧世代（1990—1996） | — | 36 | — |

资料来源：America's Changing Religious Landscape[EB/OL].(2015-5-12)[2024-4-16]. http://www.pewforum.org/files/2015/05/RLS-08-26-full-report.pdf.

第一，基督教总人口在下降。自认为是基督教徒的百分比从 2007 年的 78.4% 降到 70.6%，也就是说，基督教徒的比例在过去 7 年中下滑了将近 8%。[1] 与 2007 年做比较，信仰基督教的人口比例在下降。一般来说，基督教人口基数下降，说明反对同性婚姻人口的基数也相应减少。

第二，没有宗教背景的民众在 7 年中上升得非常快。在 2007—2014 年这短短的 7 年中，那些认为自己没有宗教归属的人群从 2007 年的 16.1% 到 2014 年的 22.8%，上升了近 7%。[2] 换言之，美国现在接近 25% 的人是没有宗教信仰的。有宗教信仰人口的占比的改变具有历史性意义，很多人甚至选择离开了有组织的宗教，尤其是千禧一代（1981—1996 年出生）变化最大。在这个年龄段中，近一半的人认为自己是基

[1] America's Changing Religious Landscape[EB/OL].(2015-5-12)[2024-4-16]. http://www.pewforum.org/files/2015/05/RLS-08-26-full-report.pdf.

[2] America's Changing Religious Landscape[EB/OL].(2015-5-12)[2024-4-16]. http://www.pewforum.org/files/2015/05/RLS-08-26-full-report.pdf

督徒，同时没有宗教归属的比例也相当高。其中，1990—1996 年出生的人中没有宗教归属的占比高达有 36%，1981—1989 年出生的人中没有宗教归属的占比高达 34%，和 2007 年相比，同年龄段没有宗教归属的年轻人的比例上升了 9%。很明显的趋势是，美国信仰宗教的年轻人的比例在下降，不信仰宗教的年轻人的比例在上升，这也就从另一个侧面说明为什么相对于中老年人，年轻人反对同性婚姻的比例比较低。

第三，原有宗教人口流失快。例如，2007—2014 年，“主流教派”的人数下降到了 14.7%，足足减少了 3.5%；天主教会的人数下降到了 20.8%，减少了 3%。[1] 不过，新教的“福音教会”的人数则仅减少了 0.9%，人数达到了 25.4%，但因为人口的增加，在数目上还略有增加，从 6 000 万上升到 6 200 万。[2] 有学者曾做过统计，1965—1994 年，基督教自由派力量的主要来源——主流新教宗派（mainline denominations）在美国政治生活中被边缘化，教徒数量锐减，例如，联合基督教会教徒人数下降了 27.5%，主教会教徒人数下降了 27%，长老会教徒人数下降了 13.1%，福音信义会教徒人数下降了 8.5%。[3] 主流宗派神学家和宗派领袖理性地分析了数量减少的原因，他们归结为现代世俗化的影响。他们认为，“宗教的衰落不可避免，因为我们生活在‘后基督’时代，在这个时代受到宗教的感召的人越来越少。”[4] 因此，为了减缓宗教世俗化所带来的冲击，振兴基督教自由派，为了挽留教徒、防止流失及吸引更多的教徒加入基督教自由派，基督教自由派积极调整政策，在诸如堕胎和同性婚姻等社会议题上支持力度更大，更加包容，同时，基督教自由派也更多地采取政治行动。

第四，支持同性婚姻的基督教教徒的人数也在上升，尤其是近年来，基督教保守派教徒支持同性婚姻的人数也在上升（如表 2-3 所示）。白人主流新教徒 2014 年有 62% 的人赞同同性婚姻，2004 年则只有 34% 的人赞同同性婚姻，增加了近一倍，一般来说，基督教自由派很大比例来自白人主流新教派。

---

[1] America's Changing Religious Landscape[EB/OL].(2015-5-12)[2024-4-16]. http://www.pewforum.org/files/2015/05/RLS-08-26-full-report.pdf.

[2] America's Changing Religious Landscape[EB/OL].(2015-5-12)[2024-4-16]. http://www.pewforum.org/files/2015/05/RLS-08-26-full-report.pdf.

[3] SUNDBERG W. Religious Trends in Twentieth-Century America[J]. Word & World, 2000(20):23.

[4] SUNDBERG W. Religious Trends in Twentieth-Century America[J]. Word & World, 2000(20):23.

**表 2-3　美国宗教支持同性婚姻变化趋势**　　单位：%

| 教徒颁布 | 2004 年 | 2014 年 | 变化幅度 |
|---|---|---|---|
| 无宗教背景的人口 | 61 | 77 | 16 |
| 白人福音新教徒 | 11 | 23 | 12 |
| 黑人新教徒 | 19 | 43 | 24 |
| 白人主流新教派 | 34 | 62 | 28 |
| 天主教徒 | 36 | 59 | 23 |

资料来源：http://www.pewforum.org/2014/03/10/graphics-slideshow-changing-attitudes-on-gay-marriage/.

最令人关注的是，过去属于基督教右翼阵营的教派中，越来越多的教徒支持同性婚姻。2014 年，有 59% 的天主教教徒赞同同性婚姻，而 2004 年只有 36% 的天主教徒赞同同性婚姻；黑人新教徒 2014 年有 43% 的人赞同同性婚姻，而 2004 年只有 19% 的人赞同同性婚姻，增加了一倍多；白人福音新教徒 2014 年有 23% 的人支持同性婚姻，在 2004 年只有 11% 的人支持同性婚姻，人数也增加了一倍多。通过以上数据分析，美国基督教内部结构发生了变化，同性婚姻合法化似乎水到渠成。

一般来说，无宗教背景的人群支持同性婚姻的比例要远远地高于有宗教信仰的人群。截至 2016 年 5 月，首先在美国无宗教信仰的人支持同性婚姻的比例最高，达到了 80%；其次是天主教徒，支持率也有 58%[1]；新教徒中，反对同性婚姻的比例依旧达到了 54%，支持同性婚姻的比例是 40%；白人福音派教徒反对同性婚姻的比例最高，达到了 68%。总体而言，美国基督教教徒中有相当比例的人反对同性婚姻合法化。反对与支持同性婚姻合法化的情况如表 2-4 所示。

**表 2-4　反对与支持同性婚姻合法化情况**　　单位：人

| 信仰 | 反对人数 | 支持人数 |
|---|---|---|
| 新教徒 | 54 | 40 |
| 白人福音派教徒 | 68 | 27 |
| 白人主流派教徒 | 31 | 64 |
| 黑人新教徒 | 54 | 39 |

[1] 美国的天主教不同于欧洲的天主教。“美国的天主教，从理论上说与世界各地的天主教别无二致，都以罗马教皇为教会的最高精神领袖，以罗马教廷为教会的最高当局。但实际上，这种关系更多地具有教义上的意义而非实质性的隶属。”相对来说，美国的天主教要比罗马天主教宽容和自由。刘澎. 当代美国宗教[M]. 北京：社会科学文献出版社，2012：148-150.

**续表**

| 信仰 | 反对人数 | 支持人数 |
| --- | --- | --- |
| 天主教徒 | 32 | 58 |
| 无宗教背景 | 12 | 80 |
| 无宗教活动参与 | | |
| 每周一次或多此 | 61 | 32 |
| 超过一周 | 24 | 68 |

资料来源：http://www.pewresearch.org/fact-tank/2016/05/12/support-steady-for-same-sex-marriage-and-acceptance-of-homosexuality/）

宗教世俗化的结果除了基督教徒（不管自由派还是保守派）支持同性婚姻的比例升高之外，对待同性婚姻问题，自由派基督教会坚持“双轨制”，即民事婚姻和宗教婚姻分开，在民事婚姻中实现同性婚姻。他们认为，有必要区分民事婚姻和宗教婚姻。越来越多的信众支持民事婚姻平等权，至于宗教婚姻，则尊重各宗教自己的信仰。例如，2004 年，普救派教会（Unitarian UniversalistAssociation）进一步确认："民事婚姻是一项民事权利"，反对任何宪法修正案阻止同性恋伴侣结婚。[1] 其实，早在 19 世纪末，婚姻的世俗化和宗教化之争就已经出现，1888 年，美国最高法院在“梅纳德诉希尔案”（*Maynard v. Hill*）中明确了宗教婚姻和民事婚姻可以分开处理，“婚姻可称为……一种民事契约……并不要求任何庄严的宗教仪式”。[2] 该判决有意把婚姻的世俗性和宗教性做切割。因此，自由派基督教会认为有必要承认民事婚姻和宗教婚姻是两件不同的事情，赋予同性恋伴侣婚姻权是一项民事的、世俗的法律行为，而非单纯的宗教行为，因此，如果保守派教会从保守的教义和传统出发反对同性婚姻权，则宗教干涉政府行为的嫌疑，违背了政教分离的原则。

简言之，进入 21 世纪之后，美国的宗教境况发生了改变，基督教人口占比下降，有的基督教教派人口流失严重，特别是年轻一代不信仰宗教的人口比例在稳步提高，宗教世俗化的趋向比较明显，同时，自由派基督教会以政教分离原则作为法宝，反对宗教干预民事婚姻改革，反对宗教干预同性婚姻，主张在民事婚姻上实现同性婚姻合法化。

---

[1] Support of the Right to Marry for Same-Sex Couples[EB/OL].(1996-7-1)[2024-4-18]. http://www.uua.org/statements/statements/14251.shtml.

[2] Maynard v. Hill, 125 U.S. 190, 210(1888).

近年来，美国保守派对美国宗教人口的流失忧心忡忡，他们担心美国的宗教世俗化会动摇美国的根基。美国保守派认为，世俗化主要体现为美国的宗教版图继续迅速改变，信教群众人数下降。2018 年和 2019 年皮尤研究中心调查发现，65% 的美国成年人认为自己是基督徒，在过去十年中足足下降了 12%。与此同时，在宗教上没有附属关系的被访者中，包括那些将自己的宗教身份描述为无神论者、不可知论者或“没有特别的东西”的人，现在占 26%，高于 2009 年的 17%。信仰新教和天主教的人口正在流失。2019 年，43% 的美国成年人认同新教，低于 2009 年的 51%，20% 的成年人是天主教徒，低于 2009 年的 23%。与此同时，不信仰任何宗教的人数在激增。[1] 无论是堕胎还是同性婚姻，美国保守派认为，这些都不是重要问题，“真正重要的问题是世俗化的人本主义，这种主义反对以基督与《圣经》作为我们的社会基础”。[2]

## （二）美国宗教世俗化的主要原因

美国基督教的兴起始终伴随着世俗化的过程。[3] 世俗化是社会结构发生变化的必然结果。随着理性主义、个人主义和消费主义的影响日益扩大，文化的变化与社会结构的变化形成互动关系，因此，世俗化在一定程度上是由这些结构的变化引起的，在一定程度上世俗化则作为独立的因素运行，改变社会的道德秩序。[4] 美国有学者甚至认为，美国是一个基督教世界逐渐世俗化的国家，这也是美国衰落的根本原因。就美国而言，宗教世俗化主要有以下五个具体原因。

（1）多元文化主义的影响。近年来多元文化主义思潮对美国宗教产生了很大影响。“多元文化主义这一价值理念本身存在明显的世俗化倾向，这同美国的新教文化及以此为基础而形成的政治共识有着不可调和的冲突。可以说，多元文化主义最为深刻的来源是美国宗教宽容的理念与实践，宗教宽容意味着没有什么组织可以强迫信徒遵守所谓的正统教义，这样，宽容的思想慢慢从宗教的桎梏中解放出来，宗教多元主

---

[1] In U. S. ,Decline of Christianity Continues at Rapid Pace[EB/OL]. (2019-10-17)[2024-4-18]. https://www.pewforum.org/2019/10/17/in-u-s-decline-of-christianity-continues-at-rapid-pace/

[2] 亨特. 文化战争：定义美国的一场奋斗[M]. 安荻，译. 北京：中国社会科学出版社，2000:9.

[3] 尚新建. 美国世俗化的宗教与威廉詹姆斯的彻底经验主义[M]. 上海：上海人民出版社，2001:23.

[4] DEKKER G. Rethinking Secularization: Reformed Reactions to Modernity[M]. Lanham: University Press of American, Inc. ,1997:1.

义最终被各教派所认可，而在美国这样大多数人都信教、宗教氛围浓厚的国家中，人们接受了宗教的多元化，也就更能够接受文化多元化，虽然这种多元化是建立在基督新教为主的基础之上。”[1] 多元文化主义是文化多元主义的极端表现形式，成为“美国文明败坏性因子”，解构了美国基督教新教主体文化。多元文化主义追求文化多元性价值，贬抑主流文化，欣赏、推崇甚至崇拜各少数族群、宗教及社会弱势和边缘群体的文化。基督教新教文化是主流文化，它在追求文化多元性过程中逐渐稀释。“基督教新文化是美国政治共识的核心，而多元文化主义本身的世俗性及它对美国社会世俗化的推动，也必然导致其对基督教新教的文化及立基于其上的美国政治共识的破坏。”[2]

（2）教育促进了世俗化。随着接受高等教育的人数的增多，世俗化倾向也会加剧。美国社会学家罗伯特·乌特诺（Robert Wuthnow）认为，将美国宗教文化的变化归因于接受大学教育的美国人的比例急剧增加。[3] 另外，教育系统内去宗教化也加剧了世俗化。美国一些学者认为，大学是自由主义的温床，也是道德相对主义的培育基地。“道德相对主义被描述为道德世俗化的必然结果，大学经常被认为是道德相对主义的智力来源，尽管许多保守派现在认为道德相对主义在美国文化中普遍存在。”[4] 特朗普总统第一任期的司法部长威廉·巴尔（William P. Barr）对美国世俗化倾向表达了担心，他认为美国教育出了问题，世俗主义者从三条战线在教育领域展开了攻击：第一条战线涉及美国公立学校课程大纲与教学内容，“许多州正在实行与传统宗教原则不符的课程，而父母则根据这些课程教育子女。宗教家庭没有退出这些课程的选择”。教育领域的第二条战线是政策，宗教学校得不到资金支持，鼓励学生报考世俗教育学校。教育领域的第三条战线是最近一些州的法律强迫宗教学校遵守世俗正统的行为。事实上，随着科学、技术和教育水平的提高，人们开始更多地依赖理性分析和经验证据，而非宗教信仰来指导他们的生活。

（3）社会和家庭结构的变化促使世俗化。第二次世界大战之后，美国社会和家庭

---

[1] 牛霞飞. 多元文化主义与美国政治极化[J]. 世界经济与政治论坛，2021(1)：44.

[2] 牛霞飞. 多元文化主义与美国政治极化[J]. 世界经济与政治论坛，2021(1)：45.

[3] WUTHNOW R, The Restructuring of American Religion: Society and Faith Since World War II [M]. Princeton, New Jersey: Princeton Universtiy Press, 1988: 154-172.

[4] CHAPMAN B, et al. Culture Wars: An Encyclopedia of Issues, Viewpoints, and Voices [M]. Armonk, New York: M. E. Sharpe, 2010, p. 465.

结构发生改变，传统家庭结构瓦解，职业女性增多，女性更加独立，单亲家庭、同性伴侣家庭等非传统家庭的增多，使传统宗教信仰对家庭的支配力量减弱，人们更加注重个体的选择和自由。这种变化促使了家庭中世俗价值观的崛起，进一步推动了社会的世俗化。电视、网络等新媒体的出现、娱乐多样化等，现代社会的多样性和信息爆炸使人们接触到更广泛的思想和观念，包括不同的宗教和世俗哲学，这一切促使新时代的人们对宗教信仰发生改变。例如，美国政治学家罗伯特·普特南（Robert Putnam）认为是“电视、通勤、郊区扩张、双职工家庭，以及‘代际转变’（generational shift）”等造成美国公民活动（包括去教堂做礼拜）减少，从而容易导致世俗化的产生。[1]

（4）社会变革和运动导致世俗化加剧。第二次世界大战以来，美国社会运动此起彼伏，民权运动、反战运动、女权运动、反文化运动等，社会变革和运动引领了美国社会的世俗化加剧。首先，社会变革和运动倡导个人自由和自主权，鼓励人们对自己的信仰和价值观进行深思熟虑，而不仅仅依赖于传统的宗教教义。这种个人主义和自由思潮激发了人们对独立思考和选择的渴望，使他们更加倾向于采用非宗教的观点和生活方式。其次，社会变革和运动强调平等和包容，推动了性别、种族、宗教和性取向的平等权利。这些运动对传统宗教的歧视和偏见提出了质疑，促使人们认识到宗教信仰不能成为他人不能享受平等待遇的理由。因此，社会的价值观逐渐转向了基于平等和尊重的世俗观念。总之，这些变革和运动塑造了社会结构、价值观和思维模式，进而加速了世俗化进程的发展。

（5）美国最高法院及其他司法机构的参与。“长期以来，特别是 20 世纪 80 年代和 90 年代，美国最高法院参与了不合理但是却有效的美国世俗化运动。”[2] 美国很多学者认为，美国司法机构，特别是美国最高法院在美国宗教世俗化方面起到了积极的作用。耶鲁大学法学教授斯蒂芬·卡特（Stephen Carter）认为：“在公共场合我们经常轻视宗教，我们认为宗教对人格的形成无关紧要，宗教也容易被抛弃……”[3] 卡特总结归纳各种原因，认为其中一个主要原因是美国最高法院对“政教条款”的解读

---

[1] ROBERT D. Putnam, Bowling Alone: The Collapse and Revival of American Community[M]. New York: Simon & Schuster, 2000: 283-284.

[2] EISGRUBER C L. Secularization, Religiosity, and the United States Constitution[J]. Indiana Journal of Global Legal Studies, 2006(13): 446.

[3] CARTER S. The Culture of Disbelief: How American Law and Politics Trivialized Religious Devotion[M]. New York: Anchor, 1994: xv.

的转变……最高法院成为公共世俗主义的担保人，最高法院利用“政教分离条款”阻止宗教团体积极参与福利国家的一些项目，或者（阻止宗教团体）积极参与公共生活，这对公共政策制定至关重要。❶ 哈佛大学法学教授玛丽·格兰登（Mary Glendon）教授也认为，美国最高法院“用其威望支持了一个有争议的世俗化计划”，最高法院已经成为“致力于美国世俗化的文化力量的合作者，无论是有意还是无意”❷。社会学家纽豪斯则抱怨美国最高法院建立了一个“赤身裸体的公共场合”，宗教话语已被完全赶出了公共场合，美国最高法院“功不可没”。❸ 美国天主教大学法学教授威廉·瓦格纳（William Wagner）认为，美国最高法院“1947 年开始的第一条修正案解释模式”是第二次世界大战以来美国宗教“世俗化”的“近因”。❹ 瓦格纳教授所指的案件是美国最高法院 1947 年的“艾弗森诉新泽西州教育局案”（*Everson v. Board of Education*，简称“艾弗森案”），该案确立了“艾弗森原则”：即禁止将公款用于宗教学校，但若公款的主要受益者是学生而非学校则是允许的。❺ 该原则也是美国宪法第一条修正案“政教分离条款”的具体运用。在“艾弗森案”中，雨果·布莱克（Hugo Black，1937—1971）大法官写了经典的一句话，“国家权力不能用来妨碍宗教，也不能用来支持宗教。”❻ “艾弗森案”对后来美国公立学校的宗教实践案件产生了深远影响。

美国当代宗教保守派认为，上帝从公共场合（包括公立学校）中被赶走的世俗化倾向越来越明显，他们忧心忡忡，试图扭转这种局面。保守派认为，基督教价值观对合众国这样的共和国非常重要，它有助于塑造和培养道德，而世俗化对这个国家造成危险。保守派甚至认为，暴力、吸毒和婚外性行为等文化堕落行为的蔓延，最高法院难辞其咎。他们认为：“将宗教从学校开除是不公平的，甚至是反民主的，因为根

---

❶ CARTER S. The Culture of Disbelief: How American Law and Politics Trivialized Religious Devotion[M]. New York: Anchor, 1994: 122-123.

❷ YANES R F, GLENDON M A. Religion and the Court 1993", First Things, Nov. 1993: 28, 30.

❸ NEUHAUS R J. The Naked Public Square: Religion and Democracy in American[M]. Grand Rapids, Michigan: Eerdmans Publishing Company, 1986: 26, 80-82.

❹ WAGNER W J. "The Just and the Holy Are One": The Role of Eschatology in Harold Berman's Vision of Normative Jurisprudence[J]. Emory Law Journal, 1993(42): 1045, 1047-1048.

❺ Everson v. Board of Education, 330 U. S. 1(1947).

❻ Everson v. Board of Education, 330 U. S. 1, 18(1947).

据盖洛普的民意调查，96%的美国人都相信上帝。”[1]

正如前文所言，在西方发达国家中，美国宗教性最强，世俗化倾向也只是一种争论。有些学者认为，世俗化在美国并不存在，世俗化的辩论本身就是文化战争的一部分。那么，为什么美国有些学者大喊美国变得世俗化了呢？北卡罗来纳大学法学教授威廉·马歇尔教授（William P. Marshal）给出了两个原因：其一，由于对宗教案件中的司法原则或有关宗教政治辩论分歧的不满，危言耸听地发出了美国变得世俗化的呐喊。实质上，他们是在抱怨法官或政治人物对宗教的不合理的看法，而不是对美国社会本身的抱怨。其二，马歇尔教授可能会对世俗化的说法提出“政治”解释：因为美国是宗教的，抱怨“世俗化”是一个有效的修辞技巧。他认为，“以宗教为导向的政治团体和运动”为了获得政治利益，为了获得关注和支持，他们一直宣传自己被边缘化，而世俗化这样的修辞最能够进行动员。[2]可见，对于保守派来说，他们宁愿在世俗化没有完全发生的情况下，为了国家的灵魂，也要“先发制人”，保持美国的宗教性。

世俗化在美国不是通过在宗教和主流文化之间形成敌对，而是通过将它们的目标合二为一来进行的。[3]“在美国，宗教的世俗化不等于宗教的衰落与消亡，恰恰相反，它正是美国宗教形成和生长的过程。因此，美国宗教是世俗化的宗教。”[4]美国是一个在宪法框架下保护宗教自由并且存在宗教世俗化趋势的国家。宗教的地位和影响力在社会中是复杂而且多样化的，但是，美国基督教的特性将长期保留。

## 二、宗教宽容与文化战争

美利坚的缔造者们基于欧洲宗教战争，以及对早期美国殖民地的宗教纷争的反思，奠定了美国成为非宗教共和政体的坚实基础。美国建国之后的宗教政策体现了一定的宗教宽容精神。正是这种宗教宽容精神，让文化战争有了存在的空间。宗教宽容

---

[1] HARTMAN A. A War for the Soul of America: A History of the Culture Wars[M]. Chicago, Illinois: The University of Chicago Press, 2019: 201.

[2] MARSHALL W P. The Culture of Belief and the Politics of Religion[J]. Law and Contemporary Problems, 2000(63): 461.

[3] 乔治·马斯登. 认识美国基要派与福音派[M]. 宋继杰,译. 北京:中央编译出版社,2004:77.

[4] 尚新建. 美国世俗化的宗教与威廉詹姆斯的彻底经验主义[M]. 上海:上海人民出版社,2001:25.

是一种对不同宗教信仰和实践的尊重和包容，它认为每个人都有权利自由选择和表达自己的宗教信仰。宗教宽容的核心思想是接纳多样性和尊重他人的宗教自由。这种宽容态度可以帮助减少宗教之间的紧张和冲突，减少文化战争的可能性。例如，美国的宗教宽容政策促使基督教某些教派包容、接纳同性婚姻与堕胎权等。《大英百科全书》对“宽容”的定义是“准许他人有判断和行为的自由，心平气和、不执偏见地容忍有别于自己或传统的观点”。[1] 该定义体现了“己所不欲，勿施于人”的特征。联合国教科文组织在 1995 年 11 月 16 日第 28 届大会通过《宽容原则宣言》，其中第一条对“宽容”做出以下定义：

“决心采取一切必要的积极措施，以促进各社会的宽容，因为宽容对于实现和平和提高所有人的经济与社会地位而言，不仅是一项宝贵的原则，而且也是必要的。为此目的我们声明：

（1）宽容是对世界丰富多彩的不同文化、不同的思想表达形式和不同的行为方式的尊重、接纳和欣赏。宽容通过了解、坦诚、交流和思想、良心及信仰自由而促进求同存异。宽容不仅是一种道德上的责任，也是一种政治和法律上的需要。宽容这一可以促成和平的美德，有助于以和平文化取代战争文化。

（2）宽容不是让步、屈尊或迁就。尤其是，宽容以积极的态度承认普遍的人权和他人的基本自由。在任何情况下，都不可用宽容来证明侵犯这些基本价值是正当的。宽容是个人、群体和国家所应采取的态度。

（3）宽容是一种确认人权和多元化（包括多元文化、民主和法制）的责任。它摒弃教条主义和专制主义，并确认国际人权文件所提出的标准。

（4）宽容与尊重人权是一致的。宽容既不意味着宽容社会不公正行为，也不意味着放弃或动摇人们各自持有的信仰。宽容是指人们可自由坚持自己的信仰，并宽容他人坚持自己的信仰。宽容是指接受事实，即人虽然在相貌、处境、讲话、举止和价值观念上天生不同，但均有权利按其本来之方式和平生活。宽容还意味着人之观点不应强加于他人。”[2]

其实，宽容最早出现在宗教领域，称为“宗教宽容”。[3]《圣经》中也多次提到了

---

[1] 房龙. 宽容[M]. 李强，译. 北京：光明日报出版社，2006：5.

[2] 联合国网站：http://www.un.org/zh/events/toleranceday/declaration.shtml.

[3] 孙显元. 宽容释义[J]. 安徽大学学报（哲社版），2009(1)：19.

宗教宽容的思想，例如，耶和华说："和你们同居的外人，你们要看他如本地人一样，并要爱他如己，因为你们在埃及也做过寄居的。"❶ 耶稣说："第一要紧的，就是说：'以色列啊，你要听，我们的神，是独一的主。你要尽心、尽性、尽意、尽力爱你的神'。其次就是说："'要爱人如己。' 再没有比这两条诫命更大的了。"❷《圣经》中所提倡的"爱人如己"的思想是基督教宽容的基础。早期基督教为了对抗其他宗教，表现出不一样的气质，吸引了很多人，"基督教早期宽容、民主、实用的思想，在与专断残酷的其他宗教的竞争中具有明显优势"。❸ 但是，基督教成为罗马帝国国教之后，它不宽容的一面也显露出来，"基督教成立之后的最初两个世纪中的基督教仍然与犹太教一样，并没有摆脱犹太教的偏执态度和仇视罗马社会的思想，而且其改化他教的活动比犹太教的改化他教活动来得更厉害"。❹ 尤其在中世纪，基督教设立的宗教裁判所让上百万的所谓"异端"死于非命，成为宗教不宽容的一个血淋淋的代表。基于对中世纪欧洲的宗教战争与迫害，宽容的思想开始出现，"宽容的思想，作为一个明确的公共美德，诞生于 17 世纪英国的（宗教）审判"。❺ 后来，宗教宽容思想被政治化和法律化，成为政治宽容和法律宽容，"这完全要归功于英国的洛克、法国的培尔等学者在 17 世纪的推崇和 18 世纪欧洲启蒙运动的领袖们所倡导的自由和理性主义学说"。❻ 其中，洛克专门写了一本专著《论宗教宽容》。在该书中，洛克认为宽容是一个纯正的教会必备的特征，是"仁爱、温顺以及对全人类包括非基督徒的普遍的友善"，而一切以宗教名义排除异己、煽动斗争的人都是"那些自认为他们自己关于拯救灵魂的基本要义所作的解释要比圣灵——上帝的永恒的智慧还要高明的狂妄之人"❼。经过启蒙运动之后，宗教宽容思想最终演变为政治宽容和法律宽容。政治宽容的体现包括信仰自由、宗教平等、保护少数派宗教权益、反对宗教歧视等。法律宽容的实现包括建立宗教平等的法律框架、保护宗教团体的合法权益、禁止宗教仇恨言论和行为等。

---

❶ 圣经・旧约[M]. 南京:南京爱德印刷有限公司,2012:112.

❷ 圣经・旧约[M]. 南京:南京爱德印刷有限公司,2012:56.

❸ 陈根发. 论宗教宽容的政治化和法律化[J]. 环球法律评论,2007(2):6.

❹ 陈根发. 论宗教宽容的政治化和法律化[J]. 环球法律评论,2007(2):7.

❺ 陈根发. 论宗教宽容的政治化和法律化[J]. 环球法律评论,2007(2):7.

❻ 陈根发. 论宗教宽容的政治化和法律化[J]. 环球法律评论,2007(2):7.

❼ 洛克. 论宗教宽容[M]. 吴云贵,译. 北京:商务印书馆,1982:1,51.

宽容思想随着欧洲殖民者漂洋过海来到北美大地并且得到了很好的实践。社会稳定和文明进步的标志之一体现为一定程度的宗教宽容。托克维尔在《论美国的民主》一书中特别提到美国新教的宽容气质："基督教各派林立，并不断改变其组织……既没有人想去攻击它，也没有人想去保卫它。"❶ 正是美国宪政体制中所包含的宗教宽容的基因，使得美国政治生活和社会生活具有非革命性质，不像法国或欧洲其他国家那样经常发生血淋淋的革命。

"宗教宽容政治化和法律化的尝试开始于美国的独立运动和制宪过程。"❷ 美国建国初期所确立的政教分离与宗教自由的政策本身就体现了一种宗教宽容的精神，让所有的宗教和谐共处，相互包容。政教分离和宗教自由原则的运行是为了确保政府不干预宗教事务，同时保护各个宗教群体的平等权利和宗教自由。这种政策的本质是倡导不同宗教信仰和观点之间的和谐共处，避免因宗教因素引起的冲突和社会不稳定。通过政教分离和宗教自由的政策，社会能够促进宗教宽容，尊重和容纳多样的宗教信仰，为个人和宗教团体提供平等的发展和表达机会。

在美国，宗教宽容成为政治宽容和社会宽容的先导和标志，正是因为美国宗教之间比较宽容，社会、政治和法律也日趋宽容。以美国天主教和罗马天主教的区别为例。美国的天主教虽然也承认罗马天主教教皇为精神领袖，但是，美国天主教比罗马天主教要宽容和自由，主要体现在以下三个方面：一是宗教观念更为开放；二是对社会道德问题更加宽容；三是强烈关注社会正义。❸ 1991 年，盖洛普的一项民意测验说明，"美国 57% 的天主教会成员赞成人工避孕措施；3/4 的天主教徒认为妇女在某种情况下选择堕胎是合法的；67% 的天主教徒认为同性恋者也可以是好基督……在伦理问题上，美国天主教徒更愿意'随自己的良心走'"。❹ 正是美国天主教的宽容与自由导致它与罗马天主教教廷关系一度紧张，"美国天主教内的自由派主张在堕胎、离婚、人工节育、同性恋等问题上持宽容态度，这些主张涉及罗马天主教在伦理道德方面的基本原则，很难被教皇接受。但美国社会对道德问题的态度变化又使天主教徒很

---

❶ 托克维尔. 论美国的民主[M]. 董果良,译. 北京:商务印书馆,1988:522.

❷ 陈根发. 论宗教宽容的政治化和法律化[J]. 环球法律评论,2007(2):8.

❸ 刘澎. 当代美国宗教[M]. 北京:社会科学文献出版社,2012:148-150.

❹ 刘澎. 当代美国宗教[M]. 北京:社会科学文献出版社,2012:149.

难在现实生活中完全恪守旧的天主教规”。[1] 因此，相比较罗马天主教，美国的天主教会往往更加注重宗教自由和个人信仰的权利。美国的天主教会也更加积极参与社会事务和政治活动，推动社会正义和人权问题；美国天主教往往致力于在多元社会中建立和谐共处、宽容互敬的氛围。在与其他宗教信仰和社群的互动中，美国天主教会可能展现出一种开放、包容和对话的立场。

事实上，罗马天主教也逐渐走向宽容，例如，教皇对同性恋问题也逐渐表现出了宽容。现任罗马天主教教皇方济各（Francis，1936 年—）就曾表示："教会对这些问题（堕胎、同性恋婚姻、避孕）的教义是非常明确的，而我是教会之子，但没有必要总是谈论这些话题；我们必须找到一个新的平衡点，否则就算是教会构筑起的道德大厦也可能像'用纸牌砌成的屋子'那样坍塌。""我凭什么去批判一位善良的信奉上帝的同性恋者?""在布宜诺斯艾利斯时，我常常收到同性恋者的来信，这些人被社会深深地伤害了，因为他们觉得教廷总是对他们口诛笔伐，但这不是教廷想要做的。"[2]

少数族群获得权利的前提是道德宽容。当一个社会对少数族群采取道德宽容的态度时，它意味着社会愿意接纳和尊重不同的族群，并给予他们平等的权利和机会。道德宽容有助于创造一个包容性的社会环境，使少数族群有机会发展和实现自己的潜力。它促进了人权和社会正义的实现，建立了一个更公平和平等的社会。例如，在美国学者看来，同性婚姻权获得承认的首要前提是获得道德的谅解与宽容，否则，同性婚姻权这样的权利在美国没有任何存在的空间，堕胎权也一样。道德宽容的基础在于相信每个人都有尊严，而人的尊严是人权产生的根源，没有尊严，人权无从谈起。人的尊严是最基本的人权，也是宽容的逻辑起点，"人们并不是为了生活而'需要'人权，而是为了一种尊严的生活而'需要'人权"。[3] 道德宽容是宗教宽容的重要内容，道德宽容许可他人的思想和行为与己不同，只要他人的思想和行为对社会和个人不造成损害，就应该把他人当作人来看待，就要尊重他人的尊严，而不应该抡起"道德大棒"进行威吓甚至迫害。道德宽容的核心内涵是道德自由、不干涉及尊重权利原

---

[1] 刘澎.当代美国宗教[M].北京:社会科学文献出版社,2012:151.

[2] 转引自陈阳.传统婚姻的颠覆性危机:关于同性婚姻立法的几点思考[J].山东社会科学,2013(11):21.

[3] 杰克·唐纳利.普遍人权的理论与实践[M].王浦劬,等译.北京:中国社会科学出版社,2001:13.

则、实现公平正义的道德秩序。❶

美国同性婚姻合法化不是一蹴而就的，社会、政治和法律对它的宽容是经过近50年的冲突、妥协与反思之后达成的一种宽容。这种宽容还是基于道德的宽容，“宗教宽容中包含着道德宽容，即对人的关怀和维护人的尊严”。❷ 当同性恋在宗教和道德上不再有“罪”之时，当同性婚姻关系同性恋者尊严的时候，基督教自由派甚至包括保守派中的部分教徒宽容、支持同性婚姻的比例就会逐年提高。道德宽容的基础在于相信每个人都有尊严。而人的尊严是人权产生的根源，没有尊严，人权无从谈起，因此《世界人权宣言》第一条就开宗明义地提出“人人生而自由，在尊严和权利上一律平等”。❸ 自由派基督教会认为，“很多运动展现了包容、接纳同性恋和同性恋者的精神。今天的年轻人更加包容。我们感觉到宗教团体越来越包容。”❹ 因此，到了21世纪的今天，无论在欧洲还是在美国，不仅自由基督教派，甚至保守基督教派，对同性恋和同性婚姻的宽容成为一种趋势，因为“宽容”两字承载了太多的内涵。同性婚姻合法化就是美国宗教宽容、政治宽容和法律宽容的一个必然结果。

## 三、宗教自由——以同性婚姻为例

美国宗教派别林立，教义五花八门。但是，随着时代发展，美国宗教派别的教义对于区分宗教来说，重要性降低，宗教内部的自由和保守的分野成为研究宗教的一个重要指标。在《美国宗教的重组》（*The Restructuring of American Religion*）一书中，普林斯顿大学社会学教授罗伯特·乌斯诺（Robert Wuthnow）认为，自第二次世界大战以来，美国在文化和制度层面发生很大变化，特别是美国大众高等教育的兴起，民权运动和反战运动方兴未艾，美国宗教也发生很大改变，新教、天主教和犹太教之间旧有的分歧被自由派和保守派的分歧所打破，自由与保守的分歧贯穿于美国传统的三大宗教。❺

---

❶ 韩玉璞. 道德宽容及其现代价值[J]. 河南师范大学学报(哲学社会科学版),2012(6):40.

❷ 孙显元. 宽容释义[J]. 载《安徽大学学报》(哲学社会科学版),2009(1):19.

❸ 联合国网站:http://www.un.org/zh/universal-declaration-human-rights/index.html.

❹ Policies of 47 Christian faith groups towards homosexuality[EB/OL]. [2024-4-19]. http://www.religioustolerance.org/hom_chur2.htm.

❺ WUTHNOW R. The Restructuring of American Religion: Society and Faith Since World War II, Princeton[M]. New Jersey: Princeton Universtiy Press, 1988: 97-98.

在美国，自由主义的宗教派别倾向于更加开放和进步的价值观。他们更注重个人自由、平等和社会公正，在宗教信仰和实践上采取更灵活和包容的态度。在政治观点上，自由主义派别倾向于支持性别、种族和性取向平等，强调社会公益和积极政府干预；而在保守的宗教派别看来，人们更加倾向于传统的宗教观念和规范。他们强调宗教的权威性和传统的教义，坚守传统的道德规范和家庭价值观，并在很大程度上抵制宗教与现代社会价值观的融合。在政治上，宗教保守派常常强调宗教自由、传统家庭模式、保守的社会政策和保守的外交政策。

过去的宗教冲突主要是因为宗教和教派的冲突而引起，主要由教义、神学观点及宗教实践等不同而产生，现在则是意识形态和文化问题超越了教义这些因素而导致的冲突，也就是说，当今美国，保守的新教徒与保守的天主教徒和保守的犹太教徒的共同点远多于他们与自由派新教徒的共同点，这无疑是宗教的另一种重组。这样的重组并非按照教派，而是根据保守与自由的意识形态。

根据美国宪法第一条修正案，宗教自由是由信教自由条款和不得确立国教条款两部分组成。它们彼此制约，同时也彼此支持，因而共同保证了宗教自由的实现。如果一方面说宗教信仰自由，另一方面又将某一宗教置于优先的地位，那么必然会影响人在信教上的选择，自由也就成了有限制的自由。将某一种宗教置于优势地位，也是对人自由选择的挟持。只有保证信仰的选择没有受到明显或暗示的影响，才能实现真正的信教自由。以同性婚姻为例，如何在宗教自由和同性婚姻权利之间取得有效平衡呢？一部分人基于自己的信仰认同同性婚姻，另一部分人同样基于自己的宗教信仰拒绝同性婚姻，那么这两种宗教信仰的冲突就以同性婚姻为载体而表现出来。承认同性婚姻的价值会不会也是给予了此种价值一种优先的地位呢？这和第一条修正案的精神是否有冲突呢？

在基督教中，婚姻从来不是个人的事情。虽然基督教自由派打出“政教分离”的旗号，主张宗教不要干涉民事婚姻，同性恋伴侣在民事婚姻上应该获得婚姻平等权，然而，对于基督教保守派教徒来说，他们完全可以打出另外一张王牌——“宗教信仰自由”。美国宪法第一条修正案中的两个重要条款在同性婚姻议题上发生了冲突。美国本质上还是一个宗教国家，婚姻不仅是一个世俗的民事法律事务，而且它也是一项宗教事务，完全实行所谓的“双轨制”——民事婚姻归民事，宗教婚姻归宗教，实际上，这很难完全分割开来，因为从世俗角度来说，民事婚姻的确是一种法律行为，可以获得法律保障；而从宗教角度来说，宗教婚姻其实是一种仪式和习俗，不仅使婚姻有神圣感和庄严感，而且可以使婚姻获得神的祝福。因此，同性婚姻合法化会影响到那些广大虔诚的教徒的宗教信仰与情感，不仅影响美国的宗教自由原则，而且容易造成社会的对立。2015 年，美国最高法院在判决同性婚姻合法化的案件中，首席大法官罗伯茨在异议意见中表达了焦虑：第一条修正案保障的不单是“谈论”宗教自由，而是“实践”（exercise）宗教自由，“毫无疑问，新创造的同性婚姻权会与宗教自由发生冲突，例如，当一个教会学校只向异性夫妇提供住宿，或者当一个宗教收容机构拒绝同性伴侣收养小孩时，也要禁止吗？不幸的是，有信仰的人很难从今天多数大法官的判决中得到任何安慰”。❶ 的确，如果同性婚姻成为“政治正确”的话，那么对那些“顽固”地坚持“一夫一妻”传统婚姻的教徒来说，可能会存在不小的压力，同时美国社会也会面临大量的法律纠纷。

当同性婚姻获得合法之后，必然会在法律上与其他权利产生紧张与冲突。比如一个人因为自己的宗教信仰而拒绝为同性婚姻提供服务时，宗教自由和同性婚姻，法律又该保护哪一方的权利呢？学者张业亮曾分析了 2015 年美国同性婚姻合法化后美国宗教自由面临的新难题，例如，是否有权以维护宗教自由、恪守自己良心之名拒绝为同性恋者服务？一些保守州，例如印第安纳州，为了让本州的教徒有一个合法的“护身符”，有一个合法的拒绝理由，通过了《宗教自由法》。正如该州州长所言：“印第安纳州需要有自己的宗教自由法，以便‘确保宗教自由受到州法律的保护’。换言之，该法通过后，印第安纳州的商家可以以基督教信仰为由拒绝为同性恋者提供服务而不受处罚。”❷ 然而，这样的法律显然和美国同性婚姻合法化趋势格格不入，也违背了美国最高法院的判决精神，因此，大量的同性恋权利运动活动分子纷纷走上街头抗议该法，该法的支持者和反对者似乎都有确凿的理由：“支持者认为，该法保护了宗教自由，防止笃信宗教的个人和商家因受到政府的干预而被迫为同性伴侣婚礼提供服务，并不是为了歧视任何团体……该法旨在确保州和地方政府不能干预公民和企业实践其宗教信仰的活动。反对者则认为，该法允许商家拒绝为同性恋者提供服务，是同性婚姻歧视的合法化，实际传达了这样一个明显的信息：基于宗教的歧视在该州被认为是可以接受的宗教活动，从而侵犯了每个人都有受到法律平等保护和平等

---

❶ Obergefell v. Hodges,576 U. S. __(2015),Roberts,C. J. ,dissenting,p28.

❷ 张业亮. 美国“宗教自由”的新难题[J]. 世界知识,2015(11):71.

对待的权利，而平等是美国社会价值观和政治文化的核心之一。”❶ 可以预见，2015年美国最高法院所判的“奥伯格菲尔诉霍奇斯案”（*Obergefell v. Hodges*，简称“奥伯格菲尔案”）赋予同性恋伴侣的结婚权同堕胎权一样，将造成社会的分裂。❷ 如何在同性婚姻权和他人宗教信仰自由之间做有效的平衡，必将是美国司法长期面临的难题。法律的困境以具体的形式表现了出来，在赋予一方权利的同时，却给另一方造成了不可避免被伤害的处境。在这种困境中，法律的目标是通过合理的限制和保护机制来平衡不同权利之间的冲突。法律制定者会努力寻找平衡点，以最大程度保护每个人的权利和利益，同时尽量减少可能造成的伤害。

## 第二节　福音派、基督教右翼与基督教民族主义

美国是一个宗教国家，清教主义是美国立国的根基。美国的国家价值观与民众的基督教信仰紧密相连。宗教作为特殊的社会思想和价值观之一，它“更为持久且缺乏弹性”，而“得到神明护佑的政治参与”且“不容忍妥协”。❸ 因此，如果宗教与政治联姻，宗教的威力惊人，它广泛的社会动员力，政治有时也会变得如宗教般的狂热。2009年，复旦大学教授徐以骅就认为：“近30年以来，由于美国基督教福音派的复兴和宗教右翼的‘政治觉醒’，宗教在美国内政外交中的作用日益显现。”❹ 宗教与政治互动在人类历史上从未间断过。美国基督教右翼与基督教民族主义与美国政治有着千丝万缕的联系，他们影响着美国的政治历程。

### 一、福音派运动——以“堕胎权”为中心

美国的福音派传统及福音主义是美国的一个文化特色和文化传统，它也是美国独

---

❶ 张业亮. 美国“宗教自由”的新难题[J]. 世界知识，2015(11)：71.

❷ Obergefell v. Hodges, 576 U. S. __(2015), Opinion of the Court, p. 11.

❸ BANCHOFF T. Introduction: Religious Pluralism in World Affairs[M]//BANCHOFF T, et al. Religious Pluralism, Globalization, and World Politics, New York: Oxford University Press, 2008: 3.

❹ 徐以骅. 宗教在当前美国政治与外交中的影响[J]. 国际问题研究，2009(2)：33.

一无二的宗教文化现象。美国福音派运动对美国政治产生了重要的影响，并在政治舞台上发挥着重要作用。福音派教徒在美国的选民群体中占据显著比例，他们的选票和支持对政治候选人和政策的胜负具有重要影响力。福音派教徒通常关注道德价值观、宗教自由和家庭价值观等议题，并在这些议题上表达强烈的立场。他们对堕胎、同性婚姻、宗教自由和教育方针等议题持有保守观点，扮演着维护传统道德价值观的角色。

### （一）美国福音派（Evangelical）的构成与特点

美国的福音派传统源于基督教的福音（Gospel）传统，强调对《圣经》的权威解读和对耶稣基督的信仰。福音派强调个人对基督救赎的信仰和个人心灵的转变，强调个人与上帝的直接关系，并鼓励个人在生活中实践信仰。福音主义是福音派传统的一种表现形式，强调通过宣讲福音和传播基督教的救赎信息来带领人们接受耶稣基督的救恩。福音主义注重 传福音（evangelism）和转变自己（自我救赎）（conversion），希望能够引导更多的人认识基督并与基督建立个人的关系。18—19 世纪两次大觉醒运动促使福音派的兴起和扩展，使福音派成为美国宗教派别的重要力量。福音派强调个人对基督的信仰和救恩的重要性，注重弘扬福音和传播基督教的信息。福音派教派在美国社会中的广泛传播和影响力使其在政治、文化和社会议题上有较大的发言权和参与度。“福音派作为一种宗教传统逐渐成为美国宗教和文化的主流。即便是作为少数派的犹太教、天主教、东正教等，也常常不得不在某种程度上迎合福音派的传统，以适应美国文化的主流。”❶

新教徒作为美国最大的宗教分类，由两大宗教群体组成——主流宗教派（mainline Protestants）和福音派教徒——他们有着相同的根源。给福音派下一个清晰的定义是相当复杂的。❷ 福音派可以作为“一个概念的统一体”，可以作为“一种有机的运动”，也可以作为“一个跨宗派的群体”而存在。❸ 福音派具有以下五个显著特征：

---

❶ 刘义. 美国政治中的福音派与基要派：兼与伊斯兰原教旨主义的比较[J]. 上海大学学报，2012(2)：65.

❷ BROWN C，SILK M. The Future of Evangelicalism in America[M]. New York：Columbia University Press，2016，p. 6.

❸ 刘义. 美国政治中的福音派与基要派：兼与伊斯兰原教旨主义的比较[J]. 上海大学学报，2012(2)：64.

一是《圣经》无误，它是最权威的学说；二是《圣经》中记载的上帝救世是真实历史存在；三是基督的赎罪与拯救，福音派教徒都说自己是再生基督徒或者说自己曾经有过“再生”经历；四是福音主义与宣教的重要性，鼓励其他人信仰基督耶稣；五是一种精神上得到转化的重要性。按照这个解释，美国很多新教教派，例如，五旬节派、长老会、卫理公会、南方的黑人浸礼会等都属于福音派，“在最近几十年里，考察福音派信仰的民意调查表明，有近五千万美国人符合这一界定”。❶ 与其他基督教教派相比，福音派更加注重个人与上帝之间的关系，要把信仰渗透进社区的方方面面。福音派对传播福音有一股天然的热情，直接通过传播福音来完成教义的传播。

根据 2015 年皮尤调查机构的调查，基督教信教人口在美国占绝大多数，共占美国人口的 70.6%，其中福音派基督徒占总数的最大部分，占美国人口的 25.4%。❷ 可见，福音派基督徒在美国很有影响力。根据 2018 年皮尤调查机构发表的《当代福音派新教徒的五个真相》报告，对当代福音派进行了以下分析。

第一，2014 年皮尤调查机构发表《美国变化的宗教形势》（*America's Changing Religious Landscape*）报告。该报告表明，2014 年，大约 25.4% 的美国成年人属于福音派，只比 7 年前的数据下降了 0.9%，这说明福音派的人数比例变化很小，这部分人口比较稳定。而同一时期，相对来说，天主教徒的人口比例变化却比较大，从 2007 年的 23.9% 到 2014 年的 20.8%，足足下降了 3.1%；同样，主流新教徒的人口比例降幅也比较大，从 2007 年的 18.1% 下降到 14.7%，下降了 3.4% 之多。❸

第二，由于总人口的增长，导致福音派教徒总量的增加，尽管福音派占人口比例略有下降。2014 年美国福音派人口大约为 6 220 万人，比 2007 年的 5 980 万人多出了 240 万人。

第三，在美国，从福音派种族构成比例来看，大约 76% 的福音派新教徒是白人，然而，随着时代发展，福音派其他种族教徒的比例正在稳步上升。截至 2014 年，大约有 11% 的福音派教徒为西班牙裔，西班牙裔福音派人口增长比较快；其次是 6% 是

---

❶ 马斯登. 认识美国基要派与福音派[M]. 宋继杰，译. 北京：中央编译出版社，2004：4-5.

❷ Religious Landscape Study[EB/OL]. [2024-4-20]. https://www.pewforum.org/religious-landscape-study/.

❸ America's Changing Religious Landscape[EB/OL]. (2015-5-12)[2024-4-20]. https://www.pewforum.org/2015/05/12/americas-changing-religious-landscape/.

非洲裔，尤其是美国南方地区黑人福音派人口增长也比较快；另外，2%为亚裔，5%为其他种族或混血人群。

第四，与美国公众整体教育程度相比，福音派教徒平均受教育程度较低。大约21%的福音派新教徒具有大学本科文凭，35%的人接受过大学教育（包含大专教育），43%的福音派信徒为高中及以下学历。在传统工业区，白人福音派人口由于受教育程度低，失业率也比较高。

第五，福音派的新教徒有近一半（49%）的成年人居住在美国南方；近1/4（22%）的福音派新教徒居住在中西部（那里居住着全美21%的成年人），1/5（20%）的人居住在西部（那里居住着全美23%的人口）；只有9%的福音派新教徒住在东北部，东北部居住着美国成年人口的18%。[1] 毋庸置疑，福音派并非铁板一块，美国的历史与不同种族、不同信仰的人的故事紧密交织。而且，福音派运动在不同地区和教派中存在差异和变化，福音派教派本身也具有多样性和内部分歧。在讨论福音派的影响时，需要考虑不同地理、社会和宗教背景下的多样性，以及福音派个体的信仰和行动的多样性。

### （二）福音派运动

福音派早在16世纪西方宗教改革时期就已经尝试反对权威、主张自治和传播福音，这“既是一个基督教当中的教派，也可以说是一个复杂的宗教现象”。在欧洲历史中，福音派教徒出现得相对比较早。19世纪70年代末到20世纪20年代，由于文化上的冲突，福音派事实上一分为二：神学自由主义者和保守主义者。前者认为，为了适应时代发展，可以修改福音派某些核心教义，对《圣经》的解读偏自由主义色彩；而后者则依旧固守传统的福音教义，而其中的好战分子则成为福音派基要派（fundamentalist），“基要派就是对某些事情怒气冲冲的福音派教徒”，“他们反对教会中的自由主义神学或文化价值观的各种变化或那些与‘世俗人本主义’相联系的东西的斗士”。[2] 另外，当时在新教徒中，越来越多的人接受了达尔文主义，他们强烈批评《圣经》，这无疑挑战了《圣经》的权威，也导致了福音派的分裂。

---

[1] 5 facts about U. S. evangelical Protestants[EB/OL].(2018-3-1)[2024-4-20]. https://www.pewresearch.org/fact-tank/2018/03/01/5-facts-about-u-s-evangelical-protestants/.

[2] 马斯登.认识美国基要派与福音派[M].宋继杰,译.北京:中央编译出版社,2004:1.

20 世纪 30 年代以后，福音派运动转化为“新福音派”（new-evangelicalism）运动，新福音派教徒专注于重生、转换和使命，抛弃了分离主义的态度。新福音派领袖是葛培理（Billy Graham）牧师，他领导了宗教改革运动。新福音派在美国南部蓬勃发展，而学者们将美国新福音派的根源追溯到 20 世纪初的原教旨主义运动，原教旨主义意味着忠实于基督教的基本原则。葛培理为福音派的复兴作出重要贡献。从 1955 年起，葛培理牧师结识艾森豪威尔总统，他成为十一位美国总统的“精神牧师”(属灵顾问)，服务和影响了多位共和党总统（尽管葛培理一直支持民主党）。20 世纪 40 年代和 50 年代“新福音主义运动”兴起，主要是在那些自诩为正统的人中间盛行。美国公共宗教研究所（Public Religion Research Institute）主任罗伯特·琼斯（Robert Jones）认为，在 20 世纪 60 年代以前，美国主流新教在文化和政治上占主导地位，福音派教徒积极参与公共政策，与共和党结盟是一个相对较新的现象。❶ 它们的结盟完全归因于美国最高法院几个划时代的文化战争案件的判决。例如，1965 年的“格里斯沃尔德诉康涅狄格州案”（*Griswold v. Connecticut*）和 1973 年“罗伊诉韦德案”（*Roe v. Wade*）等❷，这些判决引起美国国内保守势力大反弹，促使福音派与共和党联合去推翻美国最高法院这些自由激进的裁决。

共和党与福音派是绝佳拍档。共和党拥有权力，福音派拥有会众与选民，共和党为福音派搭建政治舞台，福音派给共和党提供神学支持。莫瑟尔大学基督教伦理教授大卫·古希（David P Gushee）认为：“福音派介入政治斗争之中，积极投身到更广泛的‘文化战争’的环境中，这种环境正在撕裂我们的国家。”❸ 福音派与共和党结盟应该是政治需要大于神学需要。与一贯谴责堕胎的天主教徒不同，在 20 世纪 80 年代之前，大多数福音派教徒在堕胎问题上一直持积极或中立的立场。事实上，1971 年南方浸礼会通过了一项决议，要求在各种情况下合法堕胎，其中不仅包括强奸和乱伦，而且还包括“母亲由于情感、身心健康受损害”。也就是说，福音派选择“堕胎”这个文化战争议题，可能具有功利性的考量，不完全是宗教的教义和信仰……美国福音派政治显著特征之一就是不追求信仰的垄断，不追求政教合一。“由于福音派坚持政

❶ JONES R. The End of White Christian America[M]. New York:Simon & Schuster,2016:34-35.

❷ Griswold v. Connecticut,381 U. S. 479;Roev. Wade,410 U. S. 113(1973).

❸ GUSHEE D P. Evangelicals and Politics:A Rethinking[J]. Journal of Law and Religion,2007(23):105.

教分离的传统，因此，他们很少像政治伊斯兰那样追求一种意识形态的垄断，而是希望通过形成压力团体推动机构间的利益合作、广泛的道德原则及在公共领域的地位。”❶

回顾历史，南方福音派在南方消除种族歧视与隔离过程中，扮演了消极甚至负面的角色。例如，一些南方福音派教派和传统在这一时期反对种族融合与平等的努力，支持种族隔离和白人优越的观点。他们使用宗教信仰的论据来支持种族隔离，声称种族隔离符合上帝的旨意。同样，他们对西裔移民持抵制态度。然而，随着福音派狂热的福音传播，南方的黑人越来越多地加入福音派，成为福音派重要的力量，正如玛丽华盛顿大学宗教学教授玛丽·马修斯（Mary Matthews）所言，在历史上，基督教主要是“由白人、中产阶级、受过教育的新教徒的目标和愿望来定义的”。然而，她认为，对于黑人来说，“自由派”和“保守派”这两个词太二元了，无法帮助理解黑人福音派的教义信仰，因为非裔美国人主要被视为传教活动的接受者。❷ 由此可见，福音派的教徒种族多元、利益诉求比较复杂。从传统来看，大部分白人福音派教徒是共和党坚定的盟友。

第二次世界大战之后，美国的福音派在宗教及政治运动中与共和党结成一定的同盟关系，影响着共和党选民的意愿与投票倾向。自 20 世纪 80 年代以来，约 70% 的福音派教徒支持共和党候选人，福音派在许多关乎避孕、堕胎、同性恋权利及政教分离的议题上发挥关键的政治游说及影响力。❸ 福音派反对堕胎基于以下道德与价值诉求。

首先，20 世纪 60 年代以来，由于民权运动，种族隔离政策废除，黑白通婚、黑白共校，从尼克松到卡特，联邦政府都在强行推进黑白共处，强化种族融合。白人基督教保守派觉得自己的生存空间受到压缩，白人基督教群体特权受到削弱，白人盎格鲁-撒克逊新教徒（White Anglo-Saxon Protestan，WASP）特质逐渐丧失。然而，保守白人基督徒（特别是福音派）觉得必须要团结起来，在政治上发挥作用，影响政

---

❶ 刘义. 美国政治中的福音派与基要派：兼与伊斯兰原教旨主义的比较[J]. 上海大学学报，2012(2)：73.

❷ MATTHEWS M B S. Doctrine and Race：African American Evangelicals and Fundamentalism between the Wars[M]. Tuscaloosa：University of Alabama Press，2017：6，10.

❸ HANKINS B. American Evangelicals：A Contemporary History of a Mainstream Religious Movement[M]. Lanham，Maryland：Rowman & Littlefield Publishers，2009：156.

府决策。靠什么理念来凝聚松散的白人基督教团体呢？反堕胎是一个绝佳的抓手，简单好用，以捍卫生命的名义整合保守的基督教力量。如前文所言，反堕胎不是出自福音派的教义和信仰，更多的是出于政治利益。

其次，20 世纪 70 年代，福音派人士试图让基督教重回美国社会，他们想发挥政治影响力。于是，这些福音派保守人士成立了很多政治组织。由于这些组织有很多支持者，具有强大的草根运动动员能力，它们成为利益集团和游说集团，它们能够影响选举。受“罗伊案”判决的深深刺激，浸礼会传教士杰里·法尔韦尔（Jerry Falwell）成立了“道德多数派”（Moral Majority）组织，该组织宣称要恢复美国基督教遗产与精神[1]，反对世俗人文主义者败坏美国国家精神与传统，号召基督徒在道德与价值观领域“夺回”话语权。他们的政治目标大致可以用一句话概括：“捍卫生命、捍卫传统家庭、捍卫国防，以及捍卫以色列。”宗教自由派和保守派针对堕胎议题的冲突最为激烈，堕胎议题当仁不让地成为他们最关注的议题。该组织看重了里根，投资里根，与里根结成了牢不可破的结盟关系，里根也倚重该组织背后的数量庞大的信众及他们手中的选票。因此，反堕胎也写入了里根的总统竞选纲领中，堕胎问题上升为一件“非常重要”的议题。

## 二、基督教（宗教）右翼（Chiristian Right）

基督教右翼在美国社会中具有一定的影响力，他们有时与保守主义政治团体和政治家合作，以推动符合他们的宗教信仰和价值观的议程，并在政治运动、选举、公共政策等领域发挥作用。

### 1. 基督教右翼与激荡的 20 世纪 60 年代

19 世纪末的福音派运动对基督教右翼的形成产生了重要影响。20 世纪初的现代主义之争进一步塑造了基督教右翼的命运。20 世纪中叶的美国社会变革推动了基督教右翼的崛起，民权运动、反文化运动和反战运动此起彼伏。宗教保守派通常对民权运动（以及种族混合）、新的女权主义浪潮（以及拟议的平等权利修正案）和新兴的

---

[1] “道德多数派”与共和党的联姻持续了大约 10 年。里根总统第二届任期时，基督教右翼组织风光不再了，该组织接受的捐款大幅缩水。1980 年里根刚上任时，美国处在道德崩溃的边缘。经过里根总统的 8 年治理及宗教右翼深度融入美国政治，美国道德状况明显改善。1989 年，法尔韦尔在拉斯维加斯宣布：道德多数派实现了既定目标，该组织解散。

同性恋婚姻权利运动都抱有敌意。性泛滥、沉迷于毒品、学生抗议和蔑视权威现象突出，他们对传统宗教价值观提出了挑战，宗教保守派对此感到震惊。为了回击自19世纪中叶开始的自由主义思潮及让传统道德与基督教精神回归，20世纪70年代中期，“基督教右翼”或“宗教右翼”的政治势力开始崛起，他们积极回应这些变革，坚守传统观念，维护他们认为正确的道德价值和生活方式。基督教右翼主要由白人基督教教徒构成，它主张反对女权主义，反对堕胎合法化，反对他们所认为的危害‘家庭价值观’的其他堕落行为。”❶“基督教右翼主要是指天主教和新教保守派，其所信奉的是基督教传统教义，反对达尔文进化论。”❷ 基督教右翼组织的领导人认为自己是拥护美国传统价值观的爱国者，他们努力使美国变得伟大，而批评人士则警告说，基督教右翼威胁了个人自由和文化多样性，因为它试图拆除教会和国家之间的分离之墙。在基督教界，有些人批评基督教右翼，他们很偏执，他们坚持对《圣经》的原文解读，并将其视为道德和社会行为的绝对权威。基督教右翼的主要目的是建立某种神权。基督教右翼的批评者进一步认为，教会的工作是通过福音和慈善来赢得人们的信任，而不是通过参与政治活动来划分他们。

2. 基督教右翼出现的深层原因

美国基督教右翼的正式崛起，既有美国国内因素也有国际因素。从国内来说，经过20世纪60年代一系列的运动，在社会取得进步的同时，保守派认为，社会道德在沉沦，美国传统生活方式在改变，立国根基在侵蚀，这让他们痛心疾首，他们决意要进行“拨乱反正”，基督教右翼势力逐渐集结。美国行政分支的行为令基督教右翼警觉。1970年，美国国内税收署决定，如果私立学校实行种族歧视，则取消其免税地位，卡特总统决定取消私立学校的免税，以避免法院下令废除公立学校的种族隔离，这进一步激怒了宗教保守派。美国宗教保守派认为，就连以独立公正形象出现的美国最高法院也开始涉足文化战争的案件，20世纪六七十年代，美国最高法院禁止学校

---

❶ CAMPBELL D C, ROBINSON C. Religious Coalitions for and against Gay Marriage［M］//RIMMERMAN C A, WILCOX C, et al. The Politics of Same-sex Marriage［M］. Chicago: The University of Chicago Press, 2007: 138.

❷ 赵梅. “选择权”与“生命权”：美国有关堕胎问题的论争［J］. 美国研究. 1997(4): 79-80.

祈祷、堕胎合法化等一系列判决让宗教右翼产生了危机感。[1] 伯格法院时期（1969—1986年），是美国基督教右翼最为活跃的时期。宗教右翼运动的兴起从本源上是宗教保守派对自由化、世俗化作出的必然回应，运动的基本目标是将美国社会恢复到建国之初的道德和价值观体系之内。因此，宗教右翼运动最核心的政策要求体现在堕胎、同性恋婚姻等社会议题上。[2] 从国际来说，"20世纪70年代末，东、西方世界宗教保守派的崛起和'政治觉醒'。伴随着全球宗教复兴及宗教保守派和基要派的崛起，许多国家出现宗教政治化和政治宗教化的趋势"。[3] 上海外国语大学王恩铭教授在分析宗教右翼（主要指基督教右翼）兴起的原因时认为："20世纪下半叶的三大变化为宗教右翼的崛起创造了良好的社会和文化土壤：后工业社会的到来使得经济问题淡化、社会问题上升，为关注社会道德价值观的宗教右翼势力掀起运动提供了基础；女权主义运动及伴随它而产生的离婚、堕胎、同性恋和男女平等权问题，进一步加剧了社会矛盾，使宗教右翼势力，尤其是该势力中的传统女性越发确信有必要掀起一场宗教保守主义运动；宗教派别界限的模糊化和社会群体的两极化，使宗教权威中心弱化，造成宗教世界里的非主流派横空出世，力求争夺社会问题的话语权。在这三大变化中，第三种变化对新宗教右翼的崛起最为重要，因为正是美国宗教非主流派的横空出世才引发了当代宗教右翼运动。"[4]

总之，20世纪80年代，美国社会整体开始反思60年代那段特殊岁月，开始回归传统，传统家庭价值越来越受到重视。基督教右翼逐渐成为能够设置政治议程、左右美国政治进程的势力。美国保守派民众极力支持恢复传统价值，他们也积极寻求支持他们信仰的政治候选人，于是反堕胎运动、反同性恋运动等作为议题开始进入美国政治领域。基督教右翼虽然"在某些政治主张上成就有限，可以在响应美国人心理需求和道义需求方面却成就斐然。它们令人信服地提出，道德和价值观归根到底是源于信仰。而这种信仰在20世纪70年代和80年代衰落，必须在社会生活和政治生活

---

[1] Engel v. Vitale, 370 U.S. 421(1962); Abington School District v. Schempp, 374 U.S. 203(1963); Roe v. Wade, 410 U.S. 113(1973).

[2] 章志萍. 保守力量的合流：茶党运动中的宗教保守派[M]//徐以铧. 宗教与美国社会（第八辑）. 北京：时事出版社，2013：94.

[3] 徐以骅. 保守力量的合流：茶党运动中的宗教保守派[M]//徐以骅. 宗教与美国社会（第八辑）. 北京：时事出版社，2013：80.

[4] 王恩铭. 试论美国新宗教右翼[J]. 世界历史，2007(6)：84.

中重新树立起来”。[1] 由于美国的宪法规定政教分离，基督教会无法组党参与政治，因此，基督教右翼决定采用“特洛伊木马”策略，通过各种手段渗透进在意识形态上与己相近的共和党内部，通过影响共和党来施加政治影响，推动基督教右翼政策。

3. 基督教右翼与共和党结盟

基督教右翼运动以共和党为代理人，致力于恢复美国建国之初的道德和价值标准体系，主要关注美国社会问题。[2] 在20世纪80年代，基督教右翼势力最猛，它整合了很多保守派教派，其中就包括福音派。当然并非所有的福音派都符合宗教右翼共和党人的描述，他们是社会和神学保守派，有些人在神学和政治上持有不同于大多数人的不同观点。反对堕胎是福音派献给“基督教右翼”最好的“投名状”，因为当时福音派一些主要领导人决定与天主教合作，当时美国天主教站在反击世俗主义和自由主义的浪潮前沿，福音派加入其中，共同捍卫传统价值。

20世纪70年代以来，美国社会兴起了一大批推崇家庭价值观和强调回归基督教传统道德的组织（如道德多数派、自由同盟、基督教联盟、家庭价值研究会、守信者运动、贞洁运动、女子信仰运动等），就是宗教组织捍卫传统道德、充任公民道德督导的具体体现。[3] 这些白人基督教徒宣称自己经历了一次重生（born again）体验，相信与耶稣基督发展个人关系非常重要。他们持有“传统价值观”，特别是在诸如同性恋权利、堕胎、计划生育、神创论教学（teaching creationism）、死刑和校园祈祷等社会问题上坚持保守观点。他们发起了一系列活动，“致力于在公共政策中恢复传统价值观……基督教右翼在全国政治中产生影响，特别是代表共和党候选人动员福音派选民去投票”。[4]

1973年，在“罗伊案”中美国最高法院赋予女性堕胎权，这让保守派感觉美国在沉沦。1979年，基督教右翼正式吹响集结号，组织传统价值保卫战。基督教右翼扛起维护传统家庭价值观、反对性自由的大旗，旗帜鲜明地反对女性堕胎权。当然，

---

[1] 楚树龙，荣予. 美国政府和政治（上册）[M]. 北京：清华大学出版社，2012：179.

[2] 章志萍. 保守力量的合流：茶党运动中的宗教保守派[M]//徐以铧. 宗教与美国社会（第八辑）. 北京：时事出版社，2013：80.

[3] 刘澎. 当代美国宗教[M]. 北京：社会科学文献出版社 2012：286.

[4] GREEN J, et al. Religion and the Culture Wars: Dispatches from the Front[M]. Lanham: Rowman and Littlefield Publishers, 1996: 1.

基督教右翼并非完全出自对胎儿生命权维护的目的，它更多具有功利性的考量——为了选票。里根的竞选团队与基督教右翼各取所需，相互靠拢，形成结盟。“维护传统家庭价值观”很有号召力，在保守选民中产生很大影响，毕竟该口号与美国的建国初心与美国未来紧密相连。于是堕胎议题成为文化战争中排名第一的议题进入美国政治日程中，堕胎与选举政治纠缠一起，堕胎议题不停被炒作，两党围绕该议题的争斗年复一年，无法停歇。“他们发起了各种自下而上的、群众性的‘草根运动’（grass root movement），反对堕胎、反对同性恋、反对色情商品；主张允许在公立学校进行宗教祈祷，打击贩毒、恢复死刑制度；主张独尊英语，加强限制移民等。”❶ 这些基督教右翼团体经常就其他突出的社会问题协调立场、达成一致。他们反对通过一项拟规定妇女平等权利的宪法修正案。他们还反对日益增长的同性恋权利运动，等等。1980 年美国总统大选，里根在白人基督教右翼势力的助推下入主白宫。许多观察家都认为基要派与福音派参与美国政治是偏离了美国国家治理方式。事实上，宗教与政治若即若离的关系始终是美国政治传统的一部分。自此，基督教右翼进入了美国政治生活中。因此，“晚近的基要派与福音派政治冒险最好能够被理解为是这个国家主要政治传统之一的一种复兴”。❷

基督教右翼和共和党形成牢不可破的同盟关系：一方面，共和党为了获取庞大的基督教右翼群体的选票，在政策上开始拥抱保守白人基督教理念，无论是反堕胎还是反同性婚姻，共和党几乎全部照搬；另一方面，基督教右翼群体在选举政治的博弈中，也开始明确支持共和党。此后的几届总统选举，无论是 2000 年小布什的当选，还是 2016 年及 2024 年特朗普两次当选，白人宗教右翼（特别是白人福音派）的选票至关重要。共和党和白人福音派抱团逼迫民主党朝着更加自由的方向前行。民主党想收割自由派选民的选票，就要不断强化文化战争议题，这样就导致堕胎、同性婚姻等议题更加极化，成为分辨两党意识形态成色的“试金石”。

## 三、美国基督教民族主义

美国一些学者认为，美国社会在很多议题上呈现政治极化有很多原因，“历史、人口、经济和技术因素导致了我们在种族、家庭、宗教、性别、人权、环境、税收等

---

❶ 赵梅.“选择权”与“生命权”:美国有关堕胎问题的论争[J].美国研究,1997(4):80.

❷ 马斯登.认识美国基要派与福音派[M].宋继杰,译.北京:中央编译出版社,2004:71.

问题上的两极分化”，但是，近年来最重要的原因之一就是美国保守派“基督教民族主义”（Christian nationalism）思潮的兴起与泛滥。[1] 自20世纪80年代以来，美国基督教民族主义沉渣泛起。近年来，美国发生的白人至上主义运动、“另类右翼运动”及白人民粹主义等都和基督教民族主义思潮有一定关联。基督教民族主义认为，美国的建立和发展深受基督教价值观的影响，主张美国的身份、文化和法律应该更紧密地反映基督教的信仰和伦理。基督教民族主义者常常认为，将基督教原则作为国家决策的基础，是保持国家繁荣和道德纯洁的关键。白人基督教民族主义者对美国社会危害更大。白人基督教民族主义者主要由以下两部分人构成：一是主要居住在东北部和中西部的主流新教家庭，二是主要居住在南部的福音新教家庭。[2]

### （一）“基督教美国”：美国基督教民族主义政治愿景

基督教民族主义在美国的存在可以追溯到国家的早期历史，但在不同时期以不同形式表现出来。近年来，这一思潮在政治、社会和文化领域获得了更多关注，尤其在一些保守派团体和个人中表现得更为明显。他们可能会推动政策和议程，旨在强化基督教价值观在公共生活和政府决策中的地位。很难给基督教民族主义下一个清晰的定义，结合一些学术资料，笔者尝试给基督教民族主义下这样一个定义，基督教民族主义是指一种信念或思潮，它包含了以下三个要素：①“美国的建国原则是神圣的（基督教的）”，美国国家是由基督教定义的，政府应该采取积极的措施来保持这种状态；②美国与上帝有着特殊的关系，美国是上帝选中的国家，它是“山巅之城”，美国的社会生活必须和特定的基督教理念和基督教文化相融合；③美国“在其身份、价值观、神圣象征和政策方面一直都应该具有基督教特征”。[3] 美国著名记者凯瑟琳·斯图亚特（Katherine Stewart）对基督教民族主义这样评价：作为一种“政治意识形态”，而非“宗教信条”，基督教民族主义宣扬的是“美利坚共和国是作为一个

---

[1] WHITEHEAD A, PERRY S. Taking America Back for God: Christian Nationalism in the United States[M]. Oxford University Press, 2020: ix.

[2] JONES R P. The End of White Christian America[M]. New York: Simon & Schuster Paperbacks, 2017: preface, 2.

[3] WHITEHEAD A, PERRY S. Taking America Back For God: Christian Nationalism in the United States[M]. New York: Oxford University Press, 2020: ii.

基督教国家被建立起来”的神话。❶

基督教民族主义者普遍断言，美国是而且必须继续是一个“基督教国家”——不仅是对美国历史做出的观察，也是对美国未来必须承继的规定性方案。基督教民族主义者并不反对第一修正案，也不主张神权主义，但他们认为基督教应该在公共场所享有特权地位。美国基督教民族主义者关注两大目标：一是“基督教原则是否应该指导美国政府的立法行为和政策制定”；二是“美国是否应该继续秉承清教主义为其社会伦理准则”。❷ 对于那些秉持基督教民族主义的极端保守派来说，基督教原则应该是美国政府立法和政策制定的指导原则，美国社会伦理准则是清教主义的重要内容。因此，有学者认为，基督教民族主义显示了宗教（基督教）认同和国家认同重叠。❸ 基督教民族主义与清教主义有很深的渊源。❹ 为了保持对上帝的支持，美国必须遵守上帝的命令，而不是违背盟约。如果不遵守上帝的法律——基督教民族主义者所理解的上帝的法律，就会导致巨大的民族伤害。

### （二）基督教民族主义特征

基督教民族主义表现为以下特征：第一，主张宗教与国家认同的融合。美国基督教民族主义者认为，美国的建立和发展离不开基督教的价值观，因此，美国的国家认同应当与基督教信仰紧密相连。一方面，基督教民族主义认为，基督教是美国和美国人的核心。基督教民族主义坚持认为，美国是一个基督教国家，美国政府必须推进基督教价值观。“一个人如果认为美国是一个基督教国家，他就可能会（明确或含蓄地）相信，要成为一个真正的美国人，他必须是基督徒。”❺ 另一方面，基督教民族

---

❶ STEWART K. The Power Worshippers: Inside the Dangerous Rise of Religious Nationalism[M]. New York: Bloomsbury Publishing, 2020.

❷ 王恩铭. 美国20世纪末的一场文化战争：保守派与进步派的较量[J]. 世界历史, 2011(5): 43.

❸ WHITEHEAD A L, PERRY S L, JOSEPH O. BAKER. Make America Christian Again: Christian Nationalism and Voting for Donald Trump in the 2016 Presidential Election[J]. Sociology of Religion, 2018 (79): 147, 165.

❹ WHITEHEAD A L, PERRY S L. A More Perfect Union? Christian Nationalism and Support for Same-Sex Unions[J]. Sociological Perspectives, 2015(58): 422, 425.

❺ STRAUGHN J B, FELD S L. America as a “Christian Nation”? Understanding Religious Boundaries of National Identity in the United States[J]. Sociology of Religion: A Quarterly. 2010(71): 283.

主义认为，非基督徒不是真正的美国人。对基督教美国的支持是基督教民族主义的一个核心组成部分，它“设想宗教和政治社区的边界尽可能地接近”。[1]“把美国带回上帝”，说明了基督教民族主义对当今最具争议的社会和政治问题的影响。事实上，基督教民族主义者认为，“基督教国家”可以理解为“白人基督教国家”。因此，严格来说，基督教民族主义体现了宗教认同、国家认同与白人种族认同三重叠加。

第二，等级制与白人至上主义。基督教民族主义的等级制度不仅仅是宗教的，它还有一个种族层面的等级划分，“基督教美国”实际上是一个白人基督教美国。因此，基督教民族主义的目标是“保护”或“恢复”美国的“基督教遗产”，“带有一种保持白人至上和白人种族纯洁的含蓄的愿望”。[2] 因此，基督教民族主义的核心是必须维护一种特殊的社会秩序，在这种秩序中，每个人——基督徒和非基督徒、土生土长的移民、白人和少数民族、男子和妇女——都承认他们在社会中应有的“适当”地位。基督教民族主义必然意味着一种基于宗教的等级制度，真正属于基督教内部的人和不属于基督教的局外人。要想成为一个真正的美国人，他必须坚持基督教信仰，“建立一个基督教美国的想法潜移默化地加强了基督徒的道德威望，然而，对于信仰其他宗教或者没有正式宗教信仰的人来说，无法象征性融入进去，构成了无形的障碍”。[3] 简而言之，基督教民族主义必然意味着基于宗教的等级制度，真正属于基督教的就是宗教自己人，而不信仰基督教的人则属于宗教局外人。[4] 也就是说，基督教民族主义包含一个独特的民族和种族成分，并表明白人基督教民族主义者的愿望是保护或恢复美国基督教遗产，当然，他们有着隐晦地保持白人至上与白人种族纯洁的愿望。美国基督教民族主义是一种非常排外、宣传白人至上的极端理论。绝大多数基督教民族主义者是白人。2016 年和 2024 年两次美国总统大选中支持特朗普的选民之

---

[1] PERRY S L, WHITEHEAD A L. Christian Nationalism and White Racial Boundaries: Examines Whites' Opposition to Interracial Marriage[J]. Ethnic and Racial Studies. 2015(38): 1671, 1672.

[2] PERRY S L, WHITEHEAD A L. Christian Nationalism and White Racial Boundaries: Examines Whites' Opposition to Interracial Marriage[J]. Ethnic and Racial Studies. 2015(38): 1685.

[3] STRAUGHN J B, FELD S L. America as a "Christian Nation"? Understanding Religious Boundaries of National Identity in the United States[J]. Sociology of Religion: A Quarterly, 2010(71): 281.

[4] WHITEHEAD A L, PERRY S L, BAKER J O. Make America Christian Again: Christian Nationalism and Voting for Donald Trump in the 2016 Presidential Election[J]. Sociology of Religion, 2018(79): 150.

中，有相当一部分是白人基督教民族主义者。

第三，采用历史修正主义。基督教徒往往采用一种历史修正主义的视角，通常会强调或夸大基督教信仰及其价值观对美国建国原则和发展的影响。这种视角往往涉及对历史事件和人物的重新解读，以支持其主张美国本质上是一个基督教国家的观点。以下是几种具体的采用历史修正主义视角的方式：一是过度渲染“建国之父”的宗教信仰。基督教民族主义者可能会强调美国“建国之父”们的基督教信仰，有时甚至夸大或误解他们的宗教立场。尽管许多“建国之父”持有复杂的宗教观点，且他们中的一些人（如杰斐逊和富兰克林）对于传统宗教教条持批判态度，历史修正主义者往往将他们描绘为虔诚的基督徒，其政治和哲学理念深受基督教影响。二是过度渲染美国宪法和法律体系是建立在基督教之上的。基督教民族主义者经常声称美国的法律和宪法原则是基于基督教教义建立的。他们可能会指出某些宪法原则与基督教教义的相似之处，尽管美国宪法文本中并未明确提及基督教或任何宗教教义。这种观点往往忽略了宪法中明确的政教分离原则，特别是第一修正案中关于确保宗教自由的条款。三是在基督教框架内解读美国历史事件。在解释美国历史的关键事件和时期时，基督教民族主义者可能会采取历史修正主义的视角，将这些事件框架为基督教信仰和原则的胜利或表现。例如，他们可能会将美国独立战争、内战及 20 世纪的重大社会和政治运动视为基督教价值观在美国历史中的体现。四是对多元宗教传统的忽视或贬低。采用历史修正主义视角的基督教民族主义者往往忽视或贬低其他宗教传统和世俗观点在美国历史和社会中的作用。这种视角可能会削弱对宗教多元性的认识和尊重，同时夸大基督教在美国文化和政治身份形成中的独特地位。

第四，把基督教伦理贯彻到法律与政策制定中。基督教民族主义者试图将基督教伦理贯彻到法律与政策制定中，并采取了多种策略和途径。这些努力通常旨在将他们认为的基督教伦理原则反映在国家的法律框架和公共政策中。他们主要采取了以下主要方式实现他们的目标。一是政治参与和代表。基督教民族主义者积极参与政治活动，包括选举和党派政治。他们支持和选举那些承诺将基督教价值观纳入政策制定的候选人，无论是地方、州级还是联邦层面。通过确保有同样价值观的代表在政府中担任职务，他们希望以此来影响立法和政策决策过程。二是立法提案。在州级和国家级立法机构中，基督教民族主义者通过提出和支持特定的法案来推动他们的提案。这些法案通常关注他们认为重要的道德和社会问题，如堕胎、婚姻定义、性教育、宗教自由保护（特别是与商业和公共服务中的宗教信仰表达相关的保护），以及其他被视为与基督教伦理相符的议题。三是法律诉讼。基督教民族主义者通过支持或发起法律诉讼来推进他们的目标，特别是那些可能影响到宗教自由、生命权、家庭结构和性别角色等方面的案件。通过这些诉讼，他们旨在影响法律解释和判例法，进而影响未来的政策和法律制定。四是教育和宣传。教育和宣传是基督教民族主义者推广其价值观和政策目标的关键工具。他们通过教育计划、媒体出版、在线平台和宗教团体来传播他们是如何将基督教伦理贯彻到公共政策中的。这些努力旨在塑造公众意见，增加对其议程的支持。五是社会和文化活动。基督教民族主义者还参与社会和文化活动，如组织集会、示威和公共活动，以提升对他们关注的问题的认识，并展示公众对这些问题的支持。这些活动有时会吸引媒体注意，进一步扩大他们信息的传播范围。

第五，在对外政策方面，基督教民族主义者支持道德绝对主义立场，推动基于基督教价值观的国际秩序，通过多种方式在全球范围内扩展其影响力。这些努力通常旨在促进他们认为的普世价值和道德准则，这些价值和准则深受基督教教义的影响。以下是他们采取的一些关键策略。一是国际外交政策层面。基督教民族主义者试图通过影响他们国家的外交政策来推广基督教价值观。这可能包括支持那些促进宗教自由、反对宗教迫害的国际倡议，或是通过外交手段促进生命权和家庭价值。例如，他们可能支持对那些迫害基督教少数群体或限制宗教自由的国家采取外交压力或制裁措施。二是国际援助和发展项目层面。通过参与国际援助和发展项目，基督教民族主义者将基督教伦理融入援助项目中，尤其是那些关注教育、医疗和人道主义援助的项目。他们可能优先考虑那些促进或符合基督教道德教义的项目，例如在提供援助时强调家庭结构的重要性或促进基于宗教的道德和伦理教育。三是国际宗教联盟方面。基督教民族主义者通过与其他国家和文化中的类似组织建立联盟和伙伴关系，共同推动基于基督教价值观的国际秩序。这些联盟可能专注于共同的关注点，如宗教自由、反对堕胎和家庭价值的促进，通过国际会议、联合声明和合作项目来协调其立场和行动。四是国际宣传和传媒方面。利用媒体和互联网平台，在全球范围内宣传基督教价值观和道德绝对主义的观点。这包括制作和分发宣传材料，如书籍、电影、视频和在线内容，旨在传播基督教的消息并影响国际公众舆论。五是支持国际宗教自由倡议方面。积极参与和支持旨在促进全球宗教自由的国际倡议和组织，例如通过联合国等多边机构推动宗教自由议题，支持受迫害宗教群体，尤其是基督教教徒。

## （三）基督教民族主义构建：基督教建国叙事与神话

基督教民族主义的构建源自美国神学家和学者的一套基督教建国叙事与神话，因此，美国历史甚至被打上了“神迹”。回顾美国历史，“神圣共和国和后千禧年论所包含的思想，《圣经》所规定的法律和命令律法、工作伦理的强调，对权力的恐惧，对个体权利和宗教信仰自由的需要，所有这些一起构成了美国历史和思想的基础”。[1]特别是“后千禧年论”（Postmillennialism）对美国新教徒影响深远，“他们相信神国在地上统治的一千年即将开始。上帝通过圣徒、教会和国家的工作为基督再来创造条件”。[2]“后千禧年论”是基督教末世论中的一种观点，它认为基督将在千年王国结束后返回，而这个千年期将是通过教会在世上传播福音和施行义行逐渐实现的。这个时期会见证社会和道德的改善，以及基督教价值观在全球的广泛接受。如果对“后千禧年论”过度执念，则可能会产生偏执的基督教民族主义。

美国基督教民族主义的起源与美国“基督教建国”叙事密切相关。基督教民族主义是美国极端基督教保守派的后天人为构建，是他们神化美国历史的结果。基督教建国这样的历史叙事在美国历史上最受保守派欢迎，经久不衰。在美国，“一切都有着清教的源头”，美国的新教主义是“建设性的新教主义”，它的目的是在一块处女地上建立一个崭新的、纯洁的新教社会。“清教徒相信这是上帝特意保留的未开垦之地，直到他们做好准备用这块土地实现上帝旨意的时候，上帝才让欧洲人发现了它。”[3]美国建国伊始，历史中就弥漫着基督教（特别是清教）的气息。无论是“五月花公约”，还是温思罗普关于“山巅之城”的布道，或是西进运动中的“天定命运”，给人的感觉都是美国仿佛就是建立在基督教之上，即存在一个“基督教美国”。这是典型的美国政治起源的神学解释。人们相信北美殖民地很大程度上是由虔诚的宗教人士建立的，他们为寻求精神自由而定居下来。美国政府成立的部分原因也是基于基督教原则建立。他们相信，他们是天选之子，美国是上帝恩宠的国家，上帝指引了其成功，这样的历史故事在美利坚民众心中产生了世世代代的共鸣。基督教建国叙事不仅在学校教科书、政治传说中，而且在大众意识中也很普遍。来自各个车站和各行

---

[1] 艾兹摩尔. 美国宪法的基督教背景[M]. 李婉玲，等译. 北京：中央编译出版社 2011：25.

[2] 艾兹摩尔. 美国宪法的基督教背景[M]. 李婉玲，等译. 北京：中央编译出版社，2011：16.

[3] 亨廷顿. 美国政治：激荡于理想与现实之间[M]. 北京：新华出版社 2018：248.

各业的人——教育家、学童、神职人员、商界领袖和爱国团体的成员——拥抱并延续了这一叙事。2010 年，得克萨斯州州教育委员会甚至通过决议，要求在该州社会科学课程中强调基督教在美国建国中的影响。❶

对美国国家的基督教起源的断言及国家治理背后神圣的上天指引的这套言说在政治家中尤其受到欢迎。例如，林肯经常断言，这个国家必须服从上帝的意志和他的判断。❷ 第二次世界大战之后，相对于民主党来说，共和党更加强调基督教的建国叙事，共和党总统也更加倚仗这套叙事获得支持，凝聚选民。在共和党历史中，里根总统特别倚重基督教福音派以及基督教建国叙事。里根总统尽管得到广大福音派宗教右翼的支持，但其实他并不是一个虔诚的信徒。里根为了得到选票，利用福音派右翼的力量为自己造势，他特别善于使用令福音派右翼喜悦的宗教修辞。他经常说美国的建立完全是天意。他在一次演讲中说："我们是否可以怀疑，只有神圣的上帝才能把这片土地——人类的自由岛，作为世界上所有渴望自由呼吸的人的避难所?" 1984 年，里根总统在一次早餐会所言："信仰和宗教在我们国家政治生活中扮演至关重要的角色。" 他重申：建国者也确认了宗教和政治的关系，指出："那些创建国家的人非常理解存在一个神圣的秩序，它超越人类秩序。"❸ 对于小布什总统来说，美国是上帝特别选择的国家，"上帝选择我们是他的意愿，而不是我们自己认为被选择"。小布什总统从信仰的角度实现与福音派保守派的结盟，从而有利于实施自己的政策。他认为，"我们开国元勋的信仰开创了一个先例，即祈祷和全国祈祷日是我们美国生活方式中值得尊敬的一部分。"❹ 同样，特朗普为了选票，积极拥抱白人福音派，用他们听得懂的语言表示美国是上帝庇护的国家，而他是上帝最好的信使。美国共和党总统特别善用这套基督教建国叙事。

客观地说，"基督教建国" 叙事有利于美利坚民族构建。在 19 世纪早期的美国，"建国历史" 几乎成为 "一个民族的当务之急，因为继承了这个新国家的这代人制定

---

❶ 徐贲. 教科书里的"文化政治",http://m. aisixiang. com/data/33956. html.

❷ GREEN S K. Inventing a Christian America:The Myth of the Religious Founding[M]. New York: Oxford University Press,2015:3.

❸ GREEN S K. Inventing a Christian America:The Myth of the Religious Founding[M]. New York: Oxford University Press,2015:2.

❹ GREEN S K. Inventing a Christian America:The Myth of the Religious Founding[M]. New York: Oxford University Press,2015:3.

了一个关于其性质和命运的概念。”❶ 但是，这套叙事不能神化或者夸大，否则就会产生基督教民族主义。早期历史学家的责任就是拯救和美化美国革命，重新定义美国革命以及革命目标，把美国革命上升到新高度，并将其与法国大革命和其他内乱和革命区分开来。以此为目标，美国早期的历史学家开始美化离他们发生最近的历史事件，并激励今世后代。在早期历史学家眼中，美国革命是世界历史上一个标志性事件，关乎整个人类的幸福。他们热切地把美国历史视为是一种集体的、统一的经历，美国的英雄们和上帝共同创造了美国的历史。因此，后人了解他们笔下的美国历史的时候，发现许多美国历史不是一般意义上的历史。正如加拿大文学与文化批评家萨克文·伯科维奇（Sacvan Bercovitch）所言，美国早期历史学家“将殖民历史转化为神话，并以史诗的形式提出了上帝设计了美国”。❷ 例如，美国早期历史学家梅西·奥蒂斯·沃伦（Mercy Otis Warren）就认为，美国从“支配宇宙的超级力量”中受益，“神圣上帝的干预”帮助美国实现了与英国的分离。虽然建国先贤表现出“非凡的活力、勇敢、坚韧和爱国主义”，但他们也“被神圣的上帝所指引”❸。美国的建国先贤在后人的历史叙事中，有的几乎被塑造成神。“华盛顿在 1799 年 12 月 14 日死去时还是一个有争议的人物……但他注定要在死后获得生前从未达到的一种高大形象。”“最引人注目的不是华盛顿最后变成了半人半神，成了国父，而是这种形象改变得如此迅速。美国人热情而又匆忙地把华盛顿抬到了圣人的地位，再没有比这更好地证明美国人感到亟须一个崇高的、值得崇拜的民族英雄了。”❹ 美国历史学家丹尼尔·布尔斯廷（Daniel J. Boorstin）曾感慨：“在欧洲历史中，神话一个人需要好几个世纪，而在美国只需要几十年便可以完成了。”❺ 基督教建国叙事及神话美国民族英雄，在特定历史时期有一定的历史作用，“第一批民族英雄注定要成为地区性的竞争和狭隘的爱国

❶ GREEN S K. Inventing a Christian America:The Myth of the Religious Founding[M]. New York: Oxford University Press,2015:202.

❷ BERCOVITCH S. How the Puritans Won the American Revolution[J]. The Massachusetts Review, 1976(17):603.

❸ GREEN S K. Inventing a Christian America:The Myth of the Religious Founding[M]. New York: Oxford University Press,2015:203-204.

❹ 布尔斯廷. 美国人:建国的历程[M]. 时殷弘,等译. 上海:上海译文出版社,2014:444.

❺ 布尔斯廷. 美国人:建国的历程[M]. 时殷弘,等译. 上海:上海译文出版社,2014:444.

主义的副产品：对于一个仍然缺乏自信的民族来说，这是一种精神上的黏合剂”。[1]

事实上，美国建国时代的大多数历史学家都接受了美国国家起源的世俗解释，即美国是实行政教分离的世俗国家，非神权国家。“无论是世俗的自由主义者、宗教多元主义者还是基督教右翼之外的其他人，对建国先贤意图建立基督教国家这样的想法提出了质疑。他们指出，不仅美国宪法明显地没有上帝的一席之地，而且美国宪法规定了禁止对公职人员进行宗教信仰测试，宪法第一条修正案禁止国会建立任何国教，这些行为表明美国建国伊始就试图建立世俗的政治秩序，而不是建立什么基督教国家。”[2]

归根结底，在美国文化战争中，顽固的保守派内心所坚守的基督教民族主义时不时被激活。美国基督教民族主义者弥漫着一种文化焦虑，担心宝贵的东西被人夺走，担心美国建国时期优秀的清教传统和美德会消失。无论是针对堕胎、同性婚姻、公立学校祈祷还是人体干细胞实验或者移民等议题，保守派所持的理由部分源自基督教民族主义。毕竟这种基督教建国叙事在当下美国仍然存在，其中大部分是从宗教或爱国的角度出发的，受到大众文学和媒体的推动，并得到福音派牧师、保守的政治家和评论员的宣传。基督教民族主义者的数量正在减少，文化影响力也在消退。自20世纪60年代以来，美国社会运动此起彼伏，各种权利运动导致白人福音派长期以来一直把自己想象成一个受困的少数派，也努力把自己塑造成传统价值与道德的捍卫者。他们对传统美德和立国精神的丧失感到焦虑。随着政治危机感的加剧，许多白人福音派基督徒委身于各种形式的基督教民族主义，以及对支撑它们的文化和历史神话的迷信，有时甚至迷信到反智的程度。2024年特朗普再次入主白宫。福音派基督徒约占美国选民的20%，而特朗普在2024年大选中赢得了约80%的白人福音派基督徒选民的支持。正是在白人福音派的簇拥下，特朗普走向美国政治舞台的中央，他也称为美国文化战争保守派阵营的旗手。

### （四）基督教民族主义的危害

作为一种意识形态，基督教民族主义具有很大的危害性。

---

[1] 布尔斯廷. 美国人：建国的历程[M]. 时殷弘，等译. 上海：上海译文出版社，2014：468.

[2] WILLIAMS D K. Baptizing Uncle Sam：Tracing the Origins of Christian Nationalism[J]. Reviews in American History，2016(9)：392.

第一，侵蚀政教分离原则。基督教民族主义可能挑战政教分离的原则，这是许多民主国家宪法和政治体系的基石。将特定的宗教信仰深植于国家政策和法律中，可能排除或边缘化那些持有不同信仰或无信仰的公民，从而损害宗教自由和平等权利。

第二，加剧社会分裂。通过推动一种单一的宗教观点，在多元化的社会中可能加剧分裂，特别是在多宗教和多文化的环境中。这种分裂不仅体现在宗教信仰上，也可能扩展到文化、种族和政治观点的差异，从而破坏社会的和谐与团结。基督教民族主义会诱导白人至上、种族歧视、反对移民与文化多元主义等。基督教民族主义者有一种不切实际的目标——为土生土长的白人、基督徒（尤其是新教徒），积累或维护权力和特权。

第三，限制个人自由。基督教民族主义的政策可能限制那些与其道德和宗教观点不一致的人的自由。这包括对性别平等、性取向、生育权利及言论和表达自由的限制，其中政策和法律可能被用来强制某种宗教伦理，不顾个人选择和权利。

第四，导致外交关系紧张。在国际层面上，基督教民族主义的立场可能导致与其他宗教或世俗国家的关系紧张。特别是当这种立场被用来定义外交政策和国际援助时，可能导致意识形态的冲突，甚至影响国际合作和全球稳定。

第五，妨碍科学和教育发展。在某些情况下，基督教民族主义可能支持将宗教教义纳入科学和教育体系，比如在创造论与进化论的教学争议中。这可能限制科学研究和教育的自由探索，以及妨碍基于证据的学习和批判性思维的发展。

因此，基督教民族主义鼓吹美国回归美国基督教文化传统，建立基督教国家，依据基督教原则治理国家，以清教主义作为社会伦理，反对移民，反对文化多元等。基督教民族主义是极端的、狂热的、具有破坏性的思潮，这种思潮孕育了种族主义、白人至上主义乃至美国国内恐怖主义等极端思想。基督教民族主义所引发的担忧和批评强调了在保持宗教信仰自由和推进国家政策时需要保持平衡的重要性。

## 第三节　特朗普发动文化战争的宗教因素

2016 年和 2024 年，特朗普走上美国政治权力的中央，少不了宗教保守派的支持。基督教保守派认为，在过去几十年中，自由派以“自由”之名逐步抛弃传统价值，特别是在对神的信仰和对神的诫命的遵守上，将美国引入道德深渊，保守派已经输掉了文化战争。[1] 美国已经陷入文化危机中，于是保守派产生了集体焦虑。特朗普的当选，在一定程度上承载了基督教保守派的希望。特朗普俨然成为美国文明和传统道德的捍卫者、宗教保守派的代言人。美国政治杂志《政客》（*Politico*）曾这样评价特朗普：他是一位致力于文化战争的总统。他几乎放弃了国家治理，成为一个全职的文化斗士。[2] 而《纽约时报》则认为："特朗普代表他的白人工人阶级群众正从事一场文化战争……反对'政治正确'的东海岸政治精英……他相信，这场战争是由前总统奥巴马及其他民主党人强加给他的——他下定决心要赢得这场战争。"[3]

## 一、自由主义抬头，保守主义风光不再？

文化战争是美国国家意识形态的斗争，是一场确定美国民族特性及价值体系的斗争，是一场确定谁拥有话语权，谁设计美国未来发展方向的政治博弈。因此，基督教保守派纷纷成立了保守的政治性宗教组织。这些组织推崇犹太—基督教思想体系，意图恢复美国传统价值观，遏制自由主义浪潮，重新确立基督教在美国政治、社会和文化中的主导地位。然而，在过去几十年中，美国基督教保守派非常失望。

首先，自 20 世纪 60 年代以来，美国自由派势力在宗教道德领域攻城拔寨，让美国基督教保守派感叹美犹太—基督教精神的丧失。堕胎合法化、同性婚姻合法化，一些州的大麻合法化，人体干细胞实验合法化，穆斯林移民涌入国内……在这一系列社会问题上，基督教保守派都处于守势地位，投入与产出严重不成比例。基督教保守派寄希望共和党上台后能推动保守宗教团体的政治日程，然而，共和党政治精英脱离选民，没能帮助基督教保守派守住犹太—基督教道德。

其次，基督教保守派认为，美国当代保守主义风光不再。美国当代保守主义源于罗斯福新政，后来美国基督教保守派也加入保守主义阵营。里根总统上台后，他成为新保守主义阵营的共主。新保守主义思想庞杂。"最小的联邦政府""自由市场"和

---

❶ 徐以骅. 特朗普当选与美国政教关系的走向[N]. 中国民族报,2017-2-14(7).

❷ SCHER B. The Culture War President[J/OL]. Politico 2017(9). https://www.politico.com/magazine/story/2017/09/27/trump-culture-war-215653/.

❸ THRUSH G, HABERMAN M. Trump's N. F. L. Critique a Calculated Attempt to Shore Up His Base[N/OL]. The New York Times, 2017-9-25.

“传统的道德”这三根支柱撑起了保守主义的殿堂。里根总统之后，新保守主义阵营处于分裂与调整中。共和党建制派只是为了选票，而基督教保守派追求宗教道德的纯粹，两者之间有时无法达成妥协与一致，共和党建制派并没有完成与基督教保守派所达成的约定。基督教保守派非常生气，专栏作家迪翁（E. J. Dionne，Jr.）在他的专著《为什么右派错了》（*Why the Right Went Wrong*）中提出：“当代美国保守主义的历史，就是一个失望与背叛的故事。”❶

最后，移民大潮、高失业率与恐怖主义威胁等社会问题让美国保守派极为不满。对于保守派来说，移民文化（尤其是穆斯林文化）不仅稀释了美国的传统文化，而且廉价的劳动力让美国很多白人下层群众（大都属于白人福音派教徒）纷纷失业。欧洲的穆斯林难民问题和恐怖主义让美国人心有余悸。学者潘小年认为：“美国的文化战争就是美国社会各种族间、宗教信仰间的文化差异造成的，而美国社会的种族构成又是美国移民文化带来的结果。”❷

## 二、特朗普第一任期上任后对基督教保守派投桃报李

特朗普当选美国总统后，制定了一系列有利于基督教保守派的政策。

一是签署行政命令，促进宗教团体参与政治活动。2017 年 5 月 4 日，特朗普签署 13798 号《促进言论自由和宗教自由》总统行政命令，该命令的主旨是要求行政机关制定政策时一定要保障美国公民的宗教自由与言论自由不受联邦政府不当干预。❸ 这个行政命令只是给废除《约翰逊修正案》（*Johnson Amendment*）热身而已，特朗普曾多次在公开场合开炮要废除《约翰逊修正案》。1954 年，参议员林登·约翰逊（后来成为美国总统）提出了饱受争议的《约翰逊修正案》。该修正案修正了美国税法第 501（c）（3）条，规定包括教会在内的免税团体在进行若干活动时将丧失免税地位。这些活动包括直接或间接地参与或干预任何政治运动，支持或反对竞选公职的候选人，提供候选人政治竞选资金或为候选人站台并公开发表支持声明，等等。如

---

❶ DIONNE E J. Why the Right Went Wrong：Conservatism—From Goldwater to the Tea Party and Beyond［M］. New York：Simon & Schuster，2016：1.

❷ 潘小松. 美国“文化战争”的历史根源［J］. 博览群书，2001（9）：15-17.

❸ Executive Order 13798—Promoting Free Speech and Religious Liberty［EB/OL］.（2017-3-9）［2024-4-20］. https：//www. govinfo. gov/content/pkg/DCPD-201700309/pdf/DCPD-201700309. pdf.

果教会等免税团体从事这些政治活动时，将承担取消税收减免待遇的风险。特朗普废除《约翰逊修正案》得到了宗教保守势力的支持，有利于增强宗教保守势力在美国政治中的话语权。宗教团体可以深度介入政治选举中，利用影响力和财力支持特定的候选人。废除《约翰逊修正案》为宗教组织和团体参与政治活动打开了方便之门。

二是积极投入文化战争，释放好战信息。在文化战争中，特朗普的好战本性展露无遗。2018 年 1 月 19 日，在华盛顿举行的反堕胎第 45 届维护生命权利大游行上，特朗普总统说，“我们珍惜每一个生命的天赋尊严”。“美国人越来越重视生命……在我任内，我们将永远捍卫《独立宣言》中的第一项权利，那就是生命权。”他还说，现在美国有些州的堕胎法案令人痛心，“法律允许九个月大的胎儿从母亲子宫中移除”。特朗普把这一切归结于 1973 年的“罗伊案”，该案“导致了世界上最宽松的堕胎法”。❶

特朗普总统对同性恋群体及同性婚姻也抱有敌意，特朗普其实并不反对同性恋。然而，当选美国总统后，他还是将矛头对准了同性恋等群体。例如，他宣布美国政府将禁止变性人“以任何形式”在军队中服役；同一天，美国司法部针对一桩同性恋案件致函第二巡回上诉法庭，主张美国《民权法案》不保护职场中的同性恋者就业权利；也是同一天，特朗普正式任命“反同性恋”者、堪萨斯州州长布朗·贝克担任国际宗教自由大使。特朗普突然转向对同性恋不友好的政策立场或许就是一种政治操作。

此外，特朗普在大麻管制上更为严格，曾任他第一任期的司法部长塞申斯坚称大麻是有害的，不应该合法化。塞申斯还将大麻描述为毒品成瘾者的入门药物。美国在过去的几年中，加州等 6 个州实现大麻合法化。特朗普上台后，在保守派支持下，联邦范围内大麻管制将趋紧；在死刑问题上，特朗普不主张废除死刑，甚至认为可以给美国毒贩判死刑……

三是支持以色列迁都耶路撒冷。特朗普第一任期宗教政策最大的成就之一就是支持以色列迁都耶路撒冷。犹太人和基督教福音派都相信，神所赋予犹太人的使命之一就是在耶路撒冷的山巅重建圣殿，而他们认为，特朗普具有重建圣殿的潜质，他奉上帝召唤而来。尽管特朗普有缺点，但是在信徒看来，这都不是问题，神的旨意岂是凡人所能臆断的。《圣经》把居鲁士称作“上帝的工具”，源于居鲁士蒙主恩召，是完成圣殿重建大业的领袖，而他甚至连犹太人或者基督徒都不是。葛培理牧师把特朗普

---

❶ 45 Ways Trump and Congress Threaten the Promise of Roe v. Wade[EB/OL].[2024-4-20]. https://www.americanprogress.org/article/45-ways-trump-congress-threaten-promise-roe-v-wade/.

比作“居鲁士”，就表达了某种期盼。特朗普就任总统后，不负众望，承认耶路撒冷为以色列人的首都，2018 年 5 月 14 日，美国驻以色列大使馆正式搬迁到了耶路撒冷。仅凭这一点，犹太教徒和基督教福音派对特朗普的强硬风格赞赏有加。

## 三、内政外交政策充满“神”的逻辑

特朗普入主白宫标志着美国立国根基美国犹太—基督教精神的衰落导致保守势力群体性焦虑与反弹而已。文化战争只是特朗普的一个侧面罢了。特朗普第一次当任总统后，很注重内阁班子宗教学习与修养，为此特朗普成立了一个神秘的“白宫圣经学习小组”，这是过去百年从未有过的事情。要了解特朗普的内政外交，必需从宗教的角度加以解读。特朗普的内政外交政策背后都能看到宗教因素，充满了让人疑惑的“神”逻辑。无论“让美国再次伟大”，还是“美国优先”，理论前提依旧是美国保守派政客念兹在兹的“美国例外论”。“美国例外论”本身就暗含了美国清教主义的符号。美国的使命在于贯彻上帝在人间的意愿。作为建立在完美理念基础上的国家，美国有权力特立独行地向世界推行自身的体制，将自身视为世界的领导者和拯救者，构建美国治下的世界和平与秩序，这就是特朗普及基督教保守派所喜欢的“天定命运”！现在的特朗普努力让自己的内政外交充满一种宗教神圣性，他也努力扮演着一位“救赎者”。

第三章

# 文化战争 2.0：多元文化主义与身份政治

最近十几年，美国文化战争的内容发生改变，“逐渐被关于国家认同和民族认同的‘新的文化战争’所取代”，“在新的文化战争中，国家认同和民族认同成为美国社会分歧的焦点，而不是文化和道德价值观问题”。[1] 美国文化战争进入 2.0 版本时代。美国文化战争 1.0 版本并没有终止，美国文化战争 2.0 版本已经展开，美国社会进入了文化战争两个版本叠加、同时进行的状态。

美国文化战争 2.0 版本主要是在多元文化主义、身份政治（包括国家认同）等层面开展。在美国，自由主义倡导多元文化主义，倡导多元身份政治，这无疑加剧了美国文化战争。美国建国及建国之后相当长的时间内是不是一个多元文化国家，美国学者对此有不同看法。文化认同促进了身份认同，而身份认同导致美国身份政治，而身份政治无疑又加剧了美国文化战争。有学者认为，身份政治让“美国深陷政治极化、文化分裂等危机，身份政治应是罪魁祸首，它深藏在种种民粹主义现象背后，不仅使国家迷失了方向，更成为一种撕裂国家和消解国家认同的恶”。[2] 美国的身份政治与文化战争之间存在着密切且复杂的关系。身份政治是指基于特定社会身份（如

---

[1] 张业亮. 弗吉尼亚种族骚乱:“新的文化战争”撕裂美国[J]. 唯实,2018(1):90.

[2] 林红. 身份政治与国家认同:经济全球化时代美国的困境及其应对[J]. 政治学,2019(4):30.

种族、性别、性取向、宗教等）的政治立场和运动，而文化战争则是指在价值观、信仰、生活方式等文化问题上的社会冲突。这两个概念相互交织，共同影响着美国的政治景观和社会动态。

## 第一节 文化战争与多元文化主义

多元文化主义对文化战争的形成有一定关系。美国史教授王希认为，很难给“多元文化主义”下一个清晰的定义。他认为，“多元文化主义”所包含的“文化”的内容超越了传统意义上的“文化”范围，成为一种明显而直接的政治诉求。[1] 正如“文化战争”的概念一样，它的内涵和外延都处于扩张中。文化战争和多元文化主义最终落脚点在于美国的立国精神与传统价值，无论是自由派还是保守派，他们都认为他们的理论是美国“正统”，代表了美国的未来。因此，“作为一种意识形态，多元文化主义对传统的美国思想和价值体系提出了严肃的挑战，促使美国人重新思考美国的历史与未来”。[2] 多元文化主义和文化战争之间的关系是复杂而动态的。多元文化主义旨在建立一个包容和平等的社会，但在实践中，它也可能成为文化战争的舞台，引发关于社会认同和价值观的激烈争议。

### 一、主流文化、文化同化与美国信念

美国学界认为，美国建国后相当长的一段时间内，盎格鲁-撒克逊新教文化是美国占主导地位的文化，WASP 也被视为美国传统文化的代表；盎格鲁-撒克逊新教文化是美国的立国之根、立国之魂。由于美国是一个移民国家，因此具有不同文化背景的人来到美国，都经过美国主流文化这个“大熔炉”的熔化和融合，这是一个同化的过程，源源不断的移民也融入美国主流文化中。福山不认为美国建国的根基是多元文化，他甚至认为，正是因为有了 WASP 的文化霸权，美国才可能充满自信地称霸

---

[1] 王希. 多元文化主义的起源、时间与局限性[J]. 美国研究，2000(2)：62.

[2] 王希. 多元文化主义的起源、时间与局限性[J]. 美国研究，2000(2)：45.

世界。❶

美国是一个移民国家，来自不同国家和具有不同文化背景的移民必须接受美国信念（American Creed）的熏陶。“美国信念”是一套政治理念，主要用来塑造美国国家认同，弥合彼此分歧，培养爱国主义精神，打造有序、繁荣的共同体。亨廷顿认为，信念之所以成为美国国家特性，具有以下三个原因：一是它们始终相当稳定；二是“信念”得到美国人民的广泛同意和支持，不论人们实际行为是否偏离，但态度是一致的；三是“信念”的主要思想几乎全都源自持异议的新教。❷ 客观来说，“美国信念”是一套复杂的、抽象的理论与信仰。但是，1918 年 4 月 3 日，美国国会通过法案（“美国信念法案”），对“美国信念”进行了提炼浓缩，用文字进行“固化”，形成以下文本：

> “我相信美利坚合众国，相信民有、民治和民享的政府；它的正当权力来自被统治者的同意及共和国的民主制度；众多拥有许多主权的州所组建的国家是一个永不分离的完美联盟；它建立在自由、平等、正义和人性的原则之上，值得美国的爱国者为此牺牲自己的生命和财富。因此，我相信我有责任热爱我的国家，遵守它的宪法、法律和旗帜，保卫它不受所有敌人侵犯。”❸

显然，这段法案文字是美国历史上重要文件的“大拼盘”，有美国宪法、《独立宣言》及林肯总统的演讲等。美国政治精英认为，“美国信念”最能体现美国的立国精神。美国各种肤色的种族、来自不同文化的移民及其他少数族群在“美国信念”的熏陶下，实现“合众为一”的目标。美国人拥护“信念”的程度很深，热情很高，“信念”也成为美国国民特质不可缺少的组成部分。亨廷顿认为，“美国信念”是新教的世俗表现，是“有着教会灵魂的国民”的世俗信条。❹ 因此，美利坚民族认同不同于其他国家民族。对于其他国家来说，相同的祖先、历史、语言、文化、种族和宗

---

❶ 王希. 多元文化主义的起源、时间与局限性[J]. 美国研究,2000(2):70.

❷ 亨廷顿. 谁是美国人?:美国国民特性面临的挑战[M]. 程克雄,译. 北京:新华出版社,2010:52.

❸ PAGE W T. The American's Creed[EB/OL]. [2024-4-18]. https://www.ushistory.org/documents/creed.htm.

❹ 亨廷顿. 谁是美国人?:美国国民特性面临的挑战[M]. 程克雄,译. 北京:新华出版社,2010:52.

教等诸多因素都能成为民族认同的因素，然而，这些因素对美利坚民族认同并不起作用，因此，“美利坚信条的政治理念一直是民族认同的基础”。❶

美利坚民族认同和国家认同建立在“美利坚信条的政治理念”之上，终究是不牢固的。自20世纪五六十年代以来，美国信念受到多元文化主义的挑战。在街头运动中，凝聚族群力量最好的方式之一就是文化认同。文化认同（cultural identity）是身份认同的一个层面，是一个人对于自身属于某个社会群体的认同感。文化认同不但是个人特征，也是具有相同的文化认同或教养的人所组成的群体特征。❷ 一般来说，个人在一定的社会联系中确定自己的身份（identity），并自觉或不自觉地以对这种身份的要求来规范自己的政治行为。有的身份是与生俱来的，例如国籍、民族、肤色和性别等，有的身份是后天形成的，例如党派、团体和宗教等。20世纪60年代之后，美国社会变得更加多元，它被分割成不同文化和亚文化，有的以传统的文化特征作区分，有的以新的文化特征作区分。

美国多元文化主义的兴起与美国民权运动有关。“从产生根源上看，多元文化主义成长和发展于美国少数族裔和弱势群体争取自身权利的政治抗争中，从思想倾向上说，多元文化主义本身也是一种为弱势群体争取平等权益的激进左翼意识形态。”❸ 20世纪60年代的民权运动有积极的一面，也有消极的一面。对于保守派来说，民权运动消极的一面就是美国传统文化和价值遭到破坏，美利坚国家认同和民族认同出现模糊。因此，保守派认为，美国有必要进行传统价值的回归，要加强国家认同与民族认同。就美国特性的形成而言，盎格鲁-撒克逊新教文化依旧处于核心位置，是美国主流文化。❹ 亨廷顿特别强调美国应该重申其历史性的盎格鲁-撒克逊新教文化、宗教信仰和价值观，重振美国特性。❺

---

❶ 亨廷顿. 美国政治：激荡于理想与现实之间[M]. 北京：新华出版社，2017：37.

❷ ENNAJI M. Multilingualism, Cultural Identity, and Education in Morocco[M]. New York: Springer Science & Business Media, 2005: 19-23

❸ 牛霞飞. 多元文化主义与美国政治极化[J]. 世界经济与政治论坛，2021(1)：38.

❹ 亨廷顿. 谁是美国人?：美国国民特性面临的挑战[M]. 程克雄，译. 北京：新华出版社，2010：45.

❺ 亨廷顿. 谁是美国人?：美国国民特性面临的挑战[M]. 程克雄，译. 北京：新华出版社，2010：45.

## 二、多元文化主义与文化多元主义

很难给多元文化主义下一个明确的定义，福山认为："多元文化主义最初是用来指一些大的文化群体，例如，加拿大说法语的人、穆斯林移民、非裔美国人。但这些群体进一步碎片化成为更小、更具体、拥有独特体验的群体，以及不同形式的歧视交叉形成的群体……"❶ 多元文化主义和文化多元主义是两个不同的概念。学者牛霞飞认为，"多元文化主义（Multiculturalism）与文化多元主义（Culture Pluralism）虽然有重叠之处，但是，两者之间有很多不同：①多元文化主义的基础是群体身份或族群身份，它认为不同的群体或族群拥有不同的文化及身份认同，并且特别强调这种文化上的差异性和独特性；②多元文化主义认为，所有族群的文化虽然存在差异，但它们在本质上都是平等的，少数族群的文化具有同多数族群的文化相同的地位，不应该有主流文化与非主流文化之分，因此传统的西方中心主义、欧洲中心主义、白人中心主义等都是错误的；③既然文化之间是平等的，那么就意味着所有的价值都不存在本质上的是非高低，因此也就应当倡导价值中立，对所有的文化及价值观一视同仁，甚至一些激进的多元文化主义会将非西方文化神圣化，几乎不容许对非西方文化或少数族群文化的批评；④在具体的公共政策上，多元文化主义反对'同化'政策，主张在政治、经济、教育等方面对少数族裔、妇女、LGBT 群体进行倾斜性照顾，鼓励这些少数族群以群体身份来进行政治动员，反抗文化非正义，同时，倡导一整套'政治正确'的语言规范以确保上述群体不会被随意冒犯。"❷ 多元文化主义挫伤了传统保守势力的豪气，挑战了强势群体的地位，动摇了美国主流文化的根基。文化多元主义不同于多元文化主义，文化多元主义侧重多元文化的和谐共生，在意识形态层面包含不同民族、宗教、文化习俗和语言差异的互相包容和接受；在国家政策层面，既要保证民族之间的平等，又要建构国家与民族之间的良好关系。"一般来说，'文化多元主义'首先确认种族及其文化是相互捆绑的，其次主张美国应当承认文化差异并尊重其他种族和民族的文化，认为各种族及民族的文化应当和谐共处，但前提是要维持美国主流文化的主导地位，也就是说，在一种普遍性的文化框架内容忍少数民族及种

---

❶ 福山. 身份政治：对尊严与认同的渴求[M]. 刘芳，译. 北京：中译出版社，2021：110.

❷ 牛霞飞. 多元文化主义与美国政治极化[J]. 世界经济与政治论坛，2021(1)：29-30.

族的文化。”[1] 就美国而言，文化多元主义并不反对美国主流文化，相反它承认美国主流文化的主导作用。文化多元主义认为，边缘群体和其他族裔文化也是美国文化的组成部分，与主流文化可以相伴共生。在宪法共识的基础上，尊重各少数族群、宗教、弱势群体或边缘群体的特殊文化，同时它又坚持在多元文化格局中主流文化的主导性，推动各种文化融入主流文化。

极端的文化多元主义可能会导致多元文化主义的产生，分界点就是在 20 世纪 60 年代的民权运动。多元文化主义继承发展自文化多元主义，它要求主流社会承认民族及身份认同的差异性，支持“政治正确”，确保少数族裔及弱势群体的文化同主流文化的平等地位，进而主张对他们进行倾斜性照顾，并鼓励其以群体身份来进行政治动员。[2] 福山说：“政治正确指的是那些你不能在公共场合说出来，否则就要担心受到道德谴责的东西。每个社会都有一些观念违背基本的合法观念，因而不能进入公共讨论。”[3] 美国社会和政治有时被这种“政治正确”所绑架、所拖累。

对于进步主义和保守主义来说，多元文化是一个绕不开的话题。随着多元文化主义的盛行，两者发生冲突，两者都在争夺美国未来的发言权。对于保守派来说，多元文化主义已经败坏了美国的立国根基，它摧残了美国建国的初心，摧毁了美国的立国之魂。美国的精神内核是“新教徒的、大部分拥有盎格鲁-撒克逊背景的白人中产阶级所拥有的文化模式”。[4] 然而，在多元文化主义的影响下，美国的精神内核将不复存在。进步主义和自由派过分强调文化的多元性，丧失了盎格鲁-撒克逊新教文化的主体性，片面追求文化多元化，贬损新教文化，推崇族群文化及其他亚文化，这无疑是美国的自残行为，美国的主流文化受到了严重侵蚀和削弱，从而带来文明的危机和衰落，这让美国保守派产生集体焦虑。

20 世纪 70 年代以来，多元文化主义运动轰轰烈烈，“想要用主要与种族相联系的各种文化来取代美国主流的盎格鲁-撒克逊新教文化”，该运动“在 20 世纪 80 年代及 90 年代初取得最大成功，显赫一时，但随后遇到了反击，发生了 20 世纪 90 年代

---

[1] 牛霞飞. 多元文化主义与美国政治极化[J]. 世界经济与政治论坛,2021(1):32.

[2] 牛霞飞. 多元文化主义与美国政治极化[J]. 世界经济与政治论坛,2021(1):29.

[3] 福山. 身份政治:对尊严与认同的渴求[M]. 刘芳,译. 北京:中译出版社 2021:116.

[4] 魏南枝. 美国的文化认同冲突和社会不平等性—种族矛盾的文化与社会源流[J]. 学术月刊,2021(2):86.

的文化战”。[1] 因此，对美国保守派而言，文化战争在某种程度可以看作对多元文化主义运动的反击战或阻击战，是挽救美国主流文化的行为，回归美国固有的特性。事实上，2017 年特朗普上台所代表的势力及“让美国再次伟大”就是站在挽救美国主流文化立场上向选民的承诺，维护美国传统核心价值观深受保守派选民的拥护，这也是特朗普在美国拥有大量拥趸的原因。

## 三、多元文化主义的政治诉求及危害

尽管多元文化主义的目标是促进社会中不同文化群体的和谐共存，但一些人对其提出了一些批评和担忧，认为它可能存在一些潜在的危害。多元文化主义更多地影响了当代美国人的思维方式。20 世纪 90 年代之后，多元文化主义成为形形色色政治诉求的旗帜，不管这些政治诉求是否基于社会公平正义，也不管是处于少数（弱势）族群的权益抑或是对主流文化的一种反叛，美国社会各阶层言必称多元文化主义。美国学界把美国很多社会矛盾和冲突也归结为多元文化主义，当然文化战争也不例外。文化多元主义理论的提出与实践，有一定的历史进步意义，“它既是对传统美国主流文化的一种挑战，也是捍卫和扩大民权运动成果的一种政治手段和工具，同时也是对已经出现的经济和资本全球化所带来的后果的一种理论上的严肃探索”。[2] 与此同时，“多元文化主义也帮助培养了美国社会对不同民族、族裔、性别、性别取向等群体的权益的敏感性。这一切对美国社会的发展无疑具有正面的作用”。[3]

多元文化主义影响和挑战了美国传统价值观，传统价值观也不再是唯一。多元文化主义之下，价值观呈现多元化，道德标准多元化和生活方式也多元化。美国传统社会结构被解构和重塑，各种亚文化层出不穷，家庭模式多元化，性行为多元化，婚姻样式多元化，各种权利诉求也呈现多元化。多元文化的背后，美国传统文化受到挑战，美国传统价值观遭到摒弃，文化战争也就随之爆发。多元文化主义者认为，文化越多元越好，文化越细化越好，甚至与美国主流文化与现代文明相冲突也不违背多元主义的原则。他们真正的目的不是要维护文化的多元性，而是借助文化的多元性，强

---

[1] 亨廷顿. 谁是美国人?:美国国民特性面临的挑战[M]. 程克雄,译. 北京:新华出版社,2010:125.

[2] 王希. 多元文化主义的起源、时间与局限性[J]. 美国研究,2000(2):73.

[3] 王希. 多元文化主义的起源、时间与局限性[J]. 美国研究,2000(2):74.

调身份的独特性，通过运作身份政治、细化身份制造一个族群共同体，通过这个共同体谋求更多权利。

在保守思想家和学者看来，“多元文化主义是潜入美国政治社会内部的现代‘特洛伊木马’，它最终会导致美国社会的严重冲突和分裂，消解美国的国家特性，使美国国将不国”❶。而对于自由派和民主党人士而言，他们还是拥抱多元文化主义。“同共和党支持的保守主义所带有的排外主义、种族主义等内容相比，多元文化主义中的宽容、平等和扶持弱者等更具有‘道德高尚’的意味。”❷ 对于民主党来说，它并不反对多元文化主义。事实上，“民主党和多元文化主义之间是一种利益耦合关系，而共和党与多元文化主义之间则是利益冲突关系，围绕多元文化主义及其利益诉求，民主党和共和党无法避免矛盾和冲突，并逐渐走向越来越严重的政治极化”。❸ 对于保守派和共和党而言，多元文化主义及其主张可能会产生如下严重问题：“多元文化主义的过度扩张会导致并加深美国种族之间的冲突，甚至导致美国的分裂。受多元文化主义的影响，受到压迫和歧视的少数群体的群体意识被唤醒，他们主张以集体为单位获得经济利益补偿，但同时这也导致了少数群体之间的利益争夺，而且当某一群体的利益无法得到满足时，其群体意识就会更加强烈，并进一步以群体为单位进行社会动员，进而演变成为一种严重的分裂力量，危害政治秩序和社会稳定。”❹

多元文化主义的特点是，强调某个身份的独特性，构建以这种身份为主体的群体，强调这个群体曾经遭受的苦难，主张这个群体应该得到的权利，甚至拥有比普通社会成员更多的选择自由。同样，常见的文化战争的重要特点之一就是少数族群过分强调自己的权利。无论是堕胎权，还是同性婚姻权抑或是持枪权，这些权利支持者都强调自己所属群体的独特性。虽然这些权利主张形成“政治正确”的时候，具有某些合理性的成分，但是，如果过度强调这样的“政治正确”，也会产生不良后果。美国社会学家阿尔文·施密特（Alvin Schmidt）认为，多元文化主义在“政治正确”的名义下，“钳制人们的思想和言论自由，破坏了美国的灵魂”❺。多元文化主义看似

---

❶ 牛霞飞.多元文化主义与美国政治极化[J].世界经济与政治论坛,2021(1):35-36.

❷ 牛霞飞.多元文化主义与美国政治极化[J].世界经济与政治论坛,2021(1):40.

❸ 牛霞飞.多元文化主义与美国政治极化[J].世界经济与政治论坛,2021(1):43.

❹ 牛霞飞.多元文化主义与美国政治极化[J].世界经济与政治论坛,2021(1):30.

❺ SCHMIDT A. The Menace of Multiculturalism:Trojan Horse in America[M]. Westport,Connecticut and London:Praeger,1997:170-176.

主张民主，但它特别强调群体和个体的权利，而民主则是以个人权利为基础的，因此，它实质上是反民主的。❶

在美国现实生活中，鼓励多元文化、宽容文化差异，承认各类族群权利与平等看上去很美，但是这也会存在消极影响。因为过分强调多元文化主义，甚至把多元文化视为一种政治正确的话，那么多元文化主义就会演变为人为的、得到国家政策支持的少数族群的政治诉求，甚至得到特权（例如第三性厕所）。“多元文化主义强调群体或集体的权利，但它确实与美国信念中的个人主义相背离，冲击了以个人为基础而享有自由和民主权利的美国宪政制度。”❷ 在民主社会，在一人一票的选举中，政党为了选举获胜，对少数族群的政治诉求“关怀备至”，甚至不惜做出承诺或迎合，这些政治诉求便上升为政党和政治人物的政治纲领和政治日程之中。美国民主党拥抱多元文化主义的原因之一就是收割少数族群的选票。“民主党开始将多元文化主义作为自身的核心意识形态，而共和党则把反对多元文化主义的保守主义看作是自己的意识形态。”❸ 两党之间眼前的政治利益或许比美国国家的未来更加迫切，两党之间的政治共识被打破，两党对立将会加剧。“美国的政治共识和政治文化中的核心理念即平等、自由之间存在一种内洽与平衡的关系，但多元文化主义对个人主义的背离和对集体权利的强调恰恰破坏了平等与自由之间的关系。”❹ 美国民主党、共和党两党和其他政治力量加入文化战争中，为了自己的政治私利，扯起平等、公平和正义的大旗，表面上是为了美国国家的灵魂和未来发展而争斗，实则是为了选票挑动族群矛盾与对立，撕裂社会。

既然多元文化主义对美国主流价值构成挑战，对美国信念构成威胁，多元文化主义与美国主流社会也产生矛盾，那么为什么美国还允许它存在呢？事实上，美国“接受甚至美化多元文化主义——民族的、宗教的、性别上的文化多元主义”，体现了很大的包容性和兼容性，在美国“唯独多元文化主义是资本主义可以接受的反对力量”，“美国支持多元文化主义的真正原因在于它和霸权主义的兼容性。美国多元

---

❶ 常士訚. 异中求和：当代西方多元文化主义政治思想研究[M]. 北京：人民出版社，2009：402.

❷ 牛霞飞. 多元文化主义与美国政治极化[J]. 世界经济与政治论坛，2021(1)：44.

❸ 牛霞飞. 多元文化主义与美国政治极化[J]. 世界经济与政治论坛，2021(1)：37.

❹ 牛霞飞. 多元文化主义与美国政治极化[J]. 世界经济与政治论坛，2021(1)：44.

文化主义体现出的多样化并不是真正意义上的多样化，并不能挑战美国的政治经济霸权”。[1] 美国之所以允许多元文化主义存在，是因为这符合其核心价值观，有助于社会的和谐共存、个体的自由表达及经济文化的繁荣。然而，这并不意味着这个过程是完全没有争议的，社会在实践中仍然需要平衡不同利益和价值观。

## 第二节　尊严、身份政治与文化战争

进入21世纪，美国文化战争的主题不仅与宗教道德有关，而且更多地与身份政治密切相关，这是文化战争2.0版本的重要特征之一。引发民权运动的原因之一是少数族群的尊严和身份不被承认，因此在民权运动的影响下主张自己的权利。无论是同性恋权利运动还是堕胎权运动，他们的初衷是维护自己的尊严。尊严在多元文化主义语境中容易被激活、放大。多元文化主义过分强调少数族裔、弱势群体的集体利益，多元文化主义是文化战争的“催化剂”，促进了身份政治发展，而文化战争中的权利诉求是多元文化主义和身份政治的表征之一。身份政治成为不同身份群体因性别、人种、民族、宗教、性取向等集体共同利益而展开的政治活动。政党及其领导人通过笼络身份群体而巩固并扩大选民基础。为了追求差异性和本群体的“尊严”，自由民主国家于是走上政治分散化、极化和分裂，美国文化战争由此产生。

### 一、身份、尊严与承认

#### （一）身份

身份（identity）是指“一个人或一个群体的自我认识，它是自我意识的产物——我或我们有什么特别的素质而使得我不同于你，或我们不同于他们”。[2] 亨廷顿认为，“不仅个人有identity，群体也有；在绝大多数情况下，identity是构建起来的概念，是想象出来的自我；个人有多重身份，这些身份的重要性会有变化，它们有时是

---

[1] 拉特纳.美国多元文化主义的实质[J].刘子旭，译.世界社会主义研究，2016(1)：89，90.

[2] 亨廷顿.谁是美国人?：美国国民特性面临的挑战[M].程克雄，译.北京：新华出版社，2010：17.

相辅相成，有时彼此发生冲突；identities 由自我界定，但有时自我与他人交往的产物；对于个人和群体而言，各种 identities 的重要性是随情况而定的”。❶ 身份是群体社会运动的通行证，而社会运动本身就是获得某种身份认同，身份有时具有凝聚社会运动力量的功能。“在 20 世纪 60 年代新社会运动兴起的社会中，用身份思考问题的条件已经成熟。”❷ 多元文化主义促使少数族群关注自己特有的亚文化及自己特有的身份。“当少数族裔和弱势群体在以集体斗争的方式来争取权利，以及在日常政治生活中特别强调自身的基于族裔、性别等的群体权利的时候，就与同样也关注群体身份或族群身份的多元文化主义站在了一起，并为后者提供了强有力的社会支持。”❸

在文化战争中，战争双方有的是基于生物学特征，例如黑人民权和 LGBT 权利等议题，而有的未必是建立在生物学特征之上，例如持枪权、移民、医保等议题。“身份来源有多种：有归属性的、文化性的、疆域性的、政治性的、经济性的和社会性的。”❹ 因此，有些身份诉求之争未必建构在生物性特征之上，而是建构在不可调和的个人权利自由之争上，属于政治性的或社会性的，而这种个人权利之争关乎自己的身份认同与社会承认。不管是建立在生物学特征之上，还是未建立在生物学特征之上，它们都有一个共同的特征：为了权利而斗争！少数族群和自由派是为了少数族裔身份的认同而斗争，而保守派是为了捍卫美国民族身份和传统文化与价值而斗争。

如前文所言，20 世纪 60 年代民权运动风起云涌，各种少数群体（或弱势群体）纷纷走向前台，他们以黑人民权运动为榜样，为争取自身权益团结在一起，强调自己的身份，依靠身份凝聚在一起，无论是少数族裔、女权分子还是同性恋运动分子，这些群体发现他们之间有很多共同的语言，他们都是为了人的尊严而斗争，因此，他们彼此有时也相互支持、相互打气。

### （二）尊严

在西方古典时期，“尊严”这个词就已经出现。然而，“在当时，尊严取决于血

---

❶ 亨廷顿. 谁是美国人?:美国国民特性面临的挑战[M]. 程克雄,译. 北京:新华出版社,2010:18-19.

❷ 福山. 身份政治:对尊严与认同的渴求[M]. 刘芳,译. 北京:中译出版社,2021:106.

❸ 牛霞飞. 多元文化主义与美国政治极化[J]. 世界经济与政治论坛,2021(1):38.

❹ 亨廷顿. 谁是美国人?:美国国民特性面临的挑战[M]. 程克雄,译. 北京:新华出版社,2010:21.

统、社会地位和行为举止等特征，作为一种个体的成就和社会承认的结果，它并不是人类生而有之的自然属性。”[1] 可见，尊严并非人人享有，尊严具有阶级性，有的人（如奴隶）生下来就没有尊严可言。作为人的本质，具有尊严的理论开始于古罗马时期著名的哲学家和政治学家西塞罗。他认为，人类理性赋予人类内在的尊严。[2] 基督教诞生后，它的教义强化了人具有尊严的概念，《圣经》创世纪一章中，上帝按照自己的模样创造了人。因此，“作为上帝的孩子和相似者，人拥有一种可以区别于其他动物的绝对价值。也因为如此，人居于所有因上帝意志而创造的生物的中心。为此，人的尊严总是被视为人的本质……”[3] 虽然，在中世纪，基督教并没有充分尊重人的尊严，随着文艺复兴和启蒙运动，西方对人的尊严的概念的理解日益成熟。随着西方自然法学的进步和自然权利的强调，“各主要国家在宪政上都完成了保障人的尊严的制度架构”。[4]

中世纪之后，尊严虽然走出了神学的范畴，但是尊严的神圣性丝毫没有减弱。西方的哲学家和思想家对尊严有了更深入的认识。学者王晖认为，康德对尊严理论的发展贡献很大，“他将人之尊严理解为一种绝对的、无可比拟的价值，超越其他所有价格。价格在康德看来，只是一项可以购买交换的外在价值。但是，人作为理性人拥有的尊严是一项内在价值，它是唯一的，无可替代的”。[5] 现代意义的尊严直到20世纪才出现在西方很多国家的宪法等法律文件中，也出现在联合国等一系列国际组织机构的文件中。1919年，德国《魏玛宪法》首次以把人的尊严写进宪法，其中第151条规定：“经济生活的秩序，必须与以保障所有人具有合乎人之尊严生活条件为目标的正义准则相符。”1945年，《联合国宪章》序言强调了“联合国人民”“对人的基本权利，对人的尊严和价值的信仰”；1948年，《国际人权宣言》（以下简称《宣言》）的序言也强调了“对人类家庭成员内在固有尊严，以及他们的平等和不可转让的权利的承认”，是“自由、平等和世界和平的基础”，该《宣言》第一条规定，“人生而自由和平等，在尊严和权利上一律平等”……虽然，人的尊严被写进了宪法或其他

---

[1] 王晖.人之尊严的理念与制度化[J].中国法学,2014(4):104-105.

[2] 恩德勒.经济伦理学大辞典[M].王淼洋,等译,上海:上海人民出版社,2001年版,第322.

[3] 王辉.人之尊严的理念与制度化[J].中国法学,2014(4):105.

[4] 胡玉鸿.人的尊严的法律疏释[J].法学评论,2006(6):4.

[5] 王晖.人之尊严的理念与制度化[J].中国法学,2014(4):105.

公约当中，但是，人的尊严制度化还是存在一些难题：

一是形而上学问题，“尊严作为一个形而上学的理念，其内容的宽泛尚可以接受，但是一旦成为法律实践运用中的实定法概念，内容的难以确定和概念的难以证立，会使得遵守也难以进行”。❶ 尊严作为一个形而上学的理念，可以通过法律保障、伦理准则、教育意识、社会制度和人权保障等多方面的手段来落实和实践，以确保个体尊严在社会中得到尊重和保护。

二是尊严能否被认定为一项基本权利，“人之尊严规范由于它的不受限制性和不可衡量性超出了一般基本权利的框架”。“人之尊严条款并非基本权利，而是基本权利的基础。”❷ 事实上，目前在众多国际法文件和国家宪法中，尊严通常被视为一项基本权利，作为人类的基本尊严和价值之一受到重视。

三是“人之尊严的实定化可能”，“法律实践中，以人之尊严名义做出的司法判决，其效力来源是什么？”❸ 以人之尊严名义做出的司法判决的法律效力来源于法律依据、宪法保障、人权原则及司法权威，确保判决被有效执行和尊重。美国并没有把“尊严”写入宪法中，而是通过一系列判例承认了人的尊严的存在。例如，2015 年美国最高法院在“奥伯格菲尔案”中的判决：婚姻自由是个人自治的基本要义，因为婚姻另一半的选择关乎个人尊严，“个人有权选择自己最亲密的人”。❹ 事实上，美国最高法院也没有对“尊严”做过多的解释，也无法回答法律效力的来源。或许，在美国最高法院看来，尊严与自然权利一样与生俱来。

在权利革命的时代，尊严感是一种激情，如果被点燃将一发不可收拾。“物质自利当然很重要，但不是唯一目标。对于少数族群来说，有尊严的情感获得感更为重要。没有尊严，物质即使富裕，也会产生怨恨，福山称之为‘怨恨政治’。”❺ 在自由派和进步主义者看来，尊严比生存更重要。在民主社会，对于少数族群来说没有尊严地活着是一件痛苦的事情，他们宁愿有尊严地贫穷地活着，也比没有尊严地富庶地活着强，这完全是一种情感的体验。许多情况下，政治领导人之所以能发动追随者，恰

---

❶ 王晖. 人之尊严的理念与制度化[J]. 中国法学，2014(4)：112-113.

❷ 王晖. 人之尊严的理念与制度化[J]. 中国法学，2014(4)：113，114.

❸ 王晖. 人之尊严的理念与制度化[J]. 中国法学，2014(4)：114.

❹ Obergefell v. Hodges，576 U. S. __(2015)，Opinion of the Court，p. 11.

❺ 福山. 身份政治：对尊严与认同的渴求[M]. 刘芳，译. 北京：中译出版社 2021：12.

恰是因为这些领导人的言辞与政见契合了某些群体心灵的需求，这些群体的尊严被践踏、权利被漠视。“这种怨恨唤起该群体的尊严得到公开承认的渴求。比起单纯追逐经济优势的人，渴望恢复尊严的受辱群体怀抱的情感更有分量。”❶

尊严是一种心理感受与体验，少数族群的身份被承认，他们的理念被认同，他们就有获得感和满足感，更重要的是，如果能得到与身份相关的权利，那就更激发尊严感。“实际上，许多我们以为经济动机的东西，反映的不是对财富和资源的单纯渴望，而是金钱被认为可以代表地位、购买尊重这一事实。”❷ 对于少数族群来说，他们的身份被承认，权利被保护，这样的获得感同获得财富和资源一样，心理都会得到满足，尊严感油然而生。“驱使当代身份政治的，是被社会边缘化的群体对平等承认的追求。”❸

尊严与生存同样重要，它们在人类生活中扮演着不可或缺的角色。尊严是人类的一项基本权利和价值观，代表着个体的自我价值和尊重。尊严的存在使人感到自尊、自爱，并促进人们在社会中的自我实现和尊重。另一方面，生存是最基本的需求，是人类生活的首要条件。生存保障着个体的生理健康、安全与持续发展。因此，尊严与生存同为人类生活的重要组成部分，二者密不可分，互相支撑。在实际情况中，尊严和生存会相互影响、相互衡量，而权衡二者之间的关系需要考虑具体情境和价值取向。

### （三）承认

自 20 世纪 60 年代起，民权运动让黑人的尊严得到保障，黑人获得了很多权利，甚至是额外的权利，影响了平权运动。1965 年，约翰逊总统发起的平权运动旨在大学招生、政府就业等情形中对少数族裔、女性及其他特殊弱势群体给予一定照顾，避免歧视和不公平对待。但是，这样的“优先照顾”，让白人学生认为自己受到了“反向歧视”。黑格尔曾提出，寻求承认的斗争是人类历史的终极动力，而法兰克福学派学者阿克塞尔·霍耐特则认为，黑格尔的“为承认而斗争”模式是理解现代社会哲学的重要基础，它强调个体之间的相互承认对于自我形成和社会关系极为重要。❹ 黑

---

❶ 福山. 身份政治：对尊严与认同的渴求[M]. 刘芳，译. 北京：中译出版社 2021：13.

❷ 福山. 身份政治：对尊严与认同的渴求[M]. 刘芳，译. 北京：中译出版社 2021：15.

❸ 福山. 身份政治：对尊严与认同的渴求[M]. 刘芳，译. 北京：中译出版社 2021：26.

❹ 霍耐特. 为承认而斗争[M]，胡继华，译. 上海：上海人民出版社，2005：55-68.

人的斗争史让妇女和同性恋者等少数族群看到了希望，看到了被承认的益处。他们也希望被承认，他们希望他们的权利被满足，例如，有些妇女希望获得堕胎权和平等就业权，同性恋者希望获得同性婚姻权，等。他们的身份必须获得承认，“身份并非生物学决定的，而是经验和环境塑造的，定义身份的方式可狭可广”。❶ 权利运动或许是少数族群定义自己身份、希望获得承认的途径之一。

每个群体都有它特有的身份，外人很难融入其中，这源于他们共同的生活体验。现代社会随着少数族群权利意识的增强，他们渴望得到社会的承认，所以他们格外重视自己的身份。福山认为，人类的激情是身份产生的根源，“虽然身份概念根植于激情，但只有到了现代，身份与内在自我和外在自我的观念相结合，与内在自我价值高于外在自我的激进观点相结合时，身份才出现”。❷ 各种身份意识点燃了政治激情，把美国政治推向波涛汹涌的身份政治漩涡中，政治极化不可避免。福山认为：“现代身份概念统一了三个不同的现象。一是激情。人性之一是渴望得到他人承认。二是内在自我有别于外在自我，且内在自我的道德赋值高于外部社会。三是不断演变的尊严概念，承认不再只为某个狭隘的阶级所应对，而是人人应得。不断拓展的、普遍化的尊严把对自我的私人追寻变成了一桩政治事业。”❸ “物以类聚、人以群分”，身份是最好的黏合剂和润滑剂，身份是动员社会草根运动的标识。所以，少数族群把自我尊严的承认与权利追求当作一项政治事业时就会赴汤蹈火，义无反顾。

以同性恋权利运动为例。自 1969 年 6 月 28 日爆发的“石墙暴动”开始至 2015 年 6 月 26 日美国最高法院正式判决同性婚姻合法化，历经了 46 年。❹ 在这些年里，同性恋者走上街头抗争，经过同性恋去病化、去罪化直至合法化，同性恋者的抗争终于取得胜利。“石墙暴动”使同性恋者第一次意识到同性恋族群的集体力量，同性恋身份也得到了彰显，他们渴望被尊重。“每个边缘化的群体都可以选择以更宽广还是

---

❶ 福山．身份政治：对尊严与认同的渴求［M］．刘芳，译．北京：中译出版社 2021：120.

❷ 福山．身份政治：对尊严与认同的渴求［M］．刘芳，译．北京：中译出版社 2021：27.

❸ 福山．身份政治：对尊严与认同的渴求［M］．刘芳译．北京：中译出版社 2021：37.

❹ 1969 年 6 月 28 日凌晨，美国纽约市格林尼治村石墙旅馆（Stonewall Inn）酒吧同性恋者与警察发生一连串暴力示威冲突，几百名警察参加平定骚乱，12 人被捕，4 名警察受伤，冲突断断续续持续了大约 6 天时间。石墙暴动拉开了美国同性恋权利运动的序幕，是美国史上同性恋者首次反抗政府主导之迫害性别弱势群体的实例，也被认为是美国及全球同性恋权利运动开始的标志性事件。参见：江振春．爱与自由：美国同性婚姻研究［M］．北京：法律出版社，2017：76-84.

更狭隘的身份看待自身。它可以要求社会像对待主流群体成员那样对待本群体成员，也可以为自己的成员主张一个独立的身份，要求社会把他们当作与主流社会不同的群体来尊重。”❶ 文化战争中保守派和自由派之间往往表现出泾渭分明、水火不容的态势，他们很难调和，这主要源于身份诉求的不可调和性。“身份诉求之争不同于经济资源之争，通常没有谈判的余地：因种族、民族、性别而得到社会承认的权利是基于固定的生物性特征，不能用来交换其他商品，也绝不可能被忽略。”❷

## 二、身份政治与文化战争

少数族群渴望尊严被承认，渴望身份被社会接受，渴望自身权利得到保障，这是身份政治存在的基本条件之一。“身份政治的本质是身份的政治化，身份的政治化意味着政治的身份化。”❸ 身份政治的起源非常复杂，存在多种观点。陈文旭等学者总结至少存在 6 种观点。❹

福山认为，“身份”和“身份政治”这两个术语是在相当晚近的时期问世的：“身份”这一术语是在 20 世纪 50 年代末经心理学家埃里克·埃里克森普及，“身份政治”这一术语是于 20 世纪八九十年代开始在美国文化政治领域出现。❺ 身份政治存在的另一个条件是自由派和保守派政治精英的推波助澜。当今美国的进步主义（左派）和保守主义（右派）关注的焦点和过去不太一样。和过去相比，当今美国左派减弱了对经济平等的关注，增强了对边缘群体和弱势群体的关注，于是，黑人、LGBT 群体、妇女和移民等群体的权益成为左派奋斗的目标。“作为西方左翼后现代转向的时代产物，身份政治以激进左翼的新社会运动开场，以左翼政党向资本投降的体制化、表演化为内核，最终却引发了激进右翼的种族民族主义复兴。”❻ 美国右翼则将其核心使命重新定义为国家和民族振兴（如“让美国再次强大起来”）、弘扬传统文化和宗教（抵制多元文化主义）、本土身份（抵制移民和难民）、或明或暗的种族主义。

---

❶ 福山. 身份政治：对尊严与认同的渴求[M]. 刘芳，译. 北京：中译出版社，2021：107.

❷ 福山. 身份政治：对尊严与认同的渴求[M]. 刘芳，译. 北京：中译出版社，2021：120.

❸ 张飞岸. 身份政治与自由主义危机[J]. 政治学研究，2023(5)：147.

❹ 陈文旭、刘涵. 当代西方身份政治研究述评[J]. 国外理论动态，2023(3)：164.

❺ 福山. 身份政治：对尊严与认同的渴求[M]. 刘芳，译. 北京：中译出版社 2021：14.

❻ 张飞岸. 身份政治与自由主义危机[J]. 政治学研究，2023(5)：146-147.

身份政治影响美国选举。选举是美国压倒一切的任务。选举或许加剧了文化战争，文化战争让选举更加激烈。选举政治与身份政治紧密相连，因为两党为了选举利益都乐于拉拢不同族群，为不同族群代言，获得他们的选票。两党所代言的文化群体不同，彼此意识形态尖锐对立加剧了两党政治极化。例如，共和党正成为白人政党，民主党正成为代表少数群体（非裔美国人、西裔美国人、职业女性、LGBT 族群）的政党。如果这一进程继续下去，身份政治将成为两党政治的主要分歧之一，经济平等议题将让位于身份议题。这种情况偏离了美国民主的初衷。民主党面临着一个重大选择：是继续打身份政治的牌，还是争取赢回一些白人工人阶级选民？特朗普在美国政坛风生水起，在白人中下层群众中很受欢迎，让民主党多少有点失落。美国的文化战争已沦为无休止的口水战，国计民生（如解决贫富差距）等问题的焦点恰恰被模糊。两党政治的主题正在从经济或意识形态转为“身份”，“身份”成为两党差异化竞争的一种显著标识。

如何公允地评价身份政治呢？早期身份政治具有历史进步意义，它作为对身份歧视和身份压迫的矫正和反抗，具有一定的积极意义，成为推动黑人民权运动、妇女解放运动等少数身份群体反抗主流身份霸权的武器。然而，当代的身份政治易成为一种激情运动与激情宣泄。在狂热的激情之下，理性的辩论和商议有时显得多余，有时又剑拔弩张，不可调和，协商民主遭到破坏。身份政治的核心是承认身份差别，“承认差别，不一定会引起竞争，更不一定引起仇恨。然而，即使是没有仇恨心理的人，也有可能陷于最终与人为敌的过程”。[1] 身份政治本身没有任何问题；它是对不公正的必然和自然的反应。它只有在身份被以特定方式诠释或维护的时候才成为问题。文化战争事实上是身份政治的具体表现。身份政治或许不可避免，它成为一种政治常态。“身份政治就是一个镜头，意识形态光谱上的绝大多数议题现在都是通过它来观看的。”[2] 通过身份政治去观察文化战争，自然也不例外。

自由派和保守派都来操弄身份政治，那么可能会导致以下后果。

一是民粹主义的兴起。美国自由派（左派）率先利用了民权运动所带来的历史机遇，操弄政治身份问题，它不再一门心思关注阶级斗争，转而支持各类边缘群体的权利。对于保守派来说，20 世纪 60 年代自由主义运动令他们心惊胆战，他们担心美

---

[1] 亨廷顿. 谁是美国人?:美国国民特性面临的挑战[M]. 程克雄,译. 北京:新华出版社,2010:20.

[2] 福山. 身份政治:对尊严与认同的渴求[M]. 刘芳,译. 北京:中译出版社,2021:120.

国传统价值观及正统文化的丢失，因此被动应战。“正是左翼目前实践身份政治的方式激发了身份政治在右翼的兴起，是身份政治催生了政治正确，而反对政治正确成了右翼政治动员的主要源头。”❶ 但是，保守派逐渐发现，操弄文化战争议题对自己也没有坏处，也能谋取政治利益。自由派和保守派操弄身份政治忽视了经济议题，国家凝聚力涣散，导致了右翼民粹主义的复兴。当今美国自由主义面临的困境同 20 世纪前半叶很相似，美国陷入身份政治的旋涡，引起文化战争与政治极化，并激发了右翼民粹主义。“他们担心右翼民粹主义极端化会发展到法西斯主义，最终会导致自由体制甚至国家的崩溃。”❷

二是经济议题让位于文化战争议题。身份政治直接关联到个人的身份、价值观和归属感，因此更容易触发强烈的情感反应。身份政治的本质往往涉及“我们对他们”的对立，这种分裂性可以被操弄。身份政治可以将复杂的社会经济问题简化为对立的身份问题。美国民主、共和过度操弄身份政治，结果之一就是两党会选择虚无缥缈的文化战争议题进行博弈。文化战争议题大都涉及身份政治，也最能体现身份政治的功利性。相比文化战争议题，经济议题和民生议题实实在在，看得见、摸得着，不好操弄，对于执政者来说，很难兑现。“对某些进步主义者而言，身份政治成了严肃思考的廉价替代物，让他们不用再去思考如何扭转这三十年里多数自由民主国家的社会经济更加不平等的趋势。在精英圈子里争论文化议题，比争取资金、说服立法者放下疑虑、改变政策容易得多。”❸

三是对美国民主造成伤害。“身份政治引发了持久、激烈的社会对立及撕裂。这种撕裂一旦冲击国民身份的基础，政策层面的补救措施就会趋于失效，国家社会也会被卷入衰败进程之中。”❹ 过分强调身份，则造成身份固化、身份对立及身份隔离等，注重对自我权益及自我所在群体的保护，而不会从国家和整体公共利益去看待社会矛盾及提出解决方案。主流文化被割裂，各类很自我的亚文化出现，社会被各种身份割裂开来，形成不同的“部落”，社会随之碎片化，文化冲突频现。

---

❶ 福山.身份政治:对尊严与认同的渴求[M].刘芳,译.北京:中译出版社,2021:116.

❷ 张飞岸.身份政治与自由主义危机[J].政治学研究,2023(5):150.

❸ 福山.身份政治:对尊严与认同的渴求[M].刘芳,译.北京:中译出版社,2021:114.

❹ 涂锋.身份政治第三波与西方国家的政治衰败:基于国家建构视角的分析[J].政治学研究,2021(3):145.

在美国文化战争中，自由派有时有很强的、莫名的道德优越感，“左翼身份政治的支持者可能认为，右翼的身份诉求不合法，不能和少数族裔、女性等边缘化群体放到同一个道德层面，他们的诉求恰恰反映的是一个占主导地位的主流文化的视角，这种文化在历史上一直享有特权、现在也依然如此”。❶ 而保守派则有很强的使命感，他们觉得其肩负着捍卫美国民族与国家认同、传统价值观的历史使命。美国身份政治主导下的民主也丧失了民主的初心或者说美国民主在衰败。以特朗普第一次当选总统为例，他获得很多中下层白人的支持，主要原因之一是他敢于对政治正确说：“不!”敢于对多元文化主义说：“不!”敢于对同性恋分子等少数群体说：“不!”“在民众层面，对于支持特朗普的民众来说，他们‘苦政治正确久矣’，在他们看来，政治正确在‘种族歧视、非法移民、同性恋、非主流宗教等话题’上设置重重限制，阻碍对上述问题的正常讨论，甚至形成了对言论自由的压制。”❷

政治精英解决不了经济问题和贫富分化等矛盾，于是为了掩盖阶级矛盾，为了选举利益，可以操弄廉价却又“高大上”的文化战争议题，操弄身份政治，他们打着自由、平等、公正、尊严的旗号，煽动民粹主义，破坏共识、制造对立，深刻地分裂社会，威胁着很多国家的政治稳定和民主发展。无论对于进步（自由）主义者还是保守主义者，他们已经对经济的平等、阶级的共同富裕、追求更好的政府与提升民生与福利无能为力。对进步主义者而言，他们从这些宏大叙事已经转移到具体的个体和少数族群的权利，而这些权利却是民主国家挑动族群对立、操纵选举及获取权力的利器，即使少数族群获取这些权利对于改变经济局面没有帮助，他们也乐此不疲，同样，对于保守派而言，他们同样也端不出像样的政策，也乐此不疲地操弄文化战争议题，这就是美国民主衰败的迹象之一。

---

❶ 福山. 身份政治：对尊严与认同的渴求[M]. 刘芳，译. 北京：中译出版社，2021：119.

❷ 牛霞飞. 多元文化主义与美国政治极化[J]. 世界经济与政治论坛，2021(1)：48.

第四章

# 文化战争与政治极化：想象还是现实？

近几十年来，美国政治极化的态势非常明显。当代美国文化战争的形成有特定的历史背景，政治极化的后果之一就是造就了文化战争，而文化战争反过来又加剧了美国政治极化。政治极化“指的是这样一种政治现象：共和党和民主党两大政党之间意识形态的分歧和对立日趋明显，同时两党内部意识形态同质化增强而导致两党国会议员在国会立法中，一党的多数反对另一党的多数；在总统选举中，出现红色州和蓝色州对峙的局面，以及在总统和国会选举中两党选民出现只投本党候选人票的趋向；两党在一些重要的国内政策问题上的政党意识形态分野和政策立场分歧日趋明显；两党的选民联盟、公众的政治意见和选举行为总体上由中间、温和的立场转向自由或保守的两端”。[1] 学者何晓跃认为：“政治极化趋向是，由两党政治精英在意识形态上由互有交集逐渐走向高度分裂，两党持中间、温和派立场的精英纷纷向所属党派的意识形态端靠拢。”[2] 政治极化与文化战争存在关联，它们互为因果，相互依赖、相互转化和相互作用。

---

[1] 张业亮.“极化”的美国政治：神话还是现实[J].美国研究，2008(3)：7-8.

[2] 何晓跃.美国政治极化的层次界定与生成逻辑[J].国际展望，2014(1)：104.

## 一、政治极化的原因

造成美国政治极化的原因很多，很复杂。20 世纪 60 年代以来的各种社会运动对极化政治的影响非常大，除此之外，美国政治极化还有以下四个原因。

### （一）政党与选民重组

学者张业亮认为："持久的政党选民重组导致两党选民结构和选举基地的变化"是政治极化的重要原因之一。[1] 20 世纪初，美国选区主要是由两个党派相互冲突的选区构成。那时民主党人和共和党人都比较克制、理性，民主党人避免越来越自由，共和党人则避免越来越保守。民主、共和两党不走极端，两党的温和派数量很多，因此，两党能够达成共识的机会也相对比较多。保守的南方是民主党最坚实的基地，南方的民主党人将他们自己塑造成南方传统生活方式的捍卫者，包含了尊重州权、捍卫传统南方价值等一套价值理念。共和党的基地则在自由的北方。在南方，共和党人给人的印象比较差，他们经常干预南方各州政策，鼓动南方民主运动，等等，因此，共和党在南方很少获得支持，例如，20 世纪 50 年代，来自南方的共和党人当选为众议员可谓凤毛麟角。

然而，从 20 世纪 60 年代开始，民主党在南方的大本营开始分崩离析，主要存在以下两个原因：一是长期原因。落后的南方经过现代化之后，南方经济结构发生了根本改变，工厂、公司、大都会纷纷出现，北方移民增多，整体教育水平提升，南方和北方的区别很小。二是短期原因。南方民权运动给南方民主党造成了深远影响。《1964 年民权法案》（*Civil Rights Act of* 1964）的出台导致共和党人和南方人都反对该法案，而民主党人支持该法案，因此南方人则放弃了对民主党的忠诚，而共和党人在南方开始取代民主党人。由于民主党人失去了对保守南方的控制，那些南方曾经支持民主党的选区的选票开始流向共和党。共和党人开始在众议院获得席位，而且席位越来越多。

由于党派的同质性增强，民主党不再依赖南方保守派的支持，结果就是民主党变得不再保守，而共和党变得更加保守，这为两党政治极化创造了条件。"民主党和共和党进行了区域重组，两党之间的同质性增加，两党极化越来越大。区域重组导致了国会两党各自在党内在意识形态方面达成更多共识，并在两党之间制造了比 20 世纪五六十年代更少的意识形态认同。20 世纪 60 年代，南方非洲裔美国人获得选举权之

---

[1] 张业亮."极化"的美国政治：神话还是现实？[J].美国研究,2008(3):19.

后，南方民主党人开始选举那些更能代表非洲裔选民并且在意识形态上与美国其他地区民主党人更为兼容的政治人物……与此同时，持有保守立场的南方白人逐渐转向共和党。由于南方如今很大程度已纳入共和党阵营，今天的民主党大都不存在最初的那种明显的区域分野。北方的选民变化强化了两党党内的意识形态趋同。温和的'洛克菲勒共和党人'大部分在东北部消失，而作为重要投票群体的保守联盟在国会内也不再存在。作为选民变化的结果，两党在政策偏好上具有了更多的内部一致性。"❶

两党的南方重组使得两党选举条件的政治同质性更加增强，两党都减少了各自的内部冲突，加强了党的领导。选民的党派偏好导致的重组会使选区构成开始变得越来越单一。重组不是孤立地发生在南方，除民权之外，还有其他问题也导致政党和选民重组。重组以及选区组成的变化的一个原因就是选民为了应对社会和经济变化。当谈到人口结构的时候，现在的政党代表了不同种类的选区。诸如收入、种族及城市化等地区特征的浮现导致政党间的差别越来越大。与此同时，重组发生了，共和党人在他们的联盟内经历了社会及人口的变化。在南方，教育和收入的增加导致更多的人投共和党的票。

1965 年，移民规则改变了，允许更多的人移民来到美国。当社会人口结构发生改变，为了获得新的联盟，政党必须对选民及其需求作出回应，政党也会改变它们的立场。众议院选举和地理区域密切相关，人口结构的变化将导致政治版图的变化，这一点从美国西裔人口的变化能反映出来。随着西裔人口的增长，导致选民重组。一般来说，美国西裔人口定居在阳光地带州（sunbelt states），他们一般投民主党的票，而这些地区以前则由共和党控制。当然，西裔人口也并非一定是民主党铁票仓，相比较 2020 年美国总统大选，特朗普的西裔选民支持率明显有所上升，特朗普西裔选民中的支持率从 2020 年的 32% 上升至大约 45%。"西裔选民在 2020 年并未像少数族裔的非裔选民那样增加对民主党的支持，而是在部分地区加强对共和党和特朗普的支持"，毕竟"在经济、社保、税收、移民、种族、堕胎和性别等领域，西裔选民的政策立场和投票模式要更加复杂"。❷

---

❶ 戴维森等. 美国国会：代议政治与议员行为［M］. 刁大民，译. 北京：社会科学文献出版社，2016：176-177.

❷ 孙冰岩. 2020 年美国大选：决胜因素、选举特点与政治困局［J］. 国际关系研究，2021（1）：103.

经济变化加剧贫富分化，导致阶层进一步分化，两党则代表不同的阶层的需求。阶层改变了与政党的联系，从而重组了选民。当然，除了经济议题之外，还有其他议题，例如，越南战争、政府公务员队伍扩张，同民权一样，在北方和南方民主党人中造成了某种偏好的剧烈分裂。这些问题改变了南方和其他地方的政党选民所支持的议题，就像东北部的选民，他们把焦点转移到个人权利之上，导致温和派在这个地区很难获胜。这样重组的后果之一就是本地区的政党偏好趋同，而党派间的差别越来越大，政党结盟也有趋同倾向，这让政党漠视中间立场，从而政党变得更加意识形态化。所以，政党联盟的重组也是政治极化的一个原因。

党内初选制度的进化也促进了政治极化。当党内候选人在自己所在的政党内争取支持时，为了吸引选民的青睐，他们往往会朝着更极端的立场靠拢，推动整个政治氛围走向两极化。20 世纪八九十年代，初选中的党内选民根据意识形态而改变并且进行分组（sort），初选投票率也随着时间而下降。初选制度可以把那些持极端观点的人送入国会，淘汰掉那些持温和立场的候选人。在初选当中投票的人一般都是党内积极分子。党内初选中积极投票的往往是年龄偏大、教育程度高、政治倾向和意识形态坚定、对本党忠诚度高的民众。因此，由于候选人必须赢得初选，才有机会去赢得最终大选，因此，他们为了获得初选的胜利，为了迎合初选中激进的选民，候选人必须采取极端的政策立场。

### （二）不公正划分选区（gerrymandering）

不规则划分选区也是造成政治极化的一个原因。“不规则划分选区”是指“以某一党或投票群体以席位最大化为目标的选区划分……不规则划分选区不仅用于实现党派获利，而且还被用于塑造在任者的政治前景，特别是那些颇有抱负的政治人物或者族裔群体。在多数情况下，国会将不规则划分选区视为党派战争中战利品的一部分”。[1] 为了谁胜谁负、谁留谁走而将选区划分得参差不齐，目的就是让某些政党在选举中占尽优势。不公正划分选区是立法部门为了达到政党或任期（连任）目的而进行的政治操弄。每十年的选区划分，通常是由州议会进行的，以减少选举竞争、使选举朝着胜利最大化的方向迈进。在美国选举中减少竞争是一种政治现实。不规则选

---

[1] 戴维森等. 美国国会：代议政治与议员行为[M]. 刁大民，译. 北京：社会科学文献出版社，2016：54.

区划分导致选民的集中化，使政党在一些选区里几乎是无敌的存在，这就让一些极端或极右（左）翼的观点有了更多的传播空间，最终引发政治极化的危机。此外，由于选区被划分得过于倾向某一方，导致议员很少面对来自另一政党的竞争，他们就可能不再需要考虑吸引中间选民，这就助长了极端主义和对立情绪的滋长。美国政治家罗伯特·库欣（Robert Cushing）研究发现，一半的美国人住在“选举一边倒的县”（landslide counties），这意味着总统大选时一个党在这个县能获得 60% 的选票。❶

总统选举和众议员选举存在同样的问题，如果选区呈现一边倒趋势，选举没有悬念，其实就成了党内初选，高度掌握着选区的民主党或者共和党主宰了一切。不规则划分选区的结果就是抑制了跨党派联盟的建立，导致跨党联盟概率变得很小。由于国会议员来自这些被不规则划出的（政党属性的）选区，他们去实施真正的跨党合作、寻求对策。这会导致选举中竞争性减少和政党极化，因为根据布鲁金斯学会（Brookings Institution）治理研究的高级研究员托马斯·E·曼（Thomas E. Mann）的研究，竞争程度高将会使政治家趋向温和，投票记录比较温和的地区它们也充满竞争性。在艾奥瓦州，地区界限重新划分，结果是根本不理会政党和任期，因此，该州在种族竞争性方面最强。数据证明了不公正划分选区削弱了竞争性，但是它不是造成极化的主要原因。事实上，不公正划分选区可能更多是极化的后果而非原因。政党极化，它们不易妥协之后，在议会通过议案的唯一方式就是通过选举获得控制权。托马斯·E·曼认为，不公正划分选区为高度竞争的、意识形态极化的政党提供了一个维持或达到多数控制的一种方式。它不可能是极化的唯一原因，因为参议院像众议院一样极化，不公正划分选区影响不了参议院。不公正划分选区强化了由其他力量触发的党派紧张关系，其结果就是进一步诱发极化，不公正划分选区也不再视为极化的一个原因。❷

### （三）国会运行与改革

政党极化的原因不限于政党重组和选区重组，极化可以从国会运行与改革中去找原因。“从 20 世纪 60 年代民权运动导致的重大变化到 20 世纪 90 年代中期，国会政

---

❶ SINCLAIR B. Party Wars: Polarization and the Politics of National Policy Making[M]. Norman: University of Oklahoma Press, 2006: 33.

❷ THOMAS M M. Polarizing the House of Representatives: How much does gerrymandering matter[M]// NIVOLA P S, BRADY D W, et al. Red and Blue Nation. Washington, DC: Brookings Institution Press, 2006: 263-283.

党体制逐渐转型，政党按照意识形态划界重组后形成了新的竞争性平衡。共和党联合了南方和农村地区保守派、剥离了温和派分支，特别是来自东北部、中大西洋地区及太平洋沿岸各州的议员们，从而实现了意识形态的一致性。将大部分南方地区失手给共和党的同时，民主党也在意识形态上更为一致。20 世纪 90 年代结束了南方保守派和北方自由派的长期分裂后，民主党人虽然比以往规模减小，但相当程度地更为统一起来。”[1] 国会运行的规则改变影响了党的领导力，导致更加极化。

作为《总统职位继承顺序法案》中排名第三、拥有实权的众议院议长权力的变迁反映了国会体制运行改革和运行。[2] 在 1910 年之前，众议院议长的权力非常大，尤其是伊利诺伊州共和党人约瑟夫 · G. 卡农（Joseph G. Cannon）担任议长时，权倾一时，近乎独裁，引起了进步主义共和党人和处于在野党地位的民主党人共同行动，逐渐拿走议长手中的权力，例如，议长失去了提名委员会主席的权力，因此委员会很独立，不受政党影响。“1910 年的反抗之后，委员会随着时间的推移逐渐获得了比政党领袖更多的权势。国会的权力被分散到了少数委员会主席手中……这些主席之所以掌握权势，凭借的是几乎不可侵犯的资历制度，即每个委员会内由多数党中任职时间最长者出任主席，直至去世、辞职或者退休。这一制度往往将那些长期在任的保守派南方民主党人提升到委员会主席职位上，而这些主席并不与本党领袖的政策倾向保持步调一致。”[3] 众议院委员会主席的权力非常大，而且具有一定的独立性，他们任职资格老，而且他们的意识形态和本党领袖的意识形态可以不一致，他们也没有动机去回应和迎合政党及政党领袖的期望。在这种情形下，政治极化不可能发生。因此，美国国会 20 世纪 20—70 年代这段特殊时期被称为“委员会治理”时期（committee government），主要特征之一是政党影响力相对较弱。

然而，20 世纪 70 年代的国会改革发生体制性改变，强化党的领导，弱化委员会权力。在此段时间里，民主党在国会占据多数地位，但是规则委员会的保守派联盟拒绝偏自由的法案进入众议院。民主党为了获得在众议院通过他们议程的控制权，民主

---

❶ 戴维森等. 美国国会：代议政治与议员行为[M]. 刁大民，译. 北京：社会科学文献出版社，2016：122.

❷ 根据《总统职位继承顺序法案》，众议院议长仅次于副总统继承总统职位，从这个角度说，众议院议长是排名第三的实权派政治人物。

❸ 戴维森等. 美国国会：代议政治与议员行为[M]. 刁大民，译. 北京：社会科学文献出版社，2016：171.

党加强了党的领导。当党的联盟达成了同质性，因为根据“有条件党治”理论（conditional party government），强有力的党的领导成为政党梦寐以求的目标。偏好的一致性（即党内政策认同度）及偏好冲突（即两党之间的政策分歧度）作为两个考虑因素共同构成了有条件党治理论的“条件”。党内意见更为趋同，更为极端，党的领袖权力更大，因为“政党影响力的强弱依赖于党内成员意识形态的同质化及在立法与政策制定方面的立场一致化程度。就美国政治精英来讲，两党内部的政治极化现象一旦形成，共和党与民主党各自内部的意识形态将变得更趋极端，两党在选举、立法和政策制定各环节中以党派划线的程度将不断强化并得以持续。”[1]

一般来说，影响政策和争取连任是国会议员要达成的两个目标，实现这两个目标，离不开强有力的党的领导。因此，国会议员有必要统一政策偏好，强化党的领导。20 世纪 70 年代，民主党率先意识到加强党的领导好处很多，于是改变党团内部规则，通过了一些加强党的领导的改革方案。民主党为了阻止保守联盟拒绝他们的议案在众议院通过，民主党弱化了委员会领导的独立性和权力。

首先，他们弱化了遴选委员会主席权力，不再依据资历选拔主席的体制。其次，他们采取了一些规则去限制遴选各委员会主席的权力。这些规则许可成立《权利法案》小组委员会（subcommittee bill of rights），限制委员会主席对小组委员会的影响，包括不能提名小组委员会主席等。除了这些规则改变之外，民主党通过授予议长提名委员会主席的权利及给予规则委员会成员的权利从而增强了民主党领导人权力。规则委员会在立法过程中最为重要，因为它控制了哪些提案可以提交到众议院的权力。现在不仅议长有权控制立法流程，而且议长被授予提名新成立的指导和政策委员会委员的权力，而新成立的委员会反过来又负责把所有的民主党人都分配到委员会。因此，民主党的领导人控制了委员会的分配工作。

从这开始，国会议员都向政党领导人靠拢。国会里两党议员们似乎更倾向于听从自己政党的领袖，尤其在党内投票、法案通过、议程安排等方面尤为明显。这可能有政治算计、利益交换，甚至是党内政治纪律的作用。议员们信任领袖的决策，很可能会带来更大的政治资源、更高的议会地位。由于议长和领袖们紧握权力，议员的个人忠诚及意识形态的同质性成为重要的考量目标。政党领导获得更多权力，研究表明委员们也急剧增加了他们对政党的支持力度，特别是这些委员把持或者渴望去把持委员

---

[1] 何晓跃. 美国政治极化的层次界定与生成逻辑[J]. 国际展望,2014(1):113.

会主席职位的时候。委员会主席意识到他们不能独立行动，必须把本党优先事项放在首位，反过来，委员会主席希望政党领导人推动法案在众议院获得通过，达成他们的政策目标。由于民主党控制了规则委员会，因此民主党可以贯彻落实这一期望。“民主党人越来越喜欢用被称作特殊规则的决议去建构自己的议程，这些规则为众议院立法设置了一些条件。”❶

众议院权力结构的变化，提升了众议院中多数党领袖的地位，也影响了立法进程。美国国会研究学者戴维森认为：“国会众议院的权力分配在 20 世纪 70 年代迎来了根本性变化。在越战和水门事件时代当选的活跃的自由派立法者不满于委员会‘公爵们’的保守倾向。这部分自由派力量与那些长期对现状不满者联合起来限制了委员会主席的权力。这些改革派民主党人采取了双管齐下的方式来实现众议院权力分配的转型。其一，改革者试图限制委员会主席的独立行使权，经过数年的推动，他们最终使委员会主席要更多地对其党派负责。不同于以往无论委员会主席是否与本党议程保持一致都可以占据委员会主席职位的做法，1973 年通过的新的政党规则要求委员会主席由民主党党团通过秘密投票产生。同时，委员会主席也有义务与分委员会主席分享权力。其二，改革者强化了政党领袖的权力……在随后的数届国会中，权力逐渐集中到多数党的领导层手中。”❷

民主党人的所作所为让在野的共和党人大为恼火。民主党的国会改革成效显著，不仅加强了党的领导，而且内部更加团结，民主党议员极化明显。共和党只好有样学样，作出应对。在野的共和党领袖也提名自己人到规则委员会中任职，也创建新的委员会分配制度，共和党领袖有了更多的决定权。“共和党采取了更加激进的对抗战术去抗议他们遭受的待遇，逐渐削弱民主党多数优势地位。”❸ 20 世纪 80 年代，纽特·金里奇（Newt Gingrich）走向国会政治舞台的中央，成为共和党领袖。金里奇

---

❶ ALDRICH J H,ROHDE D W. Congressional Committees in a Partisan Era[M]// LAWRENCE C D,OPPENHEIMER B I, et al. Congress Reconsidered 8th ed. Washington, DC: Congressional Quarterly Press,2005:253.

❷ 戴维森等.美国国会:代议政治与议员行为[M].刁大民,译.北京:社会科学文献出版社,2016:171.

❸ ALDRICH J H,ROHDE D W. Congressional Committees in a Partisan Era[M]// LAWRENCE C D,OPPENHEIMER B I,ed. Congress Reconsidered 8th ed. Washington,DC:Congressional Quarterly Press,2005:254.

领导了一批新的积极支持强硬路线的保守派分子投入更为激烈的对抗。"金里奇时常绕开整个委员会，建立领导层工作组来推进立法。更为重要的是，他修改了众议院规则，为所有委员会及分委员会的主席设置了六年期的限制，进而没有哪个主席可以积累足够的影响力来挑战政党领袖。简言之，政党权力开始主导了委员会的权力。"[1]金里奇为了强调共和党不同之处，主张和民主党人激烈斗争，要让选民和大众根据自己的偏好去选择自己所喜欢的政党。这就需要在议会加强党的团结，需要多数党和少数党之间的蓄意对抗，结果就是两党更加极化。民主党处于多数地位，它的动机是加强统一，这样民主党人才会有强有力的领导人去推行他们的政策目标。然而，由于民主党在国会中处于多数党地位，牢牢地控制了权力，共和党处于少数党地位，在共和党议员的反对中民主党议员也不得不加强统一、团结起来。共和党为了施加影响，摆脱少数党地位，变得更加激进，不容妥协。因此，两党都有强烈动机去拥护党的坚强领导。

美国民主、共和两党都在强化各自领导，继而造成政治极化，因为政党领导人对党内极化的议员论功行赏。政党领导人奖励那些对党忠诚的人，利用他们手中的资源使党员行为更为极化。议员必须对党忠诚，议员有求于政党领袖。政党领袖可以扶持党内议员连任，在筹集竞选经费中有重要作用。因此，对党越忠诚，政党领导人就越帮助他们在选举中获胜，他们显示对政党忠诚的动机就越明显。由于政党领导人控制了诱人的委员会委任工作和竞选资金，因此委员们有获得岗位的直接动机，这个岗位要么越来越保守，要么越来越自由，使得两党更加极端化，也更加强硬不容妥协，结果之一是议员及委员会越来越极化。

### （四）媒体对政治极化推波助澜

近 20 年来，美国政治极化与美国媒体有一定关联。美国各大主流媒体不是由政府控制，而是由各大财团控制。对于一般非政治性事件，这些媒体还是恪守一定的职业道德，坚持客观报道。但是，如果涉及文化战争议题或其他意识形态议题，媒体的报道就具有很强的政治倾向性。美国各大主流媒体在政治光谱上都有自己的定位，有的属于保守派，有的属于中间派，而有的则属于自由派，它们都有自己稳定的受众。例如，华盛顿邮报（*Washington Post*）、美国有线电视新闻网（CNN）、美国消费者新闻与商

---

[1] 戴维森等. 美国国会：代议政治与议员行为[M]. 刁大民，译. 北京：社会科学文献出版社，2016：173.

业频道（CNBC）这三家媒体属于自由派媒体，而福克斯新闻频道（Fox News）、华盛顿观察家（*Washington Examiner*）等媒体属于保守派媒体，美联社（AP）、《国会山报》（*The Hill*）和美国国家公共电台（NPR）则属于中间派媒体。处在政治光谱不同位置的媒体的报道一般具有一定的倾向性，它们可以误导、操纵和分裂民众。

文化战争议题能见度高，这完全拜美国主流媒体的议程设置功能所赐。新闻媒体“通过日复一日的新闻筛选与展示，新闻工作者使我们的注意力聚焦，影响我们对当前什么是最重要的事件的认知”。[1] 文化战争议题在竞选中往往成为优先议题，这是媒体为了竞选的需要，“大众媒介通过影响议题在选民中的显著性来为政治竞选设置议题议程”。[2] 在民主国家中，选举是常态，各党派为了选举利益，就设置议题指导选民投票，而此时“选民通常会转向大众媒介寻求指导，他们或者依靠新闻报道收集与形势相关的信息，或者直接依赖报纸社论得出自己的观点”，很多选民都有这样的“导向需求”。[3] 由于文化战争议题简单明了，无论是堕胎，还是同性婚姻，抑或是持枪问题，这些议题区分度高，选民有强烈的导向需求，大众媒体容易炒作，文化战争议题可以有效动员选民，同时也促使政党的表态与站位滑向保守与自由两端，两党政治也变得越来越极化。另外，受众形成一定的议题偏好之后，他们将会选择那些能不断强化已有观点的新闻源，这就是选择性接触（selective exposure），结果是受众不断自我巩固和强化极端立场。[4] 大众传媒为了吸引受众、增加与受众的黏合度，也就不断迎合受众偏好，保守派与自由派的媒体的极化也在加强。

总之，随着自媒体和网络技术的发展，政治极化进一步加强。“20 世纪 90 年代以来互联网普及，使用技术不断改进，都为极端政治立场推波助澜。”[5] 自媒体的发展，为那些政治立场相近的人提供了沟通的平台，更加巩固和强化了极端立场的机会，同时也为两党政治极化提供了平台。

## 二、政治极化的表现与文化战争的功能

当代美国民主、共和两党缺乏政治共识是美国社会普遍的共识。“政治共识是一

[1] 麦库姆斯. 议程设置:大众媒介与舆论[M]. 郭镇之,等译. 北京:北京大学出版社,2018:4.

[2] 麦库姆斯. 议程设置:大众媒介与舆论[M]. 郭镇之,等译. 北京:北京大学出版社,2018:8.

[3] 麦库姆斯. 议程设置:大众媒介与舆论[M]. 郭镇之,等译. 北京:北京大学出版社,2018:92.

[4] 麦库姆斯. 议程设置:大众媒介与舆论[M]. 郭镇之,等译. 北京:北京大学出版社,2018:11.

[5] 周琪,王欢. 值得关注的美国政治“极化”趋势[J]. 当代世界,2011(4):26.

个国家保持团结和凝聚力的基础，也是那些有着不同的利益诉求及文化背景的群体之间实现妥协的基础，政治共识减弱或受到损害，妥协就难以达成，冲突也就难以平息。”❶ 当前美国政治极化原因之一是两党政治共识遭到破坏。当盎格鲁-新教传统文化和美国信念等不再构成两党政治共识基础的时候，两党冲突自然就会加剧。

政治极化的后果之一就是文化战争愈演愈烈，而文化战争反过来又加剧了政治极化。学者张业亮总结了当今美国政治极化的集中表现：“在国会的立法中，一党的多数反对另一党的多数”，“在政党意识形态上，两党内部意识形态同质化增强，同时两党之间政党意识形态的分歧和对立加大”，“与两党意识形态极化同步，选民也被分化成两大对立的投票集团”，“美国政治地图出现‘红色州’和‘蓝色州’的分裂”，以及“两党在文化、宗教和道德价值观问题上分歧增大，出现宗教选民和世俗选民的分野”，等等。❷ 如前文所述，政治极化的原因有很多，政党和选民重组、民权与种族问题、不规则划分选区、国会改革与运行、媒体的推波助澜等。当宗教、文化和道德价值观问题在美国政治中越来越重要，成为两党政治的主要问题时，就可能会进一步扩大政治极化。

与经济因素相比，文化、宗教及道德价值观方面的议题容易成为影响投票的决定性因素。有时诸如堕胎、校园祈祷和同性婚姻等社会问题成为影响投票模式的决定性因素。有些人深切地感受到这些社会问题改变了他们的投票模式，而把票投给共和党。美国历史学家和政治学家汤姆斯·弗兰克（Thomas Frank）在他的代表作《堪萨斯州怎么了?》（*What's the Matter with Kansas*）解释了保守派如何通过竞选纲领采用极端的社会议题赢得该州的胜利。对于蓝领工人、白人、低收入的堪萨斯州人投票给保守派，经济因素意义不大，因为这些政策对该州的大部分人不能带来收益。❸ 在政治极化中，文化战争具有以下两个功能。

第一，文化战争议题有助于两党差异化竞争，有利于选民重组和操弄选举。在两党政治的竞争中，制定出有差异的政策将有助于政党扩大自己的选民群体，差异的政策也能满足以往固定选民群体的政治偏好和政策取向，实现政党利益的最大化。在选举中，文化战争议题往往具有能够凝聚基本盘的作用，堕胎权、同性婚姻权和持枪权等议题都能够吸引两党忠实的死粉，“一些公民会根据自己认为最为重要的某个单一

❶ 牛霞飞.多元文化主义与美国政治极化[J].世界经济与政治论坛,2021(1):45.

❷ 张业亮.“极化”的美国政治:神话还是现实[J].美国研究,2008(3):12-19.

❸ FRANK T. What's the Matter with Kansas[M]. New York:Henry Holt and Company,2004:24-26.

议题来做出投票选择，比如控枪、堕胎或者同性恋婚姻。即使数量不多，但这类选民也可以在激烈的竞选中发挥决定性作用”。❶

文化战争议题的功能之一，就是制造民意气场，吸引选民加入自己的阵营。两党候选人和领袖都善于制造议题。文化战争议题更多地属于政策层面，但是这些议题深深影响了两党政治。美国一般民众，特别是草根阶层，往往对一些深奥的议题不感兴趣，可能是这些议题超出了他们的理解能力，但是，文化战争议题清晰易懂，接地气，非黑即白，很容易让草根民众归队，做出投票选择。“议题偏好甚至是意识形态信仰在选民的抉择中发挥着的显著影响。即使是多数美国人对政治事务关注并不多，但依旧有可观的选民会考虑某些议题，并会根据某一特定议题或者一组议题来作出选择。相当多的选举受到这些议题差异的左右。”❷ 在意识形态极化和竞争激烈的今天，竞选与治理之间的界限已完全消失了。在永续竞选的情况下，领袖努力为下一次竞选制造着民意气场，以此强化本党的立法方向、制造吸引选民的议题。❸ 多数选民要么认同自身为“文化中间派”，要么拒绝以任何意识形态术语来形容自己。然而，和以往比较，普通政党认同者更为意识形态极化了。❹

文化战争议题的设计是一种政治算计与操弄。文化战争议题并非关系到国计民生，但是该议题可以确定党派属性，吸引选民，主要以选举为依归。政党的铁粉特别关注本党的议题。美国政治学教授欧文·G. 阿贝（Owen G. Abbe）等人研究发现，选民的议题受到本党候选人关注且有能力操作该议题的时候，该候选人特别受选民喜欢。因此，“政党领袖和候选人个人在竞选中必须为本党属性明确界定好议程，从而使其发挥作用。”❺ 文化战争议题也吸引了相关利益集团，利益集团试图在立法机关

---

❶ 戴维森等. 美国国会：代议政治与议员行为[M]. 刁大民，译. 北京：社会科学文献出版社，2016：118.

❷ 戴维森等. 美国国会：代议政治与议员行为[M]. 刁大民，译. 北京：社会科学文献出版社，2016：115.

❸ 戴维森等. 美国国会：代议政治与议员行为[M]. 刁大民，译. 北京：社会科学文献出版社，2016：167.

❹ 戴维森等. 美国国会：代议政治与议员行为[M]. 刁大民，译. 北京：社会科学文献出版社，2016：121.

❺ ABBE O G, GOODLIFFE J, PAUL S. HERRNSON P S, PATTERSON K D. Agenda Setting in Congressional Elections: The Impact of Issues and Campaigns on Voting Behavior[J]. Political Research Quarterly, 2003(56): 419.

通过有利于自己的立法，“组织化的利益集团也仔细关注着立法者的行为，进而决定捐款、宣传及其他相关竞选援助是否投入进去。立法者投入时间和注意力来向关注的公众推进和解释议题，因为他们接受捐款并被要求如此为之”。❶

第二，文化战争议题有助于两党对抗。为了保持两党的极化状态，必须要加强本党的团结和本党领袖的权威，增强本党的同质性，同时还要加大两党的对抗程度，体现在选战中的南辕北辙的议题设置，选民更好地综合把握两党差异性的观点、价值及原则，甚至还可以提高选民的投票率。文化战争议题火药味很浓，能刺激选民向政党靠拢，增加政党认同，增强向心力和凝聚力，从而让选民（尤其是摇摆不定的选民）投出政党支持票。政党领袖设计议题、制定议程是一项高超的政治技巧。“双重国会的概念要求政党领袖要维持在机制内外的双重角色。就其内部角色而言，政党领袖制定议程，并使用其程序和组织权力推进议程。就其外部角色而言，政党领袖明确表达和公开那些专门用来刺激党派支持和摇摆选民的议题立场。”❷ 美国政治精英从来也不避讳这一点。曾任美国副总统的理查德·切尼（Richard Cheney）说，“对抗符合我们的战略”，“极化经常有极具益处的结果。如果所有事情都可以通过妥协和协调解决的话，如果没有什么议题将我们与民主党人区分开的话，这个国家为什么还需要变化？为什么还需要让我们成为多数呢？”❸

两党之间的对抗符合两党利益，甚至可以让两党利益最大化。文化战争让两党的区分度更高，更加凝聚选民力量，摇摆选民就会更加积极投票。只要政客需要动员他们的基本盘，调动利益集团去筹款，文化战争就不可能退出历史舞台。只要政治精英发现这些选民对于道德价值观问题对立严重，立场极端，就越有价值，那么他们就会主动挑起这些问题的纷争，他们就会为选举辩论和立法提供“弹药”。❹

美国文化战争的实质是民主党、共和党两党对美国信念及盎格鲁-撒克逊新教文

---

❶ 戴维森等. 美国国会：代议政治与议员行为[M]. 刁大民，译. 北京：社会科学文献出版社，2016：117.

❷ 戴维森等. 美国国会：代议政治与议员行为[M]. 刁大民，译. 北京：社会科学文献出版社，2016：167.

❸ 戴维森等. 美国国会：代议政治与议员行为[M]. 刁大民，译. 北京：社会科学文献出版社，2016：199.

❹ WOLFE A. The Culture War That Never Came[M]//HUNTER J D, WOLFE A, et al. Is There a Culture War? Washington D. C.: Brookings Institution Press, 2006: 49.

化是不是美国灵魂等方面无法达成共识，这也是造成政治极化的原因之一。“对于民主党来说，与少数族裔和弱势群体结盟，可以扩充自己的选民基础，赢得稳固的选票来源，而将多元文化主义作为本党的核心理念，则可以加固上述结盟关系，使自身在选举中获得更加有利的地位。”❶“共和党当前所信奉的政治理念或意识形态的核心要义是古典自由主义或保守自由主义，实际上就是自由主义的右翼，它在文化上持保守态度，尤其坚持基督新教的价值理念，更加强调个人主义，强调机会平等。”❷ 当多元文化主义流行时，各种少数族裔文化、各种亚文化（例如同性恋文化）就会挑战美国传统主流文化议题，这很大程度上解构美国的政治共识，两党党员就会向各自的一端移动，两党的温和派就会逐渐缩小理念差距，最终将会导致两党政治极化。

## 三、美国政治极化的负面作用

美国两党围绕文化战争议题相互攻伐，政治共识不再，消耗政治资源，两党日趋政治极化。政治极化会造成以下结果。

### （一）极化对国会政治产生负面影响

首先，政治极化会导致美国政府陷入停顿和僵局，阻碍国会通过富有成效的立法。❸ 分裂的政府阻碍了立法的通过，而且提案成为法律的比例从 1961 年的 81% 下降到了 2003 年的 59%。❹ 有些人可能认为，僵局是好事，政府的产生就是让每个议案得到充分辩论，确保对社会最好的议案成为法律。然而，深思熟虑的辩论和极化的僵局之间还是有差别的。政府关门歇业，濒于无法履责的威胁就是由极化的僵局造成的。其次，政治极化的另一个后果是，民主、共和两党花大量的时间相互倾轧，彼此

---

❶ 牛霞飞. 多元文化主义与美国政治极化[J]. 世界经济与政治论坛，2021(1)：40.

❷ 牛霞飞. 多元文化主义与美国政治极化[J]. 世界经济与政治论坛，2021(1)：39.

❸ 美国国会掌握着国家“钱袋子”，预算拨款权力掌握在美国国会手中，国会不通过预算案，就意味着政府不能花钱，很多需要花钱的工程无法继续，员工的工资也将难以支付。《1974 年预算法案》于 1976 年生效后，美国国会预算程序便有所修改。预算拨款案无法获得国会批准，美国政府没钱可花。美国国会预算程序于 1976 年正式执行以来，美国政府一共停摆过 22 次。其中，特朗普执政时期，美国政府停摆三次，最长停摆天数达 35 天。

❹ SINCLAIR B. Party Wars：Polarization and the Politics of National Policy Making[M]. Norman：University of Oklahoma Press，2006：355.

打“口水战”。两党的仇恨会使两党频繁使用冗长辩论，程序性阻挠议事（filibuster）[1]，这也成为两党都乐此不疲地阻挠对方通过议案的伎俩。[2] 最后，两党政治共识越来越少，两党相互妥协的“美德”不再，“两党党内意识形态同质性增强，两党之间意识形态分歧不断放大，表明同一党议员的立法倾向越来越相似，不同党议员之间的立法倾向的差别越来越大，在关键议题上以党派画线投票将更加突出，这使跨党立法妥协变得更加困难”。[3]

### （二）政治极化对美国选举机制产生负面影响

政治极化不仅使两党在关键政策方面分歧增大，冲突增多，而且增强了两党内部意识形态同质化和内聚力，也增强选民与政党紧密的依附关系，增强了政党在选举和政策推进的主导作用，随之而来的就是两党改变选举策略，即“由传统的争取独立选民或在意识形态上持中间、温和立场的选民向动员基础选民转变”。[4] 处于中间的温和派的选民在文化战争议题的刺激下，各自向左右两极移动，选民的阵营分化越来越明显，选民意识形态也越来越尖锐对立，从而也加剧了美国社会的分裂与对立。

### （三）对内政外交产生深远影响

学者周琪认为，“从长远来看，政治‘极化’会提高公众政治参与的积极性，但是它将是一把‘双刃剑’，一方面会加深对政治和政策问题的讨论，另一方面会增强利益集团谋取特殊权益的动力。”[5] 例如，当涉及国防的时候，极化行为导致两党都走极端，两党南辕北辙的目标容易伤害美国的外交政策和国家安全策略。如果针对其

---

[1] Filibuster 常被翻译成“阻挠议事”或“冗长辩论”等，意为“尤指在议会集会中，使用某种极端拖延战术（比如发表冗长演讲）来推迟或阻止行动”。由于读音相近，也被称为“费力把事拖”。这个词最早出现于 1851 年，来源于西班牙语 filibustero，意思是阻碍航海通行的“海盗、劫掠者”。在美国政治中，参议院不限定辩论演说的发言主题和时长，因此 filibuster 是一种合法的议事方式：少数党参议员们往往会通过无休止的演说等手段来拖延表决时间、瘫痪议事程序。

[2] SINCLAIR B. Party Wars: Polarization and the Politics of National Policy Making[M]. Norman: University of Oklahoma Press, 2006: 120.

[3] 张业亮.“极化”的美国政治：神话还是现实[J]. 美国研究，2008(3): 26.

[4] 张业亮.“极化”的美国政治：神话还是现实[J]. 美国研究，2008(3): 26.

[5] 周琪，王欢. 值得关注的美国政治“极化”趋势[J]. 当代世界，2011(4): 27.

他国家的政策不稳定、朝令夕改的话，就会在四年内招致重大变化。当涉及财政政策和福利分配的时候，政治极化会伤害到长期执行的国内政策，美国不会永远维持它的社会福利政策。有些主要问题，诸如社会安全或医改的更新或重塑计划，都要求两党密切合作，显然政治极化破坏了两党合作的基础。

### （四）极化腐蚀了公众对政府的信任

美国政客极端的观点一般疏远甚至排斥一般民众。政客整天打嘴仗，国会陷入僵局的时候，民众会对政府失去信心和信任。首先，政治极化使总统和国会立法控制权的斗争更加激烈，“众议院在由反对党控制的情况下，两党政治极化使总统的立法领导更加困难；当参众两院由总统所属的政党控制时，高度的政党凝聚力则对总统有利，总统的立法倡议比较容易在众议院通过，但在参议院则视情而定”。[1] 其次，两党政治极化导致美国引以自傲的传统制衡机制失灵。总统行政权的急剧膨胀，导致国会无法对总统进行有效约束。“在两党分别控制白宫和国会的‘分治政府’时，国会多数党常常加大甚至滥用监督权；在一党同时控制白宫和国会的‘一致政府’时，国会多数党则基本上放弃了国会监督权，即使行使，也是走过场。”[2] 另外，美国最高法院的大法官从提名、参议院批准到任命都体现了党派政治色彩；大法官在审理某些案件，特别是在涉及文化战争的案件中，保守与自由的分野如此明显，极化政治的印记非常明显。

政治极化严重影响了美国民主的健康。民主应该具有代表性、回应性及责任性。然而，如果国会政治极化，不再代表普通大众，那么它就不具有代表性。如果极化导致政治僵局，甚至让国会濒临关门和无法履责的边缘，那么民主就不再具有回应性。如果两党都走极端指责彼此的问题，而不是相互合作处理的问题，那么民主就不具备可问责性。如果国会清谈、不作为，总统权限不受限制，美国最高法院过多卷入政治斗争，那么美国民主则出了问题。

## 四、文化战争与“楔子议题”：以枪支管制和同性婚姻为例

在美国选举制度中，选战需要策略。个体行为者的理性行为往往会产生集体的非

---

[1] 张业亮.“极化”的美国政治：神话还是现实[J].美国研究，2008(3)：27.

[2] 张业亮.“极化”的美国政治：神话还是现实[J].美国研究，2008(3)：29.

理性结果，这种现象在政治科学领域被称为“集体行为悖论”或“群体非理性”。每个选民投票的时候都遵从自己的理性，尊重个体理性，保障个人的民主权利的重要途径。但是，个体理性行为（如投票行为）的相加不等于集体理性行为，如果局部理性被无限放大，局部理性会导致全局的非理性。也就是说，某一政党选民的个体投票行为有时会导致这个政党全体选民集体投票行为的非理性，这也就是美国选举不到最后一刻都难以下结论的奥妙。

在一个复杂和多元的民主社会中，政党本质上是由不同人组成的联盟。美国民主、共和两党并非铁板一块。美国只有这两大政党轮流执政，但是这两大党内部在具体议题上也会有不同的派系，选民个体也有着自己的理性，因此，不同政党内部的派别可能在某些议题上意见不一致，从而在政党联盟内造成政策分歧。个体理性与集体理性往往充满矛盾，其原因极其复杂，它可能“根源于人性的弱点，即人性是自私的——人只考虑自己的切实利益，而不考虑公共的利益和长远的利益”，也有可能是“个体对自己需要把握的对象掌握的信息不完全，从而导致决策中对一些长远的、公共的利益的忽视”，或许“个体理性的行为总是受包括习惯、道德等价值理性因素的影响”等。[1] 在选战中，一个政党常常将一个文化战争议题作为楔子去撬动、分化另一个政党的选举阵营。

### （一）楔子议题

学者张业亮认为，所谓楔子议题是指一个具有高度分裂性或争议性的政治和社会议题，特别是指由一个候选人或政党提出，期望吸引或使对手传统支持者中产生分裂的议题，也称“烫手议题”（hot button issue）或“高压线议题”（third rail issue）。可见，“楔子议题”只是一个修辞策略，聚焦某一个社会问题，例如，堕胎、同性婚姻、枪支管制等，把这个议题炒热，作为一个“楔子”嵌进对手传统支持者的阵营，分化他们，并在公众中造成极化，从而获得政治优势。

曾经担任过共和党选举操盘手的艾伦·雷蒙德（Allen Raymond）在其著作《如何操纵选举：一个共和党选举操盘手的忏悔》（*How to Rig an Election: Confessions of a Republican Operative*）中就深度披露了美国政治精英如何操控社会、如何操控选

---

[1] 王苏珂.个体理性引发的集体非理性[J].东南大学学报(哲学社会科学版),2009(6):126.

举，其最常用的伎俩就是制造“楔子议题”。❶ 雷蒙德认为，这种政治优势并非要以压倒性优势获胜，而是只要获得51%的选票就好。❷ 楔子议题本身就是有争议的，它们往往与道德或价值观有关，对于选民来说，这些议题非常重要，以至于选民很容易被说服去给候选人投票，党派隶属关系暂时被搁置一边。楔子问题一般是一个政治或社会问题，通常具有争议性或分歧性，通过该问题可以将选民或选民团体进行分化，形成内部分裂。因此，楔子问题的关键特点是，“它跨越了党派界限，有可能引发党内分歧”。❸ 具体做法是可以通过各种媒介将楔子问题设置为选举议题，围绕着这一议题，期望加强对这一议题关注的选民的团结。设置楔子议题的主要目的就是诱使处于两极分化的某一派选民撤回对本派候选人的支持，不再投票给本派的候选人或者因为对本派候选人彻底不抱幻想转而支持另一派的候选人。

一般而言，楔子问题是一党内部的尖锐问题，容易在一党内部造成分歧或冲突，因此，该党总是刻意压制或忽略讨论此类问题，毕竟这些问题容易造成本阵营选民的分化与流失。文化战争议题，特别是堕胎、同性婚姻和持枪权等议题，就属于此类尖锐的议题。当然，一些国家安全、移民和种族等问题也容易成为楔子问题。一个政党炒作楔子议题向另一个政党的反对派选民喊话，制造分裂，从中渔利。

### （二）楔子议题的功能

楔子议题有以下三个功能：一是楔子议题吸引竞争对手阵营中的部分潜在支持者，达到分化竞争对手支持者的目的。楔子议题通常是棘手的，易给公众制造思想与观念的混乱，从而导致某一政党内部支持者“倒戈”。例如，共和党屡次利用同性婚姻作为楔子议题分化民主党选民阵营。美国南方黑人一直偏向民主党，但是，由于他们当中很多人是南方浸礼会教徒，反对同性婚姻。相比较经济、医疗、教育、环保等问题，他们更加注重传统婚姻制度和家庭价值观，因此，很多黑人选民因为捍卫同性

---

❶ RAYMOND A, SPIEGELMAN I. How to Rig an Election Confessions of a Republican Operative [M]. New York, NY: Simon & Schuster, 2008: 238.

❷ RAYMOND A, SPIEGELMAN I. How to Rig an Election Confessions of a Republican Operative [M]. New York, NY: Simon & Schuster, 2008: 16.

❸ HEINKELMANN-WILD T. Divided They Fail: The Politics of Wedge Issues and Brexit [J]. Journal of European Public Policy, 2020(27): 723-741.

婚姻转而支持共和党。同理，民主党也用枪支管制这个楔子议题去争取更多共和党保守派阵营中女性选民的支持。2018 年，国会中期选举共和党失去了对众议院的控制，有学者认为，这也和枪支管制有一定关系，因为从加州橙郡到达拉斯，再到新泽西，共和党人在多个州的郊区选区中表现不佳，其中教育程度较高者，尤其是女性，强烈支持有力度的控枪措施，她们不愿支持极端保守的共和党持枪派议员。

二是楔子议题能弱化选民对竞争对手的支持。楔子议题软化、缓和目标人群（对立政党中的反对派）中的紧张局势。事实上，楔子议题的主要功能就是要瓦解竞争对手的民众支持基础。❶ 例如，1999 年美国科伦拜高中校园枪击案之后，副总统戈尔以参议院议长身份投票支持一项限制枪支的法案。然而，在次年总统大选中，共和党及枪支利益集团把枪支问题作为楔子议题大做文章，成功地将戈尔定性为“反对枪支者”，宣传戈尔如果任美国总统将会“拿走你们手中的枪”，这使戈尔输掉了西弗吉尼亚州和他的家乡州田纳西，因为这两州人喜欢持枪狩猎。传统上，这两州对民主党非常友好。因此，在极端情况下，楔子议题可能会导致分化和分裂对手阵营，吸引选民，从而导致对方政党的实际破裂。❷

三是楔子议题可以改变竞选主轴，特别是当国家经济形势不佳或者国家陷于战争泥淖或者个人陷于道德危机等情形，竞选连任者可以抛出楔子议题，转移选民的焦点。对于一个连任者而言，他被攻击的点太多。如果他抛出手里的楔子议题的话，可以模糊焦点，改变竞选的走向，有时甚至可以使自己脱困。

在美国，无论是民主党还是共和党，通常都会试图避免楔子议题影响自己的选情。但是，为了选票，它们又不得不分化对方阵营，彼此都乐于寻求楔子议题来分化对手、打击对手。毕竟，楔子议题使对手内部产生分歧，吸收对方阵营的部分选民加入自己的阵营。任何一个政党都不希望楔子议题分化了自己的阵营，努力让楔子议题去政治化是政党努力的目标。事实上，美国政治学家埃尔默·沙奇尼德（Elmer Schattchneider）曾认为：“所有政治斗争的努力都是利用反对派的裂痕的同时，试图

---

❶ RAYMOND A, SPIEGELMAN I. How to Rig an Election Confessions of a Republican Operative [M]. New York, NY: Simon & Schuster, 2008: 16.

❷ HEINKELMANN-WILD T. Divided They Fail: The Politics of Wedge Issues and Brexit[J]. Journal of European Public Policy, 2020(27): 723-741.

巩固自己这一边的势力。”❶

### （三）投票的动态过程

选民的投票决定是一个动态的过程。选民有一套倾向，包括现有的信仰和态度，他们的任务是将这些倾向与选择候选人相匹配。随着选民在竞选过程中逐渐了解到更多新的信息，他们可能会调整自己的选择，使自己的倾向与候选人更好地匹配。首先，那些可被说服的选民中，也就是那些最有可能对竞选信息作出反应的选民，在自己党内他们往往对于自己所关心的问题持不同意见，比如前面提到的反堕胎的民主党人或支持干细胞研究的共和党人。其次，候选人有机会通过强调那些导致内部冲突的问题来吸引这些可说服的选民或者诱使他们与本党离心离德。最后，信息和沟通技术的进步更容易确定谁是候选人争取的对象，用何种竞选信息去争取，从而鼓励了候选人大量使用楔子议题。❷

以美国总统选举为例。在选战中，双方总统候选人都用直接邮寄、打电话、电子邮件及私人拉票等形式向那些可说服的选民发送目标明确的、不同的政策信息，特别是在楔子议题上，说服那些可说服的选民。回顾历史，在总统选举中利用楔子议题进行选举的例子莫过于共和党总统候选人尼克松和里根，他们向美国南方保守的民主党人寻求支持。一般认为，这些党派忠诚度和政策偏好之间的交叉压力（cross - pressures），对竞选活动中的选民和候选人的行为都有明显的影响。❸ 有交叉压力的党内反对派针对某一问题和党内主流意见并不一致，而且该问题在选举中并没有获胜的情形下，这些反对派愿意重新评估他们对该党提名人的预期支持率。

### （四）枪支管制楔子议题

文化战争议题也运用于国会立法中，该议题迫使众议员和参议员采取必要的立

---

❶ SCHATTSCHNEIDER E E，ADAMANY D. The Semisovereign People：A Realist's View of Democracy in America［M］. Boston，Massachusetts：Wadsworth Cengage Learning，1975：67.

❷ HILLYGUS S D，SHIELDS T G. The Persuadable Voter：Wedge Issues in Presidential Campaigns［M］. Princeton，New Jersey：Princeton University Press，2014：2-3.

❸ HILLYGUS S D，SHIELDS T G. The Persuadable Voter：Wedge Issues in Presidential Campaigns［M］. Princeton，New Jersey：Princeton University Press，2014：4.

场，以枪支管制这一文化战争议题来说明这个问题。美国枪支问题不是孤立的社会问题，它与美国两党政治、三权分立体制、联邦与州、地方权力博弈、院外游说利益集团等若干政治问题纠缠一起，环环相扣，形成“死结”，这也造就了形成美国政治生活中特有的“枪支政治”。

美国共和、民主两党在重大的政治问题上素来是泛泛而谈，抽象模糊，两党政治立场往往大同小异。早在1980年，政治学家杰拉尔德·M·庞珀（Gerald M. Pomper）曾对两党竞选纲领进行分析发现，两党对选民的承诺基本相同，只有不到10%的承诺截然对立。但是，两党在道德和文化等社会议题上观点迥异，它们的政策主张成为区别两党意识形态的重要指标，例如，民主党更多地被认为是重环保、民权、重选择（pro－choice）、主张同性恋权利和管制枪支的党；而共和党则更多地被视为重生命（pro－life）、维护传统价值观、反税收和反对严格枪支管制的党。[1] 也就是说，枪支问题是区别共和、民主两党意识形态的重要尺度，也是争取选民的重要筹码。

1968年以前，枪支管制议题在两党总统竞选纲领中难得一见。但是，“自1968年之后，枪支管制第一次成为两党政治竞选纲领中的主旋律之一。这也反映出枪支管制问题已成为全国性的社会问题。[2] 自那以后，美国历次总统大选，枪支问题就成为一个绕不开的议题，每一位总统候选人都必须在这个议题上进行表态。自1968年以来，共和党几十年如一日地捍卫“持有和携带武器的宪法权利”。2008年，美国最高法院“哥伦比亚特区诉赫勒案”（*District of Columbia v. Heller*，简称“赫勒案”）的判决被共和党视作“法宝”，在它的总统竞选纲领中极力宣扬“持有和携带武器”是一项个人权利。[3] 2012年和2016年总统大选，共和党在枪支管制这个议题上，一味

---

[1] 江振春. 比登天还难的控枪路：持枪权与美国宪法第二修正案研究[M]. 北京：中国政法大学出版社，2013：105。美国社会就孕妇堕胎问题分为两派：支持妇女堕胎的阵营被称为选择派（pro－choice），反对妇女堕胎阵营被称为生命派（pro－life）。

[2] SPITZER R J. The Politics of Gun Control[M]. New Jersey：Chatham House Publishers，1995：123.

[3] 参见2008年美国共和党竞选纲领：http://www. presidency. ucsb. edu/ws/index. php? pid = 78545；District ofColumbia v. Heller，554 U. S. 570（2008）. 关于“赫勒案”的判决分析详见第五章第一节和第九章第二节内容。

强调个人持枪权，置合理的枪支管制于不顾。[1] 同样，在2020年和2024年两次美国总统大选纲领中，民主党依旧主张更严格的枪支管制政策，而共和党则反对更严格的枪支管制政策，维护个人持枪权为荣，通常将枪支暴力问题视为单独的社会问题而非法律问题。难怪有学者早就断言，枪支在保守的共和党人眼里成为“秩序的象征和保守主义的图腾”。[2]

相比共和党突出“权利”，民主党则强调“管制”，却又并不强调“禁枪”。对于管制的严厉程度，民主党的态度时紧时松，有时甚至玩起暧昧。究其原因，一方面是每当大规模枪击案件发生时，民主党便祭起“枪支管制”这面大旗，挥舞着遇难者的血衣，声嘶力竭地呐喊出台严格的枪支管制法律，除安抚自己的基本盘之外，期望能获得更多中间派选民支持或分化共和党阵营选民；另一方面，民主党在枪支管制上又不能太较真，否则会招致持枪派选民的惩罚。例如，民主党在1994年国会中期选举全线溃败，共和党卷土重来，8年后，共和党重新成为参议院多数党。20年后的2014年，共和党又成为众议院的多数党，一举控制了国会两院。第二次世界大战之后的70年中，共和党在州长选举中多数候选人获得胜利。有观察家认为，这样的结局与20世纪90年代克林顿政府曾经雷厉风行地推行枪支管制，持枪权派选民不满有一定关联，对此，克林顿总统后来在他的自传中还耿耿于怀。2000年，主张严厉禁枪的戈尔在总统大选中又功亏一篑。因此，在2004年和2008年的竞选纲领中，民主党竟然也打出了维护第二条修正案权利的旗号，希望能获得广大“枪民”的支持。[3] 2012年，民主党对于第二条修正案的态度，不再像过去那样遮遮掩掩，它也像共和党一样，支持最高法院的判决，支持个人持有和携带武器的基本权利，同时也强调加大枪支管制力度；2016年，在竞选纲领中，希拉里坚定支持限枪，明确提出呼吁废除枪支行业责任保护，对购枪实施综合的背景调查等具体措施。[4] 2020年，拜登在竞

---

[1] 参见2012年美国共和党竞选纲领：https://www.presidency.ucsb.edu/documents/2012-republican-party-platform；2016年美国共和党竞选纲领：https://www.presidency.ucsb.edu/documents/2016-republican-party-platform.

[2] KENNET L, et al. The Gun in America[M]. Connecticut, London: Greenwood Press, 1975: 252.

[3] 参见2004年美国民主党竞选纲领：http://www.presidency.ucsb.edu/ws/index.php? pid=29613；2008年美国民主党竞选纲领：http://www.presidency.ucsb.edu/ws/index.php? pid=78283.

[4] 参见2016年美国民主党竞选纲领：https://www.presidency.ucsb.edu/documents/2016-democratic-party-platform.

选纲领中，专门有一个章节“结束盛行的枪支暴力”（Ending the Epidemic of Gun Violence），实施普遍的背景调查，结束枪支和弹药的网上销售，堵住目前允许特殊人群，如被控虐待伴侣或暴力攻击他人的人购买和拥有枪支的危险漏洞，并为联邦背景调查系统提供充分的资金等。[1]

在枪支管制问题上，除了党派色彩之外，性别、地区、种族等因素也会影响到选民的选票，同时某一特定时期的美国社会枪支犯罪的高低、校园枪击案件等一些不确定因素也会左右社会舆论，这往往又影响了选民的态度，给选举的结果增添了不确定性。在美国社会，由于枪民和非枪民都具有草根性，他们的态度尖锐对立，同时也具有情绪化的一面，具有多变性。美国民主制建立在一人一票制度之上，如何争取他们的选票，操纵选举结果是两党挖空心思要做的任务。因此，枪支问题自然也就成为美国政治中绝佳的“楔子议题”。

### （五）同性婚姻楔子议题

同20世纪80年代一样，到了90年代，文化战争议题依旧是两党政治操弄的议题。1996年美国总统大选，对于共和党来说，同性婚姻就是一个绝佳的楔子议题。共和党大打同性婚姻这张牌，“炒热”同性婚姻议题，吸引大量保守派选民的选票，同时分化民主党与同性恋权利运动及其他自由派的结盟。

首先，民主党并非铁板一块。例如，1996年总统大选，民主党人对同性婚姻表态非常慎重，民主党对同性婚姻问题远未达成共识，存在严重分歧。同性婚姻议题成为分化民主党的一个工具：“全国很多民主党州议员相信婚姻应该限定在‘一男一女’之间或者至少相信他们不会投票反对极右的法案，因为这些民主党州议员都支持异性婚姻制度。正如提出极右法案的共和党人所期望的那样，很多民主党议员会投票支持这些议案，这会点燃同性恋选民的怒火。同性恋社群，不管是地方性的还是全国性的，几乎在每一个州被都迫花大量的精力去游说州议员反对那些议案。”[2] 可见，

---

[1] 参见2020年美国民主党竞选纲领：https://www.presidency.ucsb.edu/documents/2020-democratic-party-platform.

[2] CHAMBERS D. Couples: Marriage, Civil Union, and Domestic Partnership [M]//EMILIO J D, TURNER W B, VAID U, et al. Creating Change: Sexuality, Public Policy and Civil Rights. New York: St. Martin's, 2000: 294.

同性婚姻议题可以有效地分化民主党阵营。

其次，民主党推进同性婚姻的法案会让民主党总统候选人进退维谷。例如，1996年克林顿总统对于《捍卫婚姻法案》（*Defense of Marriage Act*）犹豫不决。1996年5月共和党提出《捍卫婚姻法案》。该《法案》认为，在异性婚姻中才会存在“配偶”关系，其中该《法案》第三章规定，联邦不承认同性婚姻，包括保险、雇员、伴侣间的社会保险受益人、移民和联合报税都不承认同性婚姻这样的民事法律关系。最终，在《捍卫婚姻法》的投票结果公布之前，克林顿权衡再三，采取了政治权宜之计，支持了《捍卫婚姻法案》。1996年的克林顿虽然对同性恋者比较友好，但是看在选票的份上，他不得不反对同性婚姻，他必须兑现自己在1992年总统大选时所做的反对同性婚姻的承诺！❶

克林顿这种做法正中共和党下怀，因为这可以导致同性恋者和同性恋权利运动积极分子对克林顿极度失望和愤怒。例如，克林顿多年好友大卫·米克斯诺（David Mixner），是克林顿最坚定的支持者，也是坚定的同性恋权利支持者，他为克林顿鞍前马后，1992年为克林顿入主白宫筹集了不少钱。当白宫副新闻秘书吉尼·特泽诺（Ginny Terzano）对外界公布克林顿将签署《捍卫婚姻法案》的时候，米克斯诺认为克林顿此举是“令人恶心、令人震惊”，完全是“政治懦夫行为”。❷ 自由派人士、旧金山市市长威利·布朗（Willie Brown）甚至警告克林顿，如果克林顿胆敢签署《捍卫婚姻法案》，那么克林顿到该市拉选票的时候，他将组织政治抗议游行来“欢迎”克林顿。克林顿如期而至，果真遭到200多人抗议……❸克林顿所作所为也从另一个方面说明，美国总统大选波云诡谲，共和党的“同性婚姻”这个楔子议题发挥了一定作用。

### （六）“楔子政治”与利益集团：以枪支利益集团为例

西方选举政治的精髓之处是煽动民众，挑起对立，操弄选举，获得想要的选举结

---

❶ NAGOURNEY A. Christian Coalition Pushes for Showdown on Same-Sex Marriage[M]. The New York Times, 1996-5-30.

❷ NEIKIRK W. Gay-marriage Curbs Get Clinton Support[N]. Chicago Tribune, 1996-5-23.

❸ Clinton Faces Protests from San Francisco Gays[N]. Milwaukee Journal Sentinel, 1996-6-10(4A).

果。雷蒙德认为，美国政治其实就是“楔子政治”。[1] 至少枪支政治真实地反映了楔子政治。如果两党在枪支问题上达成一致意见，枪支问题再也不是美国社会问题，那么两党就失去了一只绝佳的选举“楔子”。因此，两党能做的不是禁枪，而是两党在枪支管制立法上相互“飙戏”：激烈交锋、相互妥协，其间还穿梭着双方利益集团说客的身影。雷蒙德认为，控制选民最常用的方式是，用金钱创造市场分工，用分工产生的专业人士对付普通选民，以专业对业余，以有心算无心，以有组织对付无组织……[2]利益集团有大量资金进行游说，说客是选举“专业人士”，他们根据不同角色分工，利用楔子议题，游说国会，取得立法利益最大化，鼓动选民，把自己的代理人推向台面。

全美步枪协会（National Rifle Association）和预防枪支暴力布兰迪运动（Brady Campaign to Prevent Gun Violence）是两个最著名的利益集团，前者主张持枪权，而后者则主张枪支管制。全美步枪协会是美国最大的单一目标利益集团，3 亿美元的预算、430 万会员，势力庞大。2016 年总统大选，特朗普上台，全美步枪协会功不可没。全美步枪协会把 2016 年选举经费中的 96%（大约为 5 030 万美元）用来支持共和党总统候选人和一些州共和党参议员竞选人，其中特朗普一人获得了 3 030 万美元的资助。

“布兰迪运动”的名称是纪念美国前总统里根的秘书詹姆斯·布兰迪。1980 年，里根总统遇刺，布兰迪也身受重伤，不得不在轮椅上度过余生。他和他的夫人从此以后投身于枪支管制运动之中，成为美国枪支管制运动的领袖之一。相比全美步枪协会，“布兰迪运动”的势力较弱，但它的会员也有近 60 万人，影响力不容小觑。“布兰迪运动”最重要的战场还是国会和街头运动，很多有影响的枪支管制立法的出台及大规模的反对枪支暴力游行，都离不开“布兰迪运动”的组织与努力，例如，从 1986 年起，手枪管制联合会在全美范围内发起运动支持《布兰迪预防手枪暴力法》。1993 年，经过 7 年的努力，克林顿总统签署了该法案。1994 年，该组织又游说国会支持《禁止进攻性武器法案》，最终在参议院以 1 票的优势艰难过关。2001 年 5 月 14

---

[1] RAYMOND A. Spiegelman I. How to Rig an Election Confessions of a Republican Operative[M]. New York, NY: Simon & Schuster, 2008: 16.

[2] RAYMOND A. Spiegelman I. How to Rig an Election Confessions of a Republican Operative[M]. New York, NY: Simon & Schuster, 2008: 65-75.

日，布兰迪运动在华盛顿特区组织了声势浩大的“百万母亲大游行”运动，呼吁全民关注枪支犯罪，国会加大枪支管制立法力度，控制枪支泛滥。

其实，美国的共和党和民主党心知肚明，当代美国政治两党都需要“枪”。两党刻意用枪支问题造成社会分裂，形成两大基本阵营，造成政治极化。枪可以增加两党的区分度，能有效巩固彼此的基本盘。枪支问题就像跷跷板，跷跷板的两端分别坐着共和党和民主党，两党乐此不疲地玩着这个游戏，都乐意利用枪支议题加大自己的分量，最大化地获得选民支持（尤其是中间选民）、分化对方选民。

在美国政客看来，楔子议题并不是国家面临的最重要和最紧迫的议题，它的重要性体现在可以为两党为一己之私充当选举工具和讨价还价的筹码。2019 年 8 月埃尔帕索市枪击案之后，执政的共和党和特朗普总统压力骤增，因为 2020 年是总统选举年，民主党趁着惨案，大打枪支管制这张牌；共和党在这种氛围中，完全忽视枪支管制必然会招致中间选民愤怒，所以，特朗普总统不得不支持民主党所提出的对购枪者进行更广泛的背景调查的方案。然而，全美步枪协会副主席兼首席执行官韦恩·拉皮埃尔立刻警告总统特朗普，如果这样做将有损他在核心支持者中的威望，会影响持枪派选民的拥护；而特朗普的如意算盘是他支持某项枪支管制立法以换取民主党在国会对他的管制移民立法的支持。枪支成为赤裸裸的选举工具和政治博弈筹码，禁枪不能，枪击不止，两党倾轧，周而复始，这就是美国民主的怪圈。

第五章

# 文化战争的审判：司法独立还是司法政治化?

美国宪法本身有基督教的烙印，美国最高法院也有维持美国传统价值与道德的使命。美国最高法院大法官的任命过程是一个政治化的过程，两党都会把最符合本党意识形态和政治利益的人送进最高法院的殿堂。大法官本人的宗教背景和意识形态对判案过程也产生潜移默化的影响。美国最高法院一般都是以公正的化身出现，在立法、行政和司法这三个分支中，它是“最小危险部门”。[1] 相比较立法和行政，美国最高法院口碑最好，给人的感觉超然于政治之外。然而，美国最高法院文化战争案件 5∶4 或 6∶3 的极化判决不得不让人怀疑美国最高法院的政治性。1973 年的“罗伊案”给美国留下了“政治后遗症”，即用司法手段推进政治议程。联邦最高法院在文化战争中也身不由己，毕竟法院也不能远离美国社会，只是在文化战争面前，美国最高法院完全做到超然、独立与公正是非常难的。政党的介入让文化战争议题成为无休止的选战议题，就连美国最高法院也被拖入了文化战争的战火中。美国最高法院一直被认为是神圣的司法殿堂，象征着公平与公正，“还神殿以平常”，对这所神秘的司法机构“祛魅”之后，其实美国最高法院的本来面目就是一所政治机构。[2]

---

[1] 比克尔. 最小危险部门[M]. 姚中秋，译. 北京：北京大学出版社出版，2007.

[2] 奥布莱恩. 风暴眼：美国政治中的最高法院[M]. 胡晓进，译. 上海：上海人民出版社，2010：6.

## 第一节 美国宪制的基督教色彩与宪法解释

美国最高法院难以在文化战争中独善其身，最重要的一个因素是美国宪制本身所深深打下的基督教烙印，或者说，美国宪制的基督教基因影响了美国最高法院。无论堕胎、死刑，还是同性婚姻，这些文化战争案件涉及传统、宗教道德与价值观等哲理，关乎美国立国精神与国家未来，因此美国最高法院大法官很难置身事外。审理案件的法官大都受到自己的意识形态、独特的人生阅历与宗教背景等若干因素的指引与左右，大法官不是在真空状态下去解释宪法和法律。

### 一、加尔文教与美国宪法的基督教背景

美国是基督教国家毋庸置疑，美国宪制政府的建立也体现了基督教文化色彩，具体来说，加尔文主义对美国宪制影响最为深远。

#### （一）卡尔文教的烙印与美国宪法的基督教背景

德国历史学家兰克曾说，约翰·加尔文是美国真正的创始人。同样，美国历史学家班克罗夫特认为，一个不尊重历史、不尊敬加尔文的影响的人，对美国自由的起源知之甚少。❶ 加尔文去世56年之后“五月花号”扬帆起航，奔向北美大陆。美国最早的宪法性文件《五月花公约》就是清教徒与上帝所签订的约定，“为了上帝的荣耀，为了增强基督教信仰，为了提高我们国王和国家的荣誉，我们漂洋过海，在维吉尼亚北部开发第一个殖民地。我们在上帝面前共同立誓签约，自愿结为一个民众自治团体”。这些不远万里来到蛮荒之地的清教徒是卡尔文教的直接继承人。美国建国先贤大都具有基督教背景，他们是虔诚的基督教徒，他们的愿景是利用基督教的精神去建立一个共和国。美国《独立宣言》似乎（至少是部分）采纳了一份充满加尔文主义色彩的文件——《梅克伦堡宣言》（*Mecklenburg Decalration*）的思想。❷

---

❶ 艾兹摩尔.美国宪法的基督教背景[M].李婉玲,等译.北京:中央编译出版社,2011:4.

❷ 艾兹摩尔.美国宪法的基督教背景[M].李婉玲,等译.北京:中央编译出版社,2011:11.

美国宪法具有强烈的基督教背景，参与制定宪法的人包含了28名圣公会教徒、8名长老会教徒、2名路德会教徒、2名荷兰改革宗教徒、2名卫理公会教徒、2名罗马天主教徒和3名自然神论者，1名代表信仰状况不清。[1] 基督教原罪说是建立在“人之初、性本恶”基础之上，因此，美国宪法分权制衡原则是建立在“原罪”假设基础之上的，“加尔文主义者不但相信政府是由上帝委任和建立的，还相信上帝仅赋予了政府有限权力”。[2] 2008年，根据“第一条修正案研究中心”（the First Amendment Center）一项研究，超过51%的美国人相信美国宪法建立了一个基督教国家[3]，尽管该宪法明确禁止宗教机构和对公职人员进行宗教测试。[4] 有两点原因促成了美国人认为美国的宪法要建立在基督教原则之上：一是早期福音派势力的崛起。福音派成为美国社会重要的中坚力量，他们希望政府部门能体现美国建国时期的清教原则；二是美国早期的联邦党人和辉格法学家在立法和司法层面加强在普通法中贯彻基督教原则。无论是英国普通法还是美国普通法都包含了很多基督教原则，以至于美国法学家吴·约翰（John C. H. Wu）感叹道：“无论你说它有什么缺点，凡是人的建制总免不了有缺点，但不可否认的是，普通法比起任何一个国家的法制体系有一个优点，即从其历史的开端就具有基督教的性质。”[5]

从美国建国起，美国司法系统就体现了某些基督教精神与原则。华盛顿在1796年9月17日告别演说中这样说：“在导致昌明政治的各种精神意识和风俗习惯中，宗教和道德是不可缺少的支柱……如果宗教责任感不存在于法院赖以调查事件的宣誓中，那么哪能谈得上财产、名誉和生命的安全呢？”[6] 美国早期法官在解释宪法时也

---

[1] 艾兹摩尔. 美国宪法的基督教背景[M]. 李婉玲，等译. 北京：中央编译出版社，2011：31.

[2] 艾兹摩尔. 美国宪法的基督教背景[M]. 李婉玲，等译. 北京：中央编译出版社，2011：11.

[3] Perspective：Dispelling the Myth of a ‘Christian Nation’[EB/OL]. (2021-6-14)[2022-12-2]. https://www. freedomforum. org/2021/06/14/dispelling-the-myth-of-a-christian-nation/

[4] Perspective：Dispelling the Myth of a ‘Christian Nation’[EB/OL]. (2021-6-14)[2022-12-2]. https://www. freedomforum. org/2021/06/14/dispelling-the-myth-of-a-christian-nation/. 美国宪法第六条第三款规定：“以上提及的参议员和众议员，各州议会成员，合众国和各州所有行政和司法官员，都应宣誓或者代誓陈词支持本宪法；但决不能以宗教检验为担任合众国下任何官职和公职的条件。”

[5] JOHN C H U. Fountain of Justice：A Study in the Natural Law[M]. Beaverton, Ore.：International Scholarly Book Services, 1980：65.

[6] 艾兹摩尔. 美国宪法的基督教背景[M]. 李婉玲，等译. 北京：中央编译出版社，2011：105-106.

会顾及基督教创建美利坚合众国这个共和国的叙事或神话，他们也一直探寻建国先贤的内心与初衷。对于美国最高法院来说，美国的基督教特色也通过一系列判决和大法官的解释加以确认。1892 年美国最高法院在“三一教堂诉美国案”（*Church of the Holy Trinity v. United States*）中提出，美国是一个基督教国家（Christian Nation）。[1] 从那时起，美国国家的基督教特性便成为大法官的基本认知。大法官遴选标准之一就是大法官的宗教背景，新教、天主教或犹太教的背景是成为大法官的必备条件之一。在美国最高法院历史上，从未出现过信仰佛教、伊斯兰教等非基督教的大法官或者无神论者大法官。

### （二）美国宪法中的上帝与宗教条款

美国建国的初衷到底是建立一个世俗国家还是宗教国家？很显然在美国 1787 年美国宪法中，这个新国家是一个世俗的国家。1787 年宪法中对宗教有多处规定，其中最重要的宗教条款就是宪法第一条修正案。美国宪法第一条修正案宗教条款主要由两个条款组成：一是“禁止立教条款”，二是“宗教自由条款”。这两个条款体现了良心自由、宗教实践自由、宗教多元主义、宗教平等、政府与教会分离及政府不得确立宗教等六项原则，它们共同确保政府在各教派之间维持中立，充分保障公民的宗教自由。另外，关于宗教与宪制的一处重要规定是美国宪法第六条的“宗教测试”（religious test）条款。美国宪法中关于宗教的规定似乎体现了美国政府不立国教，在所有教派中坚持不偏不倚，也不以宗教作为入职条件等，似乎体现了美国宪法的世俗性。其实，美国宪法这样表述，部分原因与某些开国元勋的反国教情绪有关，但也从侧面反映了宗教在美国生活中的崇高威望。“正如约翰 · 威尔逊所指出的，宪法没有实质性地提及宗教不是因为宗教不重要，而是因为它太重要了。如果宪法在当时制造分裂的宗教问题上采取某一立场，那么其被批准的机会就会变得渺茫。第一条修正案仅仅表述了对于宗教的不干预政策。它同时保证，不会设立任何联邦性质的宗教机构，联邦也不会干涉自由的宗教实践。建国者们显然希望联邦政府不要干涉州立宗教机构，因为事实上这类机构在新的国家建立后，仍在新英格兰持续了数十年。”[2] 在 1787 年和 1788 年美国宪法在各州批准辩论中争议很大，各州立法机构提出了美国宪

---

[1] Church of the Holy Trinity v. United States, 143 U. S. 457(1892).

[2] 乔治 · 马斯登著. 认识美国基要派与福音派[M]. 宋继杰，译. 北京：中央编译出版社，2005：72.

法的修正案，其中有的修正案提出，承认上帝和/或耶稣基督是所有政府权力的来源的修正案。❶ 虽然这样的修正案并没有形成，但是这足以反映出基督教在美国早期政治中的地位。

美国宪法中到底有没有上帝是一个长期争执的问题。事实上，“上帝”一词在1787年的美国宪法中只出现一次，就是在宪法最后表述中：“本宪法于耶稣纪元一千七百八十七年，即美利坚合众国独立后第十二年的九月十七日，经出席各州在制宪会议上一致同意后制定。”❷ 采用“耶稣纪元”的字样并非制宪者随性而为。美国宪法经过数月的打磨、修改和润色，制宪者在正文之中没有给上帝安排任何位置，但是在正文末尾不显眼的地方给了上帝一席之地。因此，美国有学者认为，宪法制定者正是在这样一个不为人注意的地方，悄悄记下了他们对上帝的信赖与依靠，对上帝的信赖与依靠乃是对上帝的宏伟计划的信赖与依靠，人必须按照这个计划建立自己的政府，依靠自己的能力统治自己。制宪者把宪法置于精神和世俗的双重秩序之中，“为了恰当地安置联邦制宪会议，精神的和世俗的秩序都溯及了”。❸ 尤其是关于宪法中是否存在上帝的争论在内战中重新抬头。早期的国家改革协会（National Reform Association）曾经建议在美国宪法的序言中加上这一段话：“我们，美国人民，谦卑地承认全能的上帝是文官政府所有权力和权力的来源，主耶稣基督是各国的统治者，他所揭示的意志是土地的最高法律……”❹ 到1869年3月底，参议员们提出了近150份基督教修正案，其中包括数千名选民的签名……在美国建国至现在不到250年的光景里，“上帝”在美国无处不在，在宪法中，在行政中，在司法中，在立法中……尽管美国建立了一个世俗的共和国，但是基督教的身影无处不在。

---

❶ LANE F. The Court and the Cross：The Religious Right ' s Crusade to Reshape the Supreme Court［M］. I Boston：Beacon Press，2008：Introduction，30.

❷ 原文为：“Done in convention by the unanimous consent of the states present the seventeenth day of September in the year of our Lord one thousand seven hundred and eighty seven and of the independence of the United States of America the twelfth. ”本翻译版本源自：威尔逊. 美国宪法释论［M］. 李洪雷，译. 北京：法律出版社，2014：146.

❸ ANASTAPLO G. The Constitution of 1787：A Commentary［M］. Baltimore：The John Hopkins University Press，1989：221

❹ LANE F. The Court and the Cross：The Religious Right's Crusade to Reshape the Supreme Court［M］. I Boston：Beacon Press，2008：Introduction，31.

文化战争的议题与宗教、历史传统和价值观有一定关联，当这些议题被政治化的时候，美国最高法院被卷入文化战争之中是迟早的事情。文化战争案件的审理难度非常大，非常考验美国最高法院大法官的智慧。

## 二、美国宪法的解释：从原旨论到“活着的宪法”

早在1819年，美国第三任大法官约翰·马歇尔（John Marshall，1801—1835）就告诫法官：千万不要忘了他们正在解释的是一部宪法。[1] 宪法究竟是什么，还要看大法官的解释。美国宪法为什么需要解释呢？首先，所有法律，包括美国宪法，是政治妥协的产物。法律用字为了迁就政治现实，不得不使用模糊语言，这给解释留下空间。其次，宪法的遣词造句往往抽象多义，诸如自由、平等、基本权利和正当程序等，内涵和外延不确定，意义不同，需要法官解释。大法官解释法律和宪法拥有自由裁量权，那么大法官如何解释宪法，及如何认定法律违宪，难免会受个人特殊经验、主观的价值及政策偏好的影响。[2]

在文化战争案件审理中，美国最高法院大法官解释宪法和法律的目的也是在落实特定的政治价值与政策偏好而已。对于自由派大法官来说，他们同民主党及其总统一样，支持堕胎权、支持废除死刑、支持枪支管制与同性婚姻等，对于保守派大法官来说，他们同共和党及其总统一样，支持死刑、废除堕胎权、反对同性婚姻权，支持个人持枪权等。为阐明宪法的意涵，美国最高法院大法官因此发展出一系列宪法解释的方法，例如，原旨论解释法（originalism）[3]，文义／文本解释法（literalism／textualism），逻辑论证法（logical reasoning），判例解释法（stare decisis），目的分析法（purposive analysis），利益平衡法（balancing of interests），成本效益分析法（cost-benefit analysis）及其他方法。由于大法官解释法律具有很强的主观性，因此判决结果具有很大的不确定性。在文化战争案件中，保守派和自由派大法官的比例构成决定了案件的最终判决结果，下面以2008年“赫勒案”判决为例阐述这一点。

---

[1] McCulloch v. Maryland, 17 U. S. (4 Wheat. ) 316(1819).

[2] EPSTEIN L, MERSHON C. Measuring Political Preferences[J]. American Journal of Political Science, 1996, 1(4): 261-294.

[3] “originalism”一词，学界一般翻译为“原旨主义”，笔者认为，作为一种解释方法和理论，它和“主义”没有任何关联，因此，作为司法解释一种理论和方法，把它翻译为“原旨论”更为贴切。

### （一）原旨论：以美国宪法第二条修正案解释为例

自20世纪60年代以来，美国最高法院自由派大法官在一系列文化战争案件中高举司法能动主义的大旗，扩张了个人权利的边界，先后创立了隐私权、堕胎权和同性婚姻权等，引起了保守派阵营的警觉，导致了保守派和自由派激烈的争论。保守派首先坚持的就是宪法原旨论解释方法。保守派认为："判决的坚实基础只能是'国家在通过和批准宪法时赋予的含义'，以及在起草和制定法律时赋予的含义。其他任何标准都不足取，把新义注入旧词，因而创设新的权力和权利，则完全违背了我们的宪法逻辑以及对法治的庄严承诺。"❶

事实上，原旨论理论经历了原初意图和原初意义的发展阶段。原初意义论便是原初意图论修正后的结果。法学家施特劳斯认为，意图论存在先天不足：一是"制宪者的意图或批准者的理解不可得，从纷繁复杂的史料中寻求原初意图的是历史学家，而非律师和法官擅长的事情"；二是"即使发现原初意图，也面临如何将制定者和批准者所拥有的对他们世界的理解适用于我们的世界的问题"；三是当下的人"为什么要遵循那些早已逝去数百年的人所作的决定？"❷

原旨论对意图论进行反思与转型，领导原旨论转型的是斯卡利亚大法官。作为保守派阵营的旗手，斯卡里亚大法官对沃伦法院以来盛行的司法能动主义颇有微词。他极力主张大法官行使司法审查权时，解释宪法一定要严谨、慎重，他把自己的解释方法概括为探求"文本的原初意义，而非原初起草者的意图"。❸追求文本的"朴素的涵义（plain meaning）"是斯卡里亚一直所追寻的方向。❹原旨论由"诉诸制宪者的意图或批准者的理解转向原初公共含义，即宪法制定或批准时的公众在通常意义上所理解的宪法含义"❺。然而，原旨论解释方法有时也不能自圆其说，容易受到自由派的攻击，于是斯卡利亚又开始领导原旨论解释方法的转型。斯卡利亚大法官有可能是

---

❶ 卡拉布雷西.美国宪法的原旨主义[M].李松峰,译.北京:当代中国出版社,2014:9.

❷ 刘连泰,刘玉姿.原旨主义、活着的宪法与活的原旨主义[J].北京联合大学学报,2015(1):86.

❸ SCALIA A. The Matter of Interpretation[M]. Princeton:Princeton University Press,1997:38.

❹ Alexander v. Sandoval,532 U. S. 275,305-306(2001);Chicago v. Environmental Defense Fund, 511 U. S. 328,334(1994).

❺ 刘连泰,刘玉姿.原旨主义、活着的宪法与活的原旨主义[J].北京联合大学学报,2015(1):86-87.

第一个为原旨论转型——从以前注重制宪者的意图转向宪法颁布时的宪法文本的原初大众意义——而辩护的人。而大众意义原旨论（public meaning originalism）便是原初意义论发展的最新阶段，因此被称为“新原旨论”。2008 年的“赫勒案”的判决堪称“新原旨论”解释的典范。斯卡利亚撰写了“赫勒案”多数意见，在这 64 页多数意见中，有 28 页之多（几乎占整个多数意见的 45%）涉及第二条修正案的文本解读，逐字逐句考察了它的原初意义及后来联邦与各州的理解。[1] 哈佛大学法学院教授、宪法学家凯斯·R·桑斯坦（Cass R. Sunstein）认为：“‘赫勒案’是美国最高法院史上最为清晰地、最为自觉地阐述原旨论学说的案子，它是制宪 200 多年以来，基本上是第一次就大众意义原旨论理论这么清晰地、仔细地和具体地解释宪法条文。”[2] 2008 年的“赫勒案”无疑为斯卡里亚大法官大众意义原旨论解释方法提供了一个绝佳的舞台。

在意见书的开篇，斯卡里亚非常明确地回答了什么是大众意义原旨论：“在解释第二条修正案的文本时，我们受到以下原则的指引：宪法的遣词造句应该为选民所能理解；它的单词和词组的使用是规范的和平常的，有别于专业性的意思。规范的意思当然也包括一些寓意，但是，应该把那些深奥的或具有专业性的且不能被建国时的一般大众所能理解的意思剔除在外。”由此，斯卡里亚开始了其宪法原旨大众意义的解释之旅。美国宪法第二修正案的英文是：“A well regulated Militia, being necessary to the security of a free State, the right of the people to keep and bear Arms, shall not be infringed.”它虽然只有区区 27 个单词，但是充满了很多难以解开的谜。美国宪法第二修正案具有以下两个明显特点：第一，在所有美国宪法条文中，第二修正案行文最为特别。从行文结构分析，它由导言条款（prefatory clause）“a well regulated Militia, being necessary to the security of a free State……”和执行条款（operative clause）“the right of the people to keep and bear Arms, shall not be infringed”两部分组成。这样的行文格式和文法结构在美国宪法条文中比较罕见。从语法角度来说，导言条款和执行条款之间存在什么关系？学界解读是有歧义的。第二，第二修正案中的权利归属模糊不清，该权利在宪法上的意涵和保障范围上疑问重重。第二修正案所保障的权利属于

---

[1] District of Columbia v. Heller, 554 U. S. 570, 570-598(2008).

[2] SUNSTEIN C R. Second Amendment Minimalism: Heller as Griswold[J]. Harvard Law Review, 2008, 22(246): 246.

个人权利还是集体权利？从而形成了第二修正案的两种解释学说："个人权利说"（individual rights interpretation）和"集体权利说"（collective rights interpretation）。❶斯卡利亚大法官非常清晰地回答了上述疑问。

首先，斯卡利亚分析了操作条款中的"人民权利"的含义。通过分析、归类和比较宪法条文中的"人民"，他的结论是"第二条修正案的权利由个人行使并属于所有美国人"。接着就是"持有和携带武器"的含义。他认为"武器"要脱离"民兵"的语境来理解："古往今来，'武器'并非特指用于军事用途或具有军事性能。""第二条修正案可以延伸到所有可以携带的武器，即便这些武器在建国时期还没有出现。"❷

其次，斯卡里亚着重分析了导言条款中"维持良好的民兵秩序"和"自由州的安全"的含义。他认为："民兵由全体健康的成年男性组成，他们有能力胜任共同防御的要求。""至于'维持良好'的含义无非是强调严格的军事训练罢了。"所以，在斯卡里亚看来，"维持良好的民兵"并没有特别的意义，根本不是"集体权利"来源的一种宣示。对"自由州的安全"一语，斯卡里亚的解释是："这个词组是指'自由的政治实体的安全'，并非指约翰·保罗·史蒂文斯（John Paul Stevens，1975—2010）大法官在异议意见中提到的'每个实体州的安全'。"❸在斯卡里亚看来，这里的"自由州"特指抽象的政治实体，而非具体的每个州。

最后，他阐述了这两个条款之间的关系，"很明显，导言条款只是宣告了一个目的：这个权利已经法典化了，即阻止取缔民兵组织"。因为，斯卡里亚认为："暴君取缔民兵组织，不是禁止这个组织的存在，而是通过剥夺人民持有武器的权利，建立特选民兵（select militia）或常备军压制政治异己。"❹斯卡里亚重申："宪法权利应在一定范围内受到人民膜拜：即人民批准它们的时候被当时人民所能理解的意思，而不管将来的立法或法官是否认为这个范围过宽。"对斯卡里亚的文本解释，耶鲁大学法学院教授雷瓦·西格尔（Reva B. Siegel）一言以蔽之："法官应该遵循它的原旨和

❶ 江振春. 比登天还难的控枪路：持枪权与美国宪法第二修正案研究[M]. 北京：中国政法大学出版社，2013：152.

❷ District of Columbia v. Heller, 554 U. S. 570, 595-560(2008).

❸ District of Columbia v. Heller, 554 U. S. 570, 597-598(2008).

❹ District of Columbia Heller, 554 U. S. 570, 598-600(2008).

'固定意义'去解读宪法，不要考虑'当前社会价值'或法官自己的好恶。"[1]

## （二）自然法解释

在"赫勒案"中，斯卡利亚回答了美国宪法第二修正案到底是保护了个人持有和携带武器的权利还是州民兵的集体权利这一问题。斯卡利亚从自然法的角度解释了个人携带武器的权利的历史起源，助威自己的论证。斯卡里亚指出：如同第一条（涉及言论、信仰等自由）和第四条修正案（涉及人身、财产等自由）一样，第二条修正案确认了"先前就存在的"权利。从历史的角度出发，"第二条修正案起源于1689年英国的《权利法案》"。斯卡利亚还从英国法集大成者威廉·布莱克斯通（William Blackstone）、美国早期大法官詹姆士·威尔逊（James Wilson）那里寻求佐证[2]，证明自卫权是先于宪法而存在的自然权利。最后，斯卡里亚作出以下结论："自卫权是与生俱来的权利，它是第二条修正案权利的核心。"[3]

事实上，自然法思想深深影响了美国制宪者，无论是《独立宣言》还是美国宪法，自然法思想和自然权利都体现其中，"洛克的自然法理论与孟德斯鸠权力分立原则的结合构成了美国政府制度的哲学基础"。[4] 美国最高法院的判案实践与古典自然法思想也有着千丝万缕的联系。1789 年，美国第一届国会通过的宪法《权利法案》（宪法前十条修正案）事实上就是公民的基本权利，是自然法所赋予的自然权利，自然法是美国宪法高级法背景之一。[5] 早期美国最高法院由于缺少先例可供参考，大法官在判决中经常援引自然法来判案。从早期的威尔逊大法官、斯托里大法官、华盛顿

---

[1] SIEGEL R B. Dead or Alive：Originalism as People Constitutionalism in Heller[J]. Harvard Law Review，2008(122)：195.

[2] 威廉·布莱克斯通(1723 年 7 月 10 日—1780 年 2 月 14 日)，英国 18 世纪法学家、法官、托利党政治家，以创作《英格兰法律评论》而知名，他创作多部法学著作，对英美法系产生重大影响，尤其是美国建国一代先贤受他影响非常大。詹姆斯·威尔逊(1742 年 9 月 14 日—1798 年 8 月 21 日)是美国开国元勋之一，并且是美国独立宣言和美国宪法的签署人之一。威尔逊两次代表宾夕法尼亚州当选为大陆会议的代表，是起草美国宪法的重要成员。威尔逊是一流的法律理论家，是乔治·华盛顿任命的美国最高法院最早的六位大法官之一。

[3] District of Columbia，et al. v. Heller，554 U. S. 570，592(2008).

[4] 博登海默. 法理学：法律哲学与法律方法[M]. 邓正来，等译. 北京：中国政法大学出版社，1999：56.

[5] 爱德华. 美国宪法的"高级法"背景[M]. 强世功，等译. 北京：北京·三联书店，1996：61.

大法官再到马歇尔大法官，他们都利用自然法解释方法，判了一系列经典的案件。[1]

然而，自然法解释不是灵丹妙药，它不能圆满地解释万事万物。它在解释奴隶制时发生了分裂，逻辑不能自洽，无论是北方废奴主义者还是南方奴隶制维护者，他们都能从自然法中找到辩护理由。废奴主义者从自然权利的角度论证了奴隶享有“生而平等的权利”，而奴隶制维护者认为，奴隶不能和白人一样，他们之间不可能平等，奴隶只是一项财产，而财产权神圣不可侵犯，财产权也是一项不可剥夺的自然权利。[2] 自然法发生了严重的“精神分裂”![3] 当 1857 年罗杰·塔尼（Roger Taney，1836—1864）大法官在“斯科特诉桑福德案”（*Scott v. Sandford*）中判决，宪法中的“我们人民”，并不包括黑人，奴隶制作为财产权神圣不可侵犯的时候[4]，就宣告了美国内战前“由自然法支撑的法律体系轰然倒塌”。[5] 自然法解释左支右绌、具有很大的主观性，因此，它终究被实证主义法学等新法学所替代，但是，“自然法可能进了法理学的垃圾箱，但却还没有被大法官打入司法解释的冷宫”。[6]

自然法解释的复兴伴随着实体性正当程序的兴起。自然法借由实体性正当程序对经济财产权利和契约自由等进行了司法保护。实体性正当程序开始衰退的时候，人权和追求社会平等成为第二次世界大战之后人们最大的价值追求之一，民权运动风起云涌，“人们又一次发现自然法和自然权利的价值，盼望它们在新的时期以新的姿态回归到最高法院的司法实践中”。[7] 从沃伦法院开始开启了“权利革命时代”，推翻了种族不平等的政策，也创造性地提出了宪法中并不存在的隐私权，这一切都归功于自然法在新时期的创新性使用。

自沃伦法院开始，美国最高法院又基于自然法解释，相继“发现”了一些“古老的”基本权利，如堕胎权、持枪权和同性婚姻权等。然而，这些个人基本权利引起很大的纷争，个人基本权利边界不断扩张、不断突破。文化战争案件的审判面临法律困境，“即便是积累了两个世纪之久的美国宪法原则及其庞大的案例库，也无法自

---

[1] 江振春.美国联邦最高法院裁决中的自然法解释[J].美国研究,2011(2):120-122.

[2] 江振春.美国联邦最高法院裁决中的自然法解释[J].美国研究,2011(2):122-123.

[3] 施克莱.守法主义:法、道德和政治审判[M].彭亚楠,译.北京:中国政法大学出版社,2005:58.

[4] Scott v. Sandford,60 U S. 393,404,410(1856).

[5] 江振春.美国联邦最高法院裁决中的自然法解释[J].美国研究,2011(2):123.

[6] 江振春.美国联邦最高法院裁决中的自然法解释[J].美国研究,2011(2):123.

[7] 江振春.美国联邦最高法院裁决中的自然法解释[J].美国研究,2011(2):127.

如地应对诸如堕胎、协助性自杀和同性婚姻等充满矛盾和争议的权利宣示。在利用规范的、实证的宪法解释工具来解决这一法律困境时最高法院往往捉襟见肘”。❶ 不得已，美国最高法院只得去向虚无缥缈的自然法寻求解释工具。“然而时代的发展、权利和价值的多元化导致现有的实体法根本不足以应对个人权利诉求的大潮，因此自然法和自然权利的理论成为法官摆脱法律困境的最佳选择。”❷

### （三）历史解释方法：以堕胎权和持枪权为例

美国最高法院大法官进行司法解释时，他们也经常使用历史解释方法，从美国历史中寻求答案。“历史在宪法领域发挥重要作用的另一种特殊方式是，在宪法文本通过以前的许多历史事件能够提供解释这些文本内涵的渠道。法官在决定某个法律文本的现代含义是应当弄清楚该文本通过时的含义，这是一个基本指导思想。”❸ 美国最高法院大法官在解释宪法时，尤其在文化战争案件的审判中，历史解释方法是他们喜欢用的方法之一。一般来说，他们在寻求历史解释时，一般会考虑以下两个问题：第十四条修正案的正当程序条款所保护的基本权利是否深深植根于国家的历史和传统？这项基本权利是否存在于美国国家有序的自由体制之中？

#### 1. 堕胎权在美国历史中是否存在

在 2022 年的“多布斯案”中，美国最高法院多数意见推翻堕胎权，是因为六名保守派大法官在美国历史中没发现有堕胎权。多数意见认为，1973 年美国最高法院在“罗伊案”中赋予妇女堕胎权，这一在美国民权运动与最高法院历史上具有重大进步意义的判决结果“从一开始就是个错误”！❹ 正当程序条款保护两类实体权利：一是美国宪法前八条修正案所保障的权利；二是美国宪法中没有提及但又被认为是基本权利。判断一项权利是否属于基本权利，一个重要原则就是这项权利是否根植于这个国家的传统？这项权利是否成为“有序自由的”（ordered liberty）。❺ 一般来说，美

---

❶ 江振春. 美国联邦最高法院裁决中的自然法解释[J]. 美国研究,2011(2):133.

❷ 江振春. 美国联邦最高法院裁决中的自然法解释[J]. 美国研究,2011(2):133.

❸ 格里纳沃尔特. 宗教与美国宪法:自由活动与公正[M]. 程迈,译. 北京:中国民主法制出版社,2013:11.

❹ Dobbs v. Jackson Women's Health Organization,597 U. S. __(2022).

❺ Dobbs v. Jackson Women's Health Organization,597 U. S. __(2022).

国最高法院对于承认一项宪法中压根儿没有出现的基本权利是非常谨慎的。

多数意见认为，美国的历史与传统构成了“国家有序自由”概念的内核。然而，第十四条修正案的历史清晰地表明，它并不保护堕胎权。直到 20 世纪后半叶，美国法律中才有规定去保护堕胎的宪法权利，但没有一个州的宪法承认堕胎权的条款。在 1973 年“罗伊案”宣判之前的几年中，无论是联邦法院，还是州法院，都没有作出承认堕胎权的任何判决。1973 年之前，甚至都没有出现任何一篇承认堕胎权宪法权利的博士论文。相反，几乎每个州都规定了堕胎是一项犯罪行为。根据普通法，堕胎至少在怀孕的某些阶段是犯罪的，被视为非法的，在所有阶段都可能产生非常严重的后果。[1] 美国法律一直遵循普通法堕胎有罪的传统，直到 19 世纪，美国很多州又掀起了新一波堕胎有罪的刑事立法。“多布斯案”的多数意见认为，从美国历史角度去解释堕胎权，它根本不存在于美国历史之中。

如果单纯从历史角度去解释堕胎从殖民地开始就受到法律限制的话，那么就忽视了一个基本的历史事实：美国历史上这些反堕胎的法律都是在妇女“缺位”的情形下制定的。美国妇女长期以来没有选举权，也没有参政、议政的权利，主导禁止堕胎立法的男性并没有设身处地地考虑过女性的权利。直到 1920 年第十九条宪法修正案生效之后，美国女性才获得了投票权，拥有了与男性同等的政治参与权，这时才开始考虑妇女的堕胎权了。

2. 持枪权在美国历史中是否存在

美国最高法院在 2010 年的“麦克唐纳诉芝加哥案”（*McDonald v. City of Chicago*，简称“麦克唐纳案”）中也试图从美国历史中寻求第二修正案是否赋予了个人持有携带武器的答案。塞缪尔·阿利托（Samuel Alito，2006—）大法官起草了多数意见。美国最高法院多数意见认为，持有和携带武器的权利也是“基本的”权利。[2] 多数意见认为，持有和携带武器的权利在盎格鲁-撒克逊文化和美利坚“有序自由体制中”清晰可见，并“深深根植于我们国家的历史”。[3] 多数意见以“赫勒案”的判

---

[1] Dobbs v. Jackson Women's Health Organization, 597 U. S. __(2022), Opinon 11-30.

[2] McDonald v. City of Chicago, 130 S. Ct. 3020, 3038-3044(2010). 2010 年“麦克唐纳案”的判决分析详见第九章第二节内容。

[3] Nordyke v. King, 563 F. 3d 439, 448, 449, 457(9th Cir. 2009); McDonald v. City of Chicago, 130 S. Ct. 3020(2010).

决为基础，逐一考察了从英国法律家布莱克斯通到《权利法案》的制定者，再到19世纪早期美国法律大家乔治·塔克（George Tucker）、威廉·罗尔（William Rawle）和约瑟夫·斯托里（Joseph Story）等一系列论著[1]，多数意见认为，很多美国建国先贤和早期的法学家都认定持枪权是一项基本权利，它“深深根植于国家的历史与传统”。[2]

19世纪50年代以后，持有和携带武器是一项个人基本权利的概念，并在废奴运动中进一步被强化：“直到19世纪50年代，促使把第二条修正案写进《权利法案》的那个威胁，即担心联邦政府会解除民兵的武装，这种担心开始慢慢地消退了，相反，为了自卫，持有和携带武器的权利受到推崇，废奴主义者也支持这项权利。”[3]“麦克唐纳案”的多数意见认为，美国重建时期黑人的持枪权得到了强化，而重建时期的美国国会立法也强化了这一基本权利。无论是1866年通过的《自由民局法》（*Freedmen's Bureau Act of* 1866）还是《1866年民权法》（*Civil Rights Act of* 1866）等，这些法律都清楚地保障了黑人的持枪权。阿利托大法官阐述了第十四条修正案的历史，主要围绕第39届国会的辩论而展开，引用了第十四条修正案第一款重要的推动者约翰·宾汉姆（John Bingham）、塞缪尔·波默罗伊（Samuel Pomeroy）等人的论点[4]，得出第十四条修正案保护了持有和携带武器的权利。阿利托大法官认为：“在39届国会上，在第十四条修正案辩论中，国会把持有和携带武器的权利视为基本权利，值得保护。”[5]“麦克唐纳案”多数意见对1868年第十四条修正案通过时的州宪法进行了统计，发现：1868年美国37个州当中有22个州的宪法中都有条款清晰

---

[1] 乔治·塔克(1775年8月20日至1861年4月10日)，美国著名法学家、律师，政治家和历史学家。威廉·罗尔(1759年4月28日至1836年4月12日)，美国著名法学家，律师，1791年被任命为美国宾夕法尼亚州检察官。约瑟夫·斯托里(1779年9月18日-1845年9月10日)，美国法学家，马萨诸塞州人，1811—1845年任美国最高法院大法官。

[2] McDonald v. City of Chicago，130 S. Ct. 3020，3037-3038(2010).

[3] McDonald v. City of Chicago，130 S. Ct. 3020，3038(2010).

[4] 约翰·宾汉姆(1815年1月21日-1900年3月19日)，美国政治家，曾担任共和党众议院议员(代表俄亥俄州)和美国驻日本大使，美国宪法第十四修正案重要参与者。塞缪尔·波默罗伊(1816年1月3日—1891年8月27日)，19世纪中期来自堪萨斯州的美国参议员，美国宪法第十四修正案重要参与者。

[5] McDonald v. City of Chicago，130 S. Ct. 3020，3040-3041(2010).

地保护持有和携带武器的权利。[1] 其中相当一部分州的州宪法相关条款明确把持有和携带武器的权利作为个人自卫权加以保护。"[2] 回顾这段历史，阿利托大法官总结道："很显然，第十四条修正案的起草者和批准者都把持有和携带武器的权利视为基本权利之一，对我们自由序列体系非常必要。"[3] 总之，在"麦克唐纳案"中，美国最高法院的多数意见花了很大的篇幅追溯历史，以此证明美国的例外性和特殊性，以此来证明个人持枪权在美国源远流长，代表了一种精神与文化。

3. 一项基本权利存在与否可以从历史中得到答案

在2010年"麦克唐纳案"中，保守派大法官从历史中"找到"了个人拥有持有和携带武器的权利，在2022年"多布斯案"中，保守派大法官从历史中却没有"找到"妇女的堕胎权。

从美国历史来看，美国建国时"就有一支来复枪在手中"，那时没有常备军，只有民兵。经过西部运动、内战及南方重建等，个人持有和携带武器成为常态，它的确可以说是美国历史的一部分，但这不能代表美国历史的全部。就堕胎权而言，毕竟美国是基督教国家，无论从立法层面还是从司法层面，长期不允许堕胎，这或许是美国历史的一部分，但不能代表美国历史的全部。

世界在发展，文明和社会在进步，当工业化和城市化来临，社会治安隐患增多，枪支泛滥和枪支犯罪越来越严重的时候，个人携带武器已经彻底改变的时候，个人持有和携带武器的权利是否还需要坚守？个人持枪权和公共安全利益孰重孰轻？当联邦政府越来越强大，联邦常备军成为世界第一的时候，个人是否还有能力持枪像建国初期那样反抗政府？当科技发展日新月异，科学技术越来越发达女性越来越独立，职业女性越来越多，女性权利越来越得到保障的今天，是否有必要推翻堕胎权？衡量一项基本权利的存在与否能否单凭从历史中寻求答案呢？显然不能！正如在"麦克唐纳案"中，史蒂芬·布雷耶（Stephen Breyer，1994—2022年在位）大法官认为，判定一项权利是否具有基本性，是否应该被第十四条修正案吸收，除了依赖历史考察之

---

[1] CALABRES S G, et al. Individual Rights Under State Constitutions When the Fourteenth Amendment Was Ratified in 1868: What Rights Are Deeply Rooted in American History and Tradition? [J]. Texas Law Review, 2008(87): 50.

[2] McDonald v. City of Chicago, 130 S. Ct. 3020, 3041~3042(2010).

[3] McDonald v. City of Chicago, 130 S. Ct. 3020, 3059(2010).

外，还有一系列其他考量因素，例如，此项权利的本质、现代人对待此项权利的观点等。因此，他认为，必须在个人持枪与公共安全之间进行利益权衡，“法官应评估枪支限制的成本和利益”。❶

### （四）利益平衡解释方法：以个人持枪权与公共安全博弈为例

在2008年的“赫勒案”中，布雷耶的异议意见比较典型地反映了自由派大法官的现实主义宪法解释路径。他完全抛开原旨论的文本和历史的考察，而是借用利益平衡（interest-balancing）的分析方法为受到质疑的法律辩护。利益平衡原则一般会考虑以下三个要素：首先，个人权利不是绝对的，公共利益同样重要，这是平衡原则的理论预设；其次，利益平衡的恰当与否，还要看政府行为的目标；最后，平衡原则运用的另一个指标是判决的社会结果。❷ 在“赫勒案”中，布雷耶充分地运用了以上三个要素对个人持枪权和公共安全的博弈进行分析。

首先，布雷耶认为，个人的自卫权利不是绝对的，“即使第二条修正案被解读为仅仅保护个人自卫的利益，华盛顿特区的法律仍与第二条修正案是一致的”。因为“第二条修正案所保护的权利不是绝对的，相反，它仍受限于政府的规制”。在“赫勒案”中，布雷耶认为存在着两个相冲突的利益：一方面是多数意见所概括的第二条修正案保护的三种利益：民兵、出于运动目的使用枪支（如打猎和打靶）和为了自卫而使用枪支；另一方面是特区手枪禁令所保护的公共安全。问题的关键是：手枪禁令在促进后者（公共安全）的过程中是否对前者（第二条修正案所保护的利益）施加了不适当的负担（burden）?❸ 他认为，从某种程度来说，第二条修正案主要用来保护民兵的利益，而特区的相关法令丝毫没有给这个利益造成任何负担。被告赫勒已经66岁了，特区政府不会要求被告参加民兵。特区的法令并没有禁止拥有来复枪或霰弹枪，所以也没给公民狩猎的利益增加负担。受特区法令影响的利益仅限于在家中持有装有子弹的手枪进行自卫的利益。可见，此法律是保全生命及公共安全利益的一种适度反应，并没有对第二条修正案所要保护的利益增加不恰当的负担。那么，是

---

❶ McDonald v. City of Chicago,130 S. Ct. 3020,3127(2010).

❷ 江振春,任东来. 浅析美国最高法院宪法裁决中的平衡解释模式:由“赫勒案”谈起[J]. 南京大学法律评论,2010年秋季卷:292-293.

❸ District of Columbia v. Heller,554 U. S. 570,682(2008).

否存在对个人权利限制较少的其他法律选择呢？布雷耶仔细审查后发现：不存在这样的替代法律，因为手枪发挥自卫功能的地方恰恰是手枪枪患最严重的地方。很显然，“赫勒案”迫使美国最高法院不得不在这两种冲突的利益中做出抉择。基于对宪法原旨的遵从，多数法官选择了前者，即个人持枪权不容侵犯。但是，布雷耶所代表的四位大法官的异议意见表明，基于利益平衡原则，公共安全利益有时高于个人权利，哥伦比亚特区的手枪禁令并没有违宪。[1]

其次，利益平衡的恰当与否，还要看政府行为的目的。布雷耶认为，华盛顿特区手枪禁令是为了促进公共安全。没有人怀疑这个法律最基本的目的是“减少与手枪有关的犯罪以及死亡”。布雷耶认为，即使第二条修正案的目的之一是保护个人的自卫权利，那么，特区立法机构也能合理地认定：法律应该促进最为重要的公共目标的实现，即挽救生命、预防伤害及减少犯罪。再进一步，这个法律涉及的仅仅是犯罪分子首选的作案工具——手枪，而非全部枪支。布雷耶因此认为，该法律对手枪用户的限制是恰当的，并没有超过第二条修正案通过时就存在的一些枪支限制措施。手枪禁令是特区政府合法地使用了宪法赋予地方政府的治安权。[2]

最后，平衡原则运用的另一个指标就是判决的社会结果。而对社会结果利害的判定，立法部门比司法部门更为合适。因此，布雷耶强烈地批评了多数派大法官对立法部门处理枪支问题指手画脚。[3] 他认为，最高法院应该尊重立法部门的判断，尊重民主的程序，因为民选的立法部门更加容易发现事实。他认为，“当人口稠密的城市地区面临严重的枪支犯罪问题时，民选的立法部门有权决定维持严格的手枪禁令，但是，美国最高法院夺走了民选立法机构的这种权利。”从法律现实主义出发，布雷耶经常运用这种“结果主导分析”（consequentialist analysis）来说明宪法解释与时俱进的重要性。

布雷耶对 2008 年“赫勒案”的判决后果忧心忡忡：多数意见“将会造成不幸的结果。这个判决将会鼓励在全国范围内挑战类似的法律（手枪禁令）。因为此判决对于如何评估（枪支）管制的标准着墨并不多，全国缺乏一个清晰的标准去应对这些挑战”“经过若干年的诉讼，这样的诉讼将成为可怕的幽灵，它将会威胁到很多城

---

[1] District of Columbia v. Heller, 554 U. S. 570, 705(2008).

[2] District of Columbia v. Heller, 554 U. S. 570, 683-685(2008).

[3] District of Columbia v. Heller, 554 U. S. 570, 718(2008).

市，使这些城市缺乏一种有效的保护措施防止手枪暴力和事故的发生。”❶ 布雷耶的告诫绝非杞人忧天，正像布雷耶所估计的那样，“赫勒案”彻底打开了潘多拉盒子，200 年之后，美国枪支泛滥更为严重，枪击杀人的恶性事件层出不穷。

## （五）“活着的宪法”

“活着的宪法”（Living Constitution）严格来说，它不是宪法解释的一种学说，它是美国宪法理论中的一个重要概念。它强调宪法应该与时俱进，应当随着社会的发展和时代的变化而不断适应和调整，而不是被僵化地固定在制宪时刻的原初意图中。美国法学家塞尔温·米勒认为：“宪法，包括美国宪法，始终处于形成状态。它们不是静止的或冻结的；相反，它们是开放性的，一直更新以迎合后续世代的急迫需求……”❷ 客观地说，美国宪法自 1787 年批准之后，在这两百多年里只增加了 27 条修正案，美国宪法保持了高度的稳定性。❸ “原则和制度安排总是相对稳定和僵硬的，而社会和民情则永远在变化，任何人间的智慧都不可能设计出具有永久普适性的原则和制度。问题的关键不在于预见到今后的具体变化，而在于把未来的变化作为一个预设，给接纳和适应可能的变化留出余地。”❹ 1787 年美国宪法条文大约 7200 字，制宪者们不可能预知美国未来，因此，宪法文本的宽泛与模糊给大法官解释留下了空间。

事实上，自由派大法官坚持“活着的宪法”，保守派大法官有时也坚持“活着的宪法”，但是，两者之间还是存在着差异：“在‘活着的宪法’论者眼里，宪法是不断变化的，所以是活着的；在原旨主义者（原旨论者）看来，宪法原初意义的确立原则应具有持久性和包容性，能够适用于今天，所以也是活着的。”❺ 相对来说，自由派大法官更多地坚持“活着的宪法”，他们从心里不太认可保守派大法官的“活着的宪法”观点。对于自由派大法官而言，宪法的解释应着眼于当下的社会而不是僵硬的宪法文本或原旨，因此，自沃伦法院开始，自由派大法官与时俱进，“法官造

---

❶ District of Columbia v. Heller,554 U.S. 570,719(2008).

❷ 转引自刘连泰，刘玉姿.原旨主义、活着的宪法与活的原旨主义[J].北京联合大学学报,2015(1):87.

❸ 江振春.模糊语言学视角下的美国宪法稳定性[J].学术界,2007(4):281-285.

❹ 李剑鸣.美国宪法何以成为“活着的宪法”[J].美国研究,2001(2):127.

❺ 刘连泰，刘玉姿.原旨主义、活着的宪法与活的原旨主义[J].北京联合大学学报,2015(1):87.

法”，创造出隐私权、堕胎权和同性婚姻权等。“活着的宪法”有两层语境：一是“最初的宪法设计是原则性的，宪法词语的概念必须随着时代的发展而充实”；二是“强调法院作为当下社会的回应和良心，在其他机关怠于履行职责时积极撑开它的保护伞”。[1] 沃伦法院开启了自由主义司法观，它将司法能动主义发挥到极致。沃伦法院毁誉参半，有多少人爱它，就有多少人恨它。爱它的人认为，它是自由的保障，个人权利得到极大保护；恨它的人则认为，它对国家宪制安全构成威胁。因此，以斯卡利亚大法官为代表的保守派所提出的宪法解释原旨论就是对自由派的一种本能的反击与回应。

### （六）宪法解释的主观性

美国最高法院大法官虽然都是饱学之士，法学精湛，司法经验丰富而老道，对于宪法的解释熟稔在心，但是因立场迥异，对于宪法的内涵各自解读、争议不断，对于法律是否违宪相互指责。[2] 无论哪种宪法解释方法，都是人的思维活动，都是对文字的阐释，因此它都具有人的主观性。就宪法解释方法而言，美国大法官之间多年来一直存在争议。保守派大法官和自由派大法官在解释宪法的方法上差异很大，一方固守宪法制定时的原初意义与文本，另一方坚持宪法是活的，与时俱进。不同的解释宪法的方法必然导致判决的不同，即使大法官使用相同的方法，也不必然得到相同的宪法解释结果。大法官所发表的法庭意见，在某种程度上也是其主观价值与政策偏好的表达，只是以判决的形式予以合理化和学理化。大法官的判决意见完全超然于自己的价值观与政策偏好之外，这是难以实现的。就政治层面而言，大法官如何解释宪法及如何认定法律违宪的关键在于大法官个人的政治态度与政策的偏好，法律逻辑与法学素养或许并不是决定案件的最关键因素，这正是小奥利弗·温德尔·霍姆斯（Oliver Wendell Holmes，1902—1932）大法官所揭示的法官判案的真谛——“法律的生命不在于逻辑，而在于经验”。[3]

然而，对于自由派法官和学者而言，恪守宪法的原旨论是不现实的，“假装以我

---

[1] 王云清. 原旨主义、活的宪法与复杂状态下的宪法解释[J]. 北方法学,2017(1):30.

[2] JED RUBENFELD J. Revolution by Judiciary:The Structure of American Constitutional Law[M]. Cambridge:Harvard University Press,2005:3-18.

[3] 霍姆斯. 普通法[M]. 冉昊,等译. 北京:中国政法大学出版社,2006:1.

们的位置可以准确地将国父们的立法原则应用到具体的当代问题上，是一种傲慢”。[1]也就是说，在美国人心目中，美国宪法之所以伟大，是因为“宪法是活的”，它与时俱进，与时偕行，“宪法的智慧不在于它在那已死去的世界中曾有的固定不变的意义，而在于它那些伟大原则解决当代问题和需要的适应性。宪法的基本原则对前一辈人具有意义，但未必适用于我们这个时代。类似地，虽然我们的后代将了解到那些基本原则对我们的意义，但那些原则却不适用于他们的时代”。[2] 在整个 20 世纪，司法与绝育、避孕、堕胎、协助自杀、同性恋权利方面的法律冲突，印证了司法单边主义的危害性。在这些充满争议的每一个领域，法院都无力质疑深入人心的民意潮流；只有当法院跟随已经形成的全国共识，而不是试图事先塑造一个共识，才能最有效地发挥作用。[3] 在文化战争中，美国最高法院几乎无法达成共识，保守与自由的分野是如此清晰、如此泾渭分明。

## 第二节　大法官的宗教信仰

美国联邦第七巡回上诉法院法官理查德·波斯纳（Richard Posner）曾认为，影响当今美国最高法院大法官判案的因素主要有两个：政治意识形态和宗教态度。波斯纳认为，很多事情——包括教育、背景、社会经济状况等——是大法官自身所拥有的，它们在案件法律分析开始的时候就会产生影响。[4] 的确，大法官在判案过程中除了法律之外，时常会受到很多因素影响。例如，态度模型显示，大法官判案时深受意识形态和政策偏好的影响。[5] 在有些案件中，特别是文化战争案件中，大法官的宗教

---

[1] 艾兹摩尔. 美国宪法的基督教背景[M]李婉玲，等译. 北京：中央编译出版社，2011：368.

[2] 艾兹摩尔. 美国宪法的基督教背景[M]李婉玲，等译. 北京：中央编译出版社，2011：369.

[3] 罗森. 最民主的部门：美国最高法院的贡献[M]. 胡晓进，译. 北京：中国政法大学出版社，2013：82-83.

[4] GREEN C. What Does Richard Posner Know about How Judges Think[J]. California Law Review，2010(98)：625-666

[5] 西格尔，斯皮斯. 正义背后的意识形态：最高法院与态度模型[M]. 刘哲玮，等译. 北京：北京大学出版社，2011：163-168.

信仰在涉及第一条修正案政教分离、宗教信仰自由等案件中发挥重要作用，同样，在诸如堕胎、死刑及同性婚姻案件中，宗教信仰或多或少也都发挥着作用。因此，大法官的提名与任命环节中，大法官的宗教背景是考察要点之一，大法官对诸如堕胎、同性婚姻及持枪权的态度在听证环节的表态引起高度关注。

2020 年 10 月 26 日，美国参议院通过埃米·巴雷特（Amy Barrett，2020—现在）的提名后随即宣誓，48 岁的巴雷特成为美国最高法院第 115 任大法官，同时也宣告了“天主教最高法院”的来临。特朗普总统在他短短四年任期中共提名了两名天主教大法官：巴雷特和布雷特·卡瓦诺（Brett Kavanaugh，2018—）。美国最高法院九名大法官中出现了六位天主教大法官和一位犹太教大法官和一位新教大法官的情形，另一位大法官宗教信仰不明朗。[1] 这在新教徒占人口绝对多数的美国简直无法想象。

1960 年的时候，美国最高法院有七名新教大法官，一名天主教大法官，一名犹太教大法官；1985 年的时候，八名新教大法官，一名天主教大法官；从 1986 年起到现在，情势突变。自天主教徒斯卡利亚被里根总统提名为大法官起，天主教大法官逐渐成为最高法院的多数。共和党总统青睐天主教大法官，而民主党总统则更喜欢犹太教大法官似乎形成一个潜规则。早在 2006 年天主教大法官阿利托进入美国最高法院起，天主教大法官人数偏多的问题就引起了学界高度关注，甚至质疑。[2] 有学者甚至认为，遴选了如此多的天主教大法官侵犯了宪法第六条第三款的规定（禁止宗教检验），第五条修正案正当程序条款，第一条修正案政教分离条款。[3] 宗教有时和大法官有一定相关度，宗教是法官思想意识的一部分，但不会有规律地预测法官针对宪法问题进行判案。宗教无法解释法官如何做出判决。它也无法有规律地把一名法官和他

---

[1] 目前六位天主教大法官是：首席大法官约翰·罗伯茨（John Roberts）、克拉伦斯·托马斯（Clarence Thomas）、塞缪尔·阿利托（Samuel Alito）、索尼娅·索托马约尔（Sonia Sotomayor）、卡瓦诺和巴雷特；埃琳娜·卡根（Elena Kagan）属于犹太教，而戈萨奇大法官属于新教圣公会。实际上，戈萨奇从小生活在天主教家庭，但是他却又曾参加美国圣公会的宗教活动。Ketan Jackson 女大法官的宗教信仰较为复杂且未明确公开具体所属教派，但有报道指出，她曾与浸礼会（Baptist）有关联。

[2] GOLDMAN S. The Politics of Appointing Catholics to the Federal Courts [J]. University of St. Thomas Law Journal, 2006, 4(2): p. 193.

[3] 美国宪法第六条第三款规定：……决不得以宗教信仰作为担任合众国属下任何官职或公职的必要资格。GERHARDT M J. Why the Catholic Majority on the Supreme Court May Be Unconstitutional [J]. University of St. Thomas Law Journal, 2006(4)2: 173, 174.

的同事们区别开来，因为这些同事和他的宗教信仰不同。[1]

## 一、新教徒大法官曾经一枝独秀

美国建国后相当长的时间内，白人新教徒几乎占据了立法、行政和司法所有岗位，“无论从哪个角度看，新教是美国基督教乃至美国宗教中最活跃、最重要的因素”。[2] 时至今日，新教徒依旧占据了美国重要职位，以总统为例，美国有 45 人宣誓成为美国总统，除肯尼迪和拜登是天主教徒之外，其他总统大部分是新教徒；在美国国会议员中，有一半以上是新教徒，例如，2015 年，皮尤调查机构曾对第 114 届国会议员（他们分别来自西部、中西部、南部和东北部）的宗教背景进行调查，结果表明：西部国会议员 45% 是新教徒，中西部国会议员 60% 是新教徒，南部国会议员中 76% 是新教徒，东北部国会议员中 33% 是新教徒，也就是说，国会大约 53% 的议员都是新教徒。

自 1789 年美国最高法院成立至今的 180 年里，大法官几乎都是清一色的白人男性新教徒。[3] 截至 2022 年 6 月，美国最高法院共产生 116 位大法官，其中 91 位属于新教徒大法官，占大法官总数的 78. 4%；天主教大法官 15 名，占大法官总数的 12. 9%；犹太教大法官 8 名，占大法官总数的 7%。新教大法官具体构成是这样的：34 名圣公会（Episcopalians）大法官，18 名长老会（Presbyterian）大法官，9 名一神普救派（Unitarian）大法官，5 名卫理公会（Methodist）大法官，3 名浸礼派（Baptists）大法官。威廉·伦奎斯特（William Rehnquist，1986—2005）是最高法院唯一的路德派（Lutheran）大法官，诺亚·斯韦恩（Noah Swayne，1862—1881）是唯一的贵格会（Quaker）大法官。有 22 名大法官虽然属于新教徒，但是并不属于某个特别的教派或者教派归属不清晰。1836 年之前，美国最高法院由白人男性清教徒大法官构成。美国第 114 届国会议员宗教背景调查如表 5-1 所示。

---

[1] NOONAN J T,JR. The Religion of the Justice:Does it Affect Constitutional Decision Making[J]. Tulas Law Review,2007,3(42):768.

[2] 艾兹摩尔. 美国宪法的基督教背景:开国先父的信仰和选择[M]. 北京:中央编译出版社,2011:318.

[3] 西格尔,斯皮斯. 正义背后的意识形态:最高法院与态度模型[M]. 刘哲玮,等译. 北京:北京大学出版社,2011:165.

表 5-1　美国第 114 届国会议员宗教背景调查　　单位：%

| 宗教信仰 | | 西部 | | 中部 | | 南部 | | 北部 | |
|---|---|---|---|---|---|---|---|---|---|
| | | 占总人口的比例 | 国会人口宗教信仰占比 | 占总人口的比例 | 国会人口宗教信仰占比 | 占总人口的比例 | 国会人口宗教信仰占比 | 占总人口的比例 | 国会人口宗教信仰占比 |
| 基督教 | | 67 | 86 | 74 | 92 | 78 | 96 | 68 | 91 |
| 基督教 | 新教 | 37 | 45 | 51 | 60 | 61 | 76 | 35 | 33 |
| | 天主教 | 23 | 28 | 22 | 31 | 16 | 19 | 32 | 57 |
| | 摩门教 | 6 | 12 | — | 0 | 1 | 1 | — | 0 |
| 犹太教 | | 1 | 7 | 1 | 3 | 1 | 4 | 4 | 9 |
| 其他信仰 | | 5 | 2 | 3 | 2 | 3 | 1 | 5 | 0 |
| 无信仰者 | | 25 | 1 | 20 | 0 | 16 | 0 | 22 | 0 |
| 不知道/拒绝 | | 2 | 4 | 1 | 3 | 2 | 0 | 1 | 0 |

资料来源：SANDSTROM A. Religious affiliations of members of Congress mirror regional trends[EB/OL]. (2015-1-5)[2022-1-12]. http://www.pewresearch.org/fact-tank/2015/01/05/religious-affiliations-of-members-of-congress-mirror-regional-trends/.

犹太—基督教道德是美国社会道德基础，这是美国国情的一大特色。[1] 美国建国后相当长的一段时间内，天主教和犹太教虽然也属于基督教的范畴，但是，和新教相比，它们是被边缘化的宗教。他们的信教徒偏少，经济状况差，受教育程度低。以天主教为例，在相当长一段时间内，天主教教徒的人口比例非常低，美国独立战争时期，英属北美殖民地的罗马天主教教徒人数仅有 2.5 万人，约占当时人口的 1%；到了 1840 年，天主教教徒有 66.3 万名，约占当时全国人口的 4%。[2] 早期美国天主教徒主要来自爱尔兰、波兰、意大利和西班牙等中欧与南欧的移民以及加勒比与拉美地区，他们大都是贫穷的农民及其他无产者，因此，美国的天主教过去长期被称为“穷人的宗教”。[3] 另外，从 16 世纪宗教改革与反宗教改革开始，新教徒与天主教教徒之间的对立难以平息。“天主教教徒与新教徒在宗教改革期间的分裂，是西方历史上为时最久、影响最大的政治分裂之一。”[4] “美国原本是被欧洲移民来的新教徒殖民

---

[1] 刘澍. 当代美国宗教[M]. 北京：社会科学文献出版社，2012：3-4.

[2] 刘澍. 当代美国宗教[M]. 北京：社会科学文献出版社，2012：131，133.

[3] 刘澍. 当代美国宗教[M]. 北京：社会科学文献出版社，2012：129.

[4] 亨特. 文化战争：定义美国的一场奋斗[M]. 安荻，译. 北京：中国社会科学出版社，2000：36.

的，反天主教的情绪也移到了美国，并和殖民者非官方的政治、文化传统结合在一起，自然不足为奇。事实上，美国的反天主教情绪在19世纪达到了巅峰。”❶ 同早期天主教教徒一样，美国的犹太教徒在美国国内也遭受了歧视与打压。美国很多新教徒认为，犹太民族违背了上帝的旨意，复仇心切的上帝责罚他们是很公平的。❷ 总之，建国后相当长时间内，由于天主教、犹太教不属于新教，因此，这两个教的信徒很难进入美国主流社会，境遇差，受歧视，没文化，根本无法进入精英阶层，特别是无法进入司法精英组成的美国最高法院。

虽然新教思想成为美国的主导思想，但是，鉴于欧洲宗教战争等方面的惨痛教训，美国建国者在国家制度设计中并没有把新教中的某个教派立为国家宗教，相反，通过宪法第一条修正案确保政教分离与宗教信仰自由，主张宗教多元化，并且宪法第六条第三条明确规定了公民的宗教信仰不能成为担任公职的必要资格。❸ 也就是说，公民的宗教信仰不能成为总统、参议员和法官等公职的任职条件，人人平等，人人都有机会。但是，事实上，美国的一些重要的公职，包括大法官，对宗教信仰还是有一定潜在要求，并不是向所有的宗教信仰的公民或无神论的公民开放，而是择机向持某类特定宗教信仰的人开放，或者说美国民主机制只能让部分宗教信仰的人受益，要真正实现公平还有很大距离，这是美国立国根基——犹太-基督教国家意识形态所决定的。

## 二、天主教大法官、犹太教大法官走向司法舞台中央

随着美国天主教地位的提升，教徒数量逐渐增加，接受高等教育的人越来越多，天主教徒的社会地位也得到改善。第一位天主教大法官是塔尼，他也是美国第五位首席大法官。塔尼是马里兰州的政治明星。1634年建立的马里兰殖民地是美国天主教的大本营，天主教得到官方认可。马里兰州的建立者乔治·卡尔弗特（George Calvert）是天主教徒。塔尼的崛起代表了天主教势力逐渐被美国社会和政治接受。塔尼担任过马里兰州司法部长。1831年，他被杰克逊总统揽入内阁担任司法部长，他是

---

❶ 亨特. 文化战争：定义美国的一场奋斗[M]. 安荻，译. 北京：中国社会科学出版社，2000：37.

❷ 亨特. 文化战争：定义美国的一场奋斗[M]. 安荻，译. 北京：中国社会科学出版社，2000：38.

❸ 美国宪法第六条第三款规定：“上述参议员和众议员、各州议会议员以及合众国政府和各州一切行政、司法官员均应宣誓或郑重声明拥护本宪法；但不得以宗教信仰作为担任合众国任何官职或公职的必要资格。”

第一位在总统内阁任职的天主教徒。塔尼后来又担任美国战争部部长和财政部部长。1835 年 1 月，他获得杰克逊总统的大法官提名，实际上，“杰克逊总统在选择他的这位朋友与顾问时，基本上没有考虑宗教因素”。❶ 参议院原本计划在那年会期的最后一天对塔尼进行投票确认，然而反对杰克逊的辉格党（前身是国家共和党 National Republican Party）人控制了参议院，他们阻碍了投票，他们甚至发起一项动议，要废除这个大法官的席位（该大法官席位因加布里埃·杜瓦尔（Gabriet Duvall 退休而留下）。当然，废除大法官席位的动议是荒唐的，并没有成功。辉格党人成功地阻止了对塔尼的确认［杜瓦尔的席位一年后由菲利普·彭德尔顿·巴布尔（Phillip Pendleton Barbour）继承］。1835 年 12 月，最高法院的奠基人、首席大法官马歇尔逝世，于是杰克逊总统提名塔尼为首席大法官接替马歇尔，经过几个月的拉锯战，1836 年 3 月 18 日塔尼最终涉险过关。在大法官提名与确认过程中，塔尼的天主教背景并没有遭到对手的指责，塔尼的最高大法官之路一波三折的主要原因还是以杰克逊总统为代表的民主党与反对他的辉格党之间的斗争白热化的结果。

塔尼大法官因为 1857 年“斯科特案”而毁掉一世英名。❷ 事实上，作为虔诚的天主教徒的塔尼，他也认为奴隶制是邪恶的。他赴任美国最高法院前夕就已经释放了继承得来的奴隶。但是，他始终相信解决奴隶制是一个循序渐进、主要由州自行解决的难题。最终他选择站在南方州这一边，维护奴隶制，“斯科特案”成为美国内战导火索之一。

塔尼被提名大法官 58 年后，第二位天主教大法官爱德华·怀特（Edward White，1910—1921）是南方天主教民主党人，1894 年，民主党总统克利夫兰提名怀特为大法官，1910 年，共和党总统塔夫脱又提名其为首席大法官。宗教因素也没有起主导作用。❸ 从塔尼起至现在，美国最高法院共产生了 15 名天主教大法官，其中 8 名是在最近 32 年产生的，除了索尼娅·索托马约尔（Sonia Sotomayor，2009—现在）大法官由民主党总统奥巴马提名之外，其他的 7 名天主教大法官是由共和党总统提名。可见，党派的倾向性非常明显。

美国建国后，犹太教徒担任高官的现象也是罕见。美国最高法院成立 127 年后，

---

❶ 奥布莱恩. 风暴眼：美国政治中的最高法院［M］. 上海：上海人民出版社，2010：43.

❷ Dred Scott v. Sandford，60 U. S. 393（1857）.

❸ 奥布莱恩. 风暴眼：美国政治中的最高法院［M］. 上海：上海人民出版社，2010：43-44.

也就是1916年，民主党人伍德罗·威尔逊总统才提名犹太教徒路易斯·布兰代斯（Louis Brandeis，1916—1939）为大法官，美国最高法院终于迎来了第一位犹太教大法官。布兰代斯的父亲是来自捷克的犹太移民，作为第二代移民的布兰代斯是一名优秀的律师，他是美国进步运动的著名代表人物。威廉·道格拉斯（William O. Douglas，1939—1975）大法官曾评价他是一个“追求社会正义激进的十字军战士”。❶ 然而，布兰代斯在参议院确认过程中，受到很多工商业利益集团和反犹分子的激烈反对，甚至对他的人格进行诽谤侮辱，确认听证会持续了6个月。当然他被抵制不完全是因为他有犹太宗教背景，最主要的还是因为他的所谓“激进主义”，“基本上是针对布兰代斯进步主义的法律观与政治改革观”的责难。❷ 事实上，作为“伟大的异议者”，布兰代斯的很多异议意见在罗斯福新政时期都被最高法院认可，以至于罗斯福总统称赞布兰代斯是他的以赛亚（Isaiah）。❸

1932年，共和党总统胡佛提名犹太教徒、民主党人本杰明·卡多佐（Benjamin Cardozo，1932—1938）为大法官，这似乎不合情理，“胡佛明明知道卡多佐可能会加入最高法院自由派阵营，但是他更关心的是提名卡多佐至少可以保证最高法院内有两名来自纽约的大法官及两名犹太教大法官，这可以搅乱最高法院大法官地域和宗教的平衡”。❹ 卡多佐与布兰代斯具有更多的共同点：一是两个人都是犹太人；二是两个人都曾作为律师，执业经历辉煌，后成为大法官，卡多佐号称“律师的律师”，而布兰代斯有“人民的律师”的美誉；三是这两个人都偏向自由主义，是美国最高法院自由主义的先锋。这样到1939年布兰代斯退休的7年间，最高法院有两位犹太大法官。❺ 卡多佐是美国最高法院史上为数不多的几乎获得参议院全票通过的大法官之

---

❶ DOUGLAS W O. Louis Brandeis: Dangerous Because Incorruptible [N]. New York Times, 1964-7-5(3).

❷ 奥布莱恩. 风暴眼:美国政治中的最高法院[M]. 上海:上海人民出版社 2010:44.

❸ PEARCE R G, WINER A B, JENAB E. A Challenge to Bleached Out Professional Identity-How Jewish was Justice Louis D. Brandeis? [J]. Touro Law Review, 2017. 33(2):346. 以赛亚是《圣经》中一位伟大的先知。

❹ GERHARDT M J. Why the Catholic Majority on the Supreme Court May Be Unconstitutional[J]. University of St. Thomas Law Journal, 2006, 4(2):177.

❺ 奥布莱恩. 风暴眼:美国政治中的最高法院[M]. 上海:上海人民出版社, 2010:44.

一。[1] 卡多佐的提名超越了党派或政治，他完全是因为对美国法治的贡献而获得人民及全体参议员的尊重。

1938 年 7 月 9 日，卡多佐病逝，罗斯福总统提名犹太教徒费利克斯·弗兰克福特（Felix Frankfurter，1939—1962）接替卡多佐，1939 年弗兰克福特获得参议院确认。1962 年弗兰克福特由于患心脏病而不得不提前退休，民主党总统肯尼迪提名犹太教徒阿瑟·戈德堡（Arthur Goldberg，1965—1968）接替弗兰克福特。戈德堡在美国最高法院仅仅干了三年，在约翰逊总统的说服下，他担任了联合国大使，因为约翰逊总统更希望犹太教徒阿比·福塔斯（Abe Fortas，1965—1969）到最高法院任职，所以只得让戈德堡腾出位置。约翰逊的私心在于他担心他的名为“伟大社会”的改革措施可能在美国最高法院遭到阻挠，他不得不在最高法院安插与自己意识形态更加契合的福塔斯。

1969 年，首席大法官厄尔·沃伦（Earl Warren，1953—1969）退休，约翰逊又提名福塔斯为首席大法官，然而，该项提名遭到参议院抵制，主要原因一是沃伦法院的自由主义惹恼了一大批参议员，他们趁此机会，重新塑造最高法院未来的发展脉络；二是福塔斯存在伦理问题，被众议院抓住不放，他们发起动议要弹劾福塔斯；三是约翰逊总统与福塔斯走得太近，约翰逊总统深深影响了福塔斯，就这样，一场由一些共和党人和南方保守的民主党人推动的阻挠行动使福塔斯首席大法官提名宣告失败。

由于 1969 年共和党大选获胜，尼克松总统得以提名沃伦·伯格（Warren Burge，1969—1986）接替了沃伦。[2] 自此美国最高法院犹太教大法官席位中断了 24 年，直到 1993 年，露丝·金斯伯格（Ruth Ginsburg，1993—2020）被克林顿总统提名为大法官，美国最高法院迎来了第一位犹太教女大法官。1994 年犹太教徒布雷耶也被克林顿提名为大法官，2010 年艾蕾娜·卡根（Elena Kagan，2010—）被奥巴马提名为大法官，美国最高法院迎来第二位犹太教女性大法官。当卡根被确认为大法官的时候，美国保守派杰出代表、共和党人布坎南激烈抨击犹太教大法官数量多的状况，他说：“肯尼迪、约翰逊、克林顿和奥巴马这四位民主党总统一共提名了 7 名大法官，

---

[1] Cardozo is Named to Supreme Court[N]. The New York Times,1932-2-16(1).

[2] 列文森.美国不民主的宪法:宪法哪儿出毛病了[M].时飞,译.北京:北京大学出版社,2010:158.

其中1名是黑人（马歇尔大法官），一名是波多黎各人（索托马约尔大法官），其他5名大法官全是犹太教教徒……犹太人占美国总人口不到2%，而犹太教大法官却在最高法院拥有三分之一的席位，这就是民主党人的多样性吗？”❶ 很显然，布坎南罔顾了另一个事实，自20世纪80年代以来，共和党总统提名了更多的天主教大法官，一举扭转了20世纪60年代以来最高法院自由化的倾向，美国最高法院开始向右转。

## 三、天主教和犹太教大法官占据多数的原因

自从美国最高法院有了第一位天主教和犹太教大法官之后，为了确保大法官的多样性，美国最高法院达成了一个不成文的规定，尽量在美国最高法院内保留一个固定的天主教大法官和犹太教大法官的席位。但是，让人始料不及的是，进入20世纪80年代之后，美国最高法院的席位被天主教人士瓜分完毕，出现这种情形，主要有以下原因。

### （一）大法官多样性的需要

首先，这是最高法院大法官多样性的要求。美国是移民国家，种族、宗教、文化等都呈现多元化，因此，美国最高法院大法官如果全由新教徒组成，显然与多元化宗旨相违背。其次，美国最高法院的多元化关乎司法公正，法官的多样性会产生不同的结果，让司法更加公平，至少表面看上去更公平。❷ 最后，美国最高法院大法官的多样性也经历了一个漫长的历程。建国初期，美国最高法院优先考虑更多的是区域的多样性，“地理上的代表性是最高法院与联邦政府获得正当性的关键。国会要求大法官在巡回区骑乘，鼓励从不同地方挑选大法官”，因此宗教、种族或性别的多样性还未提到重要日程。❸ 当大法官地域的多样性满足之后，其他的多样性也就慢慢提上日程：1836年出现第一位天主教大法官；1916年出现第一位犹太教大法官；1967年出现了第一位黑人大法官瑟古德·马歇尔（Thurgood Marshall，1967—1991）；1981年

---

❶ OSTER M. Pat Buchanan slams Obama over Kagan[EB/OL]. (2010-5-16)[2021-3-8]. https://www.jta.org/2010/05/16/news-opinion/united-states/pat-buchanan-slams-obama-over-kagan.

❷ BEINER T M. What Will Diversity on the Bench Mean for Justice? [J]. Michigan Journal of Gender & Law, 1999, 6(1): 120.

❸ 奥布莱恩. 风暴眼：美国政治中的最高法院[M]. 上海：上海人民出版社，2010：41.

出现了第一位女性大法官桑德拉·戴·奥康纳（Sandra Day O' Connor，1981—2006）；2009 年出现第一位拉美裔最高法院法官索托马约尔；2022 年出现第一位黑人女性大法官杰克逊。很显然，大法官宗教多样性是最高法院多元化最重要的一环。

### （二）天主教和犹太教在美国地位的提升

从人口比例来说，和美国早期相比，天主教徒和犹太教徒的总量明显增加。根据 2014 年皮尤调查机构，美国人中大约有 70.6%是基督徒，其中新教徒占 46.5%，而新教徒中最大的教派福音派占 25.4%。福音派不是单纯由一个教派构成，它由不同的新教教派构成。所以说，从单一教派数量来说，美国天主教教徒数量最多。天主教教徒大约占美国总人口的 20.8%，从数量来说，天主教教徒数量仅次于美国福音派教徒数量；而犹太教徒大约占总人口的 1.9%，不过在其他教派教徒的数量逐年降低的时候，犹太教徒的数量一直在稳定增长，与 2007 年相比还增加了 0.2%。[1]

从法律从业人口比例来说，天主教徒和犹太教徒从事法律事务的人口比例要高于其他教派，因此他们进入司法界的比例相对要高。这两个宗教在美国历史上曾长期遭受歧视，一直处于国家权力的边缘。多年来，天主教和犹太教一直与宗教偏见作斗争，这两个宗教的教徒深知：法律职业可以保护他们的权利。因此，天主教和犹太教在传统上格外重视高等教育，为美国法学院输送了大量人才。以天主教为例，在美国政界、律师界和司法界都出现了大量天主教徒，很多天主教徒在共和党联邦行政机构中发挥重要影响力，他们向美国司法界，包括最高法院推荐了大量天主教法官。[2]

### （三）宗教背景成为遴选大法官的重要因素

文化战争造成美国社会分裂与两党政治极化。两党政治极化最直接的后果之一就是影响联邦法官的提名与任命，继而造成美国最高法院的极化。[3] 虽然宗教具有政治

---

[1] COOPERMAN A, SMITH G, RITCHEY K. America's Changing Religious Landscape[EB/OL].(2015-5-12)[2025-3-8]. http://www.pewforum.org/2015/05/12/americas-changing-religious-landscape/.

[2] ESCOBAR A. Why do Catholics make up a majority of the Supreme Court[EB/OL].(2018-7-18)[2022-3-9]. https://www.americamagazine.org/politics-society/2018/07/18/why-do-catholics-make-majority-supreme-court.

[3] 江振春. 爱与自由：美国同性婚姻研究[M]. 北京：法律出版社，2017：503.

上的象征意义，“但在20世纪之前，宗教在大法官的任命过程中的作用一直不大”。[1]虽然过去“从天主教与犹太人中产生了较多的大法官，更多的是因为他们与总统有良好的个人关系和在意识形态上的一致”[2]，但是，特别是进入20世纪80年代之后，天主教宗教背景的权重无疑在增加，成为共和党遴选大法官的一个重要指标，主要有以下几点原因：

首先，宗教始终影响了法官的态度、价值观、个性及意识形态。[3]传统天主教有一套关于堕胎和死刑的立场与教义，毫无疑问，宗教信念影响着法官对案件的相关态度。[4]例如，2000年的“斯坦伯格诉卡哈特案”（*Stenberg v. Carhart*）中，撰写异议意见反对堕胎的四位大法官均为天主教大法官[5]；2006年，奥康纳大法官退休，天主教徒阿利托接任，而在当年的“冈萨雷斯诉卡哈特案”（*Gonzales v. Carhart*）案中，美国最高法院以5：4的票数支持了布什政府颁布的针对部分堕胎法的禁令，其中，多数意见的五名大法官全部是天主教大法官。[6]可见，宗教信仰与意识形态关系极为密切，在涉及“道德审判”的案件（如堕胎、死刑、同性婚姻等）时，传统天主教的一些教义非常契合共和党保守的一些治国理念，尤其自20世纪80年代以来。这也是天主教背景的法官格外受到器重的原因之一，他们被提名为最高法院大法官在同等条件下可能性更大。

其次，20世纪80年代以来，美国总统遴选大法官时，宗教信仰权重比意识形态权重要大。尽管大法官提名人的意识形态与总统保持一致是获得提名的必要条件，但是，意识形态也容易在被提名人言辞包装下变得难以察觉，这导致一些被提名人成功当选为大法官之后，其意识形态与总统发生偏差，而宗教信仰这个因素更为可靠。例如，“共和党总统知道，被提名人的谈吐不足以确保他是否将来忠诚于那些偏右的意识形态且不随时间而改变。小布什总统的解决方法就是挑选那些道德品质坚若磐石的

---

[1] 奥布莱恩.风暴眼：美国政治中的最高法院[M].上海：上海人民出版社，2010：43.

[2] 奥布莱恩.风暴眼：美国政治中的最高法院[M].上海：上海人民出版社，2010：45.

[3] FELDMAN S M. Empiricism, Religion, and Judicial Decision-making[J]. William & Mary Bill of Rights Journal, 2006, 15(4): 43.

[4] LEVINSON S. Is It Possible to Have a Serious Discussion about Religious Commitment and Judicial Responsibilities?" University of St. Thomas Law Journal, 2006, 4(2): 280.

[5] Stenberg v. Carhart, 530 U. S. 914(2000)

[6] Gonzales v. Carhart, 550 U. S. 124(2007).

候选人，包括他们根深蒂固的宗教信念。”[1] 也就是说，意识形态可能易隐藏，也可能会随时间而改变，美国总统考察大法官人选时如果把宗教和意识形态紧密联系在一起加以考虑，用候选人的宗教信念对他的意识形态进行背书，那么就格外容易获得总统的青睐。毕竟一个宗教虔诚的人是不会轻易改变或背叛自己的宗教信仰的。

最后，有些天主教法官的司法理念非常受共和党欢迎。自 20 世纪 80 年代以来，三位共和党总统（里根、老布什和小布什）都表达了相同的愿望，即提名的大法官都致力于阻挠自由的司法能动主义，严格解释国会权力，弱化“罗伊案”，淡化或拆除政教分离，强化私人个人财产权利保护等。[2] 客观来说，天主教背景的大法官中不乏一批保守色彩浓厚、能够与共和党总统意识形态非常契合的大法官，“里根虽然并不注意被提名者的宗教背景，却出于向最高法院注入鲜明的保守司法哲学的考虑，任命了两名天主教徒：斯卡利亚与肯尼迪”。[3] 事实上，后来斯卡利亚大法官等人的表现让共和党及共和党总统赞赏有加，斯卡利亚本人也成为最高法院保守派伟大的旗手。解释宪法和法律是大法官的主要任务，因为宪法和法律都不是精确的。“数个世纪经验告诉我们，任何法律都不曾也不可能达到如此明确无误的程度。至于一个法律制度是否能够完全不使用含有道德含义的广义概念，如诚信、犯意和违背良心的行为等概念，也是颇令人怀疑的。”[4] 卡多佐大法官认为，法官们常常“为了对道德要求作出回应而不得不在各处破例作出让步”；同样，弗兰克福特大法官表示，“司法机关的作用并非如此有限，它可以使联邦法院成为一种正义的工具，因为它必须正视数个世纪以来始终构成法律一部分的道德原则和平衡原则”。[5]

解释宪法和法律过程中涉及道德话语的时候，很难避开宗教。老布什总统提名大法官的心路历程说明了他对天主教背景大法官的偏爱。小布什总统曾说，他将会提名

---

[1] GERHARDT M J. Why the Catholic Majority on the Supreme Court May Be Unconstitutional[J]. Thomas Law Journal,2006,4(2):184.

[2] GERHARDT M J. Why the Catholic Majority on the Supreme Court May Be Unconstitutional[J]. Thomas Law Journal,2006,4(2):177.

[3] 奥布莱恩. 风暴眼:美国政治中的最高法院[M]. 上海:上海人民出版社,2010:44.

[4] 博登海默. 法理学:法律哲学与法律方法[M]. 邓正来,等译. 北京:中国政法大学出版社,1999:378.

[5] 博登海默. 法理学:法律哲学与法律方法[M]. 邓正来,等译. 北京:中国政法大学出版社,1999:378.

严格解释主义者，同斯卡利亚和托马斯一样（他们都是天主教徒），最终他提名了阿利托和罗伯茨，这两个人都是天主教徒。他认为，天主教某些原则让天主教大法官在解释宪法和法律时更加严格、苛刻，更加恪守宪法和法律朴素的语言。自 20 世纪 80 年代以来，共和党非常依仗保守的学术机构与组织，例如联邦党人协会，为其物色联邦法官，包括大法官[1]，而其中的一项指标至少是加分项，那就是天主教背景。

在美国最高法院内，金斯伯格大法官在世时，政治光谱的两端是以天主教背景的保守派大法官阵营及以犹太教为背景的自由派大法官阵营，金斯伯格大法官去世之后，美国最高法院已经彻底沦为保守的天主教法院。这种格局的形成有多方面原因，“美国政治行为学者的研究表明：一般而言，社会地位、经济收入、教育程度越高的团体，政治上就越倾向保守”。[2] 美国中产阶级的天主教家庭培养子女从事司法和法律行业的比例比较高，而且保守政治意识形态比较浓厚，因此，选拔出保守的天主教背景的法官很正常。然而，美国中产阶级的犹太家庭大都并没有表现出保守主义色彩，也不是共和党的铁杆支持者。“从 1932 年罗斯福新政使犹太人正式走上美国政治舞台开始，犹太人对民主党的支持率从未低于 40%，平均支持率达到 75%。”[3] 也就是说，美国犹太社团具有自由主义传统，“美国犹太人的自由主义倾向是犹太人群体的精神气质与美国主义相结合的产物，是属于犹太人的美国主义”[4]。金斯伯格大法官去世之后，美国最高法院再同时拥有两名以上犹太教大法官估计要等待很长一段时间了。

## 四、大法官的宗教背景是否能影响大法官判案

美国最高法院大法官是案件最终的裁判者，他们运用多种因素，分析案件并作出判决。宗教是其中一个可能因素。从理论上来说，宗教以多种方式影响大法官的判

---

[1] 江振春.“地下组织部”还是右翼“阴谋集团”?:管窥美国联邦党人协会[J].世界知识,2018(17).

[2] WEYL N. The Jews in American Politics[M]. New Rochelle, New York: Arlington House, 1968: 1-4.

[3] 孙晓玲.自由主义与犹太复国主义之辩:美国犹太社团面临的挑战[M]//徐以骅.宗教与美国社会(第八辑).北京:时事出版社,2013:27.

[4] 孙晓玲.自由主义与犹太复国主义之辩:美国犹太社团面临的挑战[M]//徐以骅.宗教与美国社会(第八辑).北京:时事出版社,2013:30.

决。例如，如果大法官仅仅倾向于投票与他们所属宗教的正式观点保持一致的话，那么宗教就能清晰地影响大法官投票。一个猜想性的例子就是一个大法官总是投票约束言论自由（即使此行为违背了自己的意识形态）仅仅就因为他的宗教正式地反对言论自由。从理论来说，宗教也可能通过各种其他机制不清晰地或间接地影响最高法院判案。例如，宗教可能会影响大法官的意识形态，而意识形态可能会最终影响大法官的投票。一个福音派大法官，他偏向保守，可能总是沿着保守的方向投票。在这种情形下，意识形态可能扮演了一个解释变量，而实际情形是他的福音基督教促使他偏向保守。如果情形果真如此，那么宗教事实上就具体解释了大法官的投票行为；当然，美国最高法院目前还没有福音派大法官。

很显然，大法官们都不承认宗教会影响他们的判决，因此，通过仔细分析和考察，宗教和司法判决之间的关系几乎总是可以推断出来。尽管几乎所有天主教法官都否认他们的天主教信仰驱使他们把民法（世俗法）和道德法统一起来，他们坚持是根据宪法文本和原始意义解释宪法的，在宪法审判案件中拒绝任何形式的道德推理。❶ 然而，法官在解释法律时，完全不使用任何形式的道德推理是不可能的，斯卡利亚大法官亲自承认：至少在涉及一些道德问题的时候，他的道德观念是由天主教教义所赋予的。❷而关于死刑，斯卡利亚曾这样说："作为一个罗马天主教徒，我不能完全脱离我自身，如果不考虑基督教传统和天主教训诫，我讨论不了这个问题。这就意味着，如果道德推理能进入司法决策过程，那么宗教教义至少在某些案件中会带来某些启示。"❸

美国最高法院天主教大法官席位呈现一边倒的趋势反映了美国自 20 世纪 80 年代以来，文化战争愈演愈烈，美国两党的政治极化已蔓延到美国最高法院，导致美国最高法院在遴选大法官时也呈现出极化现象，而传统天主教和自由犹太教的思想在某种程度上代表了最高法院保守与自由的两极，分别契合了共和党与民主党两党的道德理念与认知，因此，"政治思想过硬""有信仰、值得信赖"的天主教法官和犹太教法官纷纷上位，被选拔进入美国最高法院。这基本上也反映了以下政治现实，传统天主

---

❶ RENÉ REYES. The Supreme Court's Catholic Majority: Doctrine, Discretion, and Judicial Decision-Making[J]. St. John's Law Review, 2014, 85(2): 675.

❷ RENÉ REYES. The Supreme Court's Catholic Majority: Doctrine, Discretion, and Judicial Decision-Making[J]. St. John's Law Review, 2014, 85(2): 676.

❸ RENÉ REYES. The Supreme Court's Catholic Majority: Doctrine, Discretion, and Judicial Decision-Making[J]. St. John's Law Review, 2014, 85(2): 676.

教易和共和党形成某种同盟关系，保守色彩浓厚；而自由犹太教追求社会正义，偏向自由，它易向民主党靠拢，而且从布兰代斯和卡多佐起，犹太教大法官是自由主义坚实的捍卫者。当初最高法院保留天主教大法官席位和犹太教大法官席位，主要是为了最高法院的大法官多样化，宗教“尽管具有政治上的象征意义，最高法院在宗教上的代表性决不等于宗教配额制”。[1] 然而，美国最高法院席位过度向天主教倾斜的时候，绝对不是因为大法官多样性的缘故，而是美国最高法院政治化的结果。保守派大法官与自由派大法官将针对文化战争引起的官司获得更大的话语权而争斗。

尽管目前美国最高法院天主教大法官占绝对优势，但是，这样的宗教格局并不是对美国宗教体系的背离，恰恰反映了美国宗教体系在司法领域内部的微调。犹太-基督教体系内部的纷争属于美国主流价值与生活方式的主导权之争，属于“兄弟姐妹之间的内部矛盾”，除此之外的宗教，如伊斯兰教和佛教等在美国很难成为真正的主导力量。美国社会的文化根基没有改变，依旧是犹太-基督教体系，是“美国宗教中的主导力量，决定了美国的生活方式”。[2]

## 第三节　文化战争与大法官、法官助理遴选的政治化

根据美国联邦宪法第二条第二款的规定，总统“应提出人选，并于取得参议院的‘建议与赞同’后，任命……最高法院的大法官”。美国建国者反对将任命法官的权力彻底交给总统或者国会参议院。最终，他们达成妥协并要求总统和国会参议院一起行动。总统享有独立提名的权力，但批准与否的权力则属于参议院。但是，在总统提名与参议院批准的背后，各种势力暗流涌动，他们都希望在物色美国最高法院大法官的人选上发挥影响力。美国最高法院文化战争案件的胜败取决于保守派与自由派大法官人数的对比，几乎每一个文化战争案件的判决都是一次保守与自由的对决。

在政治极化的年代，强烈的党派色彩深深影响到了大法官的提名与任命。大法官不是生活在真空里的人，政治思潮的变迁，社会舆论的转向，都会对大法官产生间接

---

[1] 奥布莱恩.风暴眼:美国政治中的最高法院[M].上海:上海人民出版社,2010:45.

[2] 刘澍.当代美国宗教[M].北京:社会科学文献出版社,2012:3.

影响。文化战争纷争不断，形同水火，两党战火也蔓延到美国最高法院，在一些判决中，九名大法官甚至出现了 5∶4 的判决，保守与自由两派胜负之间往往是“一票定乾坤”！美国两党总统都极力提名与本党意识形态极为相似的人选作为大法官候选人。“虽然法官本人标榜中立与政治无争，但是总统提名大法官候选人的重要考虑就是他的政治倾向和司法哲学。尽管并不一定‘任人唯党’，但从提名者（总统）的党派大体可以看出大法官的党派构成。”[1] 以下以巴雷特大法官和杰克逊大法官为例，阐明大法官遴选的政治性。

## 一、司法神殿的政治神话

在很多人眼中，庄严的美国最高法院宛如一座神圣的希腊神殿，端坐其中的大法官仿佛就是公正的化身。然而，近年来大法官的提名与任命过程像一幕幕政治大剧给美国这个神秘的司法机构“祛魅”“还神殿以平常”，其实美国最高法院也只是美国一个政治机构而已。最高法院大法官的任命充满了政治算计与斗争。美国最高法院研究专家戴维·奥布莱恩（David M. O’Brien）认为“最高法院是一个任人唯贤的地方，大法官不同于参与政治竞选的政客，最高法院是一个与世隔绝的神殿”，这完全就是一个政治神话！[2]

2016 年 2 月 13 日，当代美国最高法院保守派旗手斯卡利亚大法官逝世，他的离世打破了美国最高法院现有格局，削弱了当时占优的保守派势力，意味着多年来陷入意识形态严重对立的美国最高法院迎来了一个关键的历史转折点。2016 年 3 月 16 日，美国总统奥巴马宣布提名哥伦比亚特区 63 岁的上诉法院首席法官梅里克·加兰德（Merrick Garland）填补斯卡利亚的空缺[3]，而参议院多数派领袖、共和党参议员米奇·麦康纳（Mitch McConnell）曾表示，为了政治平稳，2016 年总统大选年参议院将不会讨论任何大法官提名，要把提名大法官的机会留给下任总统。共和党成功地阻击了加兰德在参议院的确认。美国共和党和民主党都觊觎斯卡利亚去世后留下的空缺，斯卡利亚继任者提名已引起民主党和共和党激烈的角斗，“大法官之争为美国司

---

[1] 李丹，张庆熠，任东来. 美国联邦最高法院大法官制度[J]. 南京大学学报，2010(2)：33.

[2] 任东来. 还司法神殿以平常：《风暴眼：美国政治中的最高法院》评介[J]. 美国研究，2008(1)：133-143.

[3] 2021 年起，加兰德任拜登政府的司法部部长。

法独立打上了问号”。[1] 由于参议院抵制，美国最高法院在只有八名大法官的情形下运转了一年多。特朗普上台旋即提名具有“小斯卡利亚”之称的尼尔·戈萨奇（Neil Gorsuch，2017—）为大法官候选人，民主党以“阻挠议事”的方式予以拖延，而参议院共和党凭借多数优势成功修改“阻挠议事”规则，强行推动戈萨奇的提名进入投票程序。共和党虽赢得了暂时的胜利，却冒着改变参议院议事规则的风险，启用国会议程的“核选项”（nuclear option），这给以后的国会议事带来隐患。

2020 年，美国同样面临大法官的提名与任命，由于特朗普与参议院的多数党同属共和党，他们联袂上演了共和党“双标”政治大戏。在金斯伯格大法官尸骨未寒时，9 月 26 日特朗普匆匆提名联邦第七巡回上诉法院法官巴雷特为大法官候选人。特朗普提名一名天主教保守派女性大法官不仅凝聚保守派选民的力量，最大化获得保守派选民的支持，同时影响美国最高法院未来的走向。奥布莱恩曾一语道破：“现实中每一次大法官的任命都是政治性的！”[2] 有别于 2016 年，这次麦康奈尔却信誓旦旦：参议院有足够的时间在年底或者选举日之前完成大法官人选的确定！根据国会研究服务（CRS）的数据，从总统宣布大法官提名到参议院正式确认平均用时为 67 天，而巴雷特从提名到确认只用了区区 30 天，是 1975 年以来从提名到确认耗时最短的一次。此外，巴雷特的提名确认日期是美国有史以来最接近总统大选的一次。政治算计与党争的残酷性跃然纸上。2020 年年 10 月 26 日，美国参议院以 52∶48 的票数正式批准确认巴雷特为美国最高法院大法官。2020 年 9 月 18 日，美国自由派阵营最伟大的旗手金斯伯格大法官去世前留下遗嘱：“热切希望，我（的职位）不会在新总统上任前被取代。”[3] 她预料到她的辞世可能给多事之秋的美国带来政治的惊涛骇浪，便留下了这样的遗愿。然而，对于共和党及保守派来说，现在正是“天时、地利、人和”，彻底让最高法院保守化的时机已经到来！以奥巴马为代表的民主党人对共和党提出尖锐批评：共和党人应该前后一致，“法律和日常公平性的基本原则，就是我们

---

[1] 大法官之争为美国司法独立打上问号[N]. 人民日报,2016-2-17(3).

[2] 戴维·奥布莱恩. 风暴眼:美国政治中的最高法院[M]. 上海:上海人民出版社,2010:7.

[3] SANTUCCI J. Ruth Bader Ginsburg's last wish:'I will not be replaced until a new president is installed[EB/OL]. (2020-9-18)[2021-7-5]. https://eu.usatoday.com/story/news/politics/2020/09/18/ruth-bader-ginsburgs-last-wish-replaced-different-president/5832544002/

对规则的应用要保持一致性，而不是以此刻的方便和有利为基础”。[1]

## 二、大法官任命的政治化：以巴雷特大法官、杰克逊大法官为例

2020 年 10 月 26 日，美国参议院以 52 票对 48 票批准巴雷特出任美国最高法院大法官，她是 150 年来首位没有获得参议院少数党议员支持的大法官，可见参议院对她的提名完全是以党派划分，泾渭分明。巴雷特的确认为特朗普赢得了一次具有里程碑意义和有争议的胜利，同时巴雷特大法官之路也反映了美国政治制度“反民主”的一面。

巴雷特是虔诚的天主教徒，她与丈夫育有 7 个孩子，其中包括 2 名收养儿童和 1 名唐氏综合征患者。早在怀孕初期，巴雷特的胎儿就查出唐氏综合征，但笃信天主教的她和丈夫坚持孕育并产下患有先天疾病的婴儿，身体力行天主教禁止堕胎的教义。她毕业于美国历史最悠久的天主教大学法学院——圣母大学法学院（Notre Dame Law School）。截至巴雷特当选大法官之时，圣母大学法学院的毕业生成为美国最高法院法官助理的人数在所有大学法学院中排名第 16 名。巴雷特是已故保守派大法官斯卡利亚的法官助理，她完全继承了斯卡利亚大法官的衣钵。《纽约时报》甚至认为，巴雷特是斯卡利亚大法官在美国最高法院的继承者。[2] 巴雷特信奉美国宪法原旨论，它认为：“法官必须遵循以下原则：宪法文本的解释必须按照宪法起草时的大众所理解的意涵去解释。”[3] 这就是斯卡利亚的“大众意义原旨论”，该理论是原初意义论发展的最新阶段，因此被称为“新原旨论”。同其他宪法原旨论者一样，巴雷特大法官非常赞同斯卡利亚的观点：“法律治国，而非立法者治国。”因此，巴雷特大法官在涉及文化战争议题时，意识形态同斯卡利亚高度一致，她反对堕胎权、LGBTQ 权利及同性婚姻权等，深受保守派的青睐。巴雷特同保守派基督教信仰团体“赞美的子民”（People of Praise）的关系非常亲密，而这个团体最基本的一个主张就是性关系只应该在异性恋已婚情侣之

---

[1] HELSEL P. Obama on filling Ginsburg’s seat: Apply rules with consistency[EB/OL].[2022-4-8]. NBCnews, https://www.nbcnews.com/politics/politics-news/obama-filling-ginsburg-s-seat-apply-rules-consistency-n1240521.

[2] GRAHAM R. For Conservative Christian Women, Amy Coney Barrett’s Success Is Personal[EB/OL].(2020-9-28)[2022-4-8]. https://www.nytimes.com/2020/09/28/us/amy-coney-barrett-christian-women.html.

[3] FREEMAN J. Amy Coney Barrett and the Scalia Standard[EB/OL].[2022-4-8]. https://www.wsj.com/articles/amy-coney-barrett-and-the-scalia-standard-11601315588.

间发生。因此，LGBTQ 权利团体非常担心巴雷特大法官会侵蚀 LGBTQ 权利。

巴雷特在文化战争议题上表现出很强的保守色彩。在移民问题上，巴雷特支持特朗普“扎紧篱笆”严格控制的移民政策，包括饱受争议的“公众负担条款”，反对享受政府救济的人获得绿卡。在医改问题上，巴雷特反对奥巴马政府颁布的全面医保法案，并对 2012 年最高法院支持奥巴马医改表示了不同意见。巴雷特进入美国最高法院的殿堂，使最高法院的天平完全右倾。最高法院保守派占多数的局面和巴雷特手中的一票，可以对接下来的几十年产生影响，尤其是在堕胎权、同性婚姻权、“平价医疗法案”及移民等诸多文化战争议题的审判上。

民主党总统拜登的政绩之一就是向美国最高法院送进了一名自由派黑人女大法官。2022 年 6 月 30 日，杰克逊宣誓就任美国最高法院大法官，接替退休的自由派大法官布雷耶，成为美国首位非裔女性大法官。6 天前，美国最高法院刚推翻 1973 年的“罗伊案”保障堕胎权的历史性裁决。杰克逊是最高法院自 1789 年创立后第 116 位大法官，也是美国历史上第 6 位女性和第 3 位非裔人士大法官。

杰克逊大法官履历完整、亮眼。她毕业于哈佛大学法学院，曾经担任布雷耶大法官的法官助理，在法律界拥有广泛经验，曾任联邦上诉法官、联邦地区法院法官、美国量刑委员会（U. S. Sentencing Commission）成员，也曾担任联邦公设辩护人。在担任量刑委员会副主席期间，杰克逊注重确保联邦量刑的公正和缩小不应有的刑量差异。从意识形态来说，目前美国法学界评估杰克逊大法官多以左倾或相对左倾为主。但事实证明，由于大法官是被终身任命的，其意识形态也会随着时代变迁而发展。例如，从 1988 年到 2018 年任职的肯尼迪大法官是被时任总统、共和党人里根提名的，但在平权行动、同性恋权利和堕胎等社会问题上，这位曾被视为“共和党遗产”的大法官经常站在自由派一边。但是，“虽然在大法官任命的历史上出现过候选人成为法官后调整自己的政治倾向违背提名总统期望的现象，但在多数情况下至少最近一个时期大法官保持了自己的政治倾向，基本没有让任命自己的总统失望”。[1] 总之，杰克逊大法官几乎满足了民主党人和自由派的所有想象：自由的意识形态、女性、黑人和名校毕业等。

庄严的美国最高法院的大理石殿堂大法官的坐席告诉人们一个简单明了的事实：杰克逊大法官的任命并不会改变最高法院仍被六名保守派大法官牢牢掌握的事实。无论杰克逊大法官具备多么优秀的团队精神，无论她作为“共识缔造者”的名声如何，

---

[1] 李丹，张庆熠，任东来．美国联邦最高法院大法官制度［J］．南京大学学报，2010(2)：34.

还是她的投票记录与她的“导师”布雷耶一样偏左，美国最高法院依然是压倒性的保守派多数说了算。杰克逊大法官很可能会发现自己和布雷耶大法官一样，在涉及高度敏感社会问题的重大案件中，成为最高法院里的异议者。

## 三、法官助理遴选的政治化

如前文所述，无论是巴雷特大法官还是杰克逊大法官，她们都有一个相同的经历：曾经担任美国最高法院大法官的法官助理（law clerk）。法官助理主要帮助“法官审阅上诉人递交的上诉状”“撰写有关诉讼文书或法院记录的摘要”“对选出复审的案件的某些问题做法律研究”“起草附在法院裁决后的判决意见的工作”等。[1] 法官助理的工作年限一般为1~2年，薪水不高，但法官助理这段“镀金经历”却是无价的，不仅可以敲开美国顶级律师行、著名学府或研究机构的大门，而且现已成为最高法院大法官的必备条件，现在几乎所有在任大法官年轻时都有过这段经历。

1882年任职大法官的霍雷斯·格雷（Horace Gray，1882—1902）被认为是最高法院法官助理制度的创始人。[2] 20世纪40年代之后，美国的法官助理制度获得大发展，法官助理的职权也越来越大，甚至可以直接给大法官“建议是否受理某个案件”“撰写法庭备忘录”及“参与大法官工作最重要的部分：起草法院判决意见书”。[3] 美国最高法院法官助理遴选有很多重要标准，例如，出身名校、成绩优秀、地域、性别、种族、以前的实习经验、党派、宗教和意识形态等，这些因素都是大法官选择法官助理的重要参考指标。在这些指标当中，法官助理的意识形态非常重要，“大法官总希望能找到和自己思想意识很合拍的助理”“大法官一般通过举荐人来了解助理申请人的思想意识”，也可以通过申请人发表的学术观点来了解，还可以通过曾与申请人共事的低级法院的法官来了解。[4]

由于两党意识形态分歧加大，促使包括法官和法官助理在内的政治精英进行党派选择（party sorting），从而使法官助理选任呈现“政治极化”，其实“美国政治精英

---

[1] 江振春.美国联邦最高法院与法官助理制度[J].南京大学学报,2010(2):35.

[2] 江振春.美国联邦最高法院与法官助理制度[J].南京大学学报,2010(2):37.

[3] 江振春.美国联邦最高法院与法官助理制度[J].南京大学学报,2010(2):38.

[4] 江振春.美国联邦最高法院与法官助理制度[J].南京大学学报,2010(2):43.

意识形态的‘极化’正在扩大”❶。在“政治极化”的大背景下，法官助理能够影响大法官的意识形态，甚至能够影响大法官作出极化的判案，自由意识形态浓厚的法官助理会使他服务的自由派大法官更加容易和坚定地投出符合自由意识形态的票，对保守派法官助理和大法官来说，反之亦然。❷

由于法律助理“承担了几乎从立案、审案直到判决整个过程的文字起草工作”，法官助理的确“有绝对的机会在特定的案件中影响法官的投票”❸，法官助理有机会对大法官产生潜移默化的影响，从而影响判案进程，尤其在涉及文化战争的案件中。例如，在美国同性婚姻合法化的进程中，同性恋法官助理多多少少影响了判案。2001年出版的《追求正义》（*Courting Justice*）一书就记录了有18名男同性恋者和4名女同性恋者曾在最高法院担任法官助理。这些同性恋法官助理在一定程度影响了大法官对同性恋的看法。❹ 1995年布莱克门大法官透露，1986年的“鲍尔斯案”中的反对意见主要出自他的女同性恋法官助理帕梅拉·卡兰（Pamela Karlan）之手。❺ 后来该反对意见成为2003年“劳伦斯案”的多数意见（具体参见第八章第一节），卡兰后来也证实了这一点。卡兰事例证明了法官助理的党派色彩、意识形态、宗教信仰及性取向等个人特征在某些方面对大法官的判案会产生实质影响。❻

在20世纪80年代之前，总统的党派属性对塑造大法官意识形态的影响甚微，共和党总统经常提名温和派和自由派大法官，而民主党总统提名温和派和保守派大法官的也不在少数。里根总统上台后，情形发生变化，总统逐渐注意大法官任命过程中的候选人的意识形态问题。特别是共和党总统依靠保守的组织或机构，如“联邦党人

---

❶ BAUM L. Hiring Supreme Court Law Clerks: Probing the Ideological Linkage between Judges and Justices[J]. Marquette Law Review, 2014(98): 343.

❷ LIPTAK A. A Sign of the Court's Polarization: Choice of Clerks"[EB/OL]. (2010-9-7)[2022-3-9]. http://www.nytimes.com/2010/09/07/us/politics/07clerks.html? _r=0

❸ 江振春. 美国联邦最高法院与法官助理制度[J]. 南京大学学报, 2010(2): 44.

❹ MURDOCH J, PRICE D. Courting Justice: Gay Men and Lesbians v. the Supreme Court[M]. New York: Basic, 2001.

❺ Groups Push for First Gay Justice[EB/OL]. (2009-5-5)[2022-4-8]. https://www.politico.com/story/2009/05/groups-push-for-first-gay-justice-022106

❻ 江振春. 美国联邦最高法院与法官助理制度[J]. 南京大学学报, 2010(2): 35-45.

协会”，去审查和培养法官候选人，影响司法系统的任命。[1] 法官助理的培养是美国司法精英培养重要的一个渠道，现代几乎每一位美国最高法院大法官都有过“学徒”（法官助理）这一宝贵经历。当他们是法官助理时，“师父”（大法官）手把手教他们，他们既得到了“师父”的真传，也影响了“师父”的判案。最近 40 年，民主党和共和党都非常重视法官候选人的培养和训练。与民主党不同的是，共和党人培养法官的组织架构更齐全、目光更长远，“联邦党人协会”就是这样的组织。

## 第四节　保守派司法精英培养与“联邦党人协会”

当今美国最高法院保守派一统天下与保守派司法精英培养制度有关。特朗普总统最大的政治遗产之一就是向美国最高法院输送了三名坚定的保守派大法官，让美国最高法院彻底右倾。这三名大法官是美国保守派长期着力培养的精英。他们都有以下共同点：一是他们都曾在联邦巡回法院任过职，属于保守派阵营；二是他们都做过法官助理，戈萨奇和卡瓦诺俩人都曾做过大法官肯尼迪的法官助理，巴雷特做过斯卡利亚的法官助理；三是他们都经过保守的政治组织——联邦党人协会的考察、筛选和推举。

美国共和党总统，包括特朗普，在联邦法官提名上特别倚重联邦党人协会。早在 2016 年美国总统大选期间，特朗普承诺，如果他成为美国总统，将来有机会在提名联邦法官（包括最高法院大法官）的时候，所有的提名人将由联邦党人协会筛选。特朗普成为总统之后，他立刻兑现承诺，他和联邦党人协会执行副主席莱纳德·利奥（Leonard Leo）见面，讨论美国最高法院大法官提名人选的评估程序。特朗普所中意的大法官人选不仅要能经得起联邦党人协会的审查，而且该人选一定是联邦党人协会忠实的支持者，正如特朗普明确指出的那样，他必须是“联邦党人”！其实，美国最高法院其他的保守派大法官——罗伯茨、托马斯、阿利托，包括去世的斯卡利亚等，无一不是来自联邦党人协会的推举，另外，在其他联邦巡回法院和联邦地区法院也活跃着一大批来自联邦党人协会推荐的法官，联邦党人协会俨然成为美国联邦法院保守

---

[1] 江振春.“地下组织部”还是右翼“阴谋集团”?:管窥美国联邦党人协会[J].世界知识,2018(17):50.

派法官的“地下组织部”。[1]

## 一、联邦党人协会简介

联邦党人协会的全称是“法律和公共政策研究联邦党人协会”（Federalist Society for Law and Public Policy Studies，简称“联邦党人协会”），由1980年耶鲁大学和芝加哥大学法学院的三名保守派学生成立。该协会的成立离不开斯卡利亚大法官的支持。当年斯卡利亚在芝加哥大学执教，遇到了李·利伯曼（Lee Liberman）、戴维·麦克金托什（David M. McIntosh）和斯蒂文·卡拉布雷西（Steven Calabresi）三位青年才俊。“斯卡利亚不但为他们成立的联邦党人出谋划策，而且还动用自己的关系，为其寻求人脉支持和赞助资源。”[2] 联邦党人协会主张的司法哲学与斯卡利亚的司法哲学非常相似，坚持宪法文本论或原旨论来寻求改革现行的美国法律。

他们成立该协会的初衷是因为这些保守派法学院学生厌烦当时美国社会整体偏左的氛围，因为自罗斯福新政和约翰逊“伟大社会”以来[3]，美国社会运动风起云涌，例如，民权运动、妇女解放运动、反战运动和反主流文化运动等，导致美国大学很多法学院教授和学生成为自由派阵营的先锋，这让一些保守派学生显得非常不合群，他们决定成立属于自己的社团。另外，自20世纪60年代以来，美国法院系统也兴起自由主义之风，在堕胎等案件中，保守派败下阵来，他们抱团取暖，联邦党人协会也想为扭转司法左倾贡献点儿绵薄之力。

联邦党协会的标识是美国建国先贤詹姆斯·麦迪逊的头像剪影。他与约翰·杰伊及亚历山大·汉密尔顿三人共同合写了经典名著《联邦党人文集》，成为建国初期联邦党人的杰出代表。在麦迪逊的大力主导下，美国制宪得以成功，他被后人尊称为“美国宪法之父”，后来他成为美国第四任总统（1809—1817）。可见该协会取名与这

---

[1] 江振春.“地下组织部”还是右翼“阴谋集团”?:管窥美国联邦党人协会[J].世界知识,2018(17):49-51.

[2] 比斯丘皮克.最高法院的喜剧之王:安东尼·斯卡利亚大法官传[M].钟志军,译.北京:中国法制出版社,2012:译者序5.

[3] 1964年美国总统林登·约翰逊发表演说宣称:“美国不仅有机会走向一个富裕和强大的社会,而且有机会走向一个伟大的社会。”这就是“伟大社会”(Great Society)施政方针。美国总统约翰逊为实现这一目标,国会通过了包括“向贫困宣战”“保障民权”及医疗卫生等方面的法律四百多项,将战后美国的社会改革推到了新的高峰。

段联邦党历史息息相关。

联邦党人协会不是利益集团，它是一个智识共同体（intellectual community），属于全国性的营利组织，由法律学者、法官、律师、政府官员、政治活动家及法学院学生组成，也就是说，该组织是一个学术团体，主要工作是为从事法律或与法律有关的知识分子搭建一个社交平台，营造一个学术氛围，宣传他们的保守法律思想。联邦党人协会主要分为律师分会和学生分会，在美国重要城市和欧美其他重要城市都设有律师分会，在一些著名的法学院也设立学生分会。根据 2015 财年报告，该协会收入达 18 197 898 美元，支出达 15 077 690 美元。可见，该协会也是财大气粗。联邦党人协会的收入主要靠捐赠，以 2010 年为例，联邦党人协会接受捐款达 17 320 000 元，捐款主要来自美国 5 个保守派基金会，包括科赫家族（Koch family）基金会、奥林基金会、理查德·梅隆·斯凯夫（Richard Mellon Scaife）家族基金会等。

在过去的 30 多年里，联邦党人协会已从一个默默无闻的、由几个愤愤不平的保守派学生组建的学术团体发展成为当今能够影响美国法律、政治及司法的重要组织。值得注意的是，联邦党人协会向来比较低调，从来不大张旗鼓地宣传它的会员或校友如何把在协会培训和研习所获得的保守的法理学用于具体实务中，从不把他们的成就归功于协会，非常巧妙地维持了保守派法学家斯蒂文·特里斯教授（Steven M. Teles）所说的"边界维持"策略（boundary maintenance）。❶ 但是，在大量采访中，协会的创始成员及重要会员不否认协会会员以个人身份在协会之外所从事的法律活动。正是这样特殊的、微妙的动态关系，即协会竭力淡化它和会员之间的互动关系，使联邦党人协会具有很强的抵抗力。❷ 像特朗普这样高调地、公开地倚重联邦党人协会选拔联邦法官，特别是最高法院大法官的做法可能会打破这种微妙的关系，让联邦党人协会浮出台面，可能会遭到自由派阵营的极力反对。

## 二、联邦党人协会如何影响美国联邦司法

联邦党人协会在当代美国政治中有影响力，但是它几乎不直接从事政治和法律活

---

❶ TELES S M. The Rise of the Conservative Legal Movement: The Battle for Control of the Law[M]. Princeton: Princeton University Press, 2008: 152.

❷ SALAMONE M F. Community and Persuasion: The Influence of the Federalist Society on the Supreme Court[EB/OL]. [2022-4-15]. https://papers. ssrn. com/sol3/papers. cfm? abstract_id=2451362.

动。[1] 联邦党人协会和利益集团的法律事务所不同，它从不资助也不派员参与诉讼活动，也不会像利益集团那样游说国会，也不以协会的名义明目张胆地支持司法或政治候选人，或以“法庭之友”的身份公开地参与诉讼活动；协会也不会像智库一样，它没有全职员工及专项资金去编辑出版推广或支持某项政策立场的出版物。但是，号称有 45 000 名会员的学术组织真真切切地在以下几个方面直接或间接影响了联邦司法进程，这一点毋庸置疑。

首先，在联邦保守派法官的提名与任命上，联邦党人协会的建议至关重要。联邦党人协会无权决定联邦法官的提名与任命，但是共和党总统特别器重该协会核心成员的建议与举荐。从里根总统时代起，联邦党人协会就扮演“地下组织部”的角色。例如，里根总统时期的司法部长艾迪文·米斯（Edwin Meese）在联邦党人协会成立初期大力支持它，建议司法部的所有律师都应成为联邦党人协会的会员。[2] 而里根总统则对联邦党人协会最初的三位顾问委以重任：斯卡利亚和罗伯特·伯克（Robert Bork）双双被提名到哥伦比亚特区上诉法院担任法官，1986 年，斯卡利亚又被里根提名到美国最高法院做了大法官，而伯克由于受到自由派人士的极力反对，参议院最终没有批准他担任大法官的提名，而第三位顾问拉尔夫·温特（Ralph Winter）后来也被里根提名成为第二巡回法院的大法官。[3] 在老布什执政期间，联邦党人协会创始人之一的李伯曼成为老布什总统的副法律顾问，多次参与联邦法院法官的筛选。[4] 在小布什当政的第一个任期，最高法院的大法官以及三分之二的巡回法院法官的提名人选都来自联邦党人协会。[5] 在民主党克林顿总统时期，联邦党人协会处于“被放逐”的边缘。[6] 同样在民主党奥巴马任总统时期，联邦党人协会也得不到民主党总统的青

---

[1] HOLLIS-BRUSKY A. “It's the Network”：The Federalist Society as a Supplier of Intellectual Capital for the Supreme Court［J］. Studies in Law，Politics，and Society，2013（61）：137-178.

[2] Hon. Edwin Meese，III［EB/OL］.［2022-4-20］. https://fedsoc. org/contributors/edwin-meese.

[3] SCHERER N，MILLER B. The Federalist Society's Influence on the Federal Judiciary［J］. Political Research Quarterly，2009，2（62）：367.

[4] SCHERER N，MILLER B. The Federalist Society's Influence on the Federal Judiciary［J］. Political Research Quarterly，2009，2（62）：367.

[5] SCHERER N，MILLER B. The Federalist Society's Influence on the Federal Judiciary［J］. Political Research Quarterly，2009，2（62）：367.

[6] SCHERER N，MILLER B. The Federalist Society's Influence on the Federal Judiciary［J］. Political Research Quarterly，2009，2（62）：367.

睐，毕竟“道不同不足为谋”！但是，联邦党人协会依旧受到联邦保守派法官（包括保守派大法官）的喜爱，他们的法官助理几乎都是联邦党人协会会员，可见，联邦党人协会源源不断地为司法保守派阵营输送人才。

另外，很多学者通过一系列数据研究表明，隶属于联邦党人协会的联邦法官的判决比非联邦党人协会会员的保守派法官更为保守。❶ 美国最高法院内四名保守派大法官的判决书更容易受到下级联邦法院中是联邦党人协会会员的联邦法官的影响，判决书文本内容甚至都有抄袭的痕迹。可见，具有联邦党人协会会员身份的联邦法官不仅更加保守，而且对最高法院的大法官也有一定影响力。❷ 由此可见，自联邦党人协会创立以来，在所有的共和党总统当政期间，几乎每一位被他们任命的联邦法官要么本身就是联邦党人协会成员，要么必须得到该协会成员的认可，联邦党人协会的认同仿佛就是走向保守派阵营的凭证。

其次，在宣扬保守的司法哲学与法理学方面，联邦党人协会不遗余力。联邦党人协会最重要的工作就是通过它所资助的活动和会议教育来培训它的会员，以一种特殊的方式从职业上和智识上塑造会员，并给他们提供研习、学术交流和社交的平台；鼓励他们在各自岗位上利用研习、训练所得去开展工作。❸ 根据 2010 年统计，联邦党人协会的 75 个律师分会资助了 300 多场活动，参与活动的律师大约 25 000 名，法学院学生分会举办了 1145 场活动，参加的学生达 70 000 余名。❹ 说白了，联邦党人协会就是一个思想训练营，主要从思想上和政治上培养它的会员，把会员塑造成保守派阵营所需要的模样。联邦党人协会也有影响法律政策的方法。❺ 因此，联邦党人协会宣扬与传播保守的司法哲学，在学术界、律师界和司法界都具有很强的影响力，这也

---

❶ SCHERER N, MILLER B. The Federalist Society's Influence on the Federal Judiciary[J]. Political Research Quarterly,2009,2(62):369.

❷ MICHAEL F. Salamone:Community and Persuasion:The Influence of the Federalist Society on the Supreme Court,p. 12. https://papers. ssrn. com/sol3/papers. cfm? abstract_id=2451362

❸ HOLLIS-BRUSKY A. "It's the Network":The Federalist Society as a Supplier of Intellectual Capital for the Supreme Court[J]. Studies in Law,Politics,and Society,2013(61):137-178.

❹ ROHDE S. Taking Over the Judiciary:The Impact of the Federalist Society[EB/OL]. [2022-4-21]. https://lareviewofbooks. org/article/taking-over-the-judiciary-the-impact-of-the-federalist-society/.

❺ HOLLIS-BRUSKY A. Helping Ideas Have Consequences:Political and Intellectual Investment in the Unitary Executive Theory,1981-2000[J]. Denver University Law Review,2011,89(1):197-244.

使该协会很难超然独立于联邦司法系统之外。

在司法哲学上，联邦党人协会成立伊始就反对自由派人士所提倡的“宪法是活的”的观点，正如自由派大法官布雷耶在他的著作中《法官能为民主做什么》（*Making Our Democracy Work：A Judge's View*）指出，最高法院解释宪法时，对条文内容、适用的理解，不能局限于起草宪法的时代，而应把宪法蕴含的永恒价值观灵活运用到不断变幻的现实中去。❶ 而联邦党人协会一直推崇本协会精神领袖、具有“保守派领军人物”之称的斯卡利亚大法官所提出的原旨论解释方法❷，即：“在任何情况下，解释宪法都必须以宪法文本和宪法生效时的意义为起点。”“宪法显然不能随意扩展，以至于九位大法官组成的法庭可以任意解释宪法，好像宪法是他们制定的，当前社会需要什么，他们就能够往宪法里添加什么。”❸ 因此，联邦党人协会主张法官在审理案件时一定要遵循“司法谦抑”（judicial restraint），在解释宪法时不要把自己的政策偏好带进去。❹

此外，联邦党人协会成员一直推崇“新主权论”（New Sovereignty），该学说反对国际法和国际组织，甚至反对联合国，如果联合国干涉美国绝对自决权的话。该学说认为，依据国内法或国际法，作为总司令的总统有最终的裁决权，可以决定什么是合法的，如果国会的法律与总统关于战争和外交政治议程相冲突，总统甚至可以置之不理。这一套理论在小布什当政时期达到了登峰造极的地步。例如：小布什当政期间发生了大范围地虐待恐怖犯罪嫌疑人和囚犯的行为，经过调查，发现布什的这项政策与法理依据都有联邦党人协会操刀的痕迹。因此，在解释宪法时，极力反对拒绝援用国际法和其他国家的法律。

最后，联邦党人协会设计案件，提供法律援助，推动司法进程，实现共和党政治议程。民主党和共和党围绕着堕胎、持枪权和同性婚姻等一系列议题，长期争执不休。由于这些议题都是选举中的“楔子议题”，具有分化选民的作用，而且易造成社会分裂，因此，两党为了政治选举和社会稳定，需要联邦法院介入来解决这些问题。以持枪权为例，在联邦党人协会律师和保守派利益集团（例如美国来复枪协会）的

---

❶ 斯蒂芬·布雷耶.法官能为民主做什么[M].何帆，译.北京：法律出版社，2012：105.

❷ 关于原旨论解释方法详见第五章第一节内容。

❸ 琼·比斯丘皮克.最高法院的喜剧之王：安东尼·斯卡利亚大法官传[M].钟志军，译.北京：中国法制出版社，2012：170.

❹ SCHERER N，MILLER B. The Federalist Society's Influence on the Federal Judiciary[J]. Political Research Quarterly，2009，2(62)：366.

筹划下，招募原告，制造一个个试验案件（test case），通过司法程序，把它送到最高法院。试验案件一般来说是“为确立一项重要的法律原则或权利而提起的诉讼。此类诉讼通常是在当事人对案件事实均无争议的情况下提起的”。[1] 2008 年的“赫勒案”和 2010 年的“麦克唐案”就是联邦党人协会律师和保守派利益集团的“经典之作”。从“赫勒案”和“麦克唐纳案”可以看出，联邦党人协会的律师以个人身份加入其中，积极辩护，左右了司法进程，最终在最高法院保守派大法官原旨论解释下，终于实现了共和党人的目标——个人拥有持枪权！是否支持个人拥有持枪权是检验当代美国保守主义意识形态的重要指标之一。共和党人特朗普上台后，联邦党人协会的律师将和最高法院保守派大法官联手对堕胎、同性婚姻和移民等多项社会问题发起反击。

过去的三十多年中，联邦党人协会组织得力，运行良好，在宣传美国保守的法哲学方面发挥了重要作用。在很多方面，该协会已经成为美国保守派的“发声筒”，他们已经成功地扭转了美国司法哲学的自由主义倾向，开始往右转。有学者预言，再经过 30 年，联邦党人协会将在几个重要方面改变美国法律和司法的本质及意识形态的视角。

## 三、联邦党人协会与司法独立

由于联邦党人协会所扮演的角色至关重要，因此美国自由派利益集团批评联邦党人协会就是一个右翼“阴谋小集团”！[2] 虽然“阴谋小集团”有些言过其实，但至少表达了自由派阵营的不满。特朗普挑选的由联邦党人协会所推荐的大法官卡瓦诺成为肯尼迪大法官的继任者，巴雷特又很好地继承了斯卡利亚大法官的衣钵，这将会决定美国未来数十年的政治走向，美国最高法院将迎来近 50 年来最保守的最高法院，这的确让自由派阵营忧心忡忡。

美国最引以为自豪的制度就是三权分立，相互制衡。作为三权之一的司法，如果有一只看不见的手在操纵法官的人选、案件的裁决，那么司法独立的神话无疑就破灭了。虽然联邦党人协会非常谨慎，保持一定的边界，但是它作为“地下组织部”的功能是存在的，这难以根除，这是美国的政治现实，这可能会加速司法的政治化和美国最高法院的政治极化。

---

[1] 薛波. 元照英美法词典[M]. 北京:法律出版社,2003:1339.

[2] SCHERER N, MILLER B. The Federalist Society's Influence on the Federal Judiciary[J]. Political Research Quarterly, 2009, 2(62):368.

## 第五节　美国最高法院与政治极化

美国最高法院最主要的决策规则就是“五人多数”，即九名大法官只需要五人构成多数优势，就能决定案件的命运，“制定”公共政策与法律，甚至左右美国宪政的轨迹。在美国文化战争案件中，胜负往往就在一票之间，以至于威廉·布伦南（William J. Brennan，1956—1990）大法官曾感慨地说，有了“五人多数”，美国最高法院“可以做任何事情”。[1] 因此，美国共和、民主两党非常在意大法官人选，他们都极力把能够代表本党意识形态的候选人送进美国最高法院。近二十年来，美国最高法院大法官的提名与确认充分体现了两党政治极化对最高法院的影响。如今美国最高法院保守与自由力量已经失衡，保守派占了六名，保守派阵营能够实现很多目标了。政治极化不仅发生在国会、总统，同样也发生在美国最高法院，当代美国最高法院已呈现出政治极化趋势。[2]

### 一、当代最高法院政治极化的表现

#### （一）总统的党派属性与大法官的意识形态高度关联

如前文所述，总统提名大法官候选人的重要因素之一就是意识形态。自里根总统执政以来，美国最高法院大法官的任命过程与总统党派属性息息相关。美国政治精英阶层的政党意识形态极化让总统有更强的动机选择意识形态取向与总统所在政党高度匹配的候选人。精英阶层的两极分化也刺激了自由派和保守派各自社会网络的发展，这些社会网络势力庞大，它们形成各种各样的组织或利益集团，它们彼此是意识形态领域的竞争对手。这些社会网络增强了总统识别、挑选与本党“志同道合”的法官候选人的能力，例如前文提到的联邦党人协会。经过共和、民主两党精挑细选的大法官很难脱

---

[1] TUSHNET M. Themes in Warren Court Biographies[J]. New York University Law Review, 1995(70):748.

[2] 温宪. 美国最高法院也呈政治极化[N]. 人民日报, 2014-6-9(21).

离两党的意识形态，这也减少了大法官偏离党派意识形态的可能性。两党政治极化最直接的后果之一就是总统选举结果甚至决定了美国最高法院未来发展方向。特朗普为美国最高法院输送了三名“思想过硬”的保守派大法官，奠定了美国最高法院未来20年的发展方向，这成为特朗普可圈可点的最大政绩。

两党政治极化影响美国最高法院未来发展方向的现实使每次大法官的提名与任命过程都充满了政治斗争。卡瓦诺的大法官之路一波三折，性丑闻事件闹得满天飞，司法尊严“斯文扫地”，再现了1991年托马斯大法官听证时性骚扰事件……[1]可见，大法官的提名、批准与任命的过程充满了残酷的斗争。“一般来说，尽管不能确定最高法院大法官空缺的时间，但现在越发可以确定总统将如何填补空缺。”[2] 这不是说将来不会再出现共和党总统不会提名自由派或温和派人士做大法官，或者民主党总统不会提名保守派或温和派人士做大法官，而是说，随着两党的政治极化，总统的政党属性与大法官候选人的意识形态关联越来越紧密。

此外，来自不同政党的总统任命的大法官彼此在意识形态上越来越不同，很难达成共识，一致同意的法庭意见越来越少，美国最高法院的政策方向将变得更加不稳定。当民主党和共和党总统任命的法官人数接近相同的时候，例如5∶4或4∶5，新的一次任命就可能打破最高法院内部的相对平衡，从而使其裁决产生重大变化。例如，自1973年“罗伊案”之后，共和党和保守派一直想推翻堕胎权，直到2022年“多布斯案”实现了这一目标，成功的最大因素之一就是最高法院的相对平衡被打破，保守派大法官的数量已经处于绝对优势。由于政治极化在最高法院变得非常常见，因此，站在保守和自由之间进行投票的温和派大法官的角色也变得越来越稀少了，像布伦南、奥康纳和肯尼迪这样特色非常鲜明的温和派大法官在极化的最高法院很难出现。尽管现在的首席大法官罗伯茨也扮演着这样的角色，但是在很多文化战争案件中，他还是难以超越他保守的意识形态的边界。

---

[1] 1991年老布什总统提名托马斯为大法官，接替另一位黑人法官瑟古德·马歇尔。然而，在托马斯在美国参议院国会听证会中，“美国公平就业机会委员会”的黑人女助理安妮塔·希尔（Anita Hill）指认托马斯曾经对她进行过性骚扰，经过调查，性骚扰事件不存在。卡瓦诺大法官在提名和批准过程中，同样遭受屈辱，2018年9月以来，包括福特在内的多名女性实名指控卡瓦诺曾在高中或大学期间对她们实施性侵，自由派和民主党人士抹黑卡瓦诺，经过调查，这些指控都不成立。

[2] DEVINS N，BAUMM L. Split Definitieve：How Party Polarization Turned the Supreme Court into a Partisan Court[J]. The Supreme Court Review，2016(8)：361.

## （二）美国最高法院“极化”判决

### 1. 大法官投票“联盟”与意识形态

美国最高法院的大法官们喜欢标榜他们远离政治，他们所做的判决，如果不是多数至少也是很多，是接近“一致同意”的。无论是保守派大法官还是自由派大法官都支持这样的说法。然而，这种情形在过去或许是，在今天未必是。事实上，美国最高法院九名大法官意见一致的裁决越来越少。美国最高法院学者、“最高法院实证研究博客”（Empirical SCOTUS blog）创始人亚当·费尔德曼（Adam Feldman）认为，当下的罗伯茨法院“一致同意”的判决（unanimous dicisions）比例已经从2016年的49%下降到了最近一期的29%，这一比例是最近20年比例最低的。❶ 在2021开庭期（2021年9月—2022年6月），美国最高法院九名大法官一致同意（9：0）的案件为18件，6：3的案件判决数量上升，一共所有19件，占了本开庭期所有案件的30%，而这19件案件中，14件案件判决完全是极化判决，也就是说，六名由共和党提名的保守派大法官构成了投票联盟，他们的意见就是最高法院的多数意见，而民主党提名的自由派大法官撰写了异议意见。❷ 具体如下：

“极化判决”（polarized decisions）就是判决的多数意见与异议意见完全根据大法官保守派与自由派阵营划分，而多数意见的大法官和异议意见的大法官的意识形态与提名他们的总统的党派意识形态相一致，极化判决的投票数一般为5：4。❸ 可见，极化政治也渗透进美国最高法院。长期以来，美国最高法院5：4的判决反映出保守和自由两派阵营相对平衡，两派胜负在一票之间。这样的格局在2020年巴雷特大法官加入保守派阵营后被打破。目前，美国最高法院保守派大法官阵营达到6名，处于绝对优势地位，除非保守派阵营有两名大法官同时倒戈，保守派才会输，但是这种情形很少发生。

事实上，美国最高法院大法官联盟进行投票是从众心理的一种反映。“在意识形态

---

❶ STAT PACK for the Supreme Court's 2021-22 term[EB/OL].[2022-8-15]. https://www.scotusblog.com/wp-content/uploads/2022/07/SCOTUSblog-Final-STAT-PACK-OT2021.pdf.

❷ STAT PACK for the Supreme Court's 2021-22 term[EB/OL].[2022-8-15]. https://www.scotusblog.com/wp-content/uploads/2022/07/SCOTUSblog-Final-STAT-PACK-OT2021.pdf.

❸ 随着巴雷特大法官的加入，美国最高法院保守与自由力量对比基本定格为6比3。

有争议的案件上，能较好预测法官表决的往往是任命这些法官的总统所属的政党。”[1]“在争议性领域，一个法官可能作出的表决与任命他的总统所在的政党密切相关。但是群体性效应起到的作用更大。当与自身相同政党的总统任命的两位法官一起时，法官们表现出‘意识形态强化’的倾向。在很多问题上，一个由共和党任命的法官，在与同样来自共和党的两个法官一起裁决时，所作出的投票远比与分别来自共和党和民主党的法官一起时所作出的投票要保守得多。”[2] 共和党法官如此，民主党法官同样如此。这就导致了群体极化现象。“在司法领域，群体极化效应和从众效应的存在尤为显著。”[3]

相比较全体大法官“一致同意”的判决，无论是6：3判决还是5：4判决，其权威性都大打折扣。早期美国最高法院不会出现极化的判决，追求全体大法官一致同意的判决是美国最高法院早期一项司法传统，“在法庭意见书上保持一致的规范，是由首席大法官约翰·马歇尔制定规范。马歇尔认为，全体一致的判决可以确立最高法院的威望与正当性”。“塔尼及其以后的几届法院一般都仿效这种做法，使这一做法和共识成为一种制度规范。”[4] 由于早期最高法院追求一致同意的判决，再加上“在整个19世纪很难用保守和自由的尺度来衡量美国最高法院，更合适的尺度应该是倡导联邦权力的国家主义和维护各州权益的州权论”[5]，因此，极化判决这样的现代话语体系不太适用于早期美国最高法院。

但是到了现代，由于两党的矛盾加剧，最高法院“一致同意”的原则受到冲击，5：4的判决出现并逐步成为常态。下面就以5：4的判决简单分析美国最高法院的政治极化。在美国大萧条时期，两党的施政纲领和竞选活动中对大危机的分析和解决办法出现严重分歧，导致两党矛盾激化，出现了两党政治极化的现象。这种政治极化不可避免地要反映到美国最高法院。罗斯福上台后，为了克服经济危机，推行了“新政”。但是罗斯福新政遭到保守势力的反对。在最高法院中，保守派占多数。他们常以5：4的判决否定罗斯福“新政”的一些法令，导致宪政危机。1935年，当美国最

---

[1] 凯斯·R.桑斯坦.社会因何要异见[M].支振峰，译.北京：中国政法大学出版社，2016：164.

[2] 凯斯·R.桑斯坦.社会因何要异见[M].支振峰，译.北京：中国政法大学出版社，2016：164-165.

[3] 凯斯·R.桑斯坦.社会因何要异见[M].支振峰，译.北京：中国政法大学出版社，2016：165.

[4] 奥布赖恩.风暴眼：美国政治中的最高法院[M].胡晓，译.北京：人民出版社，2010：254.

[5] 任东来，胡晓进.在宪政舞台上：美国最高法院的历史轨迹[M].北京：中国法制出版社，2007：451.

高法院保守派又一次以 5∶4 的票数判决《铁路退休法》(*Railroad Retirement Act*) 违宪的时候[1]，一批自由派众议员甚至提出要求改变 5∶4 投票规则的提案，即美国最高法院审理涉及国会立法的上诉案件时，至少要 7 名大法官意见一致才能推翻国会通过的法律。[2] 该提案最后并未成功。

罗斯福在忍无可忍的情况下进行反击。1937 年 2 月 5 日，罗斯福提出司法改革方案。该法案的要点之一是授权总统：只要有一个法官年满 70 岁以后 6 个月内还不退休，总统就可以任命一个新联邦法官，这就是罗斯福的“法院填塞（court packing）计划”。通过这一计划，罗斯福就可以任命支持自己的人担任最高法院大法官。为了避免这样的宪法危机，一些保守派法官识相地逐步退休。拥护罗斯福新政的自由派法官逐步增多，新政在美国最高法院中，逐步以 5∶4 的票数获得通过。可以说，这是美国最高法院“政治极化的开始”。[3]

1937 年之后，超过 16% 的判决都是以 5∶4 这样的微弱获胜，斯通法院之前（1941—1946），5∶4 微弱获胜的判决比以往任何最高法院都要高，在 3 倍以上。第二次世界大战后，随着两党政治极化的加剧，当代美国最高法院政治极化现象又渐渐突现，其体现是 5∶4 的判决比例不断被改变。文森法院（1946—1953）在 1946—1949 年这几年中最高法院极化现象非常严重，1949—1953 年最高法院全面转向保守。[4] 在 1962 年之前，沃伦法院（1953—1969）“自由派与保守派大法官的人数一直是 4∶5，自由派处于劣势”，随着“法兰克福特的辞职和哥德堡的继任，沃伦法院第一次出现了一个自由派多数的判决”。[5] 但是，相比较文森法院，沃伦法院 5∶4 的判决有所回落，因为自由派在很多案件中取得压倒性胜利，标志着自由派司法能动主义的凯旋。伯格法院（1969—1986）“日益分裂与多极化，不是 6∶3，就是 5∶4，

---

[1] Railroad Retirement Board v. Alton R. Co. ,295 U. S. 330(1935).

[2] NOTES V L W. Judgments of the Supreme Court Rendered by a Majority of One[J]. Georgetown Law Journal,1936(24):985.

[3] 刘绪贻,李存训. 美国通史 · 第 5 卷 · 富兰克林 · D · 罗斯福时代[M]. 北京:人民出版社,2002:134—139.

[4] GALLOWAY R W. The Vinson Court:Polarization(1946—1949) and Conservative Dominance (1949—1953)[J]. Santa Clara Law Review,1982(22):375-418.

[5] 任东来,胡晓进. 在宪政的舞台上:美国最高法院的历史轨迹[M]. 北京:中国法制出版社,2007:339.

不是倒向最自由派的一边，就是倒向最保守派一边”。[1]

伦奎斯特法院 5∶4 的判决达到了 20.5%，比第二次世界大战时期的斯通法院（1941—1946）几乎要高出 2 倍以上。在 2000 年“布什诉戈尔案”（*Bush v. Gore*）中，五名保守派大法官把小布什总统送上总统宝座[2]，政治极化登峰造极，该案招致猛烈批评，“批评主要集中在司法对政治的干预和对民主原则的违反”。[3] 早在 2010 年，有学者统计：5∶4 的判决更是超过五分之一，“而且这些判决具有政治性”。[4] 5∶4 的判决的案件往往也是很重要的案件。[5] 美国最高法院不同时期 5∶4 判决所占比如图 5-1 所示。

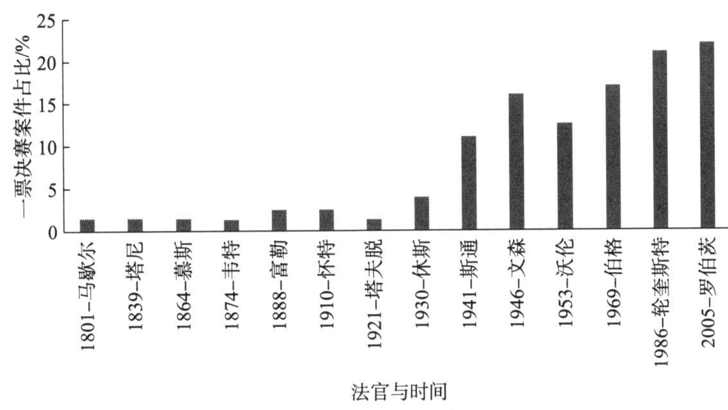


图 5-1　美国最高法院不同时期 5∶4 判决所占比

资料来源：KUHN D P. The Incredible Polarization and Politicization of the Supreme Court[EB/OL].(2012-6-29)[2021-4-15]. http://www.theatlantic.com/politics/archive/2012/06/the-incredible-polarization-and-politicization-of-the-supreme-court/259155/.

---

[1] 奥布赖恩. 风暴眼：美国政治中的最高法院[M]. 北京：人民出版社，2010：57.

[2] Bush v. Gore, 531 U. S. 98(2000).

[3] 任东来，陈伟，白雪峰. 美国宪政历程：影响美国的 25 个司法大案[M]. 北京：中国法制出版社，2005：451.

[4] KUHN D P. The Incredible Polarization and Politicization of the Supreme Court [N/OL]. (2012-6-29)[2021-7-8]. The Atlantic, Jun. 29, 2012, http://www.theatlantic.com/politics/archive/2012/06/the-incredible-polarization-and-politicization-of-the-supreme-court/259155/.

[5] 2010 年，有学者曾统计，“自 1946 年起至 2010 年，最高法院判决的案件中仅靠一票优势取胜占 17%，而所有这些案件中的 37% 是具有里程碑意义的案件。而且，2010 年之前的 20 年中，最高法院‘里程碑意义’的案件中一半以上仅靠 1 票的微弱多数取胜。”ENNS P K, PATRICK C. Wohlfarth, “The Swing Justice”, The Journal of Politics, 2013(75)：1101.

当代罗伯茨法院（2005—）5：4 判决比以往任何法院都要多，自 2005 年以来，平均每个开庭期 5：4 的判决案件达到 17 件，平均占所判案件总数的 22%，而以意识形态划分的 5：4 判决平均比例达到了 67%。当代罗伯茨法院 5：4 的判决比例最高，被称为美国历史上“政治最极化”的最高法院!❶ 目前的罗伯茨法院进入了最保守的时期。“2021—2022 年开庭期是美国最高法院史上最重要的一段历史，美国最高法院在堕胎、枪支、宗教和气候变化监管方面作出了一系列保守派的里程碑式的判决。对完整案情摘要的统计分析显示（如图 5-2 所示），美国最高法院的保守化倾向甚至比那些轰动案件的判决还要严重。”❷

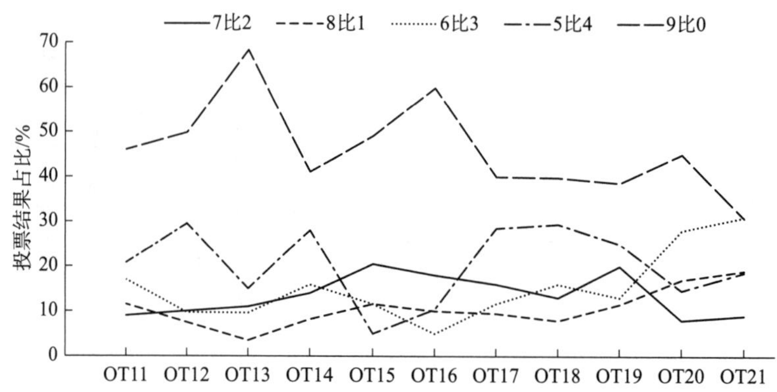


注：OT：是 October Term，代表美国最高法院开庭期。

图 5-2　罗伯茨法院 2012—2022 年开庭期的投票统计

资料来源：https：//www. scotusblog. com/2022/07/as-unanimity-declines-conservative-majoritys-power-runs-deeper-than-the-blockbuster-cases/

罗伯茨大法官也曾意识到最高法院的政治极化问题，他认为，最高法院大量的 5：4 判决，“正在削弱民主合法性，让民众很难尊重司法，不再认为它是一个超越党派政治、不偏不倚的政治机构”。❸ 他决心要改变最高法院的负面形象，他以马歇尔为

---

❶ KUHN D P. The Incredible Polarization and Politicization of the Supreme Court[N]. The Atlantic, 2012-7-29.

❷ GOU A. As unanimity declines, conservative majority's power runs deeper than the blockbuster cases[EB/OL]. [2022-10-25]. https://www. scotusblog. com/2022/07/as-unanimity-declines-conservative-majoritys-power-runs-deeper-than-the-blockbuster-cases/.

❸ ROSEN J. Can the Judicial Branch be a Steward in a Polarized Democracy? [J]. The Journal of the American Academy of Arts & Sciences, 2013, 1(142): 25.

榜样，把最高法院打造成一个和谐团结、超越党派的机构。[1] 因此，在他的第一开庭期结束的时候，最高法院 5 : 4 的判决比例的确下降了很多，只有 11%；然而到了 2007 年开庭期结束的时候，政治极化重演，5 : 4 的判决比例达到了 33%……罗伯茨法院“政治极化”的批评声再起。为了让最高法院摆脱“政治极化”的负面形象，保守的罗伯茨甚至“策略性地”加入自由派阵营。例如，2012 年 6 月 28 日，美国最高法院以 5 : 4 的票数判决：奥巴马总统“医改法”（*Patient Protection and Affordable Care Act*）中“强制条款”合宪，宣告了奥巴马“医改法”大部分内容合乎宪法。[2] 在该案中，罗伯茨加入了自由派阵营投下关键的第 5 票，充当了“摇摆大法官”的角色，自由派阵营险胜，罗伯茨的行为让保守派大法官和其他共和党人非常愤怒，斯卡利亚甚至认为，罗伯茨的行为是“虚伪的司法约束”。[3] 罗伯茨的神奇一票“让最高法院置身于白热化的政治斗争之外”。[4] 如果保守派大法官强行推翻“医改法”，这将被视为又一个赤裸裸的党派角斗的政治产物，势必引起巨大政治反弹，增加司法、行政和立法三个政府分支的对立。然而，罗伯茨的临时“倒戈”并不能证明当代最高法院大法官超越意识形态的藩篱，不偏不倚地办案，“策略性的”5 : 4 判决看上去更像是政治妥协，丝毫不能掩盖最高法院政治极化的现实。

2. 判决的文本与意识形态

美国罗德岛大学政治学学者凯拉·达菲（Kyla Duffy）运用 Nvivo 软件技术对美国最高法院七件同性恋权利案件的判决（包括多数意见、协同意见、异议意见）进行文本分析[5]，来确定撰写或参与法庭意见的大法官的意识形态属于保守派、温和派

---

[1] KUHN D P. The Incredible Polarization and Politicization of the Supreme Court [N/OL]. (2012-6-29)[2022-3-9]. http://www.theatlantic.com/politics/archive/2012/06/the-incredible-polarization-and-politicization-of-the-supreme-court/259155/.

[2] National Federation of Independent Business v. Sebelius, 132 S. Ct. 2566(2012).

[3] ROSEN J. Can the Judicial Branch be a Steward in a Polarized Democracy? [J]. The Journal of the American Academy of Arts & Sciences, 2013, 1(142): 26.

[4] FRIEDLAND S. Controversial Five to Four Supreme Court Decisions and the Politicization of the Majority of One[J]. The Dartmouth Law Journal, 2014(12): 46, 47.

[5] 美国最高法院审理同性恋权利的这七件案件分别是：Bowers v Hardwick(1986), Romer v. Evans(1996), Boy Scouts v Dale(2000), Lawrence v Texas(2003), U. S. v Windsor(2013), Hollingsworth v Perry(2013)以及 Obergefell v Hodges(2015)。

还是自由派。达菲为了比较具有不同政治偏好的法官所使用的语言，对法庭意见中具有明显表达意识形态的单词的出现频率进行统计，为每个意识形态词制作单词云，包括词干的衍生词。达菲查看了词频测试的摘要，统计不同单词被使用的频次，及法庭意见中这些单词的加权百分比（如表 5-2 所示）。

从表 5-2 可以看出，“保护”“平等”等词在中间派的大法官判词中出现频次比自由和保守的法官的判词中出现的频次更高，而“先例”和“歧视”等出现的频次弱些；在自由派大法官的判词中，“隐私”“保护”及“歧视”这样的单词出现频次很高，显然比保守派大法官和中间派大法官要高。而保守派大法官更加喜欢“传统”这个词，比自由派和中间派大法官使用频次要高很多。语言的差异从一个侧面客观地反映了大法官的政策偏好。[1] 这也印证了大法官在解释宪法的时候具有一定的意识形态的分野，保守派大法官在文化战争案件中解释宪法的时候，更加注重从美国历史和传统中寻求答案，而自由派大法官则更加注重从个人权利（特别是隐私权）及反对歧视等角度来解释宪法。

**表 5-2 词频与判决文本意识形态分析**

| 单词 | 自由 | | 中间 | | 保守 | |
|---|---|---|---|---|---|---|
| | 单词统计/个 | 加权百分比/% | 单词统计/个 | 加权百分比/% | 单词统计/个 | 加权百分比/% |
| protection（保护） | 53 | 0. 53 | 179 | 0. 64 | 117 | 0. 57 |
| equal（平等） | 13 | 0. 13 | 100 | 0. 36 | 48 | 0. 23 |
| Private（隐私） | 52 | 0. 52 | 68 | 0. 25 | 37 | 0. 18 |
| tradition（传统） | 11 | 0. 11 | 46 | 0. 17 | 70 | 0. 34 |
| discirimination（歧视） | 26 | 0. 26 | 41 | 0. 15 | 34 | 0. 17 |
| precedent（先例） | 10. 53 | 0. 01 | 37 | 0. 13 | 10 | 0. 05 |

资料来源：DUFFY K. Polarization and the Supreme Court[EB/OL].[2024-4-20]. https://digitalcommons. uri. edu/srhonorsprog/638/.

---

[1] DUFFY K. Polarization and the Supreme Court[EB/OL].[2024-4-20]. https://digitalcommons. uri. edu/srhonorsprog/638/.

## （三）政治性退休或辞职

美国西部大学范伯格医学院（Feinberg School of Medicine）政治人类学家、精神分析学家埃里克·莱因哈特（Eric Reinhart）认为："深思熟虑、蓄意的政治动机越来越决定联邦法官退休的时间，这对美国法律的合法性有重大影响。"[1] 1802—2019年，美国上诉法院有11%的退休人员和23%的辞职人员似乎是受到政治周期的影响。一般来说，在总统选举前，联邦法官们都不太可能轻易退休，除非提出退休时的现任总统和提名自己做法官的总统来自同一政党。例如，如果一个民主党总统提名的联邦法院法官现在提出退休或辞职，现任总统恰好是共和党总统，那么为了防止不给共和党总统提名联邦法官的机会，他就不会轻易提出退休或辞职。联邦法官更有可能在总统选举后辞职，因为现任总统和当初提名自己做法官的总统均来自同一政党。近年来，联邦法官出于政治动机选择退出联邦司法系统的人数显著增加。自1975年以来，14%的退休法官都带有政治动机，这表明司法机构对政治越来越感兴趣，司法内部的政治也越来越两极分化。其中，联邦巡回法院的法官，11%的退休人员和23%的辞职人员都受到政治的影响。[2] 就拿最近美国最高法院几位退休的大法官举例，他们退休或辞职时机的把握都具有政治性。

1. 布雷耶（2022年退休）

2022年，美国最高法院自由派阵营旗手布雷耶大法官的退休送给民主党总统拜登一个"大礼"。2020年1月，拜登总统宣誓就职，1月底，任职27年、83岁的自由派大法官布雷耶宣布：他将在最高法院2021开庭期结束时退休。1994年，布雷耶由民主党总统克林顿提名进入最高法院。布雷耶退休让拜登获得提名大法官的第一个机会，虽然他仍无法改变最高法院的意识形态平衡，但是，这仍将是拜登在最高法院留下的一份政治遗产，也让拜登履行了2020年作出的提名第一位非裔女性大法官的竞选承诺。总统拜登宣誓就职后，很多自由派人士纷纷"进谏"，要求布雷耶辞职，

---

[1] CHEN D L, REINHART E. The Disavowal of Decisionism: Politically Motivated Exits from the U.S. Courts of Appeals[EB/OL]. https://papers.ssrn.com/sol3/papers.cfm?abstract_id=2816253.

[2] CHEN D L, REINHART E. The Disavowal of Decisionism: Politically Motivated Exits from the U.S. Courts of Appeals[EB/OL]. [2024-4-20]. https://papers.ssrn.com/sol3/papers.cfm?abstract_id=2816253.

布雷耶也表示“他不会老死在任上”。[1] 布雷耶其实还是在自由派各方势力的动员下，选择了退休。自由派和民主党吸取了教训，因为同为克林顿总统提名的金斯伯格大法官近年来身体一直堪忧，另外，约翰·保罗·斯蒂文斯（John Paul Stevens，1975—2010）大法官退休之后，金斯伯格大法官成为自由派阵营中最年长的一位大法官。2020 年金斯伯格大法官癌症复发接受化疗，而这一年是共和党总统特朗普执政第一个任期的最后一年，也是总统选举年，金斯伯格依旧不选择退休，她想硬撑到民主党总统上台后退休，然而最终因病去世，享年 87 岁，金斯伯格大法官卡位没有成功。金斯伯格的去世给共和党总统一次千载难逢的提名大法官机会，让美国最高法院彻底保守化，这让民主党后悔不已，如果金斯伯格选择在奥巴马总统任上退休，最高法院的格局将完全不一样。

2. 肯尼迪（2018 年退休）

2018 年，意识形态中间偏右的肯尼迪大法官决定退休，他给了特朗普第二次提名大法官的机会。特朗普此时想在 2018 年国会中期选举前重塑美国最高法院，特朗普对国会中期选举还是有信心的，共和党依旧可以掌握参议院多数席位，如果肯尼迪辞去大法官的席位，特朗普就可以向美国最高法院提名一个坚定的保守的大法官候选人，毕竟肯尼迪大法官的保守立场还不够坚定，自从温和派大法官奥康纳宣布退休之后，肯尼迪大法官一直扮演着温和派的角色。在这些 5：4 判决中，肯尼迪大法官扮演了“摇摆大法官”（swing Justice）角色[2]，他投出的第 5 票被称为“摇摆票”

---

[1] KHALED F. Justice Stephen Breyer，83，Responds to Liberal Activists Pressing for His Retirement [EB/OL].[2024-4-20]. https://www.newsweek.com/justice-stephen-breyer-83-responds-liberal-activists-pressing-his-retirement-1630594

[2] “摇摆大法官”又被称为“关键大法官”“中间大法官”或“最有权力大法官”等不同称谓。“摇摆票”可分为两大类：一类是“中间派大法官摇摆票”，该票由中间派大法官投出，当一半大法官处于右翼（保守派），另一半大法官处于左翼（自由派），中间派法官是指在大法官意识形态分布中处于居中位置的大法官。另一类“摇摆票”被称为“策略性摇摆票”，是指意识形态鲜明的大法官出于某种策略考量，加入了对方的投票阵营，也就是说自由派（保守派）阵营的大法官临阵突然“倒戈”，加入了保守派（自由派）的阵营，投下了关键第 5 票。MARTIN A，QUINN K，EPSTEIN L. The Median Justice on the United States Supreme Court[J]. North Carolina Law Review，2005(83)：1276-1277.

(swing vote)[1]，往往具有“一票定乾坤”的效果，以至于有学者调侃，当代罗伯茨法院已经更名为“肯尼迪法院”![2] 例如，2015 年 6 月 26 日美国最高法院在“奥博格非尔案”案中，以 5 : 4 的票数判决同性婚姻在全美合法化。[3] 由于中间派大法官肯尼迪加盟自由派阵营，自由派阵营因此获得胜利，从而仅凭一票的优势使美国成为世界上第 21 个实现同性婚姻合法化的国家。同样，2010 年，在“麦克唐纳案”中，最高法院以 5 : 4 的判决，个人持枪权适用于全美各地。[4] 五名保守派大法官获胜，在该案中，肯尼迪加入了保守派阵营，使得美国的控枪之路比登天还难。除了在同性恋权利投出关键一票之外，肯尼迪曾在一些死刑案、医改案等判决中站在自由派大法官一边，但在有关宗教自由、竞选财务法、特朗普“禁穆令”等案件判决中又坚定地支持保守派大法官。保守派和特朗普总统的宏愿就是推翻 1973 年的“罗伊案”。因此，特朗普必须要巩固、强化美国最高法院中保守派占多数的局面，而肯尼迪大法官退休无疑满足了特朗普和保守派的心愿。保守派和特朗普承诺，如果肯尼迪大法官主动选择辞职，他们将提名他的学徒（法官助理）进入最高法院。[5] 果然，肯尼迪退休之后，特朗普提名肯尼迪大法官的法官助理、坚定的保守派卡瓦诺为大法官候选人。

3. 斯蒂文斯（2010 年退休）

2010 年，90 岁高龄的斯蒂文斯大法官提出退休。1975—2010 年，斯蒂文斯大法官在最高法院的任职时间长达 35 年，其任职时间仅次于道格拉斯和斯蒂芬·菲尔德（Stephen J. Field，1893—1897）。斯蒂文斯由共和党总统福特提名成为大法官，然而，斯蒂文斯却辜负了保守派阵营的期望，在伦奎斯特时期他的政治光谱开始逐渐滑向自由。他支持女性权利、个人持枪权利和主张取消死刑制度等，他注重个人权益保护，与财阀及大企业保持距离。他参与的判决近三分之二呈现自由派观点。应该说，

---

[1] MARTIN A，QUINN K，EPSTEIN L. The Median Justice on the United States Supreme Court[J]. North Carolina Law Review，2005(83)：1277.

[2] CLAYTON C W，MCMILLAN L K. The Roberts Court in an Era of Polarized Politics[J]. The Forum，2012(10)：137.

[3] Obergefell v. Hodges，576 U. S. __(2015)

[4] McDonald v. City of Chicago，130 S. Ct. 3020(2010).

[5] SHEAR M D. Supreme Court Justice Anthony Kennedy Will Retire[EB/OL]. (2018-6-27)[2022-7-8]. https://www.nytimes.com/2018/06/27/us/politics/anthony-kennedy-retire-supreme-court.html.

斯蒂文斯的退休政治性目的少些，毕竟他干到了 90 岁高龄。他退休后，民主党奥巴马总统提名卡根为大法官，2010 年 8 月 7 日，卡根成为美国历史上第四位女性大法官。

4. 大卫・苏特（David H. Souter，1990—2009）

2009 年，年仅 69 岁且身体非常健康的苏特大法官提出退休，让外界惊诧不已，毕竟在大法官普遍高龄化的美国最高法院，“年轻的”苏特大法官主动退休非同寻常。1990 年，共和党总统老布什提名苏特为大法官。老布什总统希望苏特大法官在堕胎案件上有所作为，然而，苏特上任后以维护宪法隐私权为己任，积极支持堕胎，与其他自由派大法官一起捍卫了“罗伊案”判决。[1]“在此后的一系列案件中，苏特逐渐显示出中间偏自由派的立场，成为平衡最高法院意识形态之争的重要砝码，表现出高超的司法技艺。”[2]美国最高法院研究学者何帆认为，苏特大法官辞职主要是厌倦了美国最高法院的生活，“自 2000 年布什诉戈尔案以来，最高法院越来越浓的政治气氛令苏特非常反感”。美国最高法院俨然成为“最高政治法院”，苏特“不愿与那些派性意识太强的大法官共事”。[3]虽然苏特不想对美国最高法院抱有成见，但他还是把大法官提名的机会留给了民主党总统奥巴马，苏特有他的政治算计，他还是想让美国最高法院自由派势力得到夯实，同时使大法官的构成更加多元化。最终奥巴马提名索尼娅・索托马约尔为大法官，她是美国历史上第一位西班牙裔大法官，也是最高法院第三位女性大法官。

近 20 年来，美国最高法院大法官选择退休或辞职的背后或多或少都有政治因素的考量。真正让学界觉得荣退背后没有政治考量的大法官是奥康纳。奥康纳 75 岁的时候选择退休，主要原因是她丈夫生病需要照顾，她觉得亏欠丈夫很多，选择回归家庭。除奥康纳大法官之外，近 20 年来，大法官荣退与辞职是改变美国政治版图的人事布局。保守与自由的攻防也体现在大法官审时度势，在关键的时间点急流勇退，从而给属于同一意识形态阵营的总统一次提名的机会。

---

[1] 例如，在 1992 年的“凯西案”中，苏特、奥康纳、肯尼迪、布莱克门和斯蒂文斯等五人形成多数意见，捍卫了“罗伊案”。Planned Parenthood v. Casey，505 U. S. 833（1992）.

[2] 何帆. 美国最高法院大法官苏特为什么辞职［EB/OL］.（2009-5-5）［2022-7-8］. https://news. sina. cn/sa/2009-05-05/detail-ikkntian1590749. d. html.

[3] 何帆. 美国最高法院大法官苏特为什么辞职［EB/OL］.（2009-5-5）［2022-7-8］. https://news. sina. cn/sa/2009-05-05/detail-ikkntian1590749. d. html.

## 二、美国最高法院政治极化的原因

美国最高法院政治极化最根本的原因是两党政治极化。两党为了控制最高法院，都努力把本党人士或拥护本党主张的人士选进最高法院。因此党派与意识形态的因素充斥了大法官与法官助理的选任过程，导致产生大法官和法官助理在判案过程中出现保守与自由意识形态的分野，此外，利益集团和“文化战争”等也导致美国最高法院陷入政治极化。

首先，大法官选任的政治极化。美国两党政治极化的后果之一就是“总统和国会围绕着联邦大法官任命的斗争更加激烈”。❶ 当代美国总统及其所在政党都认为选任大法官是一件“有利可图”的事情，总统“任命一个或两个大法官就可以关键性地改变最高法院制定政策的方向”。❷ 根据美国宪法的规定，美国最高法院大法官由总统提名，参议院表决。❸ 当然很多因素影响总统提名大法官候选人，例如党派性、意识形态、政治环境、从业经验、地区、宗教、种族、性别、友谊和报恩等。❹ 当代最高法院大法官的提名越来越意识形态化，“由于最高法院其实担负着制定国家政策的重任，因此总统不得不从党派性和意识形态的角度来考虑提名”。❺ 党派性和意识形态成为当代最高法院选拔大法官的首要考虑因素，“现实中每一次大法官的任命都是政治性的”。❻ 在过去几十年中，“大法官保持了自己的政治倾向，基本没有让任命自己的总统失望”。❼

---

❶ 张业亮.“极化”的美国政治:神话还是现实？[J].美国研究,2008(3):29.

❷ 奥布赖恩.风暴眼:美国政治中的最高法院[M].北京:人民出版社 2010:70.

❸ 美国宪法第二条第二款规定“总统经过咨询参议院并取得同意,可以任命大法官”。

❹ 杰弗瑞·西格尔、哈罗德·斯皮斯.正义背后的意识形态:最高法院与态度模型[M].刘哲玮,等译.北京:北京大学出版社,2011:163-168.

❺ 西格尔,斯皮斯.正义背后的意识形态:最高法院与态度模型[M].刘哲玮,等译.北京:大学出版社,2011:163.

❻ 奥布赖恩.风暴眼:美国政治中的最高法院[M].北京:人民出版社,2010:40.

❼ 李丹,张庆熠,任东来.美国联邦最高法院大法官制度[J].南京大学学报,2010(2):34。不管,共和党总统艾森豪威尔就对自己所提名的沃伦和布伦南这两位大法官懊悔不已,这两位大法官居然成为自由派旗手,沃伦法院也成为极富创造性的最高法院。“在回忆自己8年执政期间所犯下的错误时,艾森豪威尔认为任命沃伦与布伦南是两个最严重的错误”。任东来,胡晓进.在宪政的舞台上:美国最高法院的历史轨迹[M].北京:中国法制出版社,2007:308.

2012 年，有学者就总统与提名大法官的意识形态关联性进行了分析。图 5-3 描述了自罗斯福总统以来，美国总统任命大法官时意识形态的考量分值。在图 5-3 中，“0”表示最保守，“1”表示最自由，“0.5”是自由与保守的分界线，自罗斯福总统以来，美国总统（艾森豪威尔总统除外）遴选大法官时对意识形态的考量上呈现“极化”态势。杜鲁门总统和克林顿总统在提名总统时对意识形态的考虑稍弱，其他的总统则非常强调意识形态。美国学者西格尔曾抽取了 1968—2010 年的 16 位大法官，其中 12 位大法官由共和党总统提名，4 位大法官由民主党总统提名，对他们的意识形态进行了分析，如表 5-3 所示。

在图 5-3 中，任职资格的区间为 0.00（最不合格）~1.00（最合格），意识形态区间为 0.00（最保守）~1.00（最自由）。表 5-3 显示，从 1968 年始，共和党任命的大法官更加保守，而民主党任命的大法官更加自由。特别是最近十年来，大法官的提名充分体现了意识形态的“极化”，2009 年奥巴马总统提名的索托马约尔和 2010 提名的卡根是 1968 年以来自由派阵营最高的两个分值，说明奥巴马的提名趋向更自由的一端；同样，小布什总统 2005 年提名的罗伯茨和 2006 年提名的阿利托意识形态分值说明共和党总统提名大法官时也滑向保守的一端。如前文所述，特朗普提名三名保守派大法官最能体现保守派和共和党的意识形态，这三名大法官的意识形态趋向更保守的一端。

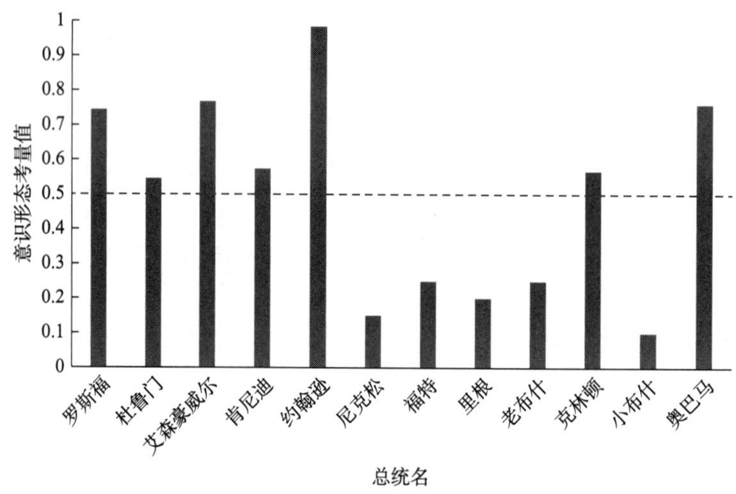


图 5-3 总统任命大法官时意识形态的考量

数据来源：CLAYTON C W, LUCAS K. MCMILLAN. The Roberts Court in an Era of Polarized Politics[J]. The Forum, 2012(10): 134.

表 5-3　1968 年以来 16 位大法官提名人的任职资格和意识形态

| 被提名人 | 支持票/张 | 反对票/张 | 任职资格 | 意识形态 |
| --- | --- | --- | --- | --- |
| 沃伦・伯格 | 74 | 3 | 0.96 | 0.115 |
| 哈里・布莱克门 | 94 | 0 | 0.97 | 0.115 |
| 小刘易斯・鲍威尔 | 89 | 1 | 1.00 | 0.165 |
| 威廉・伦奎斯特 | 65 | 33 | 0.4 | 0.045 |
| 约翰・斯蒂文斯 | 98 | 0 | 0.96 | 0.25 |
| 桑德拉・戴・奥康纳 | 99 | 0 | 1.00 | 0.415 |
| 安东宁・斯卡利亚 | 98 | 0 | 0.96 | 0.25 |
| 安东尼・肯尼迪 | 97 | 0 | 0.89 | 0.365 |
| 戴维・苏特 | 90 | 9 | 0.765 | 0.325 |
| 克拉伦斯・托马斯 | 52 | 48 | 0.415 | 0.16 |
| 鲁斯・金斯伯格 | 96 | 3 | 1.00 | 0.68 |
| 斯蒂芬・布雷耶 | 87 | 9 | 0.545 | 0.475 |
| 约翰・罗伯茨 | 78 | 22 | 0.97 | 0.12 |
| 塞缪尔・阿利托 | 58 | 42 | 0.81 | 0.10 |
| 索尼娅・索托马约尔 | 68 | 31 | 0.81 | 0.78 |
| 艾蕾娜・卡根 | 63 | 37 | 0.73 | 0.73 |

资料来源：SEGAL J, COVER A. Perceived Qualifications and Ideology of Supreme Court Nominees, 1937—2012 [EB/OL]. [2024-4-21]. http://www.stonybrook.edu/commcms/polisci/jsegal/QualTable.pdf. 杰弗瑞・西格尔教授以研究美国最高法院的意识形态及运行而闻名，北京大学出版社曾出版他的两部专著，一本是《美国司法体系中的最高法院》，另一本是《正义背后的意识形态——最高法院与态度模型》。

另外，当代参议院对大法官人选表决呈现出极化趋势。如果参议院多数党与提名总统同属一党派，那么提名人通过参议院表决通过的成功率更大，这似乎成为一条规律："绝大多数情况下，大法官提名通过时，由同一政党把持着参议院……大法官选任的历史记录本身就是党派分野条件下党同伐异的真实反映。"❶ 如果提名总统与参议院多数党分属两个不同党派，那么参议院多数党有时会阻击总统的提名人，甚至可能把提名人拉下马来。然而，即使总统和参议院多数党同属一党，也不意味着总统提名人就能在参议院轻松过关，提名人也会遭到对方阵营参议员的反对。

20 世纪七八十年代，参议院对提名的大法官进行投票确认时不像今天这样极化。

---

❶ 刘辉. 美国最高法院大法官任选过程中的意识形态因素分析[J]. 美国问题研究, 2011(2):52.

肯尼迪、斯卡利亚、奥康纳、斯蒂文斯等在参议院进行提名确认时，没有一张反对票，两党完全达成共识；而布雷耶、金斯伯格和刘易斯·鲍威尔（Lewis F. Powell，1972—1987）进行提名确认时反对票也只是个位数。从 2005 年罗伯茨开始参议院的确认投票开始变得越来越极化，卡瓦诺的赞成票比反对票只多 2 张，巴雷特赞成票比反对票只多 4 张，杰克逊的赞成票比反对票只多 6 张，按党派阵营投票的情形非常明显。2005 年和 2006 年参议院多数党都是共和党，小布什总统“适时地”推出两位大法官候选人罗伯茨和阿利托，2005 年罗伯茨在参议院表决时 22 张反对票全部来自民主党参议员，2006 年阿利托表 42 张反对票全部来自民主党参议员；2009 年和 2010 年，参议院多数党是民主党，2009 年索托马约尔表决时有 31 名共和党参议员反对，而 2010 年卡根表决时有 37 名参议员反对，其中 36 人来自共和党，本党参议员的反对者只有 1 人。❶ 参议院针对大法官任命分歧所暴露出的党派冲突与政治极化让美国民众感官很差，这“将会使公众对最高法院的判决从情感上产生极化，最高法院将会失去公共信任与信心。”❷ 1970 年代以来大法官在参议院提名确认的投票统计如表 5-4 所示。

**表 5-4 1970 年代以来大法官在参议院提名确认的投票统计**

| 大法官 | 投票比例 | 大法官 | 投票比例 | 大法官 | 投票比例 |
|---|---|---|---|---|---|
| 杰克逊 | 53：47 | 阿里托 | 58：42 | 斯卡利亚 | 98：0 |
| 巴雷特 | 52：48 | 罗伯茨 | 78：22 | 伦奎斯特 | 65：33 |
| 卡瓦诺 | 50：48 | 布雷耶 | 87：9 | 奥康纳 | 99：0 |
| 戈萨奇 | 54：45 | 金斯伯格 | 96：3 | 斯蒂文斯 | 98：0 |
| 卡根 | 63：37 | 托马斯 | 52：48 | 伦奎斯特 | 68：26 |
| 索托马约尔 | 68：31 | 肯尼迪 | 97：0 | 鲍威尔 | 89：1 |

其次，大法官助理的选任极化导致最高法院政治极化。大法官选任法官助理时也会考虑很多因素，例如助理人选的毕业学校、地域、性别、种族、下级联邦法院助理履历、意识形态等。❸ 然而，近几十年来，美国最高法院在选任法官助理时越来越看

❶ http://www.senate.gov/legislative/LIS/roll_call_lists/roll_call_vote_cfm.cfm? congress=111 & session=2 & vote=00229

❷ GALSTON W A. Political polarization and the U.S Judiciary[J]. UMKC Law Review, 2008(77):321.

❸ 江振春. 美国联邦最高法院与法官助理制度[J]. 南京大学学报, 2010(2):40-43.

中下级联邦法院履历及候选人的意识形态。从 20 世纪 70 年代中期开始，美国最高法院大部分法官助理都必须有在下级联邦法院从事法官助理的经历，从 20 世纪 90 年代起，联邦巡回法院的法官助理经历几乎成为美国最高法院法官助理的必由之路。因此，从 20 世纪 70 年代起至今，美国最高法院雇用法官助理的趋势是，自由派大法官越来越喜欢选任那些曾在下级联邦法院为自由派法官服务过的法官助理，保守派大法官反之亦然。❶ 因此，向美国最高法院输送法官助理的下级联邦法院和法官分别被称为“助理输送法院”（feeder court）和“助理输送法官”（feeder judge）。“助理输送法官”的业务水平高，他们不仅与最高法院大法官私交甚好，关键是他们和大法官意识形态相同，由他推荐的法官助理不仅训练有素，而且“政治过硬”，自然深受大法官青睐。由于两党意识形态分歧加大，促使包括法官和法官助理在内的政治精英进行党派选择（party sorting），从而使法官助理选任呈现政治极化，“美国政治精英意识形态的‘极化’正在扩大”。❷

有学者研究，在美国最高法院、巡回法院及联邦地区法院三个层级的法院内，美国最高法院法官助理的意识形态分野是最大的，也就是说，最高法院的法官助理政治极化稍微严重一些。30. 4% 的美国最高法院的法官助理、25. 3% 的巡回法院的法官助理及 23. 9% 的联邦地区法院法官助理趋向“竞选资金分值”（Campaign Finance scores，CF 分值）正值，也就是说趋向保守。❸ 从图 5-4 可知，一般来说，法官助理

---

❶ BAUM L. Hiring Supreme Court Law Clerks: Probing the Ideological Linkage between Judges and Justices[J]. Marquette Law Review, 2014(98): 334-335.

❷ BAUM L. Hiring Supreme Court Law Clerks: Probing the Ideological Linkage between Judges and Justices[J]. Marquette Law Review, 2014(98): 343.

❸ 竞选资金分值(Campaign Finance scores)是一项测评意识形态一个数据分析体系，该体系主要以“意识形态、资金以及选举”的数据库(Database on Ideology, Money, and Elections)为基础。该数据库主要包括了美国联邦选举委员会(Federal Election Commission)和州相关机构披露的政治捐款信息。根据这个数据库设计了“竞选资金分值”评估体系，根据这个分值可以分析政治捐款人的意识形态。例如，一个选民给立场中间偏左的候选人捐款，那么这个捐款人意识形态就属于中间偏左。由此产生的 CF 分数将个人置于一个单一维度的意识形态尺度上，从极端自由(分值为-2)到极端保守(分值为 2)标出尺度。该尺度是标准化的，使之它对美国捐赠者人口的平均值为零，标准差为 1。根据这个评估体系，奥巴马和希拉里的意识形态偏左，分值分别为-1. 65 和-1. 16。BONICA A, CHILTON A S, GOLDIN J, et al. The Political Ideologies of Law Clerks[J]. American Law and Economics Review, 2017(19): 100-101.

整体偏自由，大部分法官助理集中在“-1.5”这个分值。从联邦地区法院到美国最高法院法官助理也变得越来越保守，峰值为“1”，他们也不会变得极端保守（最自由的“CF 分值”为“-2”，最保守的“CF 分值”为“2”）。

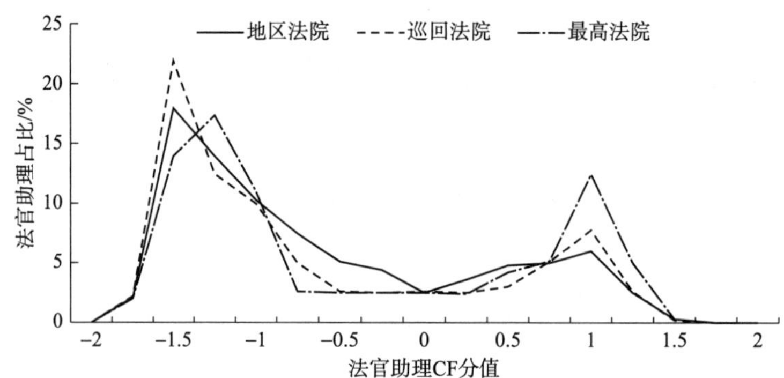


图 5-4 美国最高法院、巡回法院和联邦地区法院法官助理 CF 分值

资料来源：BONICA A，CHILTON A S，GOLDIN J，et al. The Political Ideologies of Law Clerks［J］. American Law and Economics Review，2017（19）：116.

以 2010—2014 年这段开庭期为例，自由派大法官选任的法官助理 60% ~70% 以上都曾为民主党提名的下级联邦法院法官服务过，而这些下层法院的法官的意识形态与美国最高法院大法官的意识形态几乎相同；相反，保守派大法官就不愿任用曾为民主党提名的法官服务过的法官助理，2010—2014 年开庭期间，阿利托和斯卡利亚任用自由派法官助理的比例为零。2014 年之前的 9 个开庭期，当代最高法院保守派大法官雇用的法官助理中有 83% 的人都为共和党总统任命的法官提供服务。[1]

在政治极化的大背景下，法官助理不仅能够影响大法官的意识形态，甚至能够影响大法官作出极化的判案，自由意识形态浓厚的法官助理会使他服务的自由派大法官更加容易和坚定地投出符合自由主义意识形态的票，对保守派法官助理和大法官来说，反之亦然。[2] 法官助理选任极化的最大后果之一，是会影响法治发展，最高法院沦为“年轻人的法院”，“大法官则成为一群逐渐膨胀的法官助理的管理者”。[3]

再次，利益集团导致最高法院政治极化。利益集团是美国公共政策的首要推动者。利益集团为政治竞选捐献了大量的金钱和人力，它在以下几个方面能够间接地推

---

[1] LIPTAK A. The Polarized Court[N]. The New York Times,2014-5-10.

[2] LIPTAK A. A Sign of the Court's Polarization:Choice of Clerks[N]. New York Times,2010-9-6.

[3] 施瓦茨. 美国最高法院史[M]. 毕洪海,等译. 北京:中国政法大学出版社,2005:402,406.

动当代最高法院的政治极化。第一，利益集团能够阻止或支持草根运动的力量对民选代表（例如总统或参议员）进行游说，影响总统或参议院对大法官的任命，“利益集团是制衡性政治制度的社会基础，而制衡性制度是利益集团意识形态因素影响大法官选任过程的制度依托……”❶ 由此可见，利益集团的制衡间接推动了最高法院的政治极化。第二，最高法院每年接受几千件案件，利益集团和其他有影响的政治团体通过《法庭之友意见书》推动最高法院去庭审某类意识形态的案件。这些利益集团最有可能推动能代表自己利益的案件，这些案件最有可能被审理，因为这些案件是典型的美国大众最想审理的案件。例如，在“麦克唐纳案”中，利益集团和其他政治团体共提交了50份《法律之友意见书》，案件双方背后都有利益集团支持。❷ 相比较无党派色彩的经济案件和涉及意识形态的宪法案件最有可能导致保守派和自由派法官作出5∶4极化的判决结果。总之，“利益集团还通过提交法庭之友意见，直接资助案件当事人，对司法部门施加影响，在案件和争议是否能被最高法院受理方面，它们能够发挥很大作用”。❸ 这些都间接地推动了最高法院的政治极化。

最后，文化战争与民意导致最高法院政治极化。文化战争议题最能导致政治精英的意识形态的极化，最终导致普通公众也进行党派选择（party sorting）。❹ “美国人，尤其是那些关注政治的美国人，近年来变得越来越极化。”❺ 尤其在涉及文化战争议题时，不仅两党极化，整个社会都处于极化状态，以持枪权为例，关于持枪权问题，2015年皮尤调查机构表明，47%的受访公众支持“持枪权”，50%的公众则支持枪支管制，几乎一半对一半。文化战争中的大众媒体报道也呈现极化趋势，一般民众左、右两边“选边站队”，几乎没有中间地带。一般来说，公众意见对非民选的美国最高

---

❶ 刘辉. 美国最高法院大法官任选过程中的意识形态因素分析[J]. 美国问题研究,2011(2):62-63页

❷ 江振春,任东来. 比登天还难的控枪路:持枪权与美国宪法第二修正案研究[M]. 北京:中国政法大学出版社,2013:255.

❸ 西格尔,斯皮斯,蓓娜莎. 美国司法体系中的最高法院[M]. 刘哲玮,等译. 北京:北京大学出版社,2011:339.

❹ GELMAN A. Red State Blue State Rich State Poor State:Why Americans Vote the Way They Do[M]. Princeton:Princeton University Press,2008:5

❺ ABRAMOWITZ A,SAUNDERS K L. Is Polarization a Myth?[J]. Journal of Politics,2008(70):542-545,554.

法院大法官不产生直接影响，但是，美国最高法院大法官有时却比民选代表更忠实地表达出多数民众的看法，美国最高法院甚至被冠以美国“最民主的部门”，因为它基本上与民众的意愿步调一致。[1] 民意给最高法院划定了一个大致的边界，最高法院的判决往往却又和公众的意见一致。这并不令人吃惊，因为大法官是由总统提名任命，而总统又是由全民选举产生。[2] 伦奎斯特曾说，如果法官不受民意洪流的影响，将“的确非同寻常”“法官只要是正常人，和其他职业的人一样，终究会受民意的影响。”“如果一位即将履职的法官打算过隐士般的生活，远离社情民意，这是不现实的；他就算不受当前民意的影响，也会受履职时民意的影响。”[3] 因此，文化战争议题最容易导致公众舆论极化，整个美国社会分裂为自由与保守两大阵营时，两党政治会裹挟美国最高法院加入进来充当裁判者，而最高法院内部大法官此时会自然分为左、右派，很难超脱于极化的民意，出现大量5：4的判决是预料中的事情。

## 三、美国最高法院受政治极化的影响

美国最高法院如果卷入两党政治斗争，丧失中立立场，就会形成政治极化，它对美国政治产生以下影响。

### （一）影响公共政策的制定

从20世纪20年代起，美国最高法院日益成为一个政治法院，它通过解释宪法与法律成为制定公共政策的政治机构。大法官的司法行为就是一种政治决策，而最高法院管辖范围几乎无所不包，涵盖各种问题，影响着很多公共政策。对于那些棘手的政治极化议题，国会立法程序过于烦琐，保守派阵营和自由派阵营议员大打口水战，久拖不决，根本无法形成政策和法律，但是，如果通过诉讼途径，把“烫手山芋”扔给最高法院，让一言九鼎的最高法院作出裁决，可以实现政党在国会难以实现的目

---

❶ 罗森. 最民主的部门：美国最高法院的贡献[M]. 胡晓进，译. 北京：中国政法大学出版社，2013：5.

❷ 西格尔，斯皮斯，蓓娜莎. 美国司法体系中的最高法院[M]. 刘哲玮，等译. 北京：北京大学出版社 2011：382-383.

❸ 格林豪斯. 美国最高法院通识读本[M]. 何帆，译. 南京：译林出版社，2013：88.

标。其实美国最高法院扮演着政策日程（policy agenda）设定者的角色。[1] 根据美国最高法院“四人规则”，只要有四名大法官同意审理某一案件，就可以签发调卷令，某上诉案件就可迈入最高法院的门槛，这意味着通过案件可以把某项公共政策列入优先政策日程中；案件只要五名及五名以上大法官同意作出判决，就意味着高效率地完成了公共政策或法律制定过程，同时也具有相当的权威性。

极化的判决同样也会激发社会改革，成为政治发展的工具。例如，2013 年 6 月 26 日，美国最高法院可以通过 5∶4 的判决宣布联邦《捍卫婚姻法》第三条违宪，为同性婚姻合法化铺平道路。该判决意味着确立了一项公共政策，即婚姻可以不限定在异性之间[2]；而 2015 年美国最高法院的“奥伯格菲尔案”的判决确立了同性婚姻合法化[3]，该判决事实上也就成为一项公共政策与法律，比美国国会的效率高很多。自由派意识形态影响多数意见的大法官，当大法官作出决策时，“他们希望决策的结果尽可能地接近这些政策偏好”。[4] 因而，大量 5∶4 的判决受到质疑，因为五个人的政策偏好就可以创设或改变全国性公共政策，这些公共政策涉及婚姻、堕胎、枪支管制、移民、平权、甚至大气等一系列重大问题，很多公共政策的出台与改变并没有经过民主程序，而是靠非民选的大法官“一锤定音”，凸显了民主与法治之间难以平衡的问题。

### （二）加剧社会与政治分化

美国最高法院政治极化会影响选民极化，特别是最高法院 5∶4 的判决会促使社会分化加剧。当最高法院在一个充满争议的、政治极化的议题上作出裁决的时候，它在精英层面和一般民众层面都会激发起广泛的讨论和彼此广泛的联系，它会“改变

---

[1] 政策议程，是指引起政策制定者密切关注的一系列议题。设定议程之所以重要，不仅因为它是公共政策制定的早期和关键阶段，一项立法倡议，首先只有列入国会的议程，才有可能成为法律。引自：张业亮．“极化”的美国政治：神话还是现实？［J］．美国研究，2008(3)：27.

[2] United States v. Windsor, 133 S. Ct. 2675(2013.

[3] Obergefell v. Hodges, 576 U. S. 644(2015).

[4] ROHDE D, SPAETH H. Supreme Court Decision Making［M］. San Francisco: W. H. Freeman, 1976:72.

民众态度的基础，引导选民表达自己的立场，促使选民的态度与倾向保持一致”。[1]现代社会中，每个人都生活社会网络中，个人社会网络会助推极化。个人加入某一个社会群体并与之互动（例如讨论最高法院所提出的难题）时，这一群体将引导个人接受这网络共有的反应。如果社会在某一议题上分化严重，这些互动只会在民众中产生极化，如果观点统一（例如支持或反对最高法院），这将会使国家团结在一起。由于重要难题的本质具有分裂性，因此多数的重要案件都会给选民产生造成极大分裂。[2] 以堕胎为例，美国最高法院自 1973 年插手堕胎问题起到现在，非但没有弥合社会分裂，还导致社会分裂为两大阵营：反对堕胎合法化的“生命派”和支持堕胎的“选择派”。[3] 两派多年来一直水火不容。2014 年皮尤调查机构表明，53% 的成年民众认为在所有或多数情形下，堕胎应该合法，而 43% 的成年民众认为不合法，4% 的人不知道。60% 的共和党人认为在所有情形或多数情形下，堕胎不合法，只有 37% 的共和党人认为合法，而民主党 66% 的人认为合法，而 30% 的人认为不合法。尽管“多布斯案”推翻了堕胎权，但是，堕胎问题依旧是政治极化的议题之一，围绕堕胎问题展开的社会和政治纷争远没有结束的迹象。最高法院卷入文化战争并不能弥合社会分裂，反而会促使社会进一步极化。

### （三）最高法院的政治极化影响民众对最高法院的信心

在过去几十年中，最高法院在立法、行政与司法三个权力分支中口碑最好、支持率最高，宪法学教授马克·肯德（Mark Kende）进行了如下解释：一是最高法院要对自己的判决提出法律上的理由，且大法官的个人和政治偏好被假定为不起作用；二是最高法院的决定通常与民意恰好重合；三是最高法院得到民众支持是因为它的司法意见看起来很有权威，甚至卓尔不群；四是最高法院很幸运地拥有一些政治机敏的舵

---

[1] BRICKMAN D,DAVID D. Public Opinion Reaction to Repeated Events:Citizen Response to Multiple Supreme Court Abortion Decisions[J]. Political Behavior,2006,28(1):107-108.

[2] FRANKLIN C H,KOSAKI L C. Republican Schoolmaster:The U. S. Supreme Court,Public Opinion and Abortion[J]. American Political Science Review,1989(83):751-771.

[3] 任东来,陈伟,白雪峰. 美国宪政历程:影响美国的 25 个司法大案[M]. 北京:中国法制出版社,2004:292,293.

手；最后是其他部门向最高法院让予了决策权。[1] 最高法院因为具有以上五个特点，才获得民众的大力支持。

然而，如果大法官的个人意识形态和政治偏好发挥作用，政党政治极化渗透到美国最高法院，它就成为“党派法院”，民众对其的好感自然就会降低。居高不下的5∶4判决，损害了大法官的威严与中立的形象，最高法院变成操弄政治问题的一个机构。最高法院及大法官“非正当性的形象潜移默化地进入人们心中，尤其在这个政治极化的年代，损害了最高法院作为一个制衡机构的形象，它曾被设计为制约美国政治体制的任意性”。[2]

最近十余年来，美国民众对最高法院的好感持续降低。民众对最高法院的看法也呈现极化，从来没有像今天这样分裂过：目前有48%的美国人对最高法院有好感，43%的美国人无好感，比例非常接近。对最高法院无好感的人的比例达到了近30年的新高。另外，2015年皮尤调查机构曾发表一份报告，指出：党派之间对最高法院的看法也发生改变：33%的共和党人对最高法院有好感，高达61%的共和党人对最高法院无好感，对最高法院有好感的共和党人从2015年3月的50%一下子降落17个百分点，变成33%，对最高法院没有好感的共和党人则从2015年3月份的40%一下子上升了21个百分点，达到了61%，共和党人对最高法院的负面看法在过去的30年达到了新高。相反，62%的民主党人对最高法院有好感，而4个月前，大约54%的美国民主党人对最高法院印象比较好。[3]

---

[1] 任东来，胡晓进. 在宪政的舞台上：美国最高法院的历史轨迹[M]. 北京：中国法制出版社，2007：序言1-4.

[2] FRIEDLAND S. Controversial Five to Four Supreme Court Decisions and the Politicization of the Majority of One[J]. The Dartmouth Law Journal, 2014(12)：13.

[3] Negative Views of Supreme Court at Record High, Driven by Republican Dissatisfaction[EB/OL]. (2015-7-29)[2021-8-9]. http://www. people-press. org/2015/07/29/negative-views-of-supreme-court-at-record-high-driven-by-republican-dissatisfaction/.

# 下篇

## 文化战争与美国最高法院分论

第六章

# 沃伦法院（1953—1969）：节育、黑白通婚与公立学校宗教活动

沃伦法院时期（1953—1969）是美国最高法院最富有创造性的时期，最高法院的角色发生了重要转变，“创造出或拓展了大量新的宪法权利”，因此这一时期的司法实践被称为“权利革命”。[1] 沃伦法院横跨了20世纪60年代，那是权利革命的时代，同时也是美国“反文化运动”的时代。套用英国作家狄更斯小说《双城记》中的话描述那个时代：“那是一个最好的时代，也是一个最坏的时代!”“最好的时代”是因为那个时代是美国民权运动风起云涌的时代，结束种族隔离与歧视、争取黑人选举权、妇女解放等社会运动汹涌澎湃，个人自由权利的边界得到扩张，个人自由得到极大保护。沃伦法院以极大的勇气与智慧，扩大了公民权利、公民自由、司法权及联邦权力。沃伦法院勇闯“政治荆棘”，确立了“一人一票”的选举制度[2]；在刑事诉讼中创立了米兰达警告（Miranda Warnings）[3]；从法律上真正结束了美国种族隔离制度；通过吸收原则把原来只适用于联邦政府的《权利法案》也适用于州，等等。在沃伦法院时期，“布朗诉教育委员会案”（*Brown v. Board of Education*，简称“布朗案”）“吹

---

[1] 江振春. 美国联邦最高法院裁决中的自然法解释[J]. 美国研究, 2011(2): 127.

[2] Baker v. Carr, 369 U. S. 186(1962).

[3] Miranda v. Arizona, 384 U. S. 436(1966).

响结束种族隔离制度的号角”，自由派在文化战争案中也捷报频传：在“罗文诉弗吉尼亚州案”（*Loving v. Virginia*，简称“罗文案”）中推翻了反对黑白通婚的法律❶，并支持联邦民权立法；生育权和隐私权也在“格里斯沃尔德诉康涅狄格州案”（*Griswold v. Connecticut*，简称“格里斯沃尔德案”）中首次得到了宪法的承认……❷

以自由派为主的沃伦法院曾在20世纪五六十年代做出了一系列具有开创意义的判决先例，在权力分配方面实现了对美国社会的重新形塑，这些判决也同时激起了政治上右翼势力的反对。对他们来说，那是一个“最坏的时代”，是一个“礼崩乐坏”的时代，传统道德与伦理遭到践踏，把美国和社会带向一个不安定、不确定的时代。

## 第一节 反文化运动与自由主义的狂飙

20世纪50年代，美苏冷战兴起，美国社会科学界和新闻界却一片欢呼，他们宣告美国国内意识形态终结的时代来临，全体美国人迈向了“意见一致”的年代，全民价值共识似乎达成。“从（20世纪）50年代的观点来看，似乎基本需求已得到满足，冲突很容易被调和，对美国的社会、经济和政治制度的基本性质来说，这些冲突似乎已不再构成挑战。”❸ 自由主义成为当时人们普遍接受的社会思潮。事实上，美国人是非常自信的，“美国例外论”让美国民众足以自豪地宣布美国政治传统是非意识形态的，实用主义才是被广泛接受的思想方式。然而，“在美国，每当宣布意识形态的最后终结时，它就以与日俱增的活力重新出现。20世纪60年代之后出现了强劲的政治和意识形态运动”。❹

### 一、反文化运动与美国司法图景的改变

20世纪60年代以前，犹太-基督教价值观依旧是美国主流价值观，社会风气中

❶ Loving v. Virginia, 388 U.S. 1(1967).

❷ Griswold v. Connecticut, 381 U.S. 479(1965).

❸ 多比尔.美国的意识形态[J].国外社会科学文摘,1984(3):5.

❹ 韩震.当代美国政治思想的意识形态图景[J].江海学刊,2003(4):33.

规中矩，人们还是普遍恪守传统伦理与家庭道德。但是，这一切到了20世纪60年代发生了改变，伴随着民权运动和反越战示威，全美掀起了一股“反文化运动”。反文化运动是指“20世纪60年代发生在美国社会的一切抗议运动，既包括校园民主运动、妇女解放运动、黑人民权运动、反战和平运动、环境保护运动、同性恋者权利运动等方面的政治‘革命’，也包括摇滚乐、性解放、吸毒、嬉皮文化，以及神秘主义和自我主义的复兴等方面的文化‘革命’”。❶ 美国学界的普遍共识是反文化运动大概始于1963年11月肯尼迪总统被刺杀事件至1974年8月尼克松总统辞职这一段时间，其间伴随着黑人民权运动、反战运动、女权运动和反文化运动等一系列社会运动。20世纪60年代美国反文化运动是一个社会催化剂，促使那个时代产生了突飞猛进的变化。

20世纪60年代的美国新思想、新规范和新风尚层出不穷，也产生了不一样的民众，他们用全新的方式表达自己，表达新的文化冲突。“这一事实更好地解释了为什么在20世纪60年代之后，美国文化自美国内战以来在任何时期都更加分裂。”❷ 各种权利运动导致个人权利边界扩张，新的生活方式严重冲击着旧的社会伦理和家庭道德。美国传统社会、道德和价值观也发生了颠覆性变化。一系列的反文化运动也令人恐惧，“这使现代性的破坏性力量在美国文化的表面上进行疯狂的报复”。❸ 在民权运动汹涌的年代，自由主义一路凯歌，成为改革与进步的标志；相反，保守主义一直被压缩，成为守旧、落后与退步的标志。然而，保守派对于反文化运动忧心忡忡，在他们眼里，20世纪60年代反文化运动及性革命违背了美国立国精神——清教主义精神，造成社会堕落、道德腐坏。❹ 在保守派看来，20世纪60年代开始的自由主义风尚与生活方式颠覆了固有的文化传统与价值，背弃了立国精神与美国信念。保守派，尤其是宗教保守派觉得美国社会在沉沦、堕落，美国文明在丧失。很多保守的基督徒也投入了美国政治，捍卫美国传统价值。保守派不得不回忆起过去的美好时光，那时

---

❶ 赵梅. 美国反文化运动探源[J]. 美国研究,2000(1):69-70.

❷ HARTMAN A. War for the Soul of America:A History of the Culture Wars[M]. Chicago,Illinois:The University of Chicago Press,2015:2.

❸ HARTMAN A. War for the Soul of America:A History of the Culture Wars[M]. Chicago,Illinois:The University of Chicago Press,2015:10-11.

❹ WAGNER. The New Temperance:The American Obsession with Sin and Vice[M]. Boulder,Colorado:Westview Press,1997:138-139.

“美国社会推崇的价值观和道德标准就是常常被基督徒称许的基督教传统。这个传统凝聚了西方基督教文明的精华，得到了美国大多数人的广泛认可，体现了以《圣经》为基础的基督教伦理原则。”❶ 美国人在如何看待新美国这个问题上发生分歧。“那些积极拥抱美国的人和忧心忡忡看待美国的人之间在积极培育新美国及恪守传统、回归传统美国方面存在鸿沟，这就为文化战争划清了一个界限”。❷ 对传统文化的坚守及对现实的强烈不满，20 世纪 60 年代的文化战争爆发了。“保守派就把他们的政敌从其传统的政治意识形态领域转向现时的道德文化领域，在美国国内掀起一场旨在击退进步派力量的文化战争。”❸

美国文化战争实质上是文化领域中的自由主义和保守主义之争。20 世纪 60 年代自由主义大行其道，严重压缩了保守主义的空间。“在 20 世纪 60 年代之后，以及在文化战争期间，人们认为美国道德是否衰落与他们属于自由主义还是保守主义有关。”❹ 现代保守主义认为，第二次世界大战之后的自由主义给美国带来很多负面影响，尤其道德相对主义成为自由主义的信条。自由主义者坚持不存在评价伦理道德的普遍标准，倾向于相对主义观点。他们通常认为，道德标准和价值观是受到社会、文化、历史和个人境遇影响，因此不存在普遍适用的绝对标准。这让冷战中的美国处于不利地位，让美国在国际上失去道德高地：“ 新政及其集体主义原则模糊了苏联共产主义与美国自由之间的界限，现代主义和后现代主义文化削弱了西方传统的信念，尤其是对上帝的信仰。结果是，美国人在意识形态信念上缺乏极权主义者的那样的狂热，而强烈的自我怀疑使他们变得异常脆弱。正是在这样一种黑暗、沮丧的背景下，里根出现了，说出了保守主义者等待了近 30 年的话：‘自我怀疑的年代结束了’。”❺ 而自由派人士则把 20 世纪 60 年代反文化运动以来美国的改变看作是社会前进的象征。这个运动其实倡导的是个人主义、表达自由，以及尊重人们作出个人选择和道德决定的权利和责任，这在争取妇女生育权和同性恋平等方面表现得尤为突出。

---

❶ 刘澎. 当代美国宗教[M]. 北京:社会科学文献出版社,2012:285.

❷ HARTMAN A. War for the Soul of America:A History of the Culture Wars[M]. Chicago, Illinois: The University of Chicago Press,2015:2.

❸ 王恩铭. 美国 20 世纪末的一场文化战争:保守派与进步派的较量[J]. 世界历史,2011(5):46.

❹ HARTMAN A. War for the Soul of America:A History of the Culture Wars[M]. Chicago, Illinois: The University of Chicago Press,2015:4.

❺ 楚树龙,荣予. 美国政府和政治(上册)[M]. 北京:清华大学出版社,2012:107.

20 世纪 60 年代的文化冲突不仅彻底改变了美国的道德观念，同时也展示了美国司法图景。在沃伦法院时期，自由主义高歌猛进，个人权利得到极大保护与扩张。沃伦法院的自由主义对美国司法进程产生深刻影响。直到今天，美国保守势力依然对沃伦法院的判决耿耿于怀，他们决意对沃伦法院的某些判决进行“清算”。例如，《新共和》（*New Republic*）杂志的特约撰稿人马特·福特（Matt Ford）2019 年在该杂志发表《保守派即将对沃伦法院开战》（*Conservatives' Coming War on the Warren Court*）。在该文中，他认为美国最高法院内部反对沃伦法院的声音目前已经呈现出扩大趋势，宪法原旨论者对沃伦时代案例的质疑主要集中在沃伦法院的某些判决已经超越了宪法的原初含义，在此前提下推行此类先例已经超越了宪法赋予的职责。[1] 1996 年，美国著名法学家、曾任总检察长的罗伯特·博克（Robert Bork）在他的专著《堕向罪城：现代自由主义与美国衰落》（*Slouching Towards Gomorrah: Modern Liberalism and American Decline*）中指出，现代自由主义祸害了美国，颠覆了固有秩序。20 世纪 60 年代的各类社会运动造成了“美国社会原子化”“道德相对化”“法律自由意识形态化”。博克提出了美国文化的根基在于恪守传统道德生活，并对美国的沉沦提出警示：美国“正走在通往道德混乱的路上，将会到达极端个人主义的终点及极端平等主义所追求的暴政。现代自由主义正在全面地腐蚀我们的文化”。[2]

## 二、沃伦法院的自由主义转向与司法能动

尽管保守派认为沃伦法院助长了美国的世俗化倾向，让美国丧失了本色与基督教特性，让个人权利的边界无序扩张。但是，沃伦法院被美国学术界称为美国司法权力范围的顶点，有效地维护了美国人的自由和法治，沃伦法院被誉为美国历史上最自由的法院。尽管自沃伦之后，最高法院司法权力有所消退，但沃伦及沃伦法院对当今以及未来的美国司法依旧具有影响力。沃伦法院时期的自由主义转向和司法能动展现了最高法院在社会变革和进步中的重要作用。他们的裁决不仅影响了当时的社会格局，也为后来的法律和司法实践奠定了坚实的基础。

---

[1] FORD M. Conservatives'Coming War on the Warren Court[EB/OL]. https://newrepublic.com/article/153208/conservatives-coming-war-warren-court.

[2] BORK R H. Slouching Towards Gomorrah: Modern Liberalism and American Decline[M]. New York: Regan Books/ Harper Collins, 1996.

### (一) 沃伦法院自由派阵营的形成

1953 年 9 月，当担任过加利福尼亚州州长的沃伦准备被艾森豪威尔总统提名为联邦总检察长，然而联邦最高法院首席大法官弗雷德·文森（Fred M. Vinson，1946—1953）的意外去世让艾森豪威尔总统临时改变主意，提名沃伦为美国最高法院首席大法官，联邦最高法院进入了沃伦时代。在自由主义盛行的 20 世纪 60 年代，美国最高法院意识形态的天平慢慢滑向自由主义。艾森豪威尔总统属于共和党，他本人是虔诚的基督教教徒，也是坚定的保守派。他认为传统价值是美国的灵魂。在他的任期，他推动了世俗与宗教的高度融合，并成为美国政治的一部分，他推动了在《效忠誓词》中加入“美国归上帝主宰”，推动了在美元货币上刻印了“我们信仰上帝”的字样。

当沃伦加入最高法院时，几乎所有的大法官都是由罗斯福或杜鲁门任命的，他们虽然是坚定的新政自由主义者，但他们主张，最高法院不应在实现自由主义的目标中发挥作用。当时最高法院内部分为两派：一派是由费利克斯·法兰克福特（Felix Frankfurter，1939—1962）和罗伯特·杰克逊（Robert H. Jackson，1941—1954）领导，他们坚持司法自我克制，并坚持最高法院应尊重白宫和国会的决策特权。而另一派是由布莱克和道格拉斯两位大法官领导，他们主张最高法院可以在经济政策问题上尊重国会，认为最高法院的司法议程已从财产权问题转变为个人自由问题，因此最高法院应在个人权利与自由领域发挥重要作用。布莱克所领导的阵营似乎契合了 20 世纪五六十年代民权运动的风潮。

1953—1962 年是沃伦法院第一阶段，司法克制主义与保守主义在最高法院占据绝对势力，1962 年肯尼迪总统提名亚瑟·古德伯格（Arthur Goldberg，1965—1968）替代退休的保守派集团领袖法兰克福特大法官。[1] 美国最高法院自由派少数阵营有所扩大，在两人的基础上增加到了四人，沃伦与布伦南的加入让自由派阵营实力大增。沃伦认为司法机关必须寻求伸张正义，这使他与布莱克等人站在一起，直到此时，沃伦才在最高法院获得稳固的多数。虽然布莱克、道格拉斯、沃伦和布伦南在美国最高法院组成了比较强大的自由派阵营，并且能够影响许多判决，但这是沃伦法院花了 9 年时间才巩固住的。

---

[1] 莫顿·霍维茨. 沃伦法院对正义的追求[M]. 信春鹰，等译. 北京：中国政法大学出版社，2003：15.

20 世纪五六十年代，美国民众的平等权利意识已经普遍觉醒，各种权利运动此起彼伏，长期受压迫和排挤的弱势群体开始走上街头为自己的基本权利而抗争。在美国历史上，沃伦法院是第一个维护被压迫者和边缘人的法律地位的联邦最高法院。❶这些被压迫者和边缘人在社会上和政治上的抗争，为最高法院自由主义司法理念的发展提供了适宜的社会基础，成为推动最高法院司法理念转变的外部因素。人们普遍认为，由自由派占据绝对多数的沃伦法院在美国历史上创造了一场重大的“宪法革命”。“沃伦法院的主要判决在具有历史性的司法判决中取得显著的地位。它们对社会整个生活方式的影响只有通过政治革命或军事冲突造成的影响才能比得上。”❷

沃伦法院是一个非凡的、有智识的团体，每个大法官个性鲜明，能力超群。他们对法律、美国社会及政治有深邃的理解，他们作出的很多判决在最高法院史上占据重要位置。虽然自由派处于优势地位，并非处于绝对优势，因而需要沃伦高超的行政能力从中“斡旋”，以推进自由化的目标。沃伦虽然没有任何司法经验，但是他从政多年，经验丰富，行政工作中也从事法律实务，取得辉煌的政治成就，这使得他在最高法院享有崇高的地位，使他成为一名高效且有影响力的领导人。沃伦曾做过 10 年的加州州长，1948 年又作为共和党副总统候选人参选。沃伦卓越的领导才能、行政经验和职业操守让他卓尔不群。沃伦相信法律的救济权能（remedial power of law）。❸通过这些里程碑式的判决，沃伦法院为种族融合铺平了道路，也是民权运动的重大胜利。然而好景不长，由于布莱克大法官与沃伦等自由派大法官渐行渐远，这个自由派多数并不牢固：1967 年，马歇尔加盟最高法院，自由派多数阵营更加巩固，他也是美国历史上第一位黑人大法官；两年后，随着沃伦和福塔斯的离职，这个自由派多数阵营就告一段落。尼克松任命伯格和布莱克门为大法官，实际上导致了沃伦法院时代的结束。❹

---

❶ 霍维茨.沃伦法院对正义的追求[M].信春鹰，等译.北京：中国政法大学出版社，2003：19.

❷ 施瓦茨.美国最高法院史[M].毕洪海，等译.北京：中国政法大学出版社，2005：311.

❸ 作为权利的三大基本权能之一，救济权能是保障性和手段性权能，具体又包括获得侵权者救济权能和获得公力救助权能。他具有强大的行政能力和领导能力，他与最高法院内不同派别进行充分沟通、协商与妥协，沃伦法院的很多判决是不同派别妥协的结果，九名大法官体现了高度的共识性。在有些案件中，如“布朗案”，九名大法官一致同意最终裁决，而在一些其他案件中，最终投票经常出现 8∶1 仅有一人不同意的情况。Brown v. Board of Education of Topeka，347 U. S. 483（1954）.

❹ 莫顿·霍维茨.沃伦法院对正义的追求[M].信春鹰，等译.北京：中国政法大学出版社，2003：18-19.

### （二）天主教大法官与天主教总统

认识沃伦法院，必须将最高法院置身于当时一个更为广泛的政治背景。20 世纪 50 年代末 60 年代初，天主教政治势力走向美国权力中心，不仅产生了一位天主教大法官布伦南，而且还产生了美国历史上第一位天主教总统。自由派著名代表人物、被誉为“伟大的协调者”的布伦南大法官的提名与任命过程一波三折。布伦南的提名遭遇到的最大问题之一是他的天主教背景。虽然在布伦南之前，美国最高法院已经产生过几名天主教大法官，但是，布伦南的提名与任命明显地带有政治动机，“他是在 1956 年总统选举后期为了吸引北方的天主教选民而任命的；他最终成为以后 30 年内最高法院内部开明派联盟的中流砥柱”。[1] 当 1956 年布伦南被艾森豪威尔总统提名为大法官的时候，新教徒对他充满疑虑。在参议院批准听证上，布伦南作出了以下表态：作为大法官，他只忠于宪法。他说：“作为一个天主教徒，我会做教徒作为公民个人可能做的事，当我解释宪法时，如果宪法含义和要求发生冲突时，我的宗教信仰就不得不让步了。”[2]

提名天主教徒布伦南作为大法官对 1960 年的总统大选产生重要影响。这一年美国历史上迎来了第一位天主教总统——肯尼迪。由于肯尼迪参议员是一名天主教徒，天主教徒参选美国总统，在以清教为主的美国，这极为罕见，因此，遭到新教宗教保守势力的怀疑与反对。20 世纪 60 年代，美国新教徒还没有准备好天主教总统管理这个国家。当时在纽约的美国长老会著名领袖约翰·梅森（John M. Mason）牧师鼓吹说：“宪法中没有上帝是一种不作为，任何借口都不能掩饰这种罪过。”[3] 同样困扰许多新教领袖的是美国宪法第六条第三节最后的表述：上述参议员和众议员、各州议会议员及合众国政府和各州一切行政、司法官员均应宣誓或郑重声明拥护本宪法；但不得以宗教信仰作为担任合众国任何官职或公职的必要资格。很多新教徒认为，美国总

---

[1] 罗伯特·麦克洛斯基. 美国最高法院[M]. 3 版. 任东来，等译. 北京：中国政法大学出版社，2005：176.

[2] 莫顿·霍维茨. 沃伦法院对正义的追求[M]. 信春鹰，等译. 北京：中国政法大学出版社，2003：13.

[3] LANE F. The Court and the Cross：The Religious Right's Crusade to Reshape the Supreme Court [M]. Boston，Massachusetts：Beacon Press，2008：Introduction，30.

统天然应该是新教徒，“有些人甚至警告说，如果没有适当的宗教测试，罗马天主教徒或犹太人可能有一天成为总统”。❶

他们没想到这一天来得这样快！肯尼迪在竞选中遭到新教徒的攻击，“在 1960 年竞选总统的整个过程中，肯尼迪的政治对手一再声称，如果他当选为总统，他将遵循罗马天主教会教皇约翰二十三世的命令”。例如，在初选期间，前美国地区法院法官阿尔伯特·莱维特（Albert Levitt）在新罕布什尔州竞选美国参议院共和党议员，他给教皇发了一封电报，要求澄清肯尼迪作为罗马天主教徒是否忠诚。1960 年 9 月 6 日，阿尔伯特·莱维特在小石城举行的阿肯色州浸信会大会上宣布，他计划在全州范围内开展反对肯尼迪当选的运动，这是肯尼迪参议员面临强烈怀疑的突出例子。❷ 肯尼迪在竞选期间说过一句很有名的话：“我是一个民主党候选人，但碰巧也是个天主教徒。我在公共议题上不代表教会，教会也不会代表我。”❸ 肯尼迪这样的表态显然是其竞选策略，主要是打消一些保守的新教徒的疑虑。他向新教牧师保证，如果他的良心和国家利益之间发生了冲突（他无法想象会发生这种情况），在这种情形下，他会辞职。肯尼迪说，在他看来，教皇不应该告诉总统如何行动，新教牧师不应该告诉他们的教区居民如何投票。最终，“美国选民们愿意投票给一个 42 岁、来自马萨诸塞州的罗马天主教徒，他的竞选主题是美国必须准备‘走向’一个大胆的新进程”❹。肯尼迪当选为美国总统是 20 世纪 60 年代美国政治的一个重大事件。

20 世纪 60 年代之后，由于各种社会运动及美国的世俗化加剧，基督教日渐边缘，为寻找生存之道，新教和天主教开始出现抱团取暖的情况，这直接改善了二者之间的关系。更重要的是，20 世纪 60 年代梵蒂冈宗教改革使天主教逐渐被美国社会和其他宗教所接受。1962 年梵蒂冈第二次大公会议召开。这次会议的宗旨是让天主教

---

❶ LANE F. The Court and the Cross: The Religious Right's Crusade to Reshape the Supreme Court [M]. Boston, Massachusetts: Beacon Press, 2008: Introduction, 30.

❷ LANE F. The Court and the Cross: The Religious Right's Crusade to Reshape the Supreme Court [M]. Boston, Massachusetts: Beacon Press, 2008: Introduction, xiv.

❸ MILLER M. Exposing Hate Prejudice, Hatred, and Violence in Action, Minneapolis [M]. MN: Twenty-First Century Books, 2019: 16.

❹ 罗伯特·麦克洛斯基. 美国最高法院[M]. 3 版. 任东来，等译. 北京：中国政法大学出版社，2005: 176.

与当代世界的发展相适应。天主教尝试与其他宗教（如新教、犹太教等）进行对话，试图和解，这样的革新之风也传到了美国，新教徒也逐渐改变了对天主教的传统认知。另外，在民族国家与天主教之间，梵蒂冈也不再要求天主教徒首先效忠于天主教的做法，而是尝试在两者之间做一个平衡。梵蒂冈这样的态度得到了美国清教徒的赞许，清教徒也认为天主教是值得依靠的力量。

### （三）沃伦法院的司法能动

沃伦法院推崇积极的自由（active liberty），并试图使美国民众真切地感受到这种自由。在沃伦法院时期，最高法院的工作重心发生转变，实现了从维护财产权到保护人身权的转变，个人权利保障成为最核心的内容。然而，保守派认为，他把政治问题和道德问题司法化，过度积极保护个人权利。因此，沃伦法院的司法哲学最显著的特点就是“司法能动主义”。司法能动主义的要义是“法官应该审判案件，而不是回避案件，并且要广泛地利用他们的权力，尤其是通过扩大平等和个人自由的手段去促进公平——即保护人的尊严”[1]。在沃伦法院时期，最高法院的司法能动主义被使用到无以复加的地步，美国法学家罗伯特·麦克洛斯基（Robert McCloskey）评价：“在过去的十几年中，最高法院司法能动主义的力度至少与20世纪20年代和30年代中旧法院的记录相提并论，毫无疑问，也超过了我们向历程中其他各个阶段法院的记录。”1961—1965年这四年是“宪法历史中最具开拓和大胆精神的一个阶段”，显示了“沃伦法院进行治理的强烈愿望”。[2] 美国最高法院史学家伯纳德·施瓦茨（Bernard Schwartz）认为，沃伦对法律的看法是务实的，认为法律是实现公平的工具。施瓦茨认为，“当政治机构在种族隔离与议席重新分配等问题没有履行责任的时候及被告的宪法权利被滥用的时候”，沃伦的司法方法是最有效的。[3]

沃伦大法官最杰出的司法能力主要体现在以下三点：一是他非常注重广泛的道德原则，而非狭隘的宪法解释结构。马克·图什内特（Mark Tushnet）教授认为宪法解释是一种“传统的推理模式”，他认为沃伦在诸如“布朗案”“雷诺斯诉西姆斯案”

---

[1] 沃尔夫. 司法能动主义：自由的保障还是安全的威胁[M]. 黄金荣，译. 北京：中国政法大学出版社，2004：3.

[2] 麦克洛斯基. 美国最高法院[M]. 3版. 任东来，等译. 北京：中国政法大学出版社，2005：175.

[3] SCHWARTZ B. The Warren Court：A Retrospective[M]. New York：Oxford University Press，1996：6.

（*Reynolds v. Sims*）和“米兰达诉亚利桑那州案”（*Miranda v. Arizona*）等开创性案件中经常无视这些传统模式，因为在这些案件中，援用这些传统的判例对他显然不利。在图什内特等学者看来，沃伦的司法原则“是哲学的、政治的和直观的，而不是传统技术意义上的法律”❶；二是司法结果比判案过程更重要。沃伦是以“结果导向”的法官，“在最高法院审理的案件中运用他自己的权力实现他认为正确的结果”。❷ 三是大法官共识比分歧更重要。沃伦领导的特点是大法官在判决上达成了显著的共识，特别是在一些最有争议的案件中。这些案件包括“布朗案”、1963 年的“吉迪恩诉温赖特案”（*Gideon v. Wainwright*）和 1958 年“库珀诉亚伦案”（*Cooper v. Aaron*）等❸，这些案件是所有大法官意见完全一致，不存任何异议。即使在 1962 年的“恩格尔诉维塔利案”（*Engel v. Vitale*）和 1963 年的“阿宾顿校区诉申普案”（*Abington School District v. Schempp*）等里程碑案件中，也只有一名大法官发表了异议意见。❹

自 1937 年“司法革命”以来，司法克制成为最高法院的主要司法原则。正如大法官法兰克福特所指出的，应对社会变革的责任在民选的政治部门，即立法和行政部门，而非民选的最高法院。最高法院应尊重政治部门的决策，只有这样，才能确保代议民主制。司法克制“强调在民主国家中对司法权所应进行的限制，并试图通过各种方式对法官的自由裁量权进行限制”。❺ 然而，沃伦法院时期，自由派大法官坚持“宪法是活的”的司法理念，宪法解释因应时代发展，与时俱进，不必拘泥于宪法文本的原初意义。用首席大法官马歇尔的话来说，随着时间的变化而变化和发展的宪法是“活宪法”，适应“人类事务中各种各样的需要”，以这一观念做指导，“法院能够合法地对宪法做出新的重要的解释”。❻ 沃伦法院所取得的伟大历史成就原因之一就是不再坚持司法克制主义，坚持宪法是活的，坚持司法服务于当下政治，从而“开

---

❶ TUSHNET M. The Warren Court: in Historical and Political Perspective[M]. New York: University of Virginia Press, 1996: 40-42.

❷ 施瓦茨. 美国最高法院史[M]. 毕洪海, 等译. 北京: 中国政法大学出版社, 2005: 311.

❸ Gideon v. Wainwright, 372 U. S. 335(1963); Cooper v. Aaron, 358 U. S. 1(1958).

❹ Abington School District v. Schempp, 374 U. S. 203(1963)

❺ 沃尔夫. 司法能动主义: 自由的保障还是安全的威胁[M]. 黄金荣, 译. 北京: 中国政法大学出版社, 2004: 2.

❻ 霍维茨. 沃伦法院对正义的追求[M]. 信春鹰, 等译. 北京: 中国政法大学出版社, 2003: 147.

启了美国宪法史上独特而具有革命性的一章”。[1]

人们对沃伦法院的判决褒贬不一。相比较霍姆斯和卡多佐这样的法律大家，沃伦显然缺乏司法技能，他因此也招致学界批评。有些学者认为，沃伦法院是政治法院，而沃伦法院的标准观点是与民主党同心协力，致力于实施宪法中的新政/伟大社会视野中的内容。伦奎斯特法院在实施与国家中主导政党相关的宪法内容方面与沃伦法院高度相似。[2] 美国法学家理查德·法伦（Richard H. Fallon）说，“一些人对沃伦法院的做法感到兴奋，而许多法律教授感到困惑，他们常常认同法院的判决结果，但对其宪法推理的合理性表示怀疑。当然有些人完全被判决吓坏了。”[3] 但是，沃伦也有自己特有的法律技能，“他的法律意见有着它们自己的简单力量。如果他们并未回响着马歇尔那样庄严的声调，他们就是以一位现代希伯来先知的道德礼仪的方式进行叙说的”。[4]

沃伦法院具有里程碑意义的判决，激起了政治右翼分子的强烈反对，“在20世纪60年代末到20世纪70年代初，宗教右翼组织成员（大部分但不完全是福音派新教徒）对美国最高法院关于学校祈祷、进化论、公共汽车、避孕、堕胎等问题的一系列裁决感到震惊，认为这些裁决侵蚀了国家的道德基础”。[5] 20世纪60年代给保守派凝聚力量的一个机会，他们重视传统与秩序，崇尚个人自由，反对激进改革，仇视沃伦法院的某些里程碑判例。社会保守派谴责法院禁止在公立学校祈祷和合法获得避孕药具的规定。南方的白人反对取消种族隔离的命令，他们有时还会敦促联邦政府强制执行最高法院的决定。这些反对声音集合起来，使现代保守派和共和党的群众基础和知识分子群体不断壮大。经过20世纪60年代的洗礼，文化战争的自由与保守两个阵营正式形成。

---

❶ 霍维茨. 沃伦法院对正义的追求[M]. 信春鹰，等译. 北京：中国政法大学出版社，2003：1.

❷ 图什内特. 分裂的法院：伦奎斯特法院与宪法的未来[M]. 田飞龙，译. 北京：中国政法大学出版社，2011：导论.

❸ FALLON R H. The Dynamic Constitution：An Introduction to American Constitutional Law[M]. New York：Cambridge University Press，2005：23.

❹ 施瓦茨. 美国最高法院史[M]. 毕洪海，等译. 北京：中国政法大学出版社，2005：311.

❺ LANE F. The Court and the Cross：The Religious Right's Crusade to Reshape the Supreme Court[M]. Boston，Massachusetts：Beacon Press，2008：Introduction，x.

## 第二节　家庭价值观：从隐私权到“黑白通婚权”

从人类学和社会学的角度来看，“家庭价值观”指的是在特定的文化背景下用来支持和加强家庭制度的一套道德伦理规则。[1] 对于保守派来说，美国家庭价值观是美国传统价值之一。作为政治修辞术语的“家庭价值观”开始在官方书面材料中出现，该词不仅表达了对20世纪60年代以来现代女权主义的反对，同时也表达了对美国最高法院诸如在“罗伊案”等重要案件的判决及平等权利修正案不能入宪的反对。在美国传统价值中，家庭是国家和社会的重要单元和堡垒，同时“家庭是文化冲突最显著的战场”，甚至是“决定性的战场”。[2] 20世纪60年代以来的大众辩论，如女性角色与身份、节育与堕胎的道德、同性恋权利与同性婚姻、跨种族婚姻等是新闻媒体重点关注的内容。家庭是文化战争的起点和终点，“因为家庭政策这个领域所争论的问题触及、波及其他冲突的领域——教育、艺术、政治。追根究底，文化战争并非局限于家庭问题，家庭生活领域所争论的诸多问题构成了整个社会冲突的核心，这些问题可能对其他领域的争端趋势产生深远的影响”。[3]

随着时代的发展，美国传统家庭模式发生改变。传统家庭的模样是“19世纪中产阶级家庭的理想化形态：男性主导的核心家庭，子女与母亲眷念于家中，同时把家庭当作乌托邦，远离工业社会的严酷现实”。[4] 传统家庭模式的改变，直接导致“家庭”这个概念发生变化，出现不同类型的家庭，例如单亲家庭、丁克家庭甚至同性家庭等，传统家庭伦理也随之崩溃。对于传统家庭伦理与观念的抛弃，保守派认为这会对国家产生威胁，毕竟家庭是国家和社会的稳定器，“资产阶级家庭的存在很重要，不只是因为他们相信这种家庭是自然建立的、上帝命令的，也因为他们相信这样

---

[1] CHAPMAN B. Culture Wars：An Encyclopedia of Issues，Viewpoints，and Voices[M]. Armonk，New York：M. E. Sharpe，2010：207.

[2] 亨特. 文化战争：定义美国的一场奋斗[M]. 安荻，译. 北京：中国社会科学出版社，2000：204.

[3] 亨特. 文化战争：定义美国的一场奋斗[M]. 安荻，译. 北京：中国社会科学出版社，2000：204.

[4] 亨特. 文化战争：定义美国的一场奋斗[M]. 安荻，译. 北京：中国社会科学出版社，2000：208.

可以促进社会的和谐”。[1] 然而，对于自由派或进步派而言，传统家庭是枷锁，束缚了人性，“资产阶级家庭不只是妇女承受社会压迫与不平等的象征，也是根源。”“进步派要求的不只是民权、再生育权利与妇女机会平等权，而是彻头彻尾的新家庭观”。[2] 在新家庭观指导下，不再用某种特殊的生物关系来界定家庭关系，而是将家庭关系界定为一种伙伴关系，对于保守派来说，这样的新家庭观无异于让社会倒退甚至毁灭。

## 一、“格里斯沃尔德诉康涅狄格州案”（1965）：生育权与隐私权

在人类历史的大部分时间里，由于科技与医学不发达的缘故，育龄妇女在进行性交时没有可靠的方法来防止受孕。人类有意识进行避孕的历史非常久，出现各种千奇百怪的避孕方法，但这些方法都不能真正实现避孕目标，直到 20 世纪科学发达才出现有效的避孕方法。20 世纪 60 年代，避孕技术已经科学有效，这充分地解放了妇女。在女权运动的影响下，在避孕技术的支撑下，出现了“我的身体我做主”，不以繁衍为目的性行为，婚外性行为以及其他形式的性行为增多，导致另一个极端社会现象的发生——性泛滥。对于保守派来说，这一切都是避孕惹的祸。反对节育的压力主要来自宗教，特别是天主教的压力。天主教教义之一——自然生育是自然规律，结合女性的排卵周期，选择在不会受孕的时间进行性行为，利用现代科学手段（包括使用避孕套等）都是人工避孕方式，而非自然避孕。天主教认为，即使怀孕，那也是上帝的礼物。在相当长的一段时间内，保守派宗教势力抵制避孕。在基督教文化中，耶稣说：“让小孩子到我这里来，不要禁止他们，因为在天国的正是这样的人。”（马太福音 19：14）在极端宗教保守派看来，两性的性行为纯粹是为了繁衍，而不是欢愉，即使结婚后，夫妻性行为也要克制，否则就是不道德的。这无疑带有建国初期清教禁欲主义色彩。害怕怀孕是对乱性的一个约束，而宣传避孕则被认为是色情文化，因此 20 世纪 60 年代，有些人甚至攻击避孕和节育方法是为了性解放。

20 世纪初，美国社会对避孕整体持保守态度，甚至提倡避孕的社会活动分子因为散发避孕宣传材料而被监禁。到了 20 世纪 30 年代，民众对于避孕的态度急转直下：1936 年，美国舆论研究所的一项调查显示，70% 的受访者认为传播节育知识应

---

[1] 亨特. 文化战争：定义美国的一场奋斗[M]. 安获，译. 北京：中国社会科学出版社，2000：209.

[2] 亨特. 文化战争：定义美国的一场奋斗[M]. 安获，译. 北京：中国社会科学出版社，2000：209.

该合法化；次年的一项调查显示，71%的受访者表示他们支持节育运动。❶ 20世纪50年代美国迎来生育高峰，要求节育的呼声响彻全国：1955—1960年的全国生育率调查显示，81%的受访妻子采用了某种形式的避孕措施。20世纪60年代开始，全国宗教理事会同意在婚姻生活中采取“相互接受的、非伤害性的”节育措施。1961—1964年，有23个州制定政策为计划生育提供财政资助。1965年，康涅狄格州成为唯一禁止已婚夫妇采取避孕措施的州（马萨诸塞州禁止发放避孕药具，但不禁止使用）。❷ 事实上，马萨诸塞州和康涅狄格州这样的法律规定几乎从未得到有效执行。

1879年的康涅狄格州议会参照《康斯托克法》（*Comstock Act*），通过了该州历史上最为严苛的道德立法，禁止使用避孕器具及禁止提供相关节育信息。格兰特任美国总统时，美国国会通过了《康斯托克法》，该法以邮政特别专员安东尼·康斯托克（Anthony Comstock）的名字命名。康斯托克是一名道德卫士，长期以维护传统道德和社会秩序为己任。该法规定利用美国邮政服务发送下列任何物品定为刑事犯罪：淫秽物品；避孕药具；堕胎药；性玩具；带有任何性内容或信息的私人信件；或有关上述项目的任何信息。❸ 美国内战之后，商业急速发展，城市化运动加快，移民增长迅速，文化多元主义盛行，这些因素对已有的社会道德产生影响。美国一些政治家和保守主义者要求通过立法来规制人们的道德，从而导致“联邦政府道德权利的增长”。❹ 在接下来的15年里，美国有22个州模仿了《康斯托克法》，其中一些州的法律甚至更严厉。❺ 节育措施在许多方面仍然存在争议。罗马天主教会从一开始就反对分发和使用避孕装置和药丸，并定期重申这一立场。

1943—1965年，美国最高法院相继接受了一些挑战康涅狄格州禁止避孕的相关法律，但是没有一起案件挑战成功。1943年，美国最高法院在“泰尔斯顿诉乌尔曼

---

❶ GARROW D J. Liberty and Sexuality：The Right to Privacy and the Making of Roe v. Wade[M]. New York：Macmillan，1994：42-43.

❷ 罗森. 最民主的部门：美国最高法院的贡献[M]. 胡晓进，译. 北京：中国政法大学出版社，2013：89.

❸ RUPPENTHAL J C. Criminal Statutes on Birth Control[J]. Journal of Criminal Law and Criminology，1919(10)：35，48，52.

❹ 曹鸿. 道德与权利的博弈[J]. 史学月刊，2013(8)：82.

❺ MCFARLANE D，MEIER K. The Politics of Fertility Control[M]. New York：Chatham House，2001：30.

案”（*Tileston v. Ullman*，简称“乌尔曼案 1”）中，一名医生因向病人提供避孕咨询服务而被州法院宣判有罪。美国最高法院认为他没有资格提出上诉，因为他没有被逮捕，最终作出病人与他同样有罪的判决。❶ 沃伦法院时期，开始审理节育案件，但是，美国宪法权利法案中找不到支持节育的法律依据，隐私权开始出现在节育案件的判决中。在 1961 年的“坡诉乌尔曼案”（*Poe v. Ullman*，简称“乌尔曼案 2”）中，美国最高法院驳回了上诉请求，理由是案件“缺乏实质争议”。❷ 但是，约翰·哈兰（John Harlan，1899—1971）大法官在“乌尔曼案 2”的异议意见中强调了隐私权是存在的：“隐私这一观念并非源自淫秽，它源自我们的生活，源自对美国宪法整体性的理解。”❸“我认为，这项法律将已婚夫妻使用避孕产品视为一项罪行，这是对个人隐私权的无法容忍和非正义的侵犯，它触及了私人生活中最隐私的部分。”❹ 可见，隐私权法律概念并非一蹴而就，它在很多案件的异议意见中有过深入的探讨。美国最高法院在判决中真正让隐私权落地的是道格拉斯大法官，他在 1965 年的“格里斯沃尔德案”中智慧地发现了“隐私权”。

埃斯特尔·格里斯沃尔德（Estelle Griswold）是一位女权运动活动家，同时也是康涅狄格州计划生育联盟（Planned Parenthood League of Connecticut）的执行主任。如前文所述，康涅狄格州立法禁止夫妻避孕，于是一批民权运动活动家去挑战这样的立法，格里斯沃尔德就是其中一位。格里斯沃尔德和一位医生故意给一对已婚夫妇提供了防止怀孕的建议，并且为他们开了避孕器具的处方。格里斯沃尔德故意以身试法，挑战康涅狄格州法律，因而被判有罪，该案件最后上诉到了美国最高法院，这就是“格里斯沃尔德案”的由来。

1965 年，在“格里斯沃尔德案”中，美国最高法院以 7∶2 的票数推翻了康涅狄格州禁止人工避孕的法律，主要的法律理由是侵犯了男女的隐私权。多数意见并未完整地阐述该判决清晰而完整的理论依据。道格拉斯大法官只是说明了一个“最简单”的基本原理，即康涅狄格州相关法律侵犯了被告所享有的第一条修正案的结社权，该权利不仅仅是一项集会的权利。因此，他作出以下推论：送孩子上宗教学校是结社权

---

❶ Tileston v. Ullman, 318 U. S. 44, 46(1943).

❷ Poe v. Ullman, 367 U. S. 497, 501-502(1961)

❸ Poe v. Ullman, 367 U. S. 497, 521(1961).

❹ Poe v. Ullman, 367 U. S. 497, 539(1961)

的“外围”内容。[1] 的确，把夫妻关系解释为一种结社关系，令其他大法官难以接受，布莱克大法官认为：“在我看来，结社权就是集会权，而丈夫和妻子在床上结社的权利对我来说是一种很新鲜的集会权。”[2] 由于美国宪法中没有明文规定的隐私权，于是道格拉斯大法官通过宪法解释，把隐私权纳入了宪法的基本权利保护范围。道格拉斯大法官运用了独特的“伴影理论”（Penumbra），强调美国宪法《权利法案》的第一条修正案有“伴影区域”，隐私权就位于该区域中，它不受政府侵害。[3] “伴影”理论的要义是：“美国宪法《权利法案》中的明示权利存在伴影，这些伴影是由这些明示权利发散而成，并赋予它们生命和内涵……各种明示权利产生了隐私区域（zone of privacy）。”道格拉斯大法官的最伟大之处，就是在美国宪法中给隐私权找到了安身之所，对隐私权进行了理论阐述。道格拉斯认为，康涅狄格州相关法律侵犯了“比我们的学校制度还古老”的夫妻隐私权。[4] 最后，道格拉斯大法官认为：“我们这里所面对的这种夫妻间的隐私权比人权法案的历史还久远，比我们的政党和学校的历史也要久。婚姻是一种结合，不管生活快乐还是艰辛，总希望能够持久、亲密，甚至达到神圣的地步。”[5] 该判决明确承认隐私权是一项宪法权利。“格里斯沃尔德案”判决之后，马萨诸塞州有关禁止人工避孕的法律形同虚设，但是，避孕品依旧不能随便买卖。公众对“格里斯沃尔德案”判决意见的正面评价，显示出美国最高法院在很大程度上反映了当时公众的态度——他们大都反对禁止避孕的法律。对于禁止避孕的违宪性，国会也已经有了明确意见。1967 年，在两个联邦项目支持下，国会都要求提供计划生育服务。截至 1967 年末，共有 47 个州赞成节育。“最高法院的判决远非引发突如其来的社会革命，只不过是和国会、总统、各州一道将避孕合法化。”[6]

“格里斯沃尔德案”最大的意义首先就是确立了一项美国宪法中从未提及的一项个人基本权利——隐私权。美国最高法院在以后的很多案件中，如堕胎、同性性行为等案件中，隐私权作为基本权利被法官和当事人所提及。“格里斯沃德案”所创设的

---

[1] Griswold v. Connecticut, 381 U. S. 479, 481 (1965).

[2] 施瓦茨. 美国最高法院史[M]. 毕洪海，等译. 北京：中国政法大学出版社，2005：369.

[3] Griswold v. Connecticut, 381 U. S. 479, 483 (1965).

[4] Griswold v. Connecticut, 381 U. S. 479, 484 (1965).

[5] Griswold v. Connecticut, 381 U. S. 479, 486 (1965).

[6] 罗森. 最民主的部门：美国最高法院的贡献[M]. 胡晓进，译. 北京：中国政法大学出版社，2013：90.

隐私权成为伯格法院某些最富有争议性的判决的基础。❶ 其次，“格里斯沃尔德案”还确立了另一项基本权利——节育权，这让不以生育为目的的异性之间的性爱成为可能，把性爱从生育中解放出来，削弱了性爱的生育意义。

## 二、“罗文案诉弗吉尼亚州案”（1967）：黑白自由通婚的实现

白人盎格鲁-撒克逊新教徒（White Anglo-Saxon Protestant，WASP）代表了美国白人精英，他们是美国社会中势力最强大、最富有的白人群体，而他们所推崇的文化（WASP 文化）则体现了美国早期的清教精神、传统道德与文化。❷ 后来，WASP 特指那些最早来到北美的英国殖民者及其后裔。近年来美国保守和宗教势力一直在没落，很多保守的白人政治精英认为，唯有从基督教基本要义出发，美国未来才有希望，堕胎及同性婚姻这些生活方式是反文明的，与美国传统价值观背道而驰，他们希望能够“回归美国式的传统生活方式”。

对于保守派来说，生育与节育涉及文化战争，涉及美国的未来。人为控制生育会导致白人人口下降，而移民特别是西裔移民的涌入，使很多美国白人，特别是白人至上主义者，开始担忧美国的未来。过去 10 多年，美国族裔人口比例发生变化，白人清教徒子女人口下降，西裔人口及穆斯林人口增长很快（西裔美国人信奉天主教，而天主教和伊斯兰教都不鼓励人工节育），这给美国 WASP 文化造成严重挑战。许多保守的白人基督徒思考他们的孩子将会继承一个什么样的美国，他们认为“美国及其文化都在继续朝着反基督教的方向发展”。美国神学家凯文 · 德扬（Kevin DeYoung）甚至提出了一个新的“文化战争战略”（culture war strategy）。德扬曾在福音联盟会议上撰文敦促基督徒“多生孩子，并疯狂地训练他们”。❸

---

❶ 施瓦茨. 美国最高法院史[M]. 毕洪海，等译. 北京：中国政法大学出版社，2005：370.

❷ 1957 年，政治学家安德鲁 · 哈克（Andrew Hacker）首次公开提及 WASP 一词，尽管当时“W”代表“Wealthy（富有）”而非“White（白人）”。当人们说“他们是 WASPS”时，背后往往有这样的隐语：他们出身高贵、生活优渥，居住在美国东海岸或旧金山附近，从小被安排就读昂贵的私立高中和常春藤盟校，是古老家财的继承人。在很长一段时间内，WASP 群体曾是普罗大众嘲笑和讽刺的对象，他们常常与那些令人生厌的刻板印象联系起来：高傲、贪婪、自私、势利，正如 WASP 的另一个意思像“黄蜂”一样，总是给人一种咄咄“蜇人”的感觉。

❸ DEYOUNG K. It's Time for a New Culture War Strategy[EB/OL]. (2020-6-17)[2021-7-15]. https://www.thegospelcoalition.org/blogs/kevin-deyoung/its-time-for-a-new-culture-war-strategy/.

可见，不仅人口和节育关乎美国WASP的本质问题，同样，白人和黑人通婚也一度成为文化战争的议题。美国白人保守派基督教一直认为，黑白通婚玷污并冲击了WASP传统文化，让美国白人文化不再纯粹。这种论调其实是种族歧视在婚姻领域的体现。在很长一段时间内，白人和黑人无论从习俗上还是在法律上都不允许结婚，这固然有种族歧视和种族隔离的原因，其实深层次原因还是离不开文化原因。

美国是移民国家，跨族婚姻现已成为常态。跨宗教（interfaith marriage）、跨族裔（interethnic marriage）和跨种族（interracial marriage）婚姻是跨族婚姻的三种主要形态。然而，在美国早期历史中，大多数美国人根据种族、文化、宗教和阶级等因素在自己所属的相对封闭的群体内选择配偶。恋爱、结婚并非易事，这些因素往往影响婚姻自由，直至今日，这种“同类婚”（homogamy）意识仍然非常浓厚，影响着人们。“美国社会在择偶上所受到的这种意识方面的限制主要来自四个方面：种族、宗教、民族和阶级。”❶ 以宗教为例，很多新教曾主张“一轭论”，即建议本教教徒不要和非本教教徒结婚，否则就像两头体格或气力上差别很大的牲畜同负一轭一样，辛苦不堪。❷ 在美国早期历史中，相比较跨宗教通婚，种族通婚不但受到宗教压力，而且受到严苛的世俗法律压力。17世纪，美国很多殖民地就通过了反异族通婚法（*Anti-miscegenation laws*），其实早在17世纪60年代，马里兰殖民地就颁布了此禁令。❸ 这些法律非常不人道，是种族隔离的典型表现，将异族婚姻及跨越种族的性爱罪恶化，将跨族婚姻刑罚化。

美国建国后，禁止黑白通婚的法律依旧存在于美国各州和美国属地。长期以来，美国很多州以法律的形式明文禁止种族通婚。内战前，黑人与白人通婚一直被视为大逆不道，甚至林肯总统也曾明确反对过黑白通婚：“……我从不赞成给黑人以投票权。黑人不得成为陪审员，不具备担任公职的资格，不得与白种人通婚。”❹ 内战后，虽然黑人婚姻权获得一定保护，但并不完整，法律依旧禁止白人和黑人恋爱结婚，否

---

❶ 陈晓光. 美国婚姻关系的变化[J]. 国外社会科学，1985(9)：24.

❷ 这样的说教有宗教教义支持，例如，保罗在《圣经》（哥林多后书6：14）说：“你们和不信的原不相配，不要同负一轭。”

❸ CHAUNCEY G. Why marriage? The History Shaping Today's Debate over Gay Equality[M]. New York：Basic，2004：62.

❹ JOHNSON M P，et al. Abraham Lincoln，Salary，and the Civil War[M]. New York：St. Matins Press，2001：73.

则严惩。这些法律表面上限制白人不要和其他种族通婚，事实上是“隔离但平等”原则在婚姻领域的体现。[1] 白人种族主义者认为，这些法律并没有违反平等保护条款，因为这些法律只限制白人，并不影响其他种族的人自由通婚。显然，这是白人至上的种族优越论作祟：首先，种族通婚违反自然法原则：既然“万能的上帝创造了白人、黑人、黄色人等不同人种并把他们放在不同的大陆生活……显然上帝本意是不想把他们融合在一起。”[2] 其次，种族通婚后果严重，例如，导致社会混乱及“低下的后代”。最后，种族婚姻使“既有的传统”毁于一旦。[3] 直到20世纪30年代，美国有30个州禁止种族通婚。第二次世界大战结束后，随着科学的进步和人权运动的发展，呼吁废除禁止种族通婚的法律呼声开始高涨。

1948年，加利福尼亚州成为第一个废除禁止种族通婚法律的州。白人姑娘安德烈娅·佩雷斯（Andrea Perez）想嫁给一名黑人小伙，申请结婚许可时遭到拒绝。[4] 于是，佩雷斯提起诉讼。加州最高法院作出判决：禁止种族通婚法律违反了宪法第十四条修正案平等保护条款，“婚姻的本质是自由地与自己所选择的人结婚，婚姻领域的种族隔离必然损害了婚姻权”。[5] 该案判决后，超过12个州废除了相似的法律。[6] 多年来，美国最高法院对种族通婚持保守立场，当美国最高法院进入沃伦法院时期之后，“占主流的自由派大法官不再认同最高法院传统的司法克制观，倡导司法能动主义，积极参与甚至主导美国当代的社会和政治变革”。[7] 1954年美国最高法院在“布朗案”中废除种族隔离政策之后，种族通婚议题凸显。20世纪60年代民权运动风起云涌。1964年《民权法》取消了公共场所的种族隔离政策，1965年《选举权法》保

---

[1] 1896年美国联邦最高法院在“普莱西诉弗格森案”(*Plessy v. Ferguson*)中正式确定了这项种族隔离政策，它试图通过为不同种族提供表面平等的设施或待遇，从而使实施空间隔离的做法合理化。

[2] Loving v. Virginia, 388 U. S. I, 3(1967).

[3] KENNEDY R. Interracial intimacies: Sex, Marriage, Identity, and Adoption[M]. New York: Pantheon, 2003: 263.

[4] 根据加州法律，如果白人和黑人、黑白混血及与具有中国人、日本人或菲律宾人血统的人结婚，婚姻无效。California Civil Code, Section 60, 69.

[5] Perez v. Sharp, 32 Cal. 2d 711, 717, 198 P. 2d 17(1948).

[6] KENNEDY R. Interracial intimacies: Sex, Marriage, Identity, and Adoption[M]. New York: Pantheon, 2003: 258.

[7] 任东来，胡晓进. 在宪政的舞台上：美国最高法院的历史轨迹[M]. 北京：中国法制出版社，2007: 305.

障了黑人的平等投票权，黑人可以自由地参与到政治选举中。黑人获得平等的投票权，意义非凡，因为可以推动跨族婚姻进入政治进程中。1958 年，黑人女孩米尔德丽德·罗文（Mildred Loving）和白人小伙理查德·罗文（Richard Loving）为了能够结婚逃离了弗吉尼亚州，因为该州禁止跨种族婚姻。他们来到华盛顿特区注册结婚，没想到他们回到弗吉尼亚州之后却被投入监狱，理由是他们违反了 1924 年弗吉尼亚州的《种族诚信法案》（*Virginia's Racial Integrity Act of* 1924），该法案规定白人和有色人种的人通婚定为犯罪。在民权运动的感召下，他们追求自己的幸福，1964 年他们在“美国公民自由联盟”组织的帮助下向弗吉尼亚州最高法院提出上诉，该法院维持了原判决。然后，他们向美国最高法院提出上诉。1967 年，美国最高法院在“罗文诉弗吉尼亚州案”（*Loving v. Virginia*）中一致裁定：“作为一项重要的个人权利，每个自由人都有权追求幸福，长期以来人们承认婚姻自由；婚姻是‘人类基本民权之一’，对于人类的生存与繁衍至关重要……是否与其他种族的人通婚，那是个人自由，州不能侵犯它”，“在我们的宪法下，一个人选择与其他种族的人结婚或者不结婚，完全取决于那个人本身，而这个自由是不能被各州所干涉的”。[1]

“罗文案”废除了弗吉尼亚州及其他 16 个州禁止种族通婚的法律。美国最高法院根据第五修正案和第十四条修正案中非经正当程序不得剥夺公民的“生命、自由和财产”的规定，对“自由”进行了扩张性解释，将它延伸到婚姻法领域，确定了自由通婚、自由选择配偶也是一项基本人权。但是，在种族歧视比较严重的南方州，顽固地拒绝废除那些禁止通婚法律，直到 1998 年南卡罗来纳州才将其宪法条文中禁止黑白种族通婚的条款删除，而亚拉巴马州则在 2000 年才通过公民投票的方式删掉其宪法中的类似条款。现在，种族通婚不再是禁忌。种族通婚在美国婚姻比例中从 2000 年的 7.4%上升到 2012—2016 年的 10.2%。[2] 在种族间自由地选择配偶无疑也是美国婚姻制度最大变迁之一，对于促进种族融合、实现社会和谐具有历史进步意义。但是，同种族结婚率依旧维持在 90%左右，而且跨种族通婚的离婚率也高于同种族结婚后的离婚率，可见美国社会离真正实现种族融合还有一定距离。

---

[1] Loving v. Virginia，388 U. S. 1，12(1967).

[2] RICO B，KERIDER R，ANDERSON L. Growth in Interracial and Interethnic Married-Couple Households[EB/OL].(2018-7-)[2022-1-15]. https://www.census.gov/library/stories/2018/07/interracial-marriages.html.

## 第三节　基督教传统道德与公立学校宗教活动

对于美国保守派而言，20 世纪 60 年代是美国道德沦丧的时代，美国基督教特色正在丧失，世俗化加剧。美国变得更加世俗，不是因为宗教人士数量减少，而是由于宗教权威的衰落。[1] 20 世纪美国基督教权威的衰落，始于 20 世纪世俗人文主义流行的 60 年代。世俗人文主义，一种以理性和科学作为道德决策和文化表达基础的哲学，已成为美国文化战争中的一个热点问题。那些信奉世俗人文主义的人通常认为有组织的宗教，特别是传统基督教，是对理性和人类进步的威胁。世俗人文主义试图在文明社会里排除神和神的道德准则。过去几十年中，人文主义者在宣扬其信条方面很成功。他们主要的方法是针对公立教育制度中的年轻人，因此，宗教权利组织对世俗人文主义者提出批评，认为他们倡导的世界观回避了上帝、信仰、道德正直和传统价值观。[2] 沃伦法院时期，围绕着公立学校是否进行宗教仪式、是否禁止宣讲《圣经》及是否禁止讲授进化论等成为文化战争的主要战场之一，产生了一大批里程碑式案件。可以这样说，沃伦法院维护了“政教分离之墙”[3]，维护了美国宪法第一条修正案。

### 一、“上帝治下的国家”与公立学校的宗教活动

美国是一个“上帝治下的国家”，基督教长期在美国大行其道，美国享受基督教

---

[1] HARTMAN A. A War for the Soul of America：A History of the Culture Wars［M］. Chicago，Illinois：The University of Chicago Press，2015：78.

[2] CHAPMAN B，et al . Culture Wars：An Encyclopedia of Issues，Viewpoints，and Voices，vol. 1［M］. Armonk，New York：M. E. Sharpe，2010：501.

[3] 这个说法最早出现在 1802 年杰斐逊写给康涅狄格州的丹伯里浸信会协会（Danbury Baptist Association of Connecticut）一封信里。他说：我再三考虑，全体美国人所宣称的立法机构“国会不得制定法律，来确立或禁止某种宗教”，是建立一道教会和国家之间的分离之墙（I contemplate with solemn reverence that act of the whole American people which declared that their legislature should “make no law respecting an establishment of religion，or prohibiting the free exercise thereof”，thus building a wall of separation between Church and State）。

所带来的好处。[1] 早在殖民地时期，清教徒从欧洲出发，怀揣着《圣经》与梦想，千里迢迢、不畏艰险来到新大陆，建立他们心中的“山巅之城”。写于美国独立战争时期，后来成为美国国歌的《星条旗》的歌词第二段中多次歌颂“上帝的力量”，由这段歌词引申出的“我们信仰上帝”（In God We Trust）更成为美国的国家格言。因此，美国的立国根基是“犹太—基督教体系”，使命是建立“山巅之城”。“这种带有美国特色的基督教传统，是美国人的精神支柱、道德源泉，也是美国人常常引以为傲的思想资源之一。正是由于有了这样一种传统的道德力量，由文化背景形形色色的移民组成的美国社会，才能在道德问题上达成共识，有一个被大多数人认可的道德规范。”[2]

然而，对于保守派来说，20 世纪 60 年代各种社会运动的后果之一就是传统的道德规范不再被尊重，上帝得不到尊重，美国建国的根基正在瓦解。因此，基督教（尤其是清教）的文化与传统必须要牢记，必须要坚守，美国不能世俗化。“事实上，受到官方推崇的基督教的道德规范在美国具有某种正统意识形态的色彩。”[3] 对于美国来说，基督教在社会治理中具有一定作用，“作为社会的净化剂，宗教道德从整体上说对缓和社会矛盾、维护社会稳定、提高公民素质、增强社会凝聚力起了十分积极的作用”。[4] 有些学者认为，宗教尽管在美国占据核心地位，但是，美国宗教自身已经“高度世俗化”，因此美国仍然是世俗化的。“正是因为美国宗教已经世俗化了，所以美国宗教才能够与现代化、现代性并存”。[5] 基督教成为美国社会和文化的一部分，基督教教会发挥了重要作用，“离开了基督教的传统，离开了以基督教为主题的宗教组织与教会，美国社会中的道德根本无法谈起”。[6] 因此，在很多美国人看来，祈祷与阅读《圣经》等宗教活动成为美国民众日常生活的一部分也是道德教化的重要环节。然而，在公立学校进行上述宗教活动也是受到法律约束的。

## 二、维护“宗教分离之墙”：从“恩格尔案”到“艾伯森案”

为了使新生的美国免于重蹈欧洲历史上政教合一、宗教迫害的覆辙，美国建国者

---

[1] 刘澎. 当代美国宗教[M]. 北京：社会科学文献出版社，2012：287.

[2] 刘澎. 当代美国宗教[M]. 北京：社会科学文献出版社，2012：285.

[3] 刘澎. 当代美国宗教[M]. 北京：社会科学文献出版社，2012：286.

[4] 刘澎. 当代美国宗教[M]. 北京：社会科学文献出版社，2012：285-286.

[5] 李华伟. “美国例外论”“欧洲例外论”的由来及其超越[J]. 世界宗教研究，2021(4)：25.

[6] 刘澎. 当代美国宗教[M]. 北京：社会科学文献出版社，2012：287.

在1791年批准的宪法第一条修正案中，特别规定了政教分离（不设立国教）和宗教自由的宪法原则。杰斐逊也认为在政教之间必须构建“分离之墙”，它被解释为政府部门（包括公立学校）应当在宗教事务中保持中立，不得促进或禁止任何宗教。❶ 但是，在美国学校历史文化与爱国主义教育当中，有时很难完全绕开基督教。在美国儿童启蒙教育中，也离不开《圣经》。1690年，新英格兰地区发行的第一本儿童启蒙教材的内容来自《圣经》。自这以后，《圣经》对美国教育的影响无处不在。新英格兰地区的清教徒注重传统观念，并把神学运用到日常生活中。新英格兰的早期布道是一种公共仪式：它将强烈的正统观念运用于日常生活的细节。“新英格兰方式”是“美国生活方式”这一现代概念的早期形态。❷ 随着美国工业和科技的发展，城市化进程加快，美国社会多元化日趋明显，这种传统的生活方式逐渐消退。

美国爱国主义教育和基督教关系密切。美国爱国主义教育形式多样，内容丰富，既有专门的美国历史教育，也有唱爱国歌曲和向国旗敬礼等方式。对于保守派来说，祈祷、阅读《圣经》等宗教活动有助于培养爱国主义精神。课前祈祷与诵读《圣经》的传统在公立教育机构内已延续数代，法院终止这类宗教仪式后，接着便出现了20世纪60年代末混乱的状况。尽管成因存在争议，但相当多的基督徒认为，正是因为将宗教剥离出教育领域，这类放荡与失序行为才会发生。❸ 1962年的“恩格尔诉瓦伊塔尔案”（*Engel v. Vitale*，简称“恩格尔案”）和1963年的“阿宾顿校区诉申普案”（*Abington School District v. Schempp*，简称“申普案”）正是在这一背景下发生的。

### （一）“恩格尔诉瓦伊塔尔案”（1962）

1951年，为了培养学生的思想品德与爱国主义，纽约州教育委员会指示地方教育委员会要求公立学校的学生每日晨读前祈祷，当然这种祈祷方式采用的是基督教样式，而非其他宗教样式。该祈祷文很短：“万能的上帝，您是我们的依靠，请赐福于我们、父母、老师及国家。”这在其他州（尤其是南方州）也是非常普遍的现象。纽约州拿骚县教育委员会在全县推广该思想品德教育方法。以史蒂文·恩格尔（Steven

---

❶ 任东来等. 美国宪政历程：影响美国的25个司法大案[M]. 北京：中国法制出版社，2005：209-210.

❷ 布尔斯廷. 美国人：殖民地历程[M]. 时殷弘，等译. 上海：上海译文出版社，2014：4，15，16.

❸ 杰弗里·图宾. 九人：美国最高法院风云[M]. 何帆，译. 上海：上海三联书店，2010：81.

Engel）为首的几名学生的家长强烈抗议这样的祈祷仪式，因为他们并非基督教教徒，他们有其他的宗教信仰或者根本就没有宗教信仰。这些家长认为，如果逼迫孩子祈祷，就等于强迫孩子们进行宗教与信仰选择。于是他们把县教委委员威廉·瓦伊塔尔（William Vitale）告上了州法院。这些家长给出的理由是：他们不是基督教家庭，他们中有的是无神论者，有的是犹太教徒，有的是其他教派的教徒，如果强行向这些孩子灌输基督教教义，就侵犯了美国宪法第一条修正案的权利——宗教信仰自由。如果政府利用公权力强行推行祈祷活动，那么就违背了“政教分离”这一基本原则。❶

对于教育主管部门来说，这几位家长的指控有点上纲上线，毕竟这一祈祷活动不是严格意义上的宗教活动，而是一种思想品德教育形式，与总统宣誓就职时手按《圣经》起誓差不多，不会违背政教分离的原则。尽管杰斐逊的名言“分离之墙”言犹在耳，但是宗教和政治完全分隔是不可能的，因为基督教元素已经融进美国的生活与传统中。“我们信仰上帝”不仅镌刻在钱币上，而且镌刻在国会大厦；美国国会开幕也有一个祷告仪式，美国最高法院开庭同样也有一个祷告仪式，这样的事例举不胜举。

政教完全分离很难，“在美国人看来，问题的关键不是政教之间是否可以在某种程度上依照传统习惯相互交叉，而是在于在这种交叉中政府是否通过干预或强制的手段对某种宗教或教派做了刻意的推崇”❷。事实上，20 世纪 40 年代开始，美国最高法院坚持政教分离，把爱国主义教育和宗教活动有意区别开来，爱国主义教育不能披着宗教的外衣，政府不能在公共场所用强制手段利用宗教来推行爱国主义教育。1943 年，在“西弗吉尼亚州教育委员会诉巴内特案”（*West Virginia State Broad. of Education. v. Barnette*，简称“巴内特案”）中，罗伯特·杰克逊大法官（Robert H. Jackson，1941—1954）的判词富有文采，被奉为美国精神的一部分。“如果积极主动参加爱国仪式的行为，被外力强迫、照本宣科或刻意逢迎所取代，相信爱国主义绝对无法弘扬。”“如果在我们宪法的星空上有一颗不变的星辰，那就是无论是在政治、民族主义、宗教还是其他舆论问题上，任何官员，不论其职务高低，都无权决定

---

❶ 任东来等.美国宪政历程：影响美国的 25 个司法大案[M].北京：中国法制出版社，2005：210-211.

❷ 白雪峰.上帝与权利之间的艰难选择：从“恩格尔诉瓦伊塔尔案”看美国宪政[J].甘肃社会科学，2005(4)：46.

什么是正确的，也无权用言辞或行动来强迫公民表达他们的信念。无论有什么情形允许这一例外，我们现在都绝不允许他们发生了。”❶ 政府不能强迫公民作出令人憎恶的声明，如背诵誓言，不仅仅是因为言论自由或宗教自由，更广泛地说，因为就程序而言，政府没有这样的权力。

“巴内特案”判决之后，美国最高法院并没有停止对公共场所宗教活动的施压。州初审法院和上诉法院驳回诉讼请求之后，恩格尔又将该案上诉至美国最高法院。拿骚县教育委员会认为，课前祈祷行为虽然是宗教行为，并非强制性行为，学生可以自由选择，可以选择沉默，校方也不会批评或给予惩戒。另外，推行祈祷也不是要刻意推崇基督教，毕竟祈祷已成为美国文化和生活的一部分，而且祈祷文也没有刻意突出基督教，它只是一种大众化语言，与其他宗教祈祷文大同小异，不存在侵犯学生公民权利。❷ 而代表学生一方的律师认为，学生“自愿”参加祈祷的言辞不成立，拿骚县教育委员会推行的祈祷行为在事实上已经构成了强制行为，虽然学生可以选择沉默，但是在众目睽睽之下，会承受巨大的心理压力。另外，祈祷文显而易见是宣扬基督教教义，完全不顾及其他人的信仰感受，公民的宗教信仰自由被抛掷一边。拿骚县教育委员会的祈祷政策违背了政教分离，违背了美国的历史传统。

1962 年，沃伦法院以 6∶1 的投票结果推翻了纽约州在公立学校中进行祈祷的做法。❸ 布莱克大法官起草了多数意见。在多数意见中，布莱克认为，无论是祈祷行为还是祈祷文本身，都属于宗教活动，属于县教育委员会的指定行为，属于强制行为。拿骚县教育委员会的行为无疑违背了第一条修正案“禁止确立国教”条款。布莱克大法官不认同祈祷行为属于自愿行为，他认为：“只要政府以其权势、威望和财力支持了某一宗教或教派，那么对其他宗教就构成了‘间接强制力’，使其他宗教处于弱势地位。”❹ 显然，拿骚县教育委员会违背了中立原则，间接地支持了基督教。拿骚县教育委员会的行为必须制止，否则会导致不同宗教间相互“憎恨、不敬和蔑视”，因为“确立国教与宗教迫害是比肩而立的”。❺ 在“恩格尔案”中，布莱克所持理由

---

❶ West Virginia State Broad. of Education. v. Barnette, 319 U. S. 624, 642 (1943).

❷ 任东来等. 美国宪政历程：影响美国的 25 个司法大案[M]. 北京：中国法制出版社，2005：213-214.

❸ Engel v. Vitale, 370 U. S. 421, 430-431 (1962).

❹ Engel v. Vitale, 370 U. S. 421, 430-431 (1962).

❺ Engel v. Vitale, 370 U. S. 421, 431-432 (1962).

与杰克逊大法官如出一辙，“审查一项政府行为或法律是否违反了禁止确立宗教条款，并不依赖于政府是否直接强迫人民信仰某种宗教或教派，只要政府以其权势、威望和财力支持了某一宗教或教派，就对其他宗教组织形成了间接强制力，并使他们在宗教事务中处于劣势地位。从这种意义上讲，政府这一行为违反了政府应在宗教事务中保持中立的宪法原则和禁止确立宗教条款。”❶

虽然“恩格尔案”判决并不禁止学校自愿祈祷，但被保守派广泛视为反宗教。由于宗教议题非常敏感，政府首先要保持中立态度，不能偏向某个宗教。1961 年，美国最高法院第一次在“托卡索诉沃特金斯案”（*Torcaso v. Watkins*，简称“托卡索案”）中要求无论是州政府还是联邦政府在宗教方面采取以下中立态度：“既不能支持所有宗教，也不能反对无宗教信仰，既不能基于对上帝存在的信仰而援助宗教，也不能基于不同信仰而反对其他宗教。”❷ 美国最高法院明确指出佛教和道教，与唯一神教不同的是，这些宗教不把至高无上的存在置于其信仰体系的中心。无神论者也加入了争论，他们挑战宗教在公共生活中的作用。在“托卡索案”中，最高法院虽然不承认无神论❸，但确实提到了伦理文化和世俗人文主义，传统不容易被确定为宗教。在某种程度上，宗教日益多元化影响了法院的判案。“恩格尔案”结束后，北卡罗来纳州参议员萨姆·埃尔文（Sam J. Ervin）评论说：“我想问一下，我们是否会说，最高法院在这项裁决中认定信仰上帝是违宪的，而且公立学校必须与上帝隔离？”❹ 当布伦南大法官被问及作为大法官他曾作出最难的判决是什么的时候，他回答说：“学校祈祷案的判决使我非常为难，该案认为在公立学校中进行祈祷是不恰当的。我审理该案时思想斗争很激烈，毕竟我是一名天主教徒。”❺

“恩格尔案”是文化战争的标志性案件。在“恩格尔案”中，美国最高法院在宗教正统派中掀起了一场风暴，扩大了宗教和世俗的分歧。沃伦法院宣布在公立学校不

---

❶ Engel v. Vitale，370 U. S. 421，430-431（1962）.

❷ Torcaso v. Watkins，367 U. S. 488，495（1961）

❸ Torcaso v. Watkins，367 U. S. 488，495（1961）.

❹ LEWIS A. Supreme Court Reporter Who Brought Law to Life，Dies at 85[EB/OL].（2013-3-25）[2021-7-15]. https://www. pulitzer. org/article/question-prayer-public-schools

❺ 霍维茨. 沃伦法院对正义的追求[M]. 信春鹰，等译. 北京：中国政法大学出版社，2003：13.

准诵读《圣经》无疑是一起政治和社会事件。[1] 来自西弗吉尼亚州的联邦参议员罗伯特·C·伯德抨击美国最高法院“摧残美国人的灵魂”，而另一位国会参议员威廉姆斯更是危言耸听：最高法院对该案的审理，实际上是在“刻意和谨小慎微地、具有阴谋性地以唯物主义替代美国人的思想价值观念”，其目的是要使美国“共产化”。[2] “恩格尔案”强烈地震撼了宗教氛围极为浓厚的美国社会，尤其是在风云激荡的20世纪60年代，美国最高法院受到美国社会保守势力的猛烈的抨击和谴责。

### （二）“阿宾顿校区诉申普案”（1963）

“恩格尔案”之后的第二年，也就是1963年，“恩格尔案”被“艾宾顿学区诉申普案”（*Abington School District v. Schempp*）所仿效。在这一年，美国最高法院“建造”了一座更高的“政教分离之墙”。宾夕法尼亚州阿宾顿镇居民爱德华·申普是唯一神教徒（Unitarian Universalist），他认为，他的儿子埃勒里·申普的权利受到侵犯，于是他向宾夕法尼亚州东区地区法院提起诉讼，禁止执行宾夕法尼亚州的一项法律。宾夕法尼亚州法律是这样规定的：听或读《圣经》内容是一种学习活动，也是该州公立学校教育的一部分。区法院作出了有利于申普的裁决，并废除了宾夕法尼亚州的法律。艾宾顿学区不服，提出上诉，该案最终上诉到了美国最高法院。1963年美国最高法院在“申普案”以8∶1的票数作出了有利于被告申普的判决。美国最高法院在判决中宣布，美国公立学校支持的阅读《圣经》活动是违宪的。[3] 在这些案件中，美国最高法院延续了“恩格尔案”的逻辑，宣布所有国家授权的祈祷或诵读《圣经》等行为都违宪。宗教保守派被彻底激怒，他们指责美国最高法院把上帝赶出了公立学校。同年，美国最高法院再一次在“莫里诉科利特案”（*Murray v. Curlett*）强调：学生参与公立学校在校园中组织或支持的祈祷和/或阅读《圣经》的活动是违宪的。[4]

---

[1] SCHWARTZ B. The Warren Court：A Retrospective[M]. New York：Oxford University Press，1996：104.

[2] 转引自任东来. 美国宪政历程：影响美国的25个司法大案[M]. 北京：中国法制出版社，2005：216-217.

[3] Abington School District v. Schempp，374 U. S. 203（1963）.

[4] Murray v. Curlett，374 US 203（1963）.

### （三）“艾伯森诉阿肯色州案”（1968）

19 世纪中期，达尔文的《物种起源》一经面世就在欧洲和美国引起轩然大波。对于美国基督教保守派来说，进化论无异于异端邪说。反进化论者长期将进化论与无神论、虚无主义、共产主义和社会达尔文主义联系在一起。他们相信如果进化论普及，美国将国之不国！这种“反进化论”（anti-evolution）的立场，乃是 20 世纪 20 年代美国盛行的“基本教义派”宗教狂热的产物。

1925 年，田纳西州以压倒性多数通过著名的《猿猴法案》（*Monkey Law*），将“任何否定《圣经》中所教导的关于人类创造的神圣故事”的行为都视为犯罪，并且在 1927 年得到该州高等法院的支持。[1] 阿肯色州紧随田纳西州之后，1928 年颁布法律规定：该州内的各大学、中学和小学，皆不得教授人类是从其他种类演化而来的理论，也不得使用包含此理论的教科书，违反禁令的教师将面临解职的后果。在美国南部和中西部，进化论成了人人喊打的异端邪说，导致很多教育部门和出版商都不敢吭声。

自 1928 年以来，阿肯色州各高中所采用的生物教科书都没有讨论达尔文进化论。到了 1965—1966 学年，小石城的学校行政人员接受生物教师的建议，采用一本新的教科书，其中包含了进化论内容。生物教师艾伯森（Susan Epperson）是一位年轻女教师，刚刚从伊利诺伊大学获得动物学硕士学位。1965 年新学期开始，艾伯森一拿到新的生物教科书时就担心：如果她按照新教科书的内容来上课，她就面临解职的危险。艾伯森老师向阿肯色州“大法官法庭”（Chancery Court）提出诉讼，控诉阿肯色州禁止教授进化论的规定，违反美国宪法有关言论自由的原则。[2] 该法庭判定该项规定确实违反了美国联邦宪法有关言论自由的规定。该法庭法官认为，该法律试图阻止学生学习与基督教保守派对立的观点，从而让学生更容易有宗教倾向，但是阿肯色州高等法院驳回了此诉讼案，因为州政府有权决定本州各级学校开设什么样的课程。

---

[1] Monkey Trial begins：1925［EB/OL］.（2014-7-10）［2021-7-18］. https://warriorgirl3.wordpress.com/2014/07/10/monkey-trial-begins-1925/.

[2] Epperson v. Arkansas，393 U.S. 97（1968）.“大法官法院”是指英国 15 世纪开始建立的隶属于大法官的衡平法法院，用以向当事人提供某些不能从普通法法院获得的法律救济；它成为高等法院的大法官庭。大法官法院或衡平法法院在英联邦的某些地区和美国的一些州仍然作为一个独立的审判系统保留着。

但是，阿肯色州的高等法院并没有处理该案是否违宪的问题。后来，艾伯森老师转而向美国最高法院提出上诉。1968 年美国最高法院以 9∶0 的票数判决："各州不得禁止各级学校教师教授进化论，正式确定州政府虽然有权执行其对州内各级学校的课程决定权，但是仍然不得违反联邦宪法第一修正案有关言论自由的规定。[1] 艾伯森老师获胜！从此之后，艾伯森老师及她的同事可以放心地教授进化论了。

### （四）沃伦法院为何"把上帝从学校赶走了"

沃伦法院对"恩格尔案""申普案"和"艾伯森案"等一系列案件的判决让美国保守派惊呼：沃伦法院"把上帝从学校赶走了"！美国保守派也迅速采取行动。美国国会举行了一系列的听证会，一些保守派议员甚至提出了宪法修正案，重申基督教不能远离学校，基督教的一些活动应成为美国国家爱国主义教育的一部分。沃伦法院的判决直接导致了美国宗教右翼的兴起。20 世纪 60 年代以来的民意调查中，禁止公立学校祈祷和诵读《圣经》的裁决通常被列为美国最高法院最不受欢迎的裁决。一些保守的基督徒认为，"'恩格尔案'和'申普案'是美国文明垮台的开始"[2]。美国保守派政治人物布坎南认为，沃伦法院任意把它的意志强加给别人，特别是宗教方面，有效地发起了"社会、文化和道德的革命"。他猛烈抨击，"在这个独裁统治下，""从根本上讲，极端的世俗主义和平等主义，和苏联一样，美国的公立学校被彻底去基督教化。"[3] 对于基督教保守势力而言，禁止公办学校祷告与诵读《圣经》的行为，意味着基督教与公立学校渐行渐远；公立学校中没有基督教仪式感意味着公立学校的学生再无法接受基督教传统的价值观，这样会导致社会道德的退化。他们对美国最高法院提出尖锐批评："哲学家国王"（特指大法官）禁止公立学校惯行的诵经和祈祷等行为，这对美国人来说是不民主的。著名的保守派政治评论员小威廉・巴克利（William Buckley Jr.）表达了保守派对最高法院日益增长的不满，他认为，由于最高法院的"也陷入意识形态的争斗中，这使我们的社会越来越难以正常呼吸，无法通

---

[1] Epperson v. Arkansas, 393 U. S. 97, 100-101(1968).

[2] HARTMAN A. A War for the Soul of America: A History of the Culture Wars[M]. Chicago, Illinois: The University of Chicago Press, 2015: 74.

[3] LANE F. The Court and the Cross: The Religious Right's Crusade to Reshape the Supreme Court [M]. Boston, Massachusetts: Beacon Press, 2008: Introduction 3.

过既定的传统和权威来治理自己；无法以当地的共识来统治自己；无法有效地对付国内的敌人；无法履行其对神父信仰的绝对承诺（carry forward its implicit commitment to the faith of itsfathers）”❶。因此，美国法学家约翰·杰弗里斯（John C. Jeffries）和詹姆斯·瑞安（James E. Ryan）观察到：“关于学校祈祷的争论揭示了美国政治与文化精英及美国其他人之间存在沟壑。”❷

沃伦法院的一系列判例所确立的“政教分离”原则对以后的类似审判产生了深远的影响。沃伦法院在公立学校坚守“政教分离”原则，“并未从根本上违反民意，它反对政府卷入宗教的目的，恰恰是为了使民众有更多的条件和机会自由地选择和坚持自己的信仰”。❸ 然而，对于保守派来说，沃伦法院是一个非常糟糕的时代，基督教传统与道德没有得到维护，宗教世俗化加剧。宗教保守派对于美国最高法院关于宗教案件的判决非常不满意。“从1940年以来一直导引美国宗教试验的，作为实验室的美国联邦最高法院，已经不再被信任。美国最高法院针对犹太人、穆斯林及美国原住民的判决，引起了来自公众和专业媒体排山倒海般的攻击。实际上，美国最高法院关于宗教权利和自由的晚近判决，因缺少一以贯之的原则，不加辨别地使用机械的标准，其间充满误导性的隐喻并混有大量不同的判决意见，而遭到诋毁。”❹ 自由派与保守派之间猜疑、怨恨和困惑的情绪在“双方不断升级的一系列挑衅和法律主张”中普遍表现出来，这些挑衅和法律主张被越来越贴切地称为“文化战争”。❺

---

❶ HARTMAN A. A War for the Soul of America：A History of the Culture Wars［M］. Chicago，Illinois：The University of Chicago Press，2015：74.

❷ JEFFRIES J C，RYAN J E. A Political History of the Establishment Clause［J］. Michigan Law Review，2001（100）：325

❸ 任东来等. 美国宪政历程：影响美国的25个司法大案［M］. 北京：中国法制出版社，2005：219.

❹ 威特. 宗教与美国宪政经验［M］. 上海：上海三联出版社，2011：3.

❺ SMITH S D. Constitutional Divide：The Transformative Significance of the School Prayer Decisions［J］. Pepperdine Law Review，2011（38）：1017.

第七章

# 伯格法院（1969—1986）：堕胎、同性恋权利与死刑

1969年沃伦大法官荣退，标志着最高法院的一个时代落幕。同一年，共和党人尼克松打着“恢复法律与秩序”的大旗走进白宫。为了兑现承诺、取悦保守派选民，1969年5月21日，尼克松提名保守派人士沃伦·伯格（Warren E. Burger，1969—1986）出任首席大法官。伯格被一直被认为是温和的保守派。三个星期之后，参议院迅速批准了这一提名。美国最高法院进入了伯格法院时代。伯格法院最令美国民众难以忘怀的是它在“水门事件”的表现。在“水门事件”中，伯格强令提名他做大法官的尼克松总统交出录音带。1974年，伯格在“美国诉尼克松案”（*United States v. Nixon*，简称“尼克松案”）中的表现彰显了美国最高法院的正直与独立。[1]“尼克松案”意义深远，“比起最高法院历史上的其他判决，这份判决更能唤起人民对司法工作的信心，这正是法治的顶梁柱”。[2]

沃伦大法官虽然离开了美国最高法院，但他的影响力在最高法院无处不在。布伦南等大法官还继续着沃伦大法官的事业，毕竟沃伦法院的民权事业没有停歇。沃伦法院曾经作出的激进判决令保守派耿耿于怀，伯格的到来，让他们看到希望。“当伯格

[1] United States v. Nixon，418 U. S. 683(1974).

[2] 斯蒂文斯. 五位首席大法官：最高法院杂忆[M]. 上海：上海三联书店，2014：98.

来到最高法院时，人们普遍认为他带来了具体的议程：推翻过去那些充满活力的激进主义。"[1] 然而，"首席" 虽然换了，伯格法院有时 "萧规曹随"，并没有彻底走向沃伦的反面。

美国最高法院史专家很难把伯格法院归结为是保守的还是自由的，总体来说，伯格法院在文化战争案件中整体是偏向自由的，允许动用校车实现 "黑白同乘" 和短暂终止了全美死刑的执行等[2]，在美国最高法院审理的所有文化战争案件中，影响最为深远的案件莫过于伯格法院作出的 "罗伊诉韦德案"（*Roe v. Wade*）的判决（具体见第七章第一节），该判决保障了妇女自由选择堕胎的宪法权利。伯格法院在政教分离问题上更加明确了立场，在 "莱蒙诉库尔茨曼案"（*Lemon v. Kurtzman*）试图在敏感的政教分离问题上树立一个明确的标准。[3] 伯格代表七位大法官撰写了多数意见，在重申 "申普案" 原则的同时，还强调法律必须防止政府 "过分地" 卷入宗教事务。在 1980 年的 "斯通诉格雷厄姆案"（*Stone v. Graham*）中，美国最高法院认定要求在

---

[1] SCHWARTZ B. The Burger Court：Counter-Revolution or Confirmation[M]. New York：Oxford University Press，1998：3.

[2] 1971 年，伯格法院支持了下级法院一项判决，在"斯万诉夏洛特-梅克伦伯格县教育委员会案"中判决，鉴于农村地区黑人与白人居住区相隔太远，可以采用校车制度，把白人学生用校车送往黑人居住区，把黑人学生用校车送往白人居住区，强行将黑白学生混合，以实现黑白学生合校的目的。Swann v. Charlotte-Mecklenburg Board of Education，402 U. S. 1(1971)

[3] 在 1971 年的"莱蒙诉库兹曼案"(Lemon v. Kurtzman)一案中，最高法院制定了一项严格的检验标准，以确定政府参与宗教事务是否违反了宪法。根据莱蒙规则，任何涉及政府与宗教关系的法律，必须符合下述标准方算合乎宪法规定，即法律必须：①具有世俗的立法目的；②既不促进也不限制宗教；③不得助长政府过分卷入宗教。然而，在后来的司法实践中，该检验标准受到质疑。"首先，法官对待宗教的态度使莱蒙检验无法得到完全的适用；其次，莱蒙检验自身存在技术性的问题；再次，莱蒙检验的三个标准模糊而主观。"陆幸福. 莱蒙检验——美国司法处理政教分离案件的一个标准[J]. 当代法学，2006(6)：144-145. 保守派法律学者经常批评这种检验方法，最高法院在宣布这种检验方法以来的几十年中也逐渐放弃了这种方法。"对于斯卡利亚来说，莱蒙原则浓缩了现代宪法中令他反感的理念。""莱蒙检验规则就像深夜场恐怖片中的食尸鬼，反复从墓穴里弹出来，再反复被杀死和埋葬。""斯卡利亚认为，莱蒙案事实上赋予了法官无限的自由裁量权，他们认为怎么样算公平，就会怎么判。斯卡利亚的看法正好与之相反，他认为，法官应当依据制宪者本意，适用明确的规则，而宗教与公共生活彼此纠结的漫长历史，已为人们理解向愿意提供了最丰富的资源。校园内的祈祷、政府建筑内的宗教陈设、官方举办的宗教庆典——既然这些在宪法制定是已经存在，就意味着制宪先贤也允许它们延续至今。"引自：杰弗里・图宾. 九人：美国最高法院风云[M]. 上海：上海三联书店，2010：86-87.

公立学校教室的墙上张贴《十诫》的州法案是无效的，但是，最高法院谨慎地指出，《十诫》是纯粹作为宗教训诫被张贴的，没有“被整合到学校的课程中去”，“在学校的课程里面，《圣经》可以被合乎宪法地用于历史、文明、伦理、比较宗教学或者类似课程的学习”。❶ 1985 年，美国最高法院在“华莱士诉杰弗里案”（*Wallace v. Jaffree*）中推翻了阿拉巴马州的一项法律，该法要求公立学校上课前有一段“安静的沉思或自愿祷告”的时间。美国最高法院裁定，该项法律的动机是在公立学校鼓励祈祷，因此违宪。❷

与沃伦法院比较，伯格法院在精神上并未有如此坚固的自由主义根基，伯格法院的司法能动主义像浮萍一样，游走不定。“一系列因素限制了伯格法院向保守方向的倾斜。第一，尼克松在除形式政策以外的其他社会问题上，并非人民所想象的保守主义者，因此他提名的大法官也并非总是具有保守倾向。此外，在隐私权、堕胎等问题成为最高法院热点之前，尼克松不可能对其予以真正的关注。第二，尼克松和大多数总统一样，并没有改变最高法院的多数派态度。第三，大法官的意识形态是可能随着时间的流逝而发生变化的。第四，无论大法官与提名他的总统在意识形态上是多么接近，也不可能总是支持总统的观点。”❸ 伯格法院缺乏改变当时最高法院司法原则的那种自觉，沃伦法院的惯性使伯格法院难以改变沃伦法院留下的司法轨迹。伯格法院只能根据社会的脉搏而调整司法策略，它随社会舆论的变化而变化。因此，伯格法院的能动主义被称为“无根的能动主义”。❹

和沃伦法院的自由主义相比，伯格法院收敛了很多，它甚至有时表现出在保守与自由之间徘徊，犹豫不定。“伯格法院大体上处在从沃伦司法自由主义转向伦奎斯特司法保守主义的过渡当中，既肯定了沃伦法院在公众自由和公民权利领域确定的基本原则，又对这些权利的适用范围、权利保护的强度进行了一定程度的限制。例如，在同性恋权利问题上，伯格法院依旧非常保守，没有给同性恋权利任何生存的空间。较之沃伦法院的开明，伯格法院略显得保守；较之其后的伦奎斯特法院的保守，伯格法

---

❶ Stone v. Graham, 449 U. S. 39, 42(1980).

❷ Wallace v. Jaffree, 472 U. S. 38(1985)

❸ 杰弗瑞・西格尔，哈罗德・斯皮斯. 正义背后的意识形态：最高法院与态度模型[M]. 刘哲玮，等译. 北京：北京大学出版社，2011：199.

❹ 王建坤. 伯格法院：意外而无根的司法能动主义[J]. 书城，2009(9)：101.

院则算得上开明。”❶

## 第一节 “罗伊案”与堕胎政治

如果从伯格法院审理的所有案件中挑选出最杰出的代表作，非“罗伊案”莫属。“如果以对美国政体所产生的影响作为衡量标准，那么1973年的罗伊诉韦德案，毫无疑问是自‘布朗案’以来最高法院作出的一项最重要的判决。”❷ 近半个世纪以来，没有一个案件的判决像“罗伊案”这样影响着美国的社会与政治。在文化战争中，堕胎议题是经久不衰的议题，“堕胎议题让美国分崩离析，让美国政治扭曲变形，让宪法的解释无所适从”。❸ 对于自由派来说，“罗伊案”被视为美国新自由主义的“巅峰之作”；而对于保守派来说，“罗伊案”是美国传统价值崩溃的预兆。“堕胎是美国政治制度迄今为止遇到的最不可妥协的议题。对于支持选择权的人来说，堕胎是一项基本权利，对于支持生命运动的人来说，堕胎是谋杀。在这两种立场之间，几乎没有达成一致的余地。”❹

### 一、“罗伊诉韦德案”（1973）：妇女堕胎权受宪法保护

历史上，堕胎几乎很少与政治关联。但在当代美国，没有任何一个社会问题像堕胎那样被赋予浓厚的政治色彩，撕裂美国社会几十年。保守的基督教群体（不仅仅是他们）往往支持共和党，因为共和党禁止堕胎的立场比较强硬。民主党则更倾向将堕胎视为个人权利和隐私。在美国宗教多元文化情境中，堕胎不仅是一个医学问题，它还涉及宗教、伦理、道德、价值观和法律等一系列问题。

---

❶ 任东来等.在宪政舞台上:美国最高法院的历史轨迹[M].北京:中国法制出版社,2007:360.

❷ 麦克洛斯基.美国最高法院(第三版)[M].任东来,等译.北京:中国政法大学出版社,2005:201.

❸ 德沃金.生命的自主权:堕胎、安乐死与个人自由的论辩[M].郭贞伶,等译.北京:中国政法大学出版社,2013:2.

❹ 迪昂.为什么美国人恨政治[M].赵晓力,等译.上海:上海人民出版社,2011:340.

## (一) 堕胎的政治性

"罗伊案"产生的历史背景是美国第二次女权运动，该运动也是20世纪60年代的民权运动的一个分支。[1]第二波女权运动始于1960年，20世纪80年代初结束。在黑人民权运动影响下，女权主义者开始反思自己因为歧视而无法充分享有平等权利，她们也要"为自己的权利而斗争"。这两波女权主义思潮对世界很多国家持续地造成影响。第二波女权主义运动的内容比较庞杂，包括争取性别平等、生育权、堕胎、避孕、离婚、女性工作权等，也让社会开始关注家庭暴力及婚内强奸等一些社会议题。具体而言，这一时期的女权主义运动提出以下目标：一是男女平等，机会平等，女性应该全面参与社会公共管理事务；二是"我的身体我做主"，拥有就业权和生育权。在具体政治实践中，她们要求生育权、堕胎权和健康权，其中堕胎合法化是女权运动追求的主要目标之一。

然而，美国联邦层面并未对堕胎进行立法，各州对堕胎有不同规定，宽严不一。有的州许可合法堕胎，而有的州完全禁止堕胎。不同的州法给寻求堕胎的女性带来不便甚至危险，她们为了实现堕胎目的，不得不跨越到合法堕胎的州做手术，甚至到黑诊所做手术，从而带来了不必要的麻烦和风险。人为障碍引发了许多法律纠纷，非法堕胎也给妇女健康带来威胁。对于保守派而言，女权主义者的这些理念和政治诉求，直接冲击着美国传统家庭价值中男女有别的自然法则。美国基督教为女性和家庭提供了一个传统的模式。如今极端女权主义运动颠覆了美国传统道德价值观，这自然也被保守主义者认为是道德沦丧、威胁神圣家庭秩序、背叛上帝意志的倒行逆施。极端保守派代表人物博克甚至认为，"激进的女权主义是20世纪60年代以来最具破坏性和最狂热的运动。这是一场革命性的运动，而不是改革运动，它取得了相当大的成功。激进女权主义具有极权主义精神特质，它与西方传统文化极为对立，提出了对社会、道德和人性的彻底重组。"[2]

---

[1] 自美国女性政治觉醒掀起女权主义运动之日起，美国历史上共出现了三次女权主义浪潮，其时段与西方其他国家的女权主义浪潮大体一致。具体而言，第一次浪潮始于19世纪40年代末，终于20世纪20年代；第二次浪潮起于20世纪60年代，止于20世纪80年代末；第三次浪潮发端于20世纪90年代初，持续至今。王恩铭．美国历史上的三次女权主义浪潮[N]．中国社会科学报，2015-3-11.

[2] BORK R H. Slouching Towards Gomorrah: Modern Liberalism and American Decline[M]. New York: Regan Books/ Harper Collins, 1996: 193.

### （二）堕胎与宗教、伦理

堕胎最大的争议源于宗教和伦理。对于保守派来说，堕胎违背了基督教的基本教义和伦理。这些教义和伦理长期约束着美国社会。美国研究学者赵梅从宗教的角度分析了堕胎的社会争议。她认为，“反对堕胎者，大多是基督教徒中的天主教徒及虔诚的新教徒，他们信奉‘创世纪说’或是‘三位一体’的学说，即上帝造人，而上帝（圣父）、耶稣（圣子）和圣灵（道）同为一体。他同人的灵魂相联系，并以此来拯救人类。一切反自然的行为，如堕胎、避孕、离婚和同性恋，他们都反对。他们从上帝造物的角度出发，认为堕胎无异于谋杀。支持堕胎的人，大多是新教徒中的开明派人士和自由主义者。在某种程度上，他们接受了达尔文的进化论，并把宗教和科学巧妙地调和起来。”❶

社会与伦理一开始并不支持堕胎。在美国的早期历史中，堕胎被视为对生命权的侵犯，被道德观念所谴责。直到 19 世纪末和 20 世纪初，随着医学进步和社会变革，人们对堕胎的态度开始发生变化。随着医学技术的进步和妇女权益的争取，一些人开始呼吁合法化堕胎以保障女性的健康和权利。对于保守派而言，家庭有助于维护社会秩序，而现代自由主义则摧毁了原有的社会秩序。对于自由派而言，女人有生殖的自由、控制自己身体的权利以及是否终止怀孕的选择自由。

围绕着堕胎问题，美国社会分裂为两个阵营：“生命派”和“选择派”。“生命派”最大的支持者是以天主教教徒、基督教右翼及其他主张传统价值和社会秩序的保守主义者为主；而“选择派”骨干是女权主义者及自由派人士，他们主张个人权利，特别是女权，主张“我的身体我做主”，废除一切禁止堕胎的法律。事实上，堕胎权与女权主义关系密切，对于女权主义者来说，女性遭受压迫的主要原因在于她们的生育能力。在男权主宰的社会，女性只是生育和抚养后代的角色，她们被排斥在社会政治之外。“妇女只有享有控制自己身体及决定是否终止怀孕的权利，才可以进入公共生活，享有她应当享有的其他的自然权利。”❷ 1963 年女权主义运动兴起后，堕胎权是女权主义的重要内容之一。早在 1962 年，加利福尼亚州的一名医疗技师创办了人道堕胎协会（Society for Humane Abortion）；芝加哥民权活动家希瑟布斯成立了

---

❶ 赵梅.“选择权”与“生命权”：美国有关堕胎问题的论争[J].美国研究，1997(4)：66-67.

❷ 赵梅.“选择权”与“生命权”：美国有关堕胎问题的论争[J].美国研究，1997(4)：69.

名为“简”（Jane）的女性组织，为孕妇实施堕胎；全国妇女组织（NOW）召开了一场生育权会议等……在第二波女权主义运动中，在自由派的推动下，妇女堕胎议题被纳入政治议程中，当时的两党都没有准备好如何处理堕胎议题。由于沃伦法院司法能动主义的惯性，伯格法院却积极地介入妇女堕胎这一议题，从而让美国最高法院在堕胎案件中难以自拔。

### （三）“罗伊案”：从堕胎的普通法历史到堕胎权的宪法赋予

#### 1. 普通法与堕胎

在北美殖民地时期，13 个殖民地普遍采用英国的习惯法，允许胎动之前的堕胎。1803 年，英格兰及威尔士首席法官、虔诚的基督徒艾伦伯勒通过了《艾伦伯勒法》（*Lord Ellenborough's Act*），开始对堕胎实施更多限制，受此影响，美国各州亦纷纷效仿，到了 1849 年，美国有 20 个州将胎动前的堕胎定为轻罪，将胎动后的堕胎，定为二级谋杀。回顾美国历史，从制宪时期到 19 世纪中期，堕胎都是由普通法来规制的，如果在怀孕第二阶段出现的胎动之前堕胎，不算是犯罪行为。美国内战后，州政府越来越频繁地通过立法限制堕胎，而不再考虑以胎动为界。1868 年，第十四条修正案批准生效时 37 个州中有 30 个通过立法限制堕胎。除了阿肯色州、明尼苏达州与密西西比州 3 个州外，这些州规定除非是为了挽救母亲生命，在整个妊娠期间都禁止堕胎。❶

到 1910 年，除了肯塔基州外，所有州都规定，除非是挽救母亲生命的“治疗性”堕胎，在妊娠任何阶段实施堕胎都是违法行为。❷ 随着科学技术的发展，堕胎逐渐变得安全，它甚至比分娩的风险更小。医生开始注意到一个现象，一般的孕妇死亡事例源于拙劣的非法堕胎。20 世纪 50 年代末，随着第二次世界大战之后堕胎需求的增加，医生发现他们无法确定哪种形式的“治疗性”堕胎是允许的。因此，他们开

---

❶ 罗森. 最民主的部门：美国最高法院的贡献［M］. 胡晓进，译. 北京：中国政法大学出版社，2013：91.

❷ MCFARLANE D, MEIER K. The Politics of Fertility Control［M］. New York：Chatham House，2001：36.

始游说改革各州的堕胎法，希望更明确地限定实施堕胎的法定意外情形。❶ 20 世纪 60 年代，更多民众支持改革堕胎法，其推动力量来自女权运动、科学技术（如避孕药丸）及几起广为人知的堕胎丑闻。1967 年春季，科罗拉多、北卡罗来纳和加利福尼亚三州基于美国法学会的立法范式，制定了“改革性”堕胎法，允许具有严重健康问题的妇女请求医院委员会允许为其实施“治疗性”堕胎。❷ 改革性堕胎法使极少数怀孕妇女获得堕胎机会，在之后，女权积极分子转而将自己的目标从改革堕胎法改为取消禁止堕胎法。1970 年，有 4 个州通过了取消禁止堕胎法，从而将堕胎行为完全合法化。❸

1973 年，民众对堕胎问题的态度发生改变，近三分之一的州放松了本州的禁止堕胎法。但是，仍有 30 个州的法律规定除非是为了挽救母亲生命，否则禁止堕胎。判决“罗伊案”时，全国性民意似乎是支持改革而非完全取消堕胎禁令。1973 年，美国一项民意研究中心的调查显示，多数民众认为，如果健康受到严重威胁（91%），或是胎儿极有可能畸形（82%），或是因遭受强奸导致怀孕（81%），孕妇应该可以获得堕胎机会。相比之下，只有不到一半的人认为，如果已婚妇女不想再生孩子（46%）或是单身女性不愿嫁给自己孩子的父亲（47%），堕胎也是合法行为。❹在 1972 年的民意调查中，只有 24% 的受访者表示“无论如何都不应该禁止堕胎”。❺“罗伊案”之前那些年里，各级法院小心谨慎对待堕胎案件，即使 1971 年美国最高法院审理堕胎案件——“美国诉维奇案”（*United Sates v. Vuitch*）时也是小心翼翼，它认为：哥伦比亚特区的堕胎法禁止保护母亲生命或健康之外的堕胎行为并不模糊，因此并不违宪。❻ 1973 年，美国民众对于改革而非取消堕胎禁令的理念尚未达成共识，美国国会也未提出改革方案，堕胎法的改革只发生在州立法层面。州层面对于堕

❶ 罗森. 最民主的部门：美国最高法院的贡献[M]. 胡晓进，译. 北京：中国政法大学出版社，2013：92.

❷ 罗森. 最民主的部门：美国最高法院的贡献[M]. 胡晓进，译. 北京：中国政法大学出版社，2013：92.

❸ 罗森. 最民主的部门：美国最高法院的贡献[M]. 胡晓进，译. 北京：中国政法大学出版社，2013：93.

❹ BOWMAN L. Public Opinion about Abortion Twenty-Five Years after Roe v. Wade, pp. 25-30.

❺ BOWMAN L. Public Opinion about Abortion Twenty-Five Years after Roe v. Wade, p. 37.

❻ United Sates v. Vuitch, 402 U. S. 62(1971).

胎禁令的激烈争论给留意民情的美国最高法院提个醒：如果最高法院将堕胎问题联邦化，国会将会有所反应。❶

2. “罗伊案”(1973)：堕胎权成为一项宪法权利

美国最高法院为了解决各州堕胎立法的混乱局面，直接回应女权运动的堕胎权诉求，美国最高法院萌发了介入堕胎纠纷的冲动。1969 年 8 月，美国得克萨斯州的服务生诺玛·迈康维（Norma McCorvey）未婚先孕，她想堕胎，但得克萨斯州的法律不许堕胎（因强奸怀孕而堕胎等情形除外）。于是她编造谎言被人性侵，却无法提供出警证明或口供，她只好到黑诊所堕胎，苦不堪言。1970 年，萨拉·威丁顿（Sara Weddington）和琳达·科菲（Linda Coffee）这两位年轻女律师打算挑战得克萨斯州达拉斯市的反堕胎法，意在改变全国堕胎政策。她们找到了怀孕中的迈康维女士，让她化名为“罗伊”，作为原告，起诉代表得克萨斯州达拉斯市司法长官亨利·韦德。地方法院判决，该法侵犯了原告受美国宪法第九条修正案所保障的权利，但是没有对得克萨斯州的反堕胎法律发出禁制令（injunction）。于是“罗伊”向美国最高法院上诉。“罗伊案”争议的焦点是：（1）隐私权是否可以保障妇女堕胎权？隐私权的宪法基础条文为何？（2）未出生的胎儿，是否受宪法第十四条修正案“正当法律程序条款”保障？（3）得克萨斯州禁止堕胎法律，是否违反宪法第十四条修正案“正当法律程序条款”？❷

1973 年 1 月 22 日，美国最高法院在“罗伊案”以 7∶2 的票数裁决，妇女具有选择堕胎的权利，得克萨斯州刑法限制妇女堕胎的法律违反美国宪法第十四条修正案正当法律程序条款。❸“罗伊案”的判决由尼克松任命的布莱克门大法官主笔，同样由尼克松任命的伯格和鲍威尔添加了赞同意见。他们将隐私权的观念从“格里斯沃尔德案”扩展到了一个更富有争议的堕胎领域。布莱克门承认在胎儿的生命权与孕妇的健康和自由之间存在激烈冲突，涉及不同的利益群体。然而，布莱克门认为，胎儿脱离母体是否存活是划分胎儿生命权与母亲选择权的一条基本界线，而“存活的可能性”的判定依据是胎儿可以脱离母体、借助人工辅助手段能够活下来。布莱克

---

❶ 罗森. 最民主的部门：美国最高法院的贡献[M]. 胡晓进，译. 北京：中国政法大学出版社，2013:93.

❷ Roe v. Wade,410 U.S. 113,164(1973).

❸ Roe v. Wade,410 U.S. 113,164(1973)

门认为，首先应当承认妇女堕胎权是宪法所保护的个人隐私权。其次，在“罗伊案”中，得克萨斯州法律对堕胎作了过于宽泛的限制，即没有区分妊娠早期和晚期的堕胎，只是将抢救母亲的生命作为允许堕胎的唯一理由，而排除了堕胎所涉及的其他利益，因此，得克萨斯州法律违反了宪法修正案第十四条正当程序条款。❶ “罗伊案”判决意见中最具争议的部分，不是它推导出一项堕胎基本权利，而是其几乎立法式地划定了这种新权利的边界。❷ 布莱克门用隐私权作为堕胎权的权利来源并未被女权主义者领情，相反“包括金斯伯格在内的许多女权主义批评家后来指出，这个将她们囚禁在个人‘隐私’的‘牢笼’里的判决，看起来非常霸道，并没有解决为何要把怀孕妇女排除在平等的社会机会之外的问题”❸。隐私权源于“格里斯沃尔德案”夫妻间的节育问题，但是堕胎与节育的性质不同：节育纯属夫妇间的私密行为，应受到隐私权保护；而堕胎则涉及多个“利益攸关方”：母亲、胚胎/胎儿、医生和医院，堕胎不再是纯粹的、个人的隐私行为。

“罗伊案”推翻了46个州的反堕胎法，确定了“三阶段标准”：肯定了妊娠第一期（First trimester，妊娠头3个月）妇女作决定的自主权；在妊娠第二期（Second trimester，妊娠中3个月），为了顾及妇女的健康，各州可以限制堕胎，但不能禁止堕胎；在妊娠第三期（Third trimester，妊娠后3个月），除非母体有生命危险，为了保护胎儿，各州可以立法限制或禁止堕胎。事实上，绝大多数的州都容许第三期堕胎。自从该案判决以来，美国第三期堕胎的数目已达数十万之多。

“罗伊案”的判决意义重大，对于保守派来说，该案预示着保守主义已失去战略要地，美国传统价值正在失去；对自由派来说，这是民权运动的续篇，沃伦法院自由主义精神的延续。布莱克门大法官后来把“罗伊案”称为：“美国女性解放必要的第一步。”❹ 直到今天，“罗伊案”是一个风向标，它扭曲、搅动着美国大法官的提名任命过程。“罗伊案”严重撕裂美国社会，“给社会上的极端保守派与极端自由派一种

---

❶ Roe v. Wade, 410 U.S. 113, 170(1973)

❷ 罗森. 最民主的部门：美国最高法院的贡献[M]. 胡晓进，译. 北京：中国政法大学出版社，2013：94.

❸ 赫什曼. 温柔的正义：美国最高法院大法官奥康纳和金斯伯格如何改变世界[M]. 郭烁，译. 北京：中国法制出版社，2018：96.

❹ YARBROUGH T E, BLACKMUN H A. The Outsider Justice[M]. New York: Oxford University Press, 2008: 23.

对其自身政治力量的自大感、一种在政治辩论中的受害感，在这场辩论中，大法官们失去了全国多数民众的民心、民意”。[1]“罗伊案”的判决具有先天的不足，该案法律推理非常牵强，用隐私权去支持堕胎权，法理上难以自圆其说。“罗伊案”更多地被视为一种政治判决！保守派一心想推翻这项判决。“在过去30年里，基督教保守派一直在努力选举保守的总统和参议员，他们将任命至少对‘伴影权’概念怀有敌意的大法官，而且最好对吸收概念也持怀疑态度的大法官进入最高法院。”[2]“罗伊案”判决的时候，金斯伯格大法官当时是美国公民自由协会（American Civil Liberties Union）妇女项目负责人。她认为女性平等保护是堕胎权的权利来源。“女性必须有生育控制权，从而获得法律或社会中的平等保护。堕胎权与已经取得的其他女性权利密不可分，这是基于宪法第十四条修正案的平等条款，而不是毫无根据的隐私概念。”[3]“罗伊案”判决不仅推翻了46个州与哥伦比亚特区的禁止堕胎法，而且“在最高法院历史中，很少像‘罗伊案’中大法官那样一意孤行，忽略自由或平等的全国共识，在堕胎政策上积极推进改革。”[4]在金斯伯格看来，“罗伊案”一方面过于保守，另一方面又十分激进，因为该案“切断了各州法律逐渐自由化的政治进程”。[5]

“罗伊案”判决受到各级教会和保守宗教界的广泛谴责，七名大法官投了赞成票，天主教背景的布伦南大法官就是其中之一，这令很多人不理解。难道他的天主教信仰“让位”于美国宪法？然而，情况也可能是20世纪60年代以来天主教也在改革，它的自由派思想影响了布伦南。教皇约翰十三世于1962年和1965年在罗马召集老马教廷会议，对许多教会教义作出了实质性的改革。然而，也有学者认为，那时的天主教有改革的倾向，但是还未达到容忍堕胎的程度。从一开始天主教会就对堕胎持

---

[1] 罗森.最民主的部门：美国最高法院的贡献[M].胡晓进，译.北京：中国政法大学出版社，2013：91.

[2] LANE F. The Court and the Cross：The Religious Right's Crusade to Reshape the Supreme Court [M]. Boston，Massachusetts：Beacon Press，2008：Introduction 22.

[3] 赫什曼.温柔的正义：美国最高法院大法官奥康纳和金斯伯格如何改变世界[M].郭烁，译.北京：中国法制出版社，2018：222.

[4] 罗森.最民主的部门：美国最高法院的贡献[M].胡晓进，译.北京：中国政法大学出版社，2013：90.

[5] 赫什曼.温柔的正义：美国最高法院大法官奥康纳和金斯伯格如何改变世界[M].郭烁，译.北京：中国法制出版社，2018：100.

反对意见并对此保持高度警觉。“自 20 世纪 60 年代以来，天主教一直在大力游说，以阻止州一级的堕胎立法的自由化。天主教会相信，承认堕胎权的结果就意味着残酷地违反道德和自然法。”❶ 相比较天主教，新教徒在反对堕胎方面的行动要慢得多。

“罗伊案”中只有两名大法官表示异议，其中之一由伦奎斯特提出。伦奎斯特认为，“罗伊案”不涉及婚姻，因此侵犯个人隐私权的抗辩不能成立。无论是联邦还是州的立法史，禁止堕胎是存在的，而堕胎权却是不存在的，堕胎权更不可能成为一项基本权利而得到宪法保护。这些大法官没有料到“罗伊案”的判决竟然给社会和国家造成如此的两极分化，给这个国家造成旷日持久、痛苦不堪的政治与道德大辩论。在文化战争中，伯格法院在“罗伊案”中肯定了妇女在怀孕早期和中期的堕胎权利成为政客们另一个至关重要的社会动员议题。❷

大量妇女通过避孕、堕胎等医学科技手段让她们从生育的桎梏中解放出来，走向社会，使婚姻原来所承载的“传宗接代”的生育功能意义降低，生育不再是婚姻的全部，这无疑促进了妇女解放和社会进步。然而，生育和婚姻的分离是一把“双刃剑”，它也带来了性泛滥和性自由、非婚生子女增多、离婚率上升、传统家庭模式瓦解等一系列严重社会问题，直接导致美国传统家庭结构急剧变化，例如，合法堕胎数量急剧上升，1968 年全国堕胎的数量仅为 18 000 起，而“罗伊案”四年后的 1977 年，全国合法堕胎达到了 130 万起。❸ 单亲家庭增多，非婚生儿童数量在过去 50 年中增加很多，仅 2012 年美国的非婚生儿童达到了1 609 619 名。❹ 而作为文化战争主题之一的堕胎问题至今让美国社会分裂，堕胎合法化也将美国社会分裂为两大派：拥护妇女堕胎权利的“选择派”与保护胎儿的“生命派”，2014 年盖洛普公司的一项调查显示，“选择派”和“生命派”势均力敌，分别为 47% 和 46%，2022 年，“选择派”的势力明显比“生命派”势力强，支持堕胎的比例达到了 55%，而反对堕胎的

---

❶ RODGERS D T. Age of Fracture[M]. Cambridge, Massachusetts: The Belknap Press of Harvard University Press, 2011: 165-166

❷ RODGERS D T. Age of Fracture[M]. Cambridge, Massachusetts: The Belknap Press of Harvard University Press, 2011: 165.

❸ 刘军. 美国公民权利观念的发展[M]. 北京：中国社会科学出版社, 2012: 335.

❹ Unmarried Childbearing [EB/OL] [2024-4-22]. http://www.cdc.gov/nchs/fastats/unmarried-childbearing.htm.

比例为 39%。❶ 美国民众支持/反对堕胎的比例如图 7-1 所示。

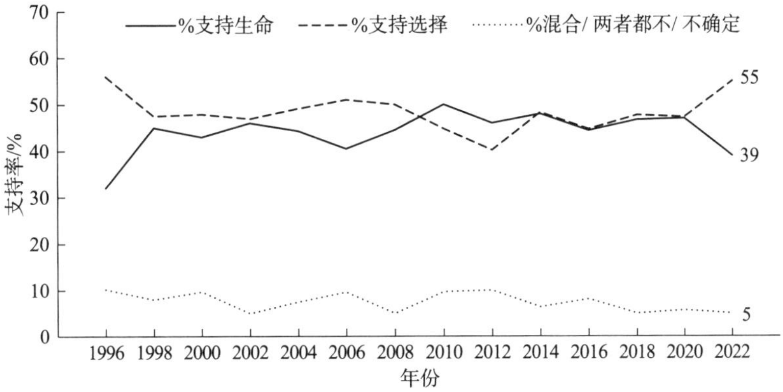

图 7-1　美国民众支持堕胎（选择派）还是反对堕胎（生命派）的比例

对伯格法院早些年的作为美国法学界的一般看法是，那是“从未有过的反革命”。实质不然，伯格法院被认为是“一种无根基的能动主义”，它从未坚守司法节制主义的任何一种连贯的理论，不过它推翻立法的相关司法裁决也并不明显吻合于自由主义或保守主义的类型。❷ 美国最高法院通过大法官“造法”的形式创造了堕胎权，而“在其他国家，堕胎法的形成，都在政治和立法上经历了众多妥协让步；然而，在美国，法律的制定不是在政治角力与协商之后，而是由最高法院唱独角戏所形成。”❸ 美国最高法院能动主义开始受到抨击。“作为美国自由主义一支重要力量的美国妇女运动如今也同样面临困境：一方面，堕胎合法化以来所出现的高堕胎率，特别是无限制堕胎在青少年中泛滥的现象，也同样引起了女权主义者的担忧；另一方面，女权运动者从权利角度出发，强调‘人人平等’，但是她们忽略了男女在生理上的不平等。这就使妇女在争取平等权利的同时丧失了因先天原因而应当享受的照顾，如产假、堕胎后的休息及孕期的工作等。这样受伤害的依然是妇女。”❹

---

❶ SAAD L. 'Pro-Choice'Identification Rises to Near Record High in U. S. [EB/OL]. [2024-4-22]. https://news. gallup. com/poll/393104/pro-choice-identification-rises-near-record-high. aspx

❷ 图什内特. 分裂的法院：伦奎斯特法院与宪法的未来[M]. 田飞龙，译. 北京：中国政法大学出版社，2011:21-22.

❸ 德沃金. 生命的自主权：堕胎、安乐死与个人自由的论辩[M]. 郭贞伶，等译. 北京：中国政法大学出版社，2013:5.

❹ 赵梅. “选择权”与“生命权”：美国有关堕胎问题的论争[J]. 美国研究，1997(4):72.

## 二、堕胎政治：从尼克松到里根

### （一）尼克松总统与堕胎

伯格法院时期，经历了四任总统，他们是：尼克松、福特、卡特和里根。1968年，相对温和的共和党人尼克松当选为美国总统，他使美国最高法院的保守性趋势显著增加。尼克松对沃伦法院司法能动主义持保留态度，尤其他认为，沃伦法院在保护犯罪嫌疑人权益上走得太远，因而不利于社会稳定。“尼克松理想中的大法官应当是‘严格的宪法主义者’，不会将自己的个人偏好带入公共政策。尼克松最大的政绩之一是向最高法院输送了 4 名大法官。”❶ 尼克松也觉得他有责任恢复美国传统与价值。

1972 年美国总统大选，希望连任的尼克松开始强调美国传统价值观。在他的竞选纲领中，他说：我们重申我们对美国基本价值观的承诺，这些价值观使美国成为世界各阶层的向往之地，吸引了从亚洲到非洲、到欧洲、再到拉丁美洲各地方的人，对于他们来说，美国充满了各种机会。尼克松总统以压倒性优势成功连任。成功的秘诀之一就是尼克松在竞选中打出堕胎这张牌。1971 年 3 月 24 日，政治活动家布坎南给尼克松总统写了一份名为《分裂民主党》（*Dividing the Democrats*）的备忘录，建议尼克松从战略角度考虑扭转立场。首先，利用堕胎议题可以分化民主党阵营。尽管像爱德华·马斯基（Edward Muskie）或爱德华·肯尼迪（Edward M. Kennedy）这样的民主党人实际上反对堕胎改革，而像尼克松这样的共和党人与堕胎议题联系松散，而布坎南等人认为这个问题对“分裂民主党”是有用的。❷ 最终，在 1972 年民主党内初选时，乔治·麦戈文（George McGovern）脱颖而出，击败马斯基，在共和党来看，相比较麦戈文，马斯基恰恰难对付得多。其次，布坎南发现，堕胎是“一个不断升温的话题，而且是天主教徒最关心的问题”，“向天主教倾斜的政治就是好政治。这是个交易，但这个交易可以让我们分得更大的一杯羹”❸。尼克松的政策改变是协

---

❶ 西格尔，斯皮斯. 正义背后的意识形态：最高法院与态度模型[M]. 北京：北京大学出版社，2012：198.

❷ GREENHOUSE L，SIEGEL R. Before (and After) Roe v. Wade：New Questions About Backlash [J]. The YaleLaw Journal，2011，8(120)：2054.

❸ GREENHOUSE L，SIEGEL R. Before (and After) Roe v. Wade：New Questions About Backlash [J]. The YaleLaw Journal，2011，8(120)：2079.

调努力的一部分，即利用堕胎来分裂民主党，同时更广泛地获得天主教徒和社会保守派的支持。❶ 尼克松开始确立反堕胎的立场，作为吸引天主教选民和其他社会保守派的策略的一部分。在尼克松赢得选举和大多数天主教选票后，共和党的战略家们开始在国会使用同样的策略，并与反对堕胎的福音派团体结成联盟。

1972 年美国总统选举，堕胎和女性的平等权利交织在一起，它已经成为小规模的文化战争，它是美国文化概念对抗之战的一部分。女权主义者推动了堕胎权的发展，然而，女权主义必遭反女权主义者报复。例如，反女权主义者菲利斯·施拉夫利（Phyllis Schlafly）利用平权修正案抹黑堕胎权，认为这是对传统家庭的威胁。❷ 对于保守派来说，传统价值观是他们维护的对象。“保守主义的复兴重塑了施拉夫利的理论框架并推动了她在天主教徒、原教旨主义新教徒和正统派犹太教信徒中的强大同盟势力。他们将堕胎列入不祥的文化变革清单——同性恋权利、道德相对主义和衰落的爱国主义。”❸ 自从 1973 年开始，美国公众支持合法堕胎的人数比例一直很稳定，20 世纪 70 年代初缺少全民限制或禁止堕胎的基础。“反堕胎力量似乎在 1978 年和 1980 年取得了政治成果，这是美国选民向政治保守主义的轻微但重大转变的附带结果。”❹ 1973 年尼克松总统在就职演说时说：“最重要的是，现在是我们重新相信我们自己和美国的时候了。近年来，这种信念受到挑战。我们的孩子们被教导要为他们的国家感到羞愧，为他们的父母感到羞愧，为美国在国内的记录及其在世界上的作用感到羞愧。在每一个转折点上，我们都被那些人所困扰，那些人总是对美国吹毛求疵，却很少又是对的。”❺

以美国政治家金里奇为代表的美国保守派势力对于美国传统文化与道德的沉沦痛

---

❶ GREENHOUSE L, SIEGEL R. Before (and After) Roe v. Wade: New Questions About Backlash [J]. The YaleLaw Journal, 2011, 8(120): 2054.

❷ 菲利斯·施拉夫利是 20 世纪下半叶美国最著名的保守派活动家之一，她因其反对女权运动和《平权修正案》(Equal Rights Amendment, ERA) 而闻名。她成功地组织了一场广泛的运动，阻止了 ERA 的通过，成为保守派政治的标志性人物之一。

❸ 赫什曼. 温柔的正义：美国最高法院大法官奥康纳和金斯伯格如何改变世界[M]. 郭烁，译. 北京：中国法制出版社，2018: 223.

❹ GRANBERG D, BURLISON J. The Abortion Issue in the 1980 Elections[J]. Family Planning Perspectives, 1983(15): 231.

❺ HARTMAN A. A War for the Soul of America: A History of the Culture Wars[M]. Chicago, Illinois: The University of Chicago Press, 2015: 6.

心疾首，他曾说："从詹姆斯敦殖民地时代开始直到20世纪40年代和50年代诺曼·罗克韦尔（Norman Rockwell）绘画所呈现的内容[1]，清教徒通过托克维尔所描述的'美国民主'塑造了被美国人普遍接受的法律与文化，并以法律与文化为基础建立了可持续的文明。"对于尼克松和金里奇这样的保守派来说，他们所热爱的美国处于困境之中。回到20世纪50年代，激发国家活力的价值观是拯救它的唯一途径。[2]美国保守派认为，美国作为一个文化整体已经失去了。但这并不是说美国的自由派已经完全胜利了！"在经济政策和选举权领域，保守派做得很好——这是一个有充分记录的历史发展。但在文化领域中，自由派占有一席之地，取得了一个又一个的胜利，尤其在文化战争这一领域战绩非凡。"[3]

对于尼克松等保守政治人物而言，美国文明不仅代表了西方文明的先进方向，而且也关乎冷战中两种社会制度的竞争。冷战是全方位的竞赛，美国不想在文化上输给苏联。"美国认为，以美国为主导的西方文明应该是充满阳刚之气，朝气蓬勃、奋发向上的。美国人要的是高度发达的文明，而不是腐朽堕落的文明。"[4] 因此，在文化战争议题上，尼克松竭力维护美国传统价值，他对同性恋等不符合美国传统文化的现象深恶痛绝。他曾把古希腊文明、罗马文明的灭亡归咎于同性恋，他非常担心同性恋文化会毁掉强大的美国。他说："大体上，同性恋、吸毒、无道德行为等都是我们富强社会的敌人。这就是为什么共产主义和一些左翼分子要积极推动这些。他们试图毁掉我们的文明。"[5]

尼克松在改变美国最高法院"自由化"方面取得很大成绩。事实上，在沃伦法院末期，行政分支与美国最高法院之间的矛盾已经凸显。对于沃伦法院而言，大法官

---

[1] 诺曼·罗克韦尔(Norman Rockwell,1894—1978)是20世纪美国著名的画家和插画家,以描绘美国普通人的日常生活而闻名。罗克韦尔最广为人知的作品是在《星期六晚邮报》(*The Saturday Evening Post*)创作的封面插画。他从1916年开始为该杂志创作,并持续了47年,共创作了323幅封面。通过这些封面,罗克韦尔塑造了美国大众对家庭、爱国主义、儿童和社区的理想化形象。他的作品深受人们喜爱,因其细腻的写实风格、幽默感和对社会细节的关注,被誉为捕捉美国梦的艺术家。

[2] HARTMAN A. A War for the Soul of America: A History of the Culture Wars[M]. Chicago, Illinois: The University of Chicago Press, 2015: 6.

[3] HARTMAN A. A War for the Soul of America: A History of the Culture Wars[M]. Chicago, Illinois: The University of Chicago Press, 2015: 6.

[4] 江振春.美国麦卡锡主义时代"紫色恐慌"的历史考察[J].贵州社会科学,2017(2):75.

[5] 江振春.美国麦卡锡主义时代"紫色恐慌"的历史考察[J].贵州社会科学,2017(2):75.

们是美国最高法院为正义之源，承担了平衡法院的功能，对不公正情况进行纠偏。沃伦法院自视追求平等，司法能动主义的目的是平等。1968 年，尼克松总统和沃伦法院发生冲突。尼克松总统指责沃伦法院削弱了社会合作的基础，诱发并增加了社会犯罪。尼克松发誓要推翻沃伦法院那些激进的判决，那些判决削弱了美国的根基。从 1969 年开始，尼克松总统相继成功提名了伯格、布莱克门、鲍威尔、伦奎斯特等四位保守派大法官之后，新自由主义的沃伦法院就从美国政治中永远消失了。自那时以来，保守派至少能控制九个大法官席位中的五个。因此，尼克松总统所提名的大法官基本构成了伯格法院中保守派的班底，这也成为尼克松最大的政治遗产之一。因此，从整体来说，伯格法院偏向保守不足为奇，伯格大法官及伯格法院被尼克松总统寄予厚望。然而，伯格却并未完全执行尼克松的使命，他并未推翻沃伦法院的那些有争议的判决，相反，他在某方面继承了沃伦自由主义的衣钵。沃伦法院的自由主义惯性与保障个人权利与自由的精神不会很快在最高法院消退。

### （二）卡特总统、福特总统与堕胎

1974 年 8 月 9 日，尼克松总统宣布辞职，副总统福特继任美国总统。福特是美国历史上唯一未经选举就接任副总统及总统的人。[1] 1975 年，福特总统提名史蒂文斯为美国最高法院大法官，取代退休大法官道格拉斯。事实上，福特与道格拉斯有“过节”，福特任众议员时曾经试图弹劾道格拉斯。

时光回到 1976 年总统大选。由于 1973 年最高法院“罗伊案”的影响，堕胎问题成为选战的主题之一。福特总统在他的竞选纲领中大篇幅谈到堕胎问题，他说：“我们抗议最高法院干涉家庭结构的行为，最高法院拒绝了父母指导其未成年子女的义务和权利。共和党赞成继续就堕胎问题进行公开对话，并支持通过宪法修正案保护胎儿生命权，支持他们为此所做的努力。”[2] 在这篇竞选纲领中，福特对待堕胎的态度还不够坚定，其实也反映了当时整个共和党对堕胎的模糊态度，正如其竞选纲领所言：“堕胎无疑是一个道德和个人问题，但它也涉及与医学科学和刑事司法有关的复杂问

---

❶ 1973 年，尼克松总统的副手副总统斯皮罗·阿格纽深陷受贿丑闻而辞职，10 月 12 日，尼克松任命福特为副总统。这是首次使用美国宪法第二十五修正案。同年 11 月 27 日参议院以 92∶3 票，12 月 6 日众议院以 387∶35 票确认福特为副总统。

❷ 1976 年共和党总统竞选纲领：https://www.presidency.ucsb.edu/documents/republican-party-platform-1976

题。我们党内有些人完全支持最高法院支持堕胎权的判决；而有些人认为，国会必须通过禁止堕胎的宪法修正案，从而推翻最高法院的判决；而其他人对此没有表态，或者他们已经采取了中立立场，一个介于支持堕胎和反对堕胎的中间立场。”❶

在1976年的选举中，反堕胎势力作为一股政治力量初次亮相，但是这些反堕胎活动人士并没有强烈的政策偏向，而卡特总统和福特总统都对反对制定禁止堕胎的宪法修正案，这对反堕胎主义者是一种政治考验。❷ 总体而言，堕胎问题在当时还不是两党重要的政治议题。根据盖洛普民意测验，1975年民主党人在“任何条件下支持堕胎合法化”的人数比例大约只有19%，后来这一数据逐渐上升，到了2020年这一数据达到了49%。1975年民主党人支持“任何条件下堕胎都是非法”的比例高达26%，到2020年这一数据下降到8%。❸ 这一民意测验表明，在两党政治日程中，堕胎议题远没有现在这样极化。

民主党人卡特在诸如堕胎问题上，并没有做过多的渲染，在1976年民主党的竞选纲领中提到：“我们充分认识到许多美国人对堕胎的宗教和伦理的关注。但是，我们认为：试图修改美国宪法以推翻最高法院的判决是不可取的。”❹ 由于卡特是南方浸礼会教徒（Southern Baptist），所以当他竞选美国总统时基督教右翼人士欢天喜地，纷纷投卡特的票，卡特最后获得了56%的福音派人士的支持，而来自共和党的竞争对手福特只得到43%的选票。❺《时代》杂志曾称1976年是“福音派教徒之年”，可以说，卡特能跨进白宫大门离不开实力强大的福音派教徒的支持。❻ 基督教右翼领袖

---

❶ 1976年共和党总统竞选纲领：https://www.presidency.ucsb.edu/documents/republican-party-platform-1976

❷ REID T R. Reagan Is Favored by Anti-Abortionists[EB/OL].(1980-4-12)[2021-8-18]. https://www.washingtonpost.com/archive/politics/1980/04/12/reagan-is-favored-by-anti-abortionists/f89c94bf-4e00-4674-b91c-c1f10a6aea15/.

❸ Abortion Trends by Party Identification[EB/OL].[2024-4-25]. https://news.gallup.com/poll/246278/abortion-trends-party.aspx.

❹ 1976年民主党总统竞选纲领：https://www.presidency.ucsb.edu/documents/1976-democratic-party-platform

❺ PHILLIPS K P. Post-Conservative American: People, Politics, and Ideology[M]. New York: Vintage Books, 1983: 91.

❻ Religion: Counting Souls[EB/OL]. http://content.time.com/time/magazine/article/0,9171,918414,00.html.

帕特·罗伯逊（Pat Robertson）、法尔韦尔及葛培理等人都投了卡特的票。1975—2020年民主党关于堕胎合法化的观点变化如图7-2所示。

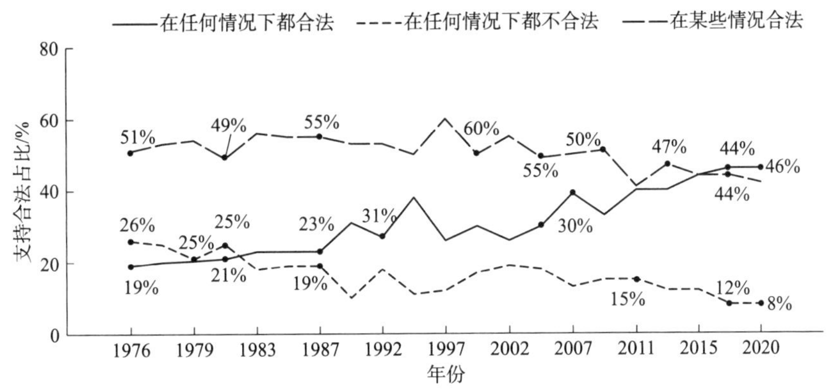


图7-2　1975—2020年民主党关于堕胎合法化的观点变化

资料来源：Abortion Trends by Party Identification［EB/OL］.［2024-4-22］. https://news.gallup.com/poll/246278/abortion-trends-party.aspx.

但卡特和福音派的合作好景不长。在文化战争议题上，作为民主党人的卡特不可能与宗教右翼，如南方浸礼会成为志同道合的战友。卡特上台后并不买基督教右翼的账，在堕胎等社会议题上，他态度温和，让基督教右翼始料不及。卡特这样做的理由是他坚持政教分离这个立国之本，非常反感基督教右翼干预国家政治进程。他认为："原教旨主义者在宗教和政府中越来越有势力，他们把具有历史传统的变量变成了僵硬的黑白站队，抹杀对细节和微妙差异的探讨，对敢于发表不同意见的人进行人身诋毁。同时，宗教和政治保守派同流合污，极力削弱曾经备受尊重的政教分离体制，促进两者的融合。"❶ 卡特失去了南方浸礼会的支持，基督教右翼与卡特总统彻底分道扬镳。拥有1 600万会众的南方浸礼会在20世纪70年代之后，越来越趋向保守，宣布《圣经》绝对正确，"相信《圣经》都是上帝的话，完全没有错。在随后的几年，南方浸礼会声明反对人工流产和同性恋，还赞成妇女服从自己的丈夫，这使它失去了最著名的教友之一——吉米·卡特"。❷

卡特总统想做全民总统，不愿利用文化战争议题操弄政治。当法尔韦尔质问卡特总统为什么把同性恋者揽入他的行政团队并委以高官，卡特总统毫不客气地回击道：

---

❶ 卡特.我们濒危的价值观:美国道德危机[M].汤玉明,译.西安:西北大学出版社,2007:3-4.

❷ 楚树龙,荣予.美国政府和政治(上册)[M].北京:清华大学出版社,2012:179.

"我是全体美国人的总统，我认为我应该代表每个美国人！"❶ 1979 年，卡特政府决定召开一系列"家庭白宫会议"（White House Conference on Families），讨论议题包括孤儿抚养、多元化家庭和同性恋者权益等。会议对"家庭"的定义展开热烈辩论，尤其是同性恋者是否能组成家庭的讨论引起保守派的警惕。❷ 1980 年，民主党全国代表大会通过一份声明，宣布他们支持同性恋权利，"所有群体都不应被歧视，无论这种歧视是基于种族、宗教、国籍、语言、性别还是性取向"，并把它作为总统竞选纲领内容之一。❸ 卡特承认，文化战争议题开始撕裂美国社会，堕胎、死刑、女权、同性恋、科学与宗教之争、政教分离等，"这些问题和争论在我们国家造成了前所未有的分裂。民主党和共和党都借助媒体广告相互攻击，以赢得选举；国会的议事活动带有日趋明显的党派敌对特征。全国民众习惯用'红色'和'蓝色'两个词表示各州内部及各州之间对立的阵营"。❹ 在大法官输送上，卡特没有尼克松那样幸运，他没有向最高法院输送一名法官。虽然卡特没有输送大法官，但是为迎合保守的新教徒及保守派的支持，卡特政府开始把人权上升到国际层面，把人权作为美国外交政策的基石之一，此后，历届美国政府都继承了这一惯例。人权外交是美国外交政策的重要内容，是美国自由理想主义的自然延续。

### （三）里根总统与堕胎

1980 年总统大选，里根在新保守主义势力的支持下走进白宫。里根的大选成功离不开宗教右翼的支持。在 1980 年总统选举中，宗教右翼非常活跃，他们是对 20 世纪 60 年代以来美国社会沦丧的一种本能反应。在文化领域，宗教右翼决意要重塑符合美国传统的"规范的美国人"：他们应该努力工作、推崇个人责任、个人功绩、延迟满足、社会人员流动及中产阶级白人推崇的其他价值观。他们的行为方式与严格的性别分工关联一起，在婚姻和家庭范围内，男主外，女主内，女人相夫教子。此外，"规范的美国人"认为，他们的国家是人类历史上最好的：美国历史上那些对国家不

---

❶ KLARMAN M J. From the Closet to the Altar: Courts, Backlash, and the Struggle for Same-Sex Marriage[M]. New York: Oxford University Press, 2013: 32.

❷ ORLECK A. Rethinking American Women's Activism[M]. New York: Routledge, 2015: 203.

❸ 1980 年民主党总统竞选纲领：http://www.presidency.ucsb.edu/ws/index.php?pid=29607.

❹ 卡特. 我们濒危的价值观：美国道德危机[M]. 汤玉明，译. 西安：西北大学出版社，2007：导言.

利的方面，如奴隶制，应被忽略不计；基督教传统照亮了美国的独有特点，美利坚合众国确实是一个“山巅之城”。❶

1973年的“罗伊案”在当时并未立刻引起新教群体的大反弹。事实上，很多宗教人士也认为，胎儿是没有生命的，只有脱离母体自由呼吸才能成为有生命的人。《圣经》也清楚地表明了这一点，在《创世纪》中，上帝造人时将一口气吹向人，才赋予了人的生命。胎儿离开母体啼哭呼吸时，就标志着人的生命的开始。“罗伊案”刚刚判决的时候，反对的最大团体是天主教而非新教。但是，基督教右翼由于争权夺利的需要，很快扛起了反堕胎大旗。宗教右翼组织改弦更张，转而支持共和党总统候选人里根。1979年，罗伯森和法尔韦尔等基督教右翼领袖对共和党总统竞选人进行了多次“组织考察”后，最终物色了保守且高龄的里根。其实早在1976年美国总统大选时，里根就已经给基督教右翼留下了好印象，因为里根坚定地反对堕胎，嘲笑那些把“我们信仰上帝”这样的字眼从美国钱币上抹去的人。❷“道德多数派”等宗教右翼组织纷纷支持里根。“基督教之声”还专门成立了“基督徒支持里根”组织（Christians for Reagan），全力以赴支持里根。❸

1980年的总统大选对于基督教右翼来说至关重要。这一年共和党的竞选纲领中专门有一小节内容谈到堕胎问题：“我们明确支持通过宪法修正案去保护未出生子女的生命权。我们也支持国会通过法律限制用纳税人的钱进行堕胎。”❹ 1980年美国总统大选，“反堕胎”既是一个口号，也是一个文化认同的符号。在这个口号的号召下，很多福音派民众纷纷走上街头，形成一个强大的“反堕胎”阵营。在福音派人士的簇拥和支持下，里根走进白宫。福音派没料到“反堕胎”有如此大的号召力，竟然可以

---

❶ HARTMAN A. A War for the Soul of America：A History of the Culture Wars［M］. Chicago，Illinois：The University of Chicago Press，2015：5.

❷ KLARMAN M J. From the Closet to the Altar：Courts，Backlash，and the Struggle for Same-Sex Marriage［M］. New York：Oxford University Press，2013：32. 美国有些人曾一度以政教分离原则为借口要求把美元上的“我们信仰上帝”这样的字眼删去，遭到美国保守派的极力反对。严格来说，“我们信仰上帝”是美国建国理念，而非单纯的宗教信仰。

❸ DJUPE P A，LAURA R. Olson：Encyclopedia of American Religion and Politics［M］. New York：Facts on File，Inc. ，2003：99.

❹ 1980年共和党总统竞选纲领：https：//www. presidency. ucsb. edu/documents/republican-party-platform-1980.

具有凝聚保守派人心的功能。“反堕胎”是强大的政治催化剂，具有强大的政治动员力，为里根当选总统作出重大贡献。事实上，里根完全不符合福音派的某些理念。例如，里根是离过婚的人，福音派很在乎这一点，但是，这没有关系，因为福音派需要里根来推行他们的政策，扩大他们的影响力，所以对这样的“污点”也就忽略不计了。

里根赢得1980年总统大选，标志着宗教右翼正式取得共和党的支配地位。卡特只当了一届总统就黯然退下。当他回忆起这段时光的时候，心有不甘。他对基督教右翼势力介入总统大选耿耿于怀，非常失望。卡特总统曾说：“现在，组织性强的基督教右翼领导人成功地把一些最容易导致分裂的社会问题，包括明显涉及个人隐私和感情的性取向问题，搬上了美国的政治大辩论舞台。可悲的是，这些导致分裂的社会问题甚至被推到了总统选举的前沿阵地。”❶

堕胎议题只是一些社会问题的一个连接点，因此堕胎问题才变得异常复杂。首先，具有自由主义倾向的女权运动与保守而虔诚的基督教信仰相碰撞，冲突异常激烈。妇女运动总是致力于解放女性，让她们能够摆脱传统宗教加诸妇女身上的责任与性观念。❷ 其次，直到1979年，堕胎成为政治问题，并且在总统大选中左右宗教群体的投票倾向，这与20世纪70年代后期美国宗教右翼崛起及参与政治相关。1980年白宫家庭会议召开，虽然在此次会议上堕胎还不是首要问题，但它被置于保守派代表编写的“促进家庭的原则声明”的第三大板块中，被视为儿童权利的一部分并加以一般性声明。❸

里根上台后，对宗教右翼投桃送李，里根政府在堕胎和公立学校祈祷等方面给予宗教右翼大力支持。“里根政府在堕胎问题上的做法主要是：将个人道德与公共道德糅合在一起，给堕胎问题赋予浓厚的道德色彩；推动国会以宪法修正案或其他立法，限制任意堕胎；任命反对堕胎的保守派人士任首席大法官；限制对堕胎的公共补助。”❹ 1980年，共和党取得了一系列辉煌的成绩，不仅赢得了总统宝座，同时在国会选举中战果累累。1980年是反堕胎的保守派政治势力的全面胜利年，“一位致力于

---

❶ 卡特.我们濒危的价值观:美国道德危机[M].汤玉明,译.西安:西北大学出版社,2007:34.

❷ 德沃金.生命的自主权:堕胎、安乐死与个人自由的论辩[M].郭贞伶,等译.北京:中国政法大学出版社,2013:5.

❸ RODGERS D T. Age of Fracture[M]. Cambridge, Massachusetts: The Belknap Press of Harvard University Press, 2011:166

❹ 赵梅.“选择权”与“生命权”:美国有关堕胎问题的论争[J].美国研究,1997(4):76.

坚定反堕胎立场的总统（里根）当选，支持堕胎和反对堕胎的竞选者在竞选活动中，反堕胎的候选人在 7 场参议院竞选中有 6 场获胜，在众议院竞选的 9 场类似对抗中，反对堕胎的竞选者有 7 场获胜”。❶ 尽管堕胎议题不是获胜的唯一主导因素，但它发挥了极其重要的作用。

1984 年总统大选，堕胎问题已经成为共和党一张“王牌”了。里根总统依旧把反堕胎作为主要社会议题之一进行选民动员。里根总统的竞选纲领对堕胎问题进一步进行阐述：“未出生婴儿的基本个人生存权利，不容侵犯。我们再度支持保障人类生存的宪法修正案，我们赞成立法，让宪法第十四条修正案的保护条款用于未出生的婴儿身上。我们反对使用公共资源补助堕胎，对于支持堕胎的机构，取消资金补助。”❷ 1984 年 1 月 31 日，里根总统再次呼吁从美国宪法层面禁止堕胎，他将堕胎问题等同于内战中结束奴隶制的斗争，并认为那些将堕掉的胎儿遭受“漫长而令人痛心”的痛苦。❸ 里根总统身边的政治战略家思维非常清晰，完全支持基督教原教旨主义团体，迎合保守派选民。他积极推动通过宪法修正案，允许在公立学校自愿祈祷，同情并支持原教旨主义色彩浓厚的教师具有教师资格并进入学校教书，谴责并打击儿童色情作品，等等。在堕胎问题上，他言辞犀利，“自‘罗伊案’判决以来，当我们允许 1 500 万无助的生命死亡的时候，我们不能再假装维护我们最崇高的理想，即每个生命都是圣神的。”❹ 里根总统的话语激起了现场保守派选民阵阵叫好。

1984 年，国际人口会议在墨西哥城召开，会议审查并批准了 1974 年布加勒斯特会议协定的多方面内容，在这次大会上，里根总统提出了“墨西哥城政策”（Mexico City Policy）。该政策禁止美国政府向任何以堕胎为目的的国际计划生育组织提供联邦资金，即使是与堕胎无关的计划生育咨询也不能获得任何联邦资金援助。“该政策

---

❶ GRANBERG D, BURLISON J. The Abortion Issue in the 1980 Elections[J]. Family Planning Perspectives, 1983(15):231.

❷ 赵梅.“选择权”与“生命权”:美国有关堕胎问题的论争[J].美国研究,1997(4):75.

❸ CLINES F X. Reagan Appeal on Abortion is Made to Fundamentalists[EB/OL]. (1984-1-31)[2022-7-18]. https://www.nytimes.com/1984/01/31/us/reagan-appeal-on-abortion-is-made-to-fundamentalists.html.

❹ CLINES F X. Reagan Appeal on Abortion is Made to Fundamentalists[EB/OL]. (1984-1-31)[2022-7-18]. https://www.nytimes.com/1984/01/31/us/reagan-appeal-on-abortion-is-made-to-fundamentalists.html.

禁止美国政府将联邦资金用于资助国际计划生育组织，其主要目的在于限制海外堕胎咨询及相关服务，也包括打击宣传堕胎途径等方面。为了将该政策贯彻到底，里根甚至提出，即使是与堕胎无关的计划生育咨询也将不能获得美国方面的任何资金援助。不过，政策中允许出现例外状况，以应对因强奸、乱伦或威胁生命等情况而产生的堕胎。"[1] 从1984年里根总统确立该政策起，每一届民主党总统上台就废除该政策，而共和党总统上台就立刻恢复该政策，反反复复，成为一个特别的"政治景观"。

在里根的领导下，"随着20世纪80年代保守主义势力的抬头及里根坚定的反堕胎立场，使反堕胎力量得以加强，支持堕胎的自由派力量由攻势转为守势"[2]。1984年，共和党全国代表大会上"道德多数派"领导人法尔韦尔成为座上宾。在里根的支持下，基督教右翼也获得了他们想要的东西——美国基督教的初心。基督教右翼推动里根政府取消了1962年禁止公立学校开展宗教活动的立法。[3] 里根和福音派人士联系更加紧密，福音派"反堕胎"人士进入内阁担任要职。例如，在宗教界颇有影响的反堕胎人士、儿科医生库普（C. Everett Koop）被任命为美国公共卫生服务部副部长。为了推翻"罗伊案"，里根提名了三位"尊重传统家庭价值观和无辜生命尊严"的大法官：奥康纳、斯卡利亚和肯尼迪。很"不幸"的是，奥康纳和肯尼迪后来成为最高法院著名的中间派大法官，而斯卡利亚则成为最高法院保守派最坚定的旗手，这多少让里根感到一点儿欣慰。

里根是首位通过反对堕胎权而胜选的美国总统。1986年，里根发表了《堕胎与一个国家良心》（*Abortion and the Conscience of a Nation*）一文，在该文中他抨击堕胎是对生命的不敬。[4] 里根总统认为，"'罗伊案'不断地刺痛着美国的良心"，"毫无疑问，按需堕胎并不是宪法赋予的一项权利"。[5] 里根总统对"罗伊案"深恶痛绝，他认为该案造成的国家分裂如同1857年的"斯科特案"一样。"斯科特案"判决刚刚公布时，"当时主流社会都否认我们的黑人兄弟姐妹是实实在在的人，由此带来了道德危机，只有少数美国人承认和谴责这样的道德危机；但这部分少数人依旧坚持他

---

[1] 黄韵之.从"墨西哥城政策"看美国堕胎政策的"国际化"[J].历史教学问题,2012(5):114.

[2] 赵梅."选择权"与"生命权":美国有关堕胎问题的论争[J].美国研究,1997(4):75.

[3] 刘澎.宗教右翼与美国政治[J].美国研究,1997(4):42.

[4] REAGAN R. Abortion and the Conscience of the Nation[J]. The Catholic Lawyer,1986(30):99.

[5] REAGAN R. Abortion and the Conscience of the Nation[J]. The Catholic Lawyer,1986(30):99.

们的愿景，他们的观点最终成为社会的主流观点。他们如何做到这一点呢？主要通过吸引同胞的心灵，呼吁上帝之下的人类尊严的真理去实现的”。[1] 许多保守派激进分子认为，里根是美国历史上最拥护生命权（Pro-life）的总统。

堕胎问题原本是一个医学问题，涉及生命伦理与宗教道德问题。在美国历史上，堕胎绝非是一种政治问题。然而，自 20 世纪 70 年代末以来，堕胎问题沦为两党选举的操纵议题。在当代美国，堕胎议题是文化战争中最具代表性的问题，堕胎成为区别两党的一个“试金石”。严格来说，堕胎问题成为政治议题与基督教右翼兴起、参与政治有关。“反堕胎”之所以成为一个政治话题，一方面是基督教内部草根民意和权力精英结合的产物。“反堕胎”可以号召、组织和动员庞大的基督徒群体；另一方面，总统候选人为了获得选票，极力迎合、满足基督教草根运动诉求的结果。美国基督教右翼反堕胎运动持续了将近 50 年，对很多美国人的生命伦理观念产生很大影响，他们关切胎儿的生命权。“反堕胎”是共和党有力的政治动员工具，只要共和党候选人高喊这一口号，振臂一挥，就会获得很多福音派选民的支持，而其他的生命伦理问题却常常被忽视。

## 第二节　伯格法院时期的同性恋权利

伯格法院尽管在“罗伊案”中作出了惊世骇俗的判决，该案也成为伯格法院自由能动主义的特别例证。然而，伯格法院在诸如同性恋权利上，依旧非常保守，没有给同性婚姻开任何一点儿缝隙。20 世纪 60 年代，民权运动中也催生了同性恋权利运动，该运动深受新左派意识形态的影响。同性恋权利运动提出社会宽容，消除歧视，废除各项歧视同性恋的法律，提出同性恋应“去病化”和“去罪化”。同性恋权利运动主张在婚姻家庭和财产继承等问题上享有与异性恋者同等的权利。同性恋者希望被社会接纳，不希望生活在社会黑暗的角落里，于是他们发动大规模的街头游行与示威来争取权利。各种同性恋组织如雨后春笋般涌现，示威游行运动此起彼伏。1968 年，以北美同性恋组织芝加哥大会、1969 年“石墙酒吧骚乱”事件和 1969 年 7 月底纽约成立同性恋解放阵线（The Gay liberation Front）三大事件为契机，激进的大规模同

---

[1] REAGAN R. Abortion and the Conscience of the Nation[J]. The Catholic Lawyer, 1986(30): 100.

性恋权利运动迅猛展开，扩散到美国城市和校园。该运动在整个20世纪70年代方兴未艾，特别是“石墙酒吧骚乱”事件拉开了现代同性恋权利运动的序幕。[1] 同性婚姻是同性恋权利运动中最高的权利诉求。伯格法院时期，同性婚姻诉讼第一次正式进入最高法院的殿堂。

## 一、“贝克诉尼尔森案”（1971）：美国同性婚姻第一案

1965年的“格里斯沃尔德案”确立了隐私权，实现了节育的合法化，而1967年的“罗文案”确立了结婚是一项基本权利，实现了黑白通婚，这两起案件的判决让同性恋者产生了不切实际的想法。1970年5月18日，明尼苏达州一名叫理查德·贝克的小伙向明尼苏达州的亨内平县（Hennepin County）政府办公室提出申请，他要和他的同性伴侣迈克尔·麦康奈尔（Michael McConnell）结婚。该申请在当时看来惊世骇俗，自然被拒绝。贝克不服，将该案打到明尼苏达州最高法院。1971年10月15日，明尼苏达州最高法院法官一致同意作出判决：首先，根据应有之义，婚姻发生在异性恋之间，“我们婚姻法的起草者……用了其他不同的含义去定义婚姻，同性婚姻的想法是不现实的”。[2] 另外，在明尼苏达州婚姻家庭法中，存在大量诸如“新郎与新娘”和“丈夫与妻子”这样的术语，清楚地表明了婚姻存在于异性之间。[3] 也就是说，“法无禁止即自由”的说法在婚姻领域根本不存在。明尼苏达州最高法院的判决非常明确，婚姻的定义亘古不变，禁止同性婚姻这是常识，是风俗，是道德，无需明文规定禁止同性婚姻；其次，贝克关于平等保护的论点在明尼苏达州最高法院看来，也站不住脚。该法院认为，1967年的“罗文案”并没有建立起广泛意义的婚姻权，该案仅仅反对“潜在的种族歧视”，同时又补充道：“从常识和宪法角度而言，‘罗文案’仅仅是根据‘种族’对婚姻进行了限制，而本案是根据‘性别’对婚姻进行限制，两者之间根本没有可比性。”[4] 最后，针对隐私权问题，明尼苏达最高法院认为，用“格里斯沃尔德案”中的隐私权来为同性婚姻做辩护行不通。因为在“格

---

[1] 江振春.爱与自由:美国同性婚姻研究[M].北京:法律出版社,2017:67-84.

[2] Baker v. Nelson, 191 N. W. 2d 186(Minn. 1971).

[3] Baker v. Nelson, 191 N. W. 2d 186(Minn. 1971).

[4] Baker v. Nelson, 191 N. W. 2d 187(Minn. 1971).

里斯沃尔德案”中，隐私权“直接适用于丈夫和妻子间的亲密关系”[1]，州侵权行为发生地点是“家庭的传统关系中，这种关系和我们整个文明一样悠久，一样重要”。[2] 所以，依明尼苏达最高法院看来，贝克是在滥用1965年“格里斯沃尔德案”中所创立的隐私权，任意扩大隐私权的适用范围。对于明尼苏达州最高法院的判决，贝克还是不服。于是他提出上诉，把该案打进了美国最高法院。

1971年，美国最高法院只用一句话就打发了“贝克诉尼尔森案”（*Baker v. Nelson*，简称“贝克案”）：“来自明尼苏达州最高法院的上诉案件由于‘不关乎实质的联邦问题’而不予受理”。[3] 这说明了美国最高法院压根儿不理睬同性婚姻。同性婚姻在当时来说更像是“行为艺术”，而且从司法技术和司法原理来说，“贝克案”缺乏“可司法性”（justiciability），意味着不能通过司法途径来解决此问题。一般来说，出现以下情形，就表明该案不具有“可司法性”：一是案件缺乏冲突性；二是任何一方缺乏“诉讼资格”；三是案情不“成熟”；四是案件变得“没有实际意义”；五是涉及“政治问题”，大法官都会拒绝受理。[4] 对照上述情形，结合当时的历史背景，美国最高法院审理“贝克案”的机会相当不“成熟”，提起惊世骇俗的同性婚姻诉讼，抑或“没有实际意义”，毕竟当时同性婚姻被认为是一种荒诞不经，甚至是精神错乱的行为，不值得浪费司法资源。

“贝克案”判决对同性恋运动形成了一个负面的先例，给以后的诉讼策略造成了很多困扰。[5] 以后无论是州法院还是联邦法院，都可以把美国最高法院的“贝克案”的判决拿出来做“挡箭牌”，阻止类似的同性婚姻的诉讼。事实上，“贝克案”之后，美国最高法院再也没有直接审理过涉及同性婚姻的案件，直到2013年和2015年，美国最高法院通过两个里程碑案件实现美国同性婚姻合法化（具体参见：第九章第三节内容）。

---

[1] Griswold v. Connecticut, 381 U. S. 479, 482(1965); Baker v. Nelson, 191 N. W. 2d 186(Minn. 1971).

[2] Griswold v. Connecticut, 381 U. S. 479, 496(1965); Baker v. Nelson, 191 N. W. 2d 187(Minn. 1971).

[3] Baker v. Nelson, 409 U. S. 810(1972).

[4] 奥布赖恩. 风暴眼：美国政治中的最高法院[M]. 胡晓进，译. 北京：人民出版社，2010：152.

[5] PIERCESON J. Same-sex marriage in the United Sates: The Road to the Supreme Court[M]. New York: Rowman & Littlefield Publishers, INC., 2013: 28.

## 二、“鲍尔斯诉哈德维克案”(1986)：同性性行为有罪

1972年的“贝克案”并未实现同性婚姻的目标，但是，同性恋权利运动还是取得一定进展。20世纪70年代，同性恋者的境况有所改观。警察不再无故骚扰同性恋者派对，遏制了违反正当程序对同性恋者的执法。1973年，美国精神病学会删去了同性恋是精神疾病的表述，实现同性恋“去病化”。同性恋者开始被纳入主流政治轨道，个别公开身份的同性恋者甚至竞选公职成功。[1] 在实现同性婚姻合法化之前，同性恋伴侣之间的性行为是一个绕不开的法律问题。欧洲人权法院对同性恋性行为去罪化的同时，美国最高法院却迟迟不松口。20世纪80年代，美国基督教右翼势力强大，美国社会整体氛围偏向保守，不利于同性恋权利运动。20世纪80年代，针对鸡奸行为，不同的州处理的结果截然不同，同性恋者的命运也天壤之别，这无疑引起了司法混乱，需要美国最高法院释宪。事实上，自美国建国以来，美国最高法院从未明确解释过《反鸡奸法》(*Sodomy Law*)的合宪性，因此，美国民众期待美国最高法院清晰解释同性成人间合意的性行为是否违法。南方保守的佐治亚州是24个依旧实行《反鸡奸法》的州之一，美国公民自由联盟决定寻找合适的原告，设计一个“完美的试验案件”送进美国最高法院，挑战《反鸡奸法》。

哈德维克就是在这个时候进入了美国公民自由联盟的视野。由于哈德维克与另一名成年男性在家里发生鸡奸行为，被警察鬼使神差地逮个正着。于是警察根据佐治亚州《反鸡奸法》的规定把哈德维克扣留在警局达12个小时，同时他还被罚款。哈德维克运气非常背，因为佐治亚州《反鸡奸法》好久没派上用场了，连该州检察长也承认，该州“最后一个鸡奸案的起诉发生在20世纪30年代或20世纪40年代”。[2] 最终，哈德维克还是被释放了。但是，这一段的经历让哈德维克备感屈辱，他决意为自己讨回公道。

美国公民自由联盟对哈德维克这段奇葩的经历喜出望外，因为哈德维克无疑是这个组织最中意的人选。于是，在该组织的支持下，哈德维克向联邦地区法院提起民事诉讼，挑战佐治亚州《反鸡奸法》的合宪性。然而，被告佐治亚州政府根据美国最高法院在“多伊诉弗吉尼亚州检察长案”(*Doe v. Commonwealth's Attorney for the City of Richmond*)的判决，提出以下动议：不能以性隐私权作为幌子谋取鸡奸行为合法

---

[1] 江振春.爱与自由:美国同性婚姻研究[M].北京:法律出版社,2017:110-129.

[2] Bowers v. Hardwick,478 U.S.186,219(1986).

化。联邦地区法院依据这个先例，毫不迟疑地支持了佐治亚州的动议。于是，哈德维克又把该案上诉到联邦第十一巡回法院。1985年5月21日，联邦第十一巡回法院合议庭以2：1的票数推翻了联邦地区法院的判决。弗兰克·约翰逊（Frank Johnson）法官撰写了法庭的多数意见。该法庭认为，“佐治亚州的相关法律侵犯了哈德维克的基本权利，因为他的同性恋行为表达的是个人私密和亲密的关系，根据第九条修正案和第十四条修正案正当程序条款，超越了州权管辖范围。”于是，该案发回重审。佐治亚州不服，向美国最高法院提起上诉。

1985年11月4日，美国最高法院发出调卷令，同意审理该案并对该案进行审查，这就是“鲍尔斯诉哈德维克案”（*Bowers v. Hardwick*，简称“鲍尔斯案”）的由来。1986年6月30日，美国最高法院公布了由拜伦·怀特（Byron White，1962—1993）大法官起草的判决意见，以5：4的票数推翻了联邦第十一巡回法院的判决，判决成人间合意的鸡奸不是一项基本权利，佐治亚州《反鸡奸法》合宪。伯格、鲍威尔、伦奎斯特和奥康纳等四位大法官加入怀特大法官起草的多数意见中。在美国最高法院内，怀特是彻底的保守派，由他起草多数意见非常合适。怀特在最高法院的30年里逐渐变成彻底的保守派，他崇尚司法谦抑主义，遵从司法先例，推崇传统家庭，极力维护家庭的纯洁性。“鲍尔斯案”的判决意味着佐治亚州取得了胜利。佐治亚州和其他各州仍可继续执行《反鸡奸法》，而以哈德威克及美国公民自由联盟为代表的同性恋权利运动遭受重大挫折。

在多数意见中，怀特大法官首先否定了同性鸡奸行为是一项基本权利，因为美国宪法中没有规定“同性鸡奸的基本权利”。[1] 怀特认为，同性性行为根本就不是基本权利。有一套严格标准认定基本权利，即基本权利的判断标准有两个：一个标准是1937年美国最高法院在“帕尔科诉康尼狄格州案”（*Palko v. Conneticut*）中的检验方法，如果一项权利“暗含在有序的自由（ordered liberty）概念中”，那么这项权利可以视为基本权利；另一个标准是，1977年美国最高法院在“莫尔诉东克利夫兰案”（*Moore v. East Cleveland*）中提到的检验方法：“如果一项权利深深根植于国家的历史和传统之中”，那么该项权利就是基本权利。[2] 显然，同性性行为无法达到上述两个标准。

在“鲍尔斯案”中，哈德维克提出一个最重要的观点就是，佐治亚州的相关法律

---

[1] Bowers v. Hardwick, 478 U. S. 186, 190(1986).

[2] Moore v. East Cleveland, 431 US 494, 537(1977).

侵犯了他的隐私权。事实上，自从 1965 年“格里斯沃尔德案”的判决创立隐私权以来，它的内涵和外延都很清晰。在“鲍尔斯”案中，多数意见认为，隐私权并不能延伸到所有私下的、合意的性行为，至少隐私权不会涉及同性性行为。虽然先前的判例赋予公民有免于政府自由干预（个人隐私）的权利，但是因为“美国宪法中没有规定同性恋有同性鸡奸行为的权利”，因此，“鲍尔斯案”和美国最高法院先前所有的有关隐私权的判决都没有可比性。[1] 道德和法律的关系是“鲍尔斯案”绕不过的问题。多数意见认为，佐治亚州《反鸡奸法》能维护公共利益，鸡奸的刑事化是很多州“长期以来就是这样做的”。[2] 多数意见的所谓公共利益，实质是公共道德、公序良俗之类。多数意见认为，“被告哈德维克承认他发生了同性性行为，且是双方同意的情况下发生，这涉及隐私权问题，但是，这会招致大量的诉讼活动，涉及通奸、乱伦及其他性犯罪，甚至这些犯罪行为都发生在家中。我们不愿意开这个头。”[3] 这最终会导致社会道德败坏，社会沉沦。其实，多数意见担心，如果赋予同性恋伴侣同性鸡奸的基本权利，可能会导致“道德滑坡”[4]，会导致多偶制、乱伦或通奸等其他性犯罪发生率的上升。

伯格大法官还单独撰写了协同意见。伯格认为，禁止同性性行为是“古老的、根深蒂固的传统”。他引用英国法学家布莱克斯通的话：同性性行为是“无耻的犯罪行为，有违天性”，甚至比强奸更加恶劣，是一种“无以言表的罪行”，“如果裁决同性间的鸡奸行为作为一项基本权利而受到保护，则是把人类千年以来的道德教育丢弃一边”。[5] 总而言之，如果说同性鸡奸行为暗含在“有序的自由”概念中，且“深深根植于美国的历史与传统中”是非常滑稽可笑的。[6]

布莱克门大法官起草了异议意见。他措辞尖锐，抨击多数意见“几乎痴迷同性

---

[1] Bowers v. Hardwick，478 U. S. 186，190-191（1986）.

[2] Bowers v. Hardwick，478 U. S. 186，199（1986）.

[3] Bowers v. Hardwick，478 U. S. 186，195-196（1986）.

[4] “滑坡理论”是这样的一种论证：“我们今天应当抵制（或支持）某种行为或决定，因为支持（或抵制）该行为或决定将可能导致我们今后不得不支持（或抵制）其他明显应当抵制（或支持）的行为或决定。更确切地说，滑坡路认为，一旦我们支持某一行为或决定，而在这一连串的其他行为或决定中止手有一种是明显应予反对的；或者将使我们丧失反对明显应予反对的行为或决定的合理根据，因而我们应当首先就反对该行为会决定。”石现明. 滑坡论及其在法律推理中的应用［J］. 西南民族学院学报，2003（5）：174.

[5] Bowers v. Hardwick，478 U. S. 186，196，197（1986）.

[6] Bowers v. Hardwick，478 U. S. 186，194（1986）.

恋活动”。布莱克门写道：“只有最故意的失明才能掩盖这样一个事实：即性亲密关系是人类存在的一种最为敏感的、也最为关键的关系，它是家庭生活、社区福利和人类个性发展的核心。”❶ 布莱克门的反对意见非常经典，该意见也成为2003年美国最高法院“劳伦斯诉得克萨斯州案”（*Lawrence v. Texas*）的多数意见。❷

从宪法层面有很多理由可以推翻佐治亚州《反鸡奸法》。但是，佐治亚《反鸡奸法》有一个致命的弱点，连佐治亚州自己也承认，该法适用于每个人是不恰当的，如果适用于已婚夫妇则肯定违宪。❸ 但是，在特殊的年代，“鲍尔斯案”的判决让一些州的《反鸡奸法》存留下来。“鲍尔斯案”的后果是非常严重的：首先，同性恋者的隐私权将进一步受到侵犯。其次，“鲍尔斯案”的判决在全国造成了司法混乱。对于很多人来说，“鲍尔斯案”带有明显的歧视性，而且该判决在一定程度上造成了法律适用的不一致，即以佐治亚州为代表的保守州继续维持难以执行、形同摆设的《反鸡奸法》，而另一些州早就废除了《反鸡奸法》。最后，“鲍尔斯案”会加剧美国社会的“仇同”心理，加剧同性恋歧视，给同性恋者造成负面影响。

## 第三节　伯格法院时期的死刑争议

伯格法院时期，死刑问题是文化战争的另一个热点问题。死刑争议在美国由来已久，它不仅涉及道德、法律及社会正义等多个层面，而且逐渐成为判断两党政治倾向的一块“试金石”。在美国，对于死刑制度的立场通常与个人的政治观念相关联，这一立场往往反映了一个人对社会和法律价值观的看法。一般来说，共和党倾向于支持死刑，认为它有助于维护社会秩序和公正，同时强调犯罪行为应当受到严惩。相反，民主党在大多数情况下更倾向于反对死刑，他们强调对于犯罪应该以更加人道和改善的方式进行处理，提倡对犯人进行改造和帮助他们重新融入社会。自20世纪60年代以来，是否废除死刑制度成为美国文化战争的核心问题之一。目前在发达国家中，美

---

❶ Bowers v. Hardwick, 478 U. S. 186, 205(1986).

❷ Lawrence v. Texas, 539 US 558, 563(2003).

❸ Bowers v. Hardwick, 478 U. S. 186, 218(1986).

国是除日本外唯一保留死刑的国家。“美国之所以引人注目，是因为它是最后一个经常使用死刑的自由民主制国家。”❶

## 一、死刑存废与两党政治

长久以来，死刑制度在美国遭受人权和宗教人士的反对，同样也受到欧洲盟友及国际人权组织的批评。截至2021年，美国全部50个州中已经有近一半的州（23个）要么废除了死刑，要么暂时禁止或暂停执行死刑，而联邦政府依旧保留死刑。死刑存废问题是美国两党选举的重要议题之一。

自北美殖民开始起，死刑制度就一直存在。据《埃斯皮死刑档案》记载：1608—1991年共有15 269名死刑犯被殖民地当局及美国各地执行死刑，1930—2002年有4 661人被执行死刑。❷ 第二次世界大战之后，联邦政府很少执行死刑，1963—2001年5月，联邦政府甚至有38年未执行过一例死刑。1995年俄克拉何马州大爆炸致使168人丧生，凶手麦克维最终在2001年6月21日被执行死刑。根据美国反对死刑组织——“死刑信息中心”（Death Penalty Center）的数据，上一次联邦判决执行死刑是2003年，截至2022年，至少有60人在死刑的名单上等待处决。❸ 从全美来说，执行死刑人数也在逐年降低，1976年，美国最高法院恢复死刑制度。从那时起至2019年，平均每年约有35人被执行死刑，共计1 499人，其中1 323人采取注射方式执行。❹ 进入21世纪以来，不仅联邦层面停止了死刑执行，而且越来越多的州废除了死刑，州每年执行死刑的数量也逐渐下降，1999年达到98人的顶峰，2018年下降到25人。美国对死刑的判决非常谨慎，对罪犯从审判到执行死刑，时间平均长达9年。2020年新判死刑人数为31人，而这年执行死刑的人数为1人。1998—2018年，全美有2 631人被判决死刑，其中真正被执行死刑的有1 058人，占判决总数的40.2%。近年来，全美死刑执行数量偏少，除死刑犯本身人数下降之外，

---

❶ 柯恩，唐哲，高进仁等. 当代美国死刑法律之困境与探索：问题与案例[M]. 刘超，等译. 北京：北京大学出版社，2013：前言1.

❷ 转引自刘长煌. 美国死刑的现状及历史流变（上）[J]. 现代世界警察，2019（7）：58.

❸ The DPIC Death Penalty Census[EB/OL]. [2024-4-24]. https://deathpenaltyinfo.org/facts-and-research/death-penalty-census.

❹ The DPIC Death Penalty Census[EB/OL]. [2022-7-12]. https://deathpenaltyinfo.org/facts-and-research/death-penalty-census.

行政拖拉、死刑程序漫长、司法扯皮之外，美国的废除死刑运动导致死刑执行难度加大。1976—2020 年美国判处和执行死刑的人数如图 7-3 所示。

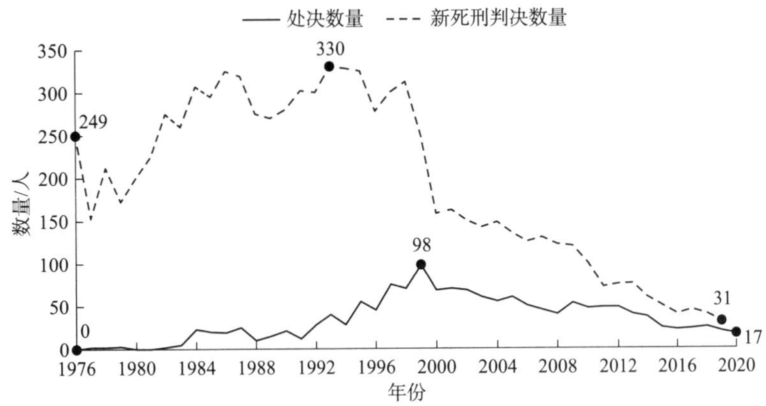


图 7-3　1976—2020 年美国判处和执行死刑的人数

资料来源：GRAMLICH J. 10 facts about the death penalty in the U. S. [EB/OL]. (2021-7-19) [2022-7-12]. https://www. pewresearch. org/fact-tank/2021/07/19/10-facts-about-the-death-penalty-in-the-u-s/.

美国联邦死刑制度变动不居。1967 年废除死刑制度，1976 年又恢复，且死刑制度时紧时松。完全废除死刑制度，在美国不现实。首先，保守派施加的压力太大；其次，谋杀犯罪率太高。在美国支持死刑的民众比例一直很高，2003 年支持死刑的民众甚至达到了 70%，而美国民众对死刑的反对在 1966 年升到最高峰，有 47% 的民众反对死刑。❶ 1937—2021 年美国民众对于死刑的态度变化如图 7-4 所示。

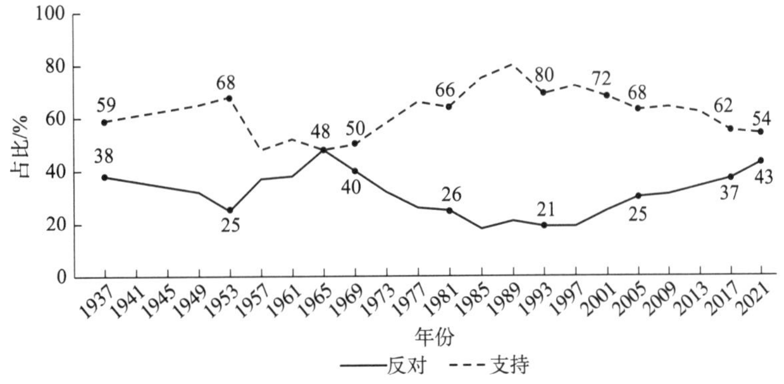


图 7-4　1937—2021 年美国民众对于死刑的态度变化❷

❶ Death Penalty[EB/OL]. [2022-7-12]. https://news. gallup. com/poll/1606/death-penalty. aspx.

❷ Death Penalty[EB/OL]. [2022-7-12]. https://news. gallup. com/poll/1606/death-penalty. aspx.

2021 年 3 月 24 日，弗吉尼亚州成为美国第一个废除死刑的南方州，它也是全美第 23 个废除死刑的州。不过，由于实行联邦制，各州死刑制度差异很大，密西根州早在 19 世纪 70 年代就已废除死刑，当然还有一些州也紧随其后废除了死刑，这些州大都集中在美国东北部和五大湖地区。自 20 世纪 60 年代开始，死刑逐渐成为文化战争主要议题之一，它是保守派与自由派阵营经年累月论战的议题，经久不衰，直至今天。对于自由派来说，“死刑的持续存在是对美国自由主义者的蔑视，是一个国际人权方面的丑闻，是对从良知上反对处死罪犯的人们的道德凌辱”。❶ 而对于保守派来说，坚持死刑制度是共和党获得执政的一个有力砝码。“1972 年之后，死刑不再是一个惩罚政策的问题，而成为 20 世纪 60 年代文化战争中一个象征性战场——它的运作伴随着诸如堕胎、福利权利、被告人权利及作为政治联盟和社会价值观之“试金石”的积极补偿行动等问题。”❷

当前美国两党对死刑存废的主要观点，从 2012 年、2016 年和 2020 年这三年的两党总统竞选纲领中可以看出端倪。同西方大多数左翼政党一样，美国民主党主张废除死刑。2012 年美国总统大选，民主党竞选纲领中并没有明确提出废除死刑，但表达了对死刑的不满：“我们将继续打击刑事司法系统中的不平等问题。我们认为，不应该任意判处死刑。”❸ 然而，在 2016 年总统大选前，民主党在其纲领中明确表示：“我们将彻底废除死刑，它被证明是一种残忍和不寻常的惩罚形式。它在美利坚合众国没有任何位置。死刑的适用是残忍和不公正的。死刑给纳税人造成的损失远远超过终身监禁。死刑并不能阻止犯罪。死刑是一种不可逆且不可靠的刑罚，一旦造成冤假错案，失去的无辜生命将无法挽回。”❹ 2020 年，民主党在竞选纲领中继续强调了“民主党继续支持废除死刑”。❺ 民主党对待死刑的态度是变化的，民主党利用死刑操纵选举的迹象更为明显。无论是克林顿还是奥巴马，当他们年轻的时候都不主张废除死刑。

---

❶ 加兰德. 死刑与美国文化[J]. 中外法学,2005(6):707.

❷ 加兰德. 死刑与美国文化[J]. 中外法学,2005(6):717.

❸ 2012 年美国民主党总统竞选纲领:https://www. presidency. ucsb. edu/documents/2012-democratic-party-platform.

❹ 2016 年美国民主党总统竞选纲领:https://www. presidency. ucsb. edu/documents/2016-democratic-party-platform.

❺ 2020 年美国民主党总统竞选纲领:https://www. presidency. ucsb. edu/documents/2020-democratic-party-platform.

相比较民主党，共和党对死刑制度的态度始终是一贯的。共和党支持保留死刑，这与他们一贯自我标榜的“法律与秩序”和“小政府”等主张是一致的。共和党铁腕打击犯罪，支持死刑及死刑制度。在2012年，共和党在总统竞选纲领中提出：“共和党支持对帮派犯罪、对儿童暴力犯罪或性犯罪，屡犯不改的毒品交易、强奸、抢劫及谋杀等进行强行监禁。”“法院应在某些谋杀案中选择判处罪犯死刑。”❶ 2016年，共和党在竞选纲领中强调了“死刑符合第五条修正案中明确的规定，具有合宪性”；随着美国大城市中谋杀率的飙升，共和党坚决“谴责联邦最高法院慢慢侵蚀了州所拥有判处死刑的权力”，“存在两大难题危及美国法治：一是过度刑法化（over-criminalization）；二是刑事司法过度联邦化（over-federalization）”。❷ 2020年，共和党竞选纲领延续了2016年的竞选纲领，死刑合宪依旧是共和党的共识。

美国是联邦制国家，司法体系分为两部分：联邦法院和州法院。美国实行联邦制，联邦只拥有有限的授权，其余主权保留给各州。各州境内的犯罪防治与刑事政策属于州权范围，由各州议会代表民意决定是否保留死刑，联邦无权强行统一全国刑法。对于刑事犯罪而言，根据所犯罪行的性质选择联邦法院还是州法院受审，例如，走私、逃税、非法移民、伪造货币、侵害邮局业务、公海上犯罪（如海盗、贩毒等）等刑事犯罪一般归属联邦刑法管辖。事实上，美国大部分刑事犯罪的审判主要在州法院。美国建国伊始，联邦刑事案件非常有限，只有少数侵犯到联邦权力的全国性犯罪才在联邦法院受审。从传统上来说，死刑审判属于州权，由各州议会自由选择是否适用死刑及死刑程序，因为“从死刑立法来看，由于联邦宪法、法律均未就死刑作出一般规定，早期的美国最高法院亦很少介入这一领域，造就了美国无法形成统一的死刑立法与改革策略的结果”。❸ 美国一共有55个独立的刑事管辖区，它们是：联邦政府、50个州政府、华盛顿特区、波多黎各和维京群岛两个托管地及军方，前54个管辖区实行普通刑法，而军方实行军事刑法。美国共和党坚持“小政府”框架，反对联邦政府过度介入州权、侵蚀州权，“在联邦政府权力弱小时期，最高法院奉行严格

---

❶ 2012年美国共和党党总统竞选纲领：https://www.presidency.ucsb.edu/documents/2012-republican-party-platform.

❷ 2016年美国共和党总统竞选纲领：https://www.presidency.ucsb.edu/documents/2016-republican-party-platform.

❸ 魏昌东.美国宪法修正案与其死刑制度改革[J].法学评论，2014(1)：129.

的不干预地方事务政策，对死刑适用的宪法解释极少。自 20 世纪初开始，在‘集权化’联邦制影响下，最高法院通过第十四条修正案不断拓展对死刑案件的宪法解释范围，并逐步构建了从第十四条修正案到第八条修正案、从程序限制到实体限制的发展格局，通过最高法院的死刑判决，逐步构建的死刑适用一般标准，成为推进美国死刑立法改革的重要力量”❶。民主党和共和党对待死刑的差异如表 7-1 所示。

**表 7-1 美国民主党、共和党两党对待死刑的差异**

| 对死刑的态度 | 民主党/倾向民主党/人 | 共和党/倾向共和党/人 | 总数/人 |
| --- | --- | --- | --- |
| 支持死刑 | 46 | 77 | 60 |
| 认为死刑有道德上的正当性 | 51 | 80 | 64 |
| 认为白人与黑人被判处死刑的可能性相同 | 15 | 72 | 41 |
| 认为死刑确实能威慑人们犯下严重罪行 | 23 | 51 | 35 |
| 认为不会有无辜的人被判死刑 | 12 | 31 | 21 |

死刑存废议题具有强大的“吸票”功能，是美国共和党和民主党重要的选举操作议题。几十年来，美国民众对死刑的态度变幻莫测。2021 年皮尤调查机构表明，公众对死刑的支持率，在 1996 年接近 80%，2021 年大约 54% 的美国民众支持死刑。对特朗普来说，恢复联邦死刑执行是他手中的一张“竞选王牌”。过去 20 年来，共和党人对死刑的支持率一直稳定在 77% 左右，民主党人对死刑的支持率从 20 世纪 90 年代中期的 71% 下降到现在的 46%。

对于犯谋杀罪等罪犯判处死刑，高达 80% 的共和党人和 51% 的民主党人认为具有道德正当性。但是，51% 的共和党人和 23% 的民主党人认为死刑并不具有威慑力，不能阻止恶性犯罪的发生。

死刑问题演变为分裂美国、造成政治极化的一个议题。共和党候选人除了可以用死刑议题动员本阵营选民之外，还可以刺激、分化民主党阵营。死刑存废问题多少年来一直是总统的选举议题，成为影响选举结果的因素之一。想当年，共和党总统候选人老布什和民主党总统候选人杜卡基斯辩论死刑存废的时候，杜卡基斯强烈支持废除死刑，他说即使妻子被奸杀也不支持判决罪犯死刑，“死刑不会有威慑力”，杜卡基

❶ 魏昌东. 美国宪法修正案与其死刑制度改革[J]. 法学评论,2014(1):131.

斯的致命回答让很多选民大吃一惊，他最终一败涂地。[1] 1992 年，民主党总统候选人克林顿吸取教训，他不再公开反对死刑，相反，在总统竞选期间，他还特地赶回阿肯色州批准死刑犯的处决。[2] 在美国，民意支持死刑居高不下，如果候选人在此时碰触死刑民意的禁忌，无疑等于政治自杀。当小布什总统竞选美国总统时，共和党人担心死刑问题可能成为小布什的软肋，毕竟 1995—2000 年，小布什任得克萨斯州州长期间，批准处决了 150 名以上的死刑犯，为得克萨斯州赢得“死刑之州”的称号。在 2000 年的美国总统竞选中，小布什并没有因为铁血的死刑政策而遭到对手的攻击，相反得克萨斯州的死刑政策给小布什树立了“铁腕形象”，为他入主白宫加分不少。[3]

同样，特朗普也因为坚持执行死刑制度而获得“强汉形象”。在特朗普第一次执政的四年中，特朗普决定美国最高法院执行死刑，动机并不单纯。特朗普深谙死刑是总统大选最好的“楔子议题”之一，不仅能够凝聚传统的共和党保守派阵营，而且死刑议题也可以分化民主党阵营，特别能吸引南方州支持死刑的民主党选民。早在 2015 年，特朗普就开始呼吁恢复执行死刑。他认为“死刑是一种威慑”，他承诺就任之后在全美恢复死刑执行，然而，特朗普在第一个任期即将结束之际，并没有兑现承诺，已经中止多年的联邦死刑执行依旧遥遥无期。特朗普一直在塑造敢于打击犯罪的“硬汉形象”，死刑是他所需要的一种霹雳手段，他要依靠严苛的死刑制度来解决美国的枪支泛滥、毒品犯罪等一系列社会问题。2018 年，“匹兹堡枪击事件”导致 11 人丧生，特朗普当即表示将推动恢复死刑。特朗普非常推崇中国处理贩毒的严苛手段。他认为，需大力整治鸦片类药物滥用，提出应对毒品成瘾危机的方案，加大对毒贩的惩处力度（包括死刑），督促国会立法加重对贩毒行为的量刑。为了维持比较高的支持率，特朗普曾经打算对谋杀儿童的囚犯执行死刑，借此获得更大的政治影响力。在政治与司法布局上，特朗普政府任命了 174 位联邦地区法院法官，23 名联邦巡回上诉法院法官，以及 3 名最高法院大法官。这些法官在政治光谱上都属于右翼保守派。虽然仅仅因为法官的政治立场就去推测判决结果是不可取的，但如今美国司法分支的结构（保守派法官居多）让废除联邦死刑制度困难重重。美国最高法院在审

---

❶ Dukakis'Deadly Response [EB/OL]. [2022-8-15]. http://content. time. com/time/specials/packages/article/0,28804,1844704_1844706_1844712,00. html.

❷ OLGIATI C. The White House via Death Row[N]. The Guardian,1993-10-12.

❸ YARDLEY J. Death and the White House[N]. New York Times,2000-12-17.

理奥兰多·霍尔（Orlando Hall）和丽莎·蒙哥马利（Lisa Montgomery）死刑案的时候都推翻了下级法院暂停行刑的判决，2021年联邦政府最终对两人执行了死刑。[1] 戈萨奇的表现令保守派很满意，在“达维拉诉戴维斯案”（*Davila v. Davis*）和“麦克威廉斯诉邓恩”（*McWilliams v. Dunn*）等案件中他已表现出联邦执行死刑制度不容挑战的态度，而卡瓦诺在提名过程中也清晰表达出支持现行的联邦死刑制度的意愿。[2]

## 二、美国死刑制度的文化解读

《圣经》的《利未记》中有主张杀人偿命及其他类似的、基于“以眼还眼”的法条（《利未记》24：17-22），圣奥古斯丁以根植于《上帝之城》的第一条戒律来回应支持废除死刑者。奥古斯丁认为：“既然权力的代表只是（上帝）手中的一把剑，那么对于国家权力的代表而言，将罪犯处死，丝毫不违反‘汝不得杀人’的戒律。”托马斯·阿奎那和邓斯·司各脱认为，《圣经》有关论述支持政府执行死刑。[3] 然而，到了近代，一些基督教教会的态度发生改变，开始并不支持死刑，废除死刑也成了罗马天主教的官方立场。2018年8月，罗马教皇方济各批准了第2267号《天主教教义》，其中对死刑有新的描述。这段新的描述继承教宗若望·保禄二世在《生命的福音》中的训导，指出不能接受处死一个罪犯的生命作为对其罪行的处罚，因为这残害人的尊严。第2267号《天主教教义》关于死刑的描述如下：

“长久以来，合法当局在完成了合法程序后便诉诸死刑，这被认为是恰当地回应了某些严重罪行，是可接受的手段，即使方法极端，却使公益受到保护。今日，人们越来越强烈地意识到，即使犯了极严重罪行的人也不该失去他的尊严。此外，已经出

---

[1] 奥兰多·霍尔在1994年绑架、强奸并掩埋了一名得克萨斯州少女，终于被判处了死刑。他向美国最高法院申请暂缓执行死刑，司法部阻止，美国最高法院6位保守派法官同意执行死刑。丽莎·蒙哥马利曾于2007年在密苏里州因绑架和勒死当时怀孕八个月的鲍比·乔·斯汀内特而被定罪。当时，她还残忍地从斯汀内特的子宫中剖出了胎儿。幸运的是，这个孩子幸存了下来。在美国最高法院推翻了第八巡回上诉法院对被定罪的杀人犯丽莎·蒙哥马利暂缓执行死刑的禁令后，这名美国联邦死囚牢房中唯一的女囚犯已于2021年1月13日凌晨被处决，这标志着美国政府自1953年以来首次对女囚犯执行死刑。

[2] Davila v. Davis，137 S. Ct. 2058（2017）；McWilliams v. Dunn，137 S. Ct. 1790（2017）.

[3] Avery Cardinal Dulles. Catholicism & Capital Punishment[EB/OL].（2024-4-22）[2024-4-22]. https://www.firstthings.com/article/2001/04/catholicism-capital-punishment

现一种对国家刑罚意识的新理解。总之，迄今已经发展出更有效的监禁系统，以保障公民受到应有的保护，但同时也不能断然拒绝给罪犯改过自新的机会。因此，教会依照《福音》的教导，表明‘死刑是不能令人接受的，因为它残害人的不可侵犯性和尊严’，同时决心致力于在全世界废除死刑。”❶

美国废除死刑运动活动家认为，死刑违背了宗教所提倡的“善”与“宽容”等精神，他们更愿意从自由主义的角度去解释《圣经》。近年来，罗马教皇方济各在世界很多地方一直倡导废除死刑，希望各国政府达成全面废除死刑协议。美国废除死刑的宗教势力也积极呼应罗马教皇的主张。尽管西方国家都普遍废除了死刑，美国却依旧保留了死刑制度，但是美国的死刑的历史就是一部死刑不断被限制的历史，正如死刑制度的发展历程一样：“从 17 世纪起，死刑制度经历了一个缓慢的修正、减少和废除的过程。历史学家将这一衰落的关键阶段描述如下：①可判处死刑的犯罪和可判处死刑的罪犯的范围的缩减；②加重死刑判决的废除；③将处决转移到公众的注视之外；④旨在加速死亡和减少痛苦的诸多技术的采用；⑤一直质疑死刑制度的规范性话语的出现；⑥出现了公众对于死刑适当性的态度的明显分歧；⑦更为正式的法律程序和保障措施的发展；⑧世俗社会处决频率的下降；⑨部分地，然后完全地废除死刑——首先在事实上废除，然后最终在法律上废除——的运动。”❷

美国废除死刑运动肇始于欧洲思想启蒙运动。伏尔泰和孟德斯鸠等思想家深入研究了废除死刑问题，尤其是意大利刑法学家贝卡利亚在他的代表作《论犯罪与刑罚》中所提出的废除死刑的理论，对美国政治精英影响比较大。❸ 美国建国伊始，废除死刑的运动就已形成。《独立宣言》签字者之一、宾夕法尼亚州革命领导人本杰明·拉什（Benjamin Rush）被认为是美国本土第一个提出废除死刑的人。他主张刑罚与所犯罪行相称，慎用死刑刑罚。他的思想在当时传播很广，对后世影响比较大。1836 年，马萨诸塞州议会率先提出废除死刑。1846 年，密歇根州成为美国第一个废除死刑的州（只保留了叛国罪可以执行死刑）。自这以后，1852 年罗德岛、1853 年威斯康星州、1872 年艾奥瓦州都相继废除了死刑……美国北方州废除死刑运动同欧洲的

---

❶ “教宗方济各修改《天主教教理》有关死刑条文文本”，参见 https://www.vaticannews.va/zht/vatican-city/news/2018-08/pope-francis-cdf-ccc-death-penalty-revision-ladaria.html.

❷ 加兰德. 死刑与美国文化[J]. 江溯，译. 中外法学，2005(6)：712.

❸ 贝卡利亚. 论犯罪与刑罚[M]. 黄风，译. 北京：中国方正出版社，2004：59-66.

废除死刑运动几乎同步进行。但相比较北方州，美国南方州为了震慑黑奴，死刑大行其道，直接导致南北方各州对死刑制度采取迥乎不同的态度。

美国废除死刑运动所主张的理由主要如下：一是死刑并不能阻止或震慑犯罪。美国死刑信息中心的一个研究表示，88%的犯罪学家认为一是死刑并不是一种有效威慑方式；[1] 二是死刑导致冤假错案损失难以挽回。例如，哥伦比亚大学法学院詹姆斯·利布曼（James Liebman）教授曾发布一份报告：1973—1995 年共有 4 578 人判处死刑，其中，7%的被判死刑的人最终改判无罪，82%被判死刑的人被上诉法院改判为适用死刑不当，高达 68%的死刑判决都存在一定问题。三是死刑制度容易触发种族仇恨。非洲裔人种仅占美国人口 13%左右，却在被处决比例中超过三分之一。[2] 人权人士还注意到死刑犯之间的种族差异，认为黑人男性通常会判处死刑，比其他人种判处死刑的男性要多得多。2014 年华盛顿大学凯瑟琳·贝克特（Katherine Beckett）教授在一项实证研究中表示，在相似的案件中，华盛顿州的陪审员建议对黑人被告人适用死刑的可能性比白人被告人的可能性高出 3 倍[3]；四是死刑制度不人道，执行手段过于“残酷”。目前执行死刑的手段是注射。尽管有学者提出注射依旧不人道，但是，美国最高法院在 2008 年的“巴泽诉里斯案”（*Baze v. Rees*）和 2015 年的“格罗斯普诉格洛施案”（*Glossip v. Gross*）中明确了注射执行死刑符合宪法规定。[4] 五是宗教道德因素。正如最高法院大法官布伦南所言：“从最为本源的角度而言，围绕死刑的所有争辩都是从道德的角度出发的。”[5]

美国学者围绕着死刑的文化冲突主要表现在对死刑的文化解读之上。在美国，一些学者把美国保留死刑制度归结为“美国例外主义”（American Exception）的文化主

---

[1] “Study: 88% of criminologists do not believe the death penalty is an effective deterrent”, https://deathpenaltyinfo.org/news/study-88-of-criminologists-do-not-believe-the-death-penalty-is-an-effective-deterrent.

[2] LIEBMAN J S. A Broken System: Error Rates in Capital Cases, 1973—1995[EB/OL]. [2024-4-22]. https://scholarship.law.columbia.edu/cgi/viewcontent.cgi? article=2220&context=faculty_scholarship

[3] BECKETT K. The Role of Race in Washington State Capital Sentencing, 1981—2014[EB/OL]. [2024-4-22]. https://files.deathpenaltyinfo.org/legacy/documents/WashRaceStudy2014.pdf

[4] Baze v. Rees, 553 U.S. 35(2008); Glossip v. Gross, 576 U.S. 863(2015).

[5] TABAK R J. Justice Brennan and the Death Penalty”, Pace Law Review, vol. 11, June 1991, p. 477.

义版本，即“美国文化中存在着某种深层的、持久的东西，它驱使美国的司法体系保留死刑”，“美国当前对死刑的运用绝非惩罚政策的一个短暂的阶段，相反，它牢牢地根植于一种社会——文化基础及一套确定不移的制度和价值观之上——他们构成了美国的基础并决定着其诸多历史抉择”。❶ 美国一些学者对美国保留死刑制度进行了不同的文化解读。例如，富兰克林·齐姆林（Franklin E. Zimring）教授认为，“美国之所以保留死刑与‘私人复仇传统’一样，具有美国的独特性，存在于美国文化中，而且他将美国人——特别是南部各州的美国人——持续处决罪犯的倾向归因于这种传统。”❷ 詹姆斯·惠特曼（James Q. Whitman）教授认为，美国文化遗产中非常注重人的地位与尊严，这与保留死刑制度有一定关联，“美国之所以诉诸残酷的惩罚和死刑，乃是完全不顾及越轨者的尊严而使其降格的文化倾向的结果：这是一种自清教徒踏上美国以来就一直存在的倾向”。❸ 然而，这些关于死刑的立场遭到了以加兰德为代表的法学教授的反对。“事实上，死刑在很大程度上是当今的一种表达性措施，其存在的理由主要是出于为情感所左右的政治考量而非诸如威慑性犯罪控制这样更为工具性的考虑。谬误并不在于求助于文化，而在于援引了文化传统——这些文化传统被主观臆断为美国特有的亘古不变的组成部分——并且毫无根据地假定这种潜在的文化以某种方式体现在制定法和司法判决之中。”❹

事实上，对于法国哲学家福柯来说，保留死刑真正的目的不是要把你杀死，不是要对你进行惩罚，而是你在这个世界上对他人构成了生命威胁，生命权利就是要保障所有人的安全，如果你的存在包含犯罪的可能，让别人都随时随地处于危险之下，那我们就以死刑的名义杀死一个人，这已不再是对你进行残酷的惩罚和报复，而是为了保卫整个社会的安全。要保卫社会就要把这个社会所有的危险消灭掉，这才是死刑的

---

❶ 加兰德.死刑与美国文化[J].江溯,译.中外法学,2005(6):703,705.

❷ 加兰德.死刑与美国文化[J].江溯,译.中外法学,2005(6):708。美国历史上的私人复仇传统,可以追溯到早期的殖民时期和边疆时代,当时的法律制度尚未完全建立,人们往往依靠个人或家庭来解决争端和维护正义。虽然这些传统在法律体系健全后逐渐消失,但它们仍然在美国历史和文化中留下了深刻的印记,从家族仇杀、决斗文化到私刑,这些现象都展示了私人复仇在美国早期历史中的重要性。

❸ 加兰德.死刑与美国文化[J].江溯,译.中外法学,2005(6):712.

❹ 加兰德.死刑与美国文化[J].江溯,译.中外法学,2005(6):706.

逻辑。[1] 关于死刑的文化解读没有定论，死刑的辩论将会继续。

## 三、死刑制度存废峰回路转：从“福尔曼案”（1972）到“格雷格案”（1976）

美国宪法无明文规定禁止死刑，但是美国国会 1791 年通过的宪法第八条修正案“禁止残酷与异常的刑罚”条款是否可解释为包括死刑？[2] 这个条款冬眠了近百年后经过最高法院渐进性扩张解释，直至 1972 年突然起死回生、发挥功效，美国最高法院依据该条款宣判美国当时各州死刑法律违宪，造成了美国最高法院得以审查州的死刑案件的一个例外。美国最高法院涉及第八条修正案“禁止残酷与异常的刑罚”条款的案件是在 1878 年在“威尔克森诉犹他领地案”（*Wilerson v. Utah*）。在该案中，美国最高法院确立了在犹太领地用枪决代替绞刑去执行死刑的合宪性，且大法官一致认为不构成“残酷与异常的刑罚”[3]；1890 年，纽约州率先使用电椅执行死刑，由于当时第八条修正案还未被“吸收”适用于各州，联邦法院对此无管辖权，因此美国最高法院在“凯姆勒单方诉讼案”（*In re Kemmler*）中判决尊重纽约州的自主决定[4]；1962 年美国最高法院在“罗伯逊诉加利福尼亚州案”（*Robinson v. California*）中以美国宪法第八条修正案“残酷与异常的刑罚”条款为依据吸收程序解释为适用于州。[5] 本来大部分州宪都有类似“残酷与异常的刑罚”条款，第八条修正案适用于州也并不觉得突兀。1968 年，最高法院在“威瑟斯彭诉伊利诺伊州案”（*Witherspoon v. Illinois*）中确定，在死刑案中使用陪审团被认为是符合美国宪法的。[6] 在这几个案件中，美国最高法院所要审查的目标是死刑执行方式或审理程序问题，而非死刑本身是否残酷。

---

[1] 福柯. 必须保护社会[M]. 钱翰，译. 上海：上海人民出版社，2010：190-195.

[2] “禁止残酷与异常的刑罚”条款，源自 1689 年英国光荣革命后所发布的《权利法案》。当时英国国会为防止前国王詹姆士二世血腥逮捕并恣意处死大批异己分子的残酷行为再度发生，而订立该条款。1791 年美国第一届国会一次性通过十条修正案，并称“权利法案”，其中第八条修正案规定：“不得要求过多的保释金，不得处以过重的罚金，不得施加残酷与异常的刑罚”。

[3] Wilkerson v. Utah, 99 U. S. 130(1878).

[4] In re Kemmler, 136 U. S. 436(1890).

[5] Robinson v. California, 370 U. S. 660(1962)

[6] Witherspoon v. Illinois, 391 U. S. 510(1968).

自20世纪60年代以来，联邦层面执行死刑也是一波三折。1965年至1977年的这十八年中，美国没有执行过死刑。在联邦层面对死刑制度进行攻击源于20世纪60年代的黑人民权运动。美国黑人民权运动分子觉得黑人是美国死刑制度的牺牲品，受到了不公正的对待，违背了正义。例如，美国全国有色人种协进会下属的全国穷人权利办公室（（National Office for the Rights of the Indigents）调查后发现，“20世纪30年代至60年代初期，因强奸罪被处决的455名罪犯中有将近90%是因强奸白人妇女而被定罪的黑人”，于是，该办公室决意为“终止这一最具歧视性的刑罚”而战斗，最终演变为在全美范围对死刑制度发起进攻。[1] 美国全国有色人种协进会下属的“正当防卫与教育基金”（NAACP，Legal Defense and Educational Fund）对死刑制度发起了法律进攻。该基金会的骨干成员是一群年轻律师，他们要为黑人进行辩护。在他们看来，死刑就是一个民权问题，毕竟黑人判处死刑的比例畸高。

### （一）“福尔曼诉乔治亚州案”（1972）：死刑制度短暂废除

1972年，在“福尔曼诉乔治亚州案”（*Furman v. Georgia*，简称“福尔曼案”）中，美国最高法院的判决可谓是急转弯，使人乐观地误以为由美国最高法院的司法判决来废止美国死刑之策略已经实现。“福尔曼案”是美国最高法院史上的里程碑案件。“福尔曼案”实际上合并了3件独立的死刑案件，上述案件的3名被告均是黑人。这3名黑人被告人向美国最高法院提出的辩护理由相同：用以判处死刑的方法是武断且残酷的，因而违反联邦宪法。“福尔曼案”的案情并不复杂，审判时，福尔曼供述：他深夜持枪闯入民宅行窃。房主惊醒，欲抓住他，他奔跑跌倒，枪支走火，打死房主。但是该供述并没有经过宣誓（这也是乔治亚州刑事诉讼程序允许的）。但这与福尔曼先前向警方所做供述矛盾，他在逃跑时转身盲目地开了一枪。在任何一种情况下，由于枪击发生在实施重罪期间，福尔曼将被判谋杀罪。法院根据佐治亚州当时重罪法律规定，福尔曼被判处死刑。虽然他被判处死刑，但未被执行。后来，该案上诉到美国最高法院。

1972年6月29日，美国最高法院以5∶4的微弱多数作出判决，认为在这起杀人案中，佐治亚州赋予了陪审团极大的自由裁量权，这会导致死刑判决的随意性，违反了美国宪法第八条修正案的规定，即禁止“残酷和异常的刑罚”，死刑判决部分撤

---

[1] 张守东.美国死刑制度的宪法法理及其未来[J].法学,2011(3):112-113.

销，发回重审。❶“福尔曼案”是一件奇特的案件，它仅有一段短短的法庭意见（per curiam）：“依本案所适用的法律判处死刑的方式，构成了‘残酷和异常的刑罚’，违反了宪法第八条修正案和第十四条修正案。”该法律意见没有一位大法官签名，每位大法官都有不同的判决理由，毫无共识。九名大法官各自发表一份长长的意见书，九份意见书（五份协同意见，四份异议意见）加起来有 233 页，是最高法院所做出的最长裁决书之一。每位大法官的刑事司法意见迥异，不存在主流意见，也不存在主流的成熟的理论基础。五位大法官赞同法庭意见，形成多数，其中布伦南、马歇尔两位大法官主张死刑本身违宪，而道格拉斯、斯图亚特及怀特大法官不是反对死刑，只是认为本案的死刑判决方式不妥。例如，斯图亚特大法官道出了此案的“真谛”：“这些死刑判决是残忍和异常的，就像被闪电击中是残忍和异常的一样。因为，在 1967 年和 1968 年被判犯有强奸和谋杀罪的人中，他们中有的人（主要是黑人）被随意挑选出来判处死刑，有些人犯有同样罪行、受到同样谴责却没有被判死刑。其他协同意见的大法官已经证明，如果选择这些人被判处死刑的话，这是基于种族的选择与判刑，这是宪法不允许的。”❷ 布伦南和马歇尔大法官认为，死刑自身是“残酷且异常的刑罚”，第八条修正案“真正的意义必须从成熟的社会进步中，从文明的发展中获得”，死刑与文明社会进步的演化标准（decency）不相容。❸ 美国大法官怀特认为，死刑在字典上的意义是残酷的，但在宪法上的意义，却为了达到某种社会目的而被正当化。❹ 伯格、鲍威尔、布莱克门及伦奎斯特都是被尼克松总统任命的新任大法官，他们认为死刑的存废是刑事政策问题，应该由立法部门决定，不应该伪装成宪法修正案第八条的争议交由司法机构去处理。

“福尔曼案”5∶4 的判决结果折射出政治分裂的现实，多数意见中的五名大法官由沃伦法院留任下来，他们身上都留存沃伦法院的遗风。这五名大法官各自写了一份协同意见；而四名反对者则都是新近由尼克松总统任命的大法官，他们各自写了一份异议意见。“福尔曼案”的判决具有里程碑式的意义，所以该判决引起了国会和很多州政府的反对，因为既无宪法明文规定，又无判例可循，仅由美国最高法院五位大法

❶ Furman v. Georgia, 408 U. S. 238, 239-240(1972).

❷ Furman v. Georgia, 408 U. S. 238, 309(1972).

❸ Furman v. Georgia, 408 U. S. 238, 242(1972).

❹ Furman v. Georgia, 408 U. S. 238, 312(1972).

官的多数判决，使全国现行的死刑法律均失效，让当时全国七百多位死囚免于一死。保留死刑的州也做出了死刑改革以解决“福尔曼案”中指出的问题，如规定今后定罪、量刑分开，必须有加重情节方可判处死刑等，使得陪审团不能再随意判处被告人死刑。美国最高法院同时宣布，各州有关死刑的法律违宪，美国联邦层面进入一个短暂的中止执行死刑的时期。“福尔曼案”给一般民众的错觉是美国最高法院要判决死刑本身违宪。事实上，在该案中，美国最高法院只是判决死刑适用的方式和方法违宪，并未直接判决死刑本身违宪。

“福尔曼案”导致的结果之一就是美国 37 个州为了符合该案的判决精神，开始修订各自的死刑法律，使死刑判决的方法、程序和执行过程更加合理化、人性化。“福尔曼案”永远修改了美国的死刑制度，使死刑判决程序大为改观，死刑判决不再那么任意和不公。[1] 但是“福尔曼案”的判决结果给美国社会投下了震撼弹。支持死刑的民众数量激增，新的死刑法案不断涌现。美国最高法院的一系列保守判决激起了民意反弹，对社会治安的恶化、暴力犯罪的恐惧也促使民众的态度发生改变。

### （二）“格雷格诉佐治亚州案”（1976）：死刑制度又恢复执行

“福尔曼案”成为全美的焦点，民众高度关注死刑问题，支持死刑的民众升至 66%。很多州开始举行公投，推翻“福尔曼案”的判决。加利福尼亚州在“福尔曼案”宣判的 1972 年 11 月举办全民公投，恢复死刑，其他州也开始修改死刑法律，到了 1976 年，全国已有 35 个州及联邦制定了新的死刑法律。此时各州已有数百人依新订的死刑法律被判处死刑，美国最高法院从众多上诉案件中挑选五件代表性的谋杀案件，分别审查佐治亚、佛罗里达、得克萨斯、北卡罗来纳与路易斯安那五州新订的死刑法律的合宪性。这五个案件合起来以“格雷格诉佐治亚州案”（*Gregg v. Georgia*，简称“格雷格案”）命名。

1976 年，美国最高法院“格雷格案”中以 7∶2 的票数支持了对格雷格的死刑，“对谋杀犯罪适用死刑，在任何情形下均不违反宪法第八条修正案与第十四条修正案”。[2] 该案也标志着美国又恢复了死刑，时至今日，“格雷格案”依旧没有被推翻。该案判决认为，修订后的佐治亚州死刑法律符合第八条修正案的要求，对杀人

---

[1] 张守东. 美国死刑制度的宪法法理及其未来[J]. 法学,2011(3):112.

[2] Gregg v. Georgia,428 U. S. 153,154(1976).

犯判处死刑的关键是不得滥用死刑。美国最高法院基于其宪法解释权对死刑制度作出了合宪性解释，引领着美国的死刑制度走入了新死刑保留主义时代。

短短四年时间，美国最高法院对死刑的态度发生了翻天覆地的变化。美国宪法第八条修正案中“残酷和异常的刑罚”条款是否涵盖死刑，开始变得清晰起来。

总体而言，在废除死刑运动的影响下，美国执行死刑的限制越来越多。美国最高法院的死刑执行标准也越来越严格。美国最高法院在死刑解释上偏好适用第八条修正案“残忍与异常的刑罚”条款，严格适用死刑这个极端刑罚，它的主要标准是“与时俱进的正当行为标准”（evolving standards of decency）和“举国一致的共识”。事实上，这样的标准操作难度非常大，是否废除死刑制度最终还是看美国的民意。

第八章

# 伦奎斯特法院（1986—2005）：安乐死与大麻合法化

1986年6月17日，里根总统提名伦奎斯特大法官接替即将退休的首席大法官伯格，三个月后，经参议院确认，他成为美国最高法院历史上第16任首席大法官。事实上，在此之前，作为大法官的伦奎斯特已经在最高法院工作了14年又262天。1986年，他“荣升”首席大法官，不仅基于里根总统对伦奎斯特的信任，更基于他在最高法院近15年的卓越表现。当里根总统提名伦奎斯特作为首席大法官候选人的时候，最高法院的同事们都非常高兴，表示给予支持，甚至就连他的意识形态的对手们都表示欢迎。[1] 虽然首席大法官伯格是共和党总统提名，但是他在堕胎、死刑和宗教自由等案件中表现出了自由主义倾向，而伦奎斯特无疑是保守派最中意的人。伦奎斯特是坚定的保守主义者，他反对堕胎、赞成联邦主义，强调了第十条修正案对各州的权力保留。伦奎斯特执掌美国最高法院，代表保守派正式主导美国最高法院。

[1] GARROW D. The Rehnquist Reins[N]. New York Times,1996-10-6.

## 第一节 文化战争中的伦奎斯特法院

1924年10月1日，伦奎斯特出生在威斯康星州密尔沃基市。第二次世界大战期间，伦奎斯特作为气象观测员在美军航空兵服役。伦奎斯特退伍后，进入斯坦福大学法学院学习，以优异的成绩毕业，后来又进入哈佛大学学习，并获得硕士学位。1952—1953年，伦奎斯特成为美国最高法院大法官罗伯特·杰克逊（Robert H. Jackson，1941—1954）的法官助理，开启了他的法律职业生涯。杰克逊大法官职业生涯最光辉的顶点是他在第二次世界大战结束后举行的纽伦堡纳粹战犯审判中作为首席检察官对战犯进行审判。在被任命进入美国最高法院之前，伦奎斯特曾经在美国司法部任职。1969年，尼克松总统任命伦奎斯特为司法部法律顾问办公室助理司法部长（Assistant Attorney General）。[1] 1971年，尼克松提名伦奎斯特接替大法官哈兰，同年伦奎斯特获得参议院确认。伦奎斯特很快就成为伯格法庭最保守的成员。后来里根总统又陆续输送了三名保守派大法官：奥康纳、斯卡利亚和肯尼迪，美国最高法院彻底实现右转。老布什当选为美国总统后，他又把苏特和托马斯送进最高法院。在以上这些大法官中，奥康纳和肯尼迪属于立场偏右的中间派，其他几个人都是保守派人士，保守的伦奎斯特法院就此形成。

美国最高法院在20世纪70年代末和80年代初右转之后，已经开始频繁检讨沃伦法院时期的一些判决，通过新的判决对沃伦法院的案例进行慢慢修正。保守派法律学者和法官团结在原旨论周围，向保守主义回归。克林顿总统在任期间，提名了金斯伯格、布雷耶两位自由派大法官，但是自由派阵营还不足以与保守派阵营抗衡，但是，由于有中间派大法官奥康纳、肯尼迪的关键两票，伦奎斯特法院也时常出现一些偏自由的判决。伦奎斯特法院是一个比较保守的法院，是对20世纪五六十年代沃伦

---

[1] “Assistant Attorney General”和“DeputyAttorney General”这两个职位是不同的，前者翻译为“助理司法部长”，后者翻译为“副司法部长。”

法院的明显反动。[1] 伦奎斯特和其他被提名的保守派人士将美国最高法院进一步推向了保守的方向。

## 一、“凯西案”（1992）：对“罗伊案”的一次纠偏

伦奎斯特法院的重大使命之一就是推翻 1973 年的“罗伊案”。20 世纪 90 年代初，参与“罗伊案”审判的几名大法官退出了历史舞台，曾在“罗伊案”中投下赞成票的布莱克门大法官依旧坐在最高法院的大理石殿堂中，而投下反对票的伦奎斯特成为首席大法官。伦奎斯特大法官已成为保守派阵营的旗手。截至 20 世纪 90 年代初，九位大法官中的八位是由共和党总统任命，仅有一位由民主党总统肯尼迪任命的怀特大法官，但他恰恰还是反堕胎的急先锋，在“罗伊案”中，他投了反对票，并撰写了反对意见。因此，到 20 世纪 90 年代初，保守派一致乐观地认为推翻“罗伊案”的时机已经成熟。

在堕胎问题上，伦奎斯特法院不负里根总统的重托，终于让“罗伊案”激进的判决往回收，这可以视为保守派的一次小小的胜利。1992 年，美国最高法院在“计划生育联盟诉凯西案”（*Planned Parenthood v. Casey*，以下简称“凯西案”）中对 1973 年的“罗伊案”进行了重大修正。里根总统提名的奥康纳和肯尼迪两位大法官及老布什提名的苏特大法官没有加入推翻“罗伊案”的阵营，他们和自由派大法官斯蒂文斯和布莱克门组成了法庭多数意见，继续支持“罗伊案”中的堕胎权。在“凯西案”中，伦奎斯特、怀特、斯卡利亚和托马斯四位大法官组成了反对“罗伊案”堕胎权的阵营。美国最高法院虽然重申了“罗伊案”中主要观点，即妇女堕胎权受到宪法保护。但是，美国最高法院还是取得了一定的“进步”，推翻了“罗伊案”的三阶段论，并在“凯西案”中确立了“过分负担”（undue burden）的标准，即在胎儿能够独立存活之前，政府不能对寻求堕胎的女性施加“重大障碍”（substantial obstacle），同时否决了审查堕胎限制的严格审查标准。[2] 也就是说，各州颁布的法案不能给寻求合理堕胎的女性造成“不当的负担”，扩大了各州监管堕胎的权力。

---

[1] 胡晓进. 美国伦奎斯特法院保守性初探：以联邦主义问题的相关判决为中心[J]. 南京大学学报，2004(3)：30.

[2] Planned Parenthood v. Casey，505 U. S. 833(1992)

“凯西案”无疑是保守派的胜利，它对堕胎权作出了更为严格的限制。该案也是伦奎斯特本人的胜利，1973 年 1 月 22 日他在“罗伊案”中投了反对票，反对堕胎合法化。1992 年，在最高法院对“凯西案”判决的过程中，伦奎斯特再次投了反对票。保守派认为，伦奎斯特法院推翻“罗伊案”的时机已经到来，毕竟共和党总统提名的大法官人数比例此时已经取得绝对优势地位，然而，某些共和党总统提名的大法官不愿彻底推翻“罗伊案”，或者说当时推翻“罗伊案”的判决不成熟，毕竟遵循先例是美国最高法院的一个传统。“凯西案”虽然承认了堕胎权，但是却又为堕胎设立了严苛的限制。即使这样，保守派还是不满意，只要有机会，他们就会投票推翻“罗伊案”。[1]

## 二、“劳伦斯案”（2003）：同性性行为无罪

1986 年 6 月，美国最高法院在“鲍尔斯案”中以 5∶4 的票数判决成人间合意的鸡奸行为不是一项基本权利，佐治亚州的《反鸡奸法》合宪，鸡奸行为违法。[2] 该判决对同性恋权利运动是一个重大挫折。进入 21 世纪的时候，美国社会发生了很大变化：一是美国人逐渐接受了同性伴侣同居的事实，2000 年，美国大约有 60 万美国人与同性伴侣同居，这些“特殊家庭”甚至还收养儿童；二是越来越多的州废弃《反鸡奸法》，在州一级法院的很多判决中判定《反鸡奸法》违宪，截至 2003 年，美国有 13 个州依旧保留了《反鸡奸法》，其中 4 个州明确表示只针对同性性行为[3]；三是呼吁美国最高法院重新审查《反鸡奸法》的呼声越来越高。[4]

随着时代的发展，一些保守州的《反鸡奸法》是否继续有效考验着伦奎斯特法院。得克萨斯州是南方最为保守的州，依旧保留了《反鸡奸法》。1998 年，该州公民约翰·劳伦斯（John Lawrence）因与同性男子发生性行为而被捕。劳伦斯在同性恋利益集团的支持下，将该案件打到了美国最高法院，这就是“劳伦斯诉得克萨斯州案”（*Lawrence v. Texas*，简称“劳伦斯案”）的由来。2003 年 6 月 26 日，保守的伦

---

[1] 德沃金. 生命的自主权：堕胎、安乐死与个人自由的论辩[M]. 郭贞伶，等译. 北京：中国政法大学出版社，2013：1.

[2] Bowers v. Hardwick，478 U. S. 186（1986）.

[3] MICHAEL J. KLARMAN. From the Closet to the Altar：Courts，Backlash，and the Struggle for Same-sex Marriage[M]. New York：Oxford University Press，2013：85.

[4] 江振春. 爱与自由：美国同性婚姻研究[M]. 北京：法律出版社，2017：271-273.

奎斯特法院在同性恋权利上作出了一个自由主义的判决，竟然推翻了 17 年前伯格法院时期的“鲍尔斯案”（具体见：第七章第二节），大法官以 6∶3 的票数推翻了得克萨斯州《同性恋性行为管制法》，判决该法律违宪，同性恋伴侣间合意的性行为无罪，彻底实现了同性恋“去罪化”。❶ 6∶3 的票数具体构成是这样的：中间派偏右的大法官肯尼迪加入了四名自由派大法官所组成的阵营（斯蒂文斯大法官、布雷耶大法官、金斯伯格大法官、苏特大法官），这五名大法官构成了多数。自由派旗手，资格最老的大法官斯蒂文斯睿智地把多数意见指派给肯尼迪撰写。这五名大法官认为，得克萨斯州《同性恋性行为管制法》违反了正当程序条款，而奥康纳虽然也承认得克萨斯州《同性恋性行为管制法》违宪，但是法律依据和肯尼迪起草的多数意见有所不同，她提交了一份协同意见，认为得克萨斯州相关法律违反了平等保护条款而非正当程序条款。因此，推翻得克萨斯州《同性恋行为管制法》的总票数是 6 票。斯卡利亚起草了一份异议意见（伦奎斯特和托马斯加入），另外托马斯自己还提交了一份异议意见。肯尼迪大法官在同性婚姻合法化进程中“厥功至伟”，扮演了关键一票的角色，他“在很大程度上也是保守主义者。作为一名虔诚的天主教徒，他谨奉教规，无须任何教导，即能明白有关同性恋行为的宗教与道德禁令。但是，他已经被不断变化的外部世界所改变”。❷

在“劳伦斯案”案中，美国最高法院主要围绕着以下三个问题展开：一是得克萨斯州的相关法律是否违反了正当程序条款？二是得克萨斯州的法律是否违反了平等保护条款？三是“鲍尔斯案”是否应该推翻？❸ 针对上述三个核心问题，多数意见、协同意见和异议意见从不同角度和路径进行了论证。在“劳伦斯案”中，肯尼迪首先提出了该案的解决路径——通过美国宪法第十四条修正案正当程序所规定的“自由”来论证劳伦斯和同性恋者性行为的合宪性，从而推翻得克萨斯州的《反鸡奸法》，他说：“应该通过确定作为成年人的原告可以享有宪法第十四条修正案中正当程序条款所规定的‘自由’从事私密性行为。”❹ 也就是说，“劳伦斯案”不是讨论同性性行为是否属于基本权利 问题，而是讨论公民私生活的自由问题。在“劳伦斯

❶ Lawrence v. Texas, 539 US 558, 564(2003).

❷ 杰弗里·图宾. 九人：美国最高法院风云[M]. 何帆，译. 上海：上海三联书店，2010：168.

❸ Lawrence v. Texas, 539 US 558, 564(2003).

❹ Lawrence v. Texas, 539 US 558, 564(2003).

案”中，肯尼迪再次引用：“这些问题涉及人的一生中所能做的最私密的选择，与人的自主和尊严息息相关的选择，它们是宪法第十四条修正案所保护的自由的核心。自由之核心，是个人对生存、生活的意义、宇宙乃至人类生命奥秘的概念进行自我界定的权利。”❶

奥康纳大法官提交协同意见，她说：“我曾经参加过‘鲍尔斯案’的审判，但是我（今天）不会参加到多数意见中去推翻‘鲍尔斯案’。然而，我却赞同最高法院的多数意见，即得克萨斯州禁止同性鸡奸行为的法律违宪。最高法院多数意见根据第十四条修正案正当程序条款作出上述判决，我认为，可以用美国宪法平等条款来推翻得克萨斯州禁令。”❷ 奥康纳大法官认为，第十四条修正案平等保护条款的精髓在于“所有人都应该平等相待，这是方向性的原则问题”。❸ 美国最高法院在很多判例中多次强调了“所有人平等相待”这一原则。❹ 奥康纳判决观点是，要有原则地审判案件，尽量要维持先例，不要给先例带来困扰。所以，如果不用推翻“鲍尔斯案”先例的方式就能解决手中案件的分歧，这无疑就是一种审慎的、有原则的方式。

“劳伦斯案”的判决意味着同性伴侣之间合意的性行为不再构成违法，为同性婚姻合法化扫清了障碍。尽管在“劳伦斯案”中，美国最高法院重申了“隐私权”的概念，把性自主权纳入隐私权来处理，但是在“劳伦斯案”中，多数意见更多的是依赖第十四条修正案正当程序条款中的“自由”这个路径去解释得克萨斯州的相关法律是否违宪。就伦奎斯特本人而言，他是反对同性恋权利及同性婚姻的，无论是在“鲍尔斯案”还是“劳伦斯案”中，伦奎斯特都是投了反对票。在美国最高法院内，没有谁像伦奎斯特这样一如既往、义无反顾地反对同性恋权利。

---

❶ Planned Parenthood of Southeastern Pa. v. Casey, 505 US 833, 851(1992); Lawrence v. Texas, 539 US 558, 588(2003).

❷ Lawrence v. Texas, 539 US 558, 579(2003). 美国宪法中的平等条款主要指的是第十四修正案中的平等保护条款(Equal Protection Clause)。这一条款规定，州政府不得剥夺任何人的生命、自由或财产，也不得以法律将任何人剥夺平等保护的权利或豁免。

❸ Lawrence v. Texas, 539 US 558, 579(2003).

❹ 例如：Cleburne v. Cleburne Living Center, Inc., 473 U. S. 432, 439(1985); Plyler v. Doe, 457 U. S. 202, 216(1982).

## 三、伦奎斯特法院与死刑：从“彭里案”（1989）到“西蒙斯案”（2005）

美国保守派与共和党多年来一直维护死刑制度，然而在伦奎斯特法院最后的几年里，死刑制度执行有松懈的趋势，不轻易执行死刑，主要有以下两类特殊人群不再被执行死刑。

第一类是精神障碍者不再执行死刑。1989 年，美国最高法院在“彭里诉林诺案”（*Penry v. Lynaugh*，简称“彭里案”）中，多数意见认为，对精神障碍者执行死刑，并不违反美国宪法第八条修正案“残酷与异常的刑罚”条款，但是，得克萨斯州法律并没有规定陪审团对被告强尼·彭里（Johnny Penry）进行量刑时要评估被告的心智状态。彭里的心智状态是减刑的考虑因素，该案几度撤销发回重审。[1] 在“彭里案”中，奥康纳撰写了多数意见，全体大法官参与了多数意见的第一部分和第四部分 A 章节的撰写，布伦南、马歇尔、布莱克门和斯蒂文斯大法官参与了多数意见的第二部分 B 章节和第三部分的撰写，而伦奎斯特、怀特、斯卡利亚和肯尼迪大法官参与了多数意见第二部分 A 章节和第四部分 B 章节的撰写。另外，布伦南、斯蒂文斯和斯卡利亚大法官又各自提交了异议意见。可见，大法官们在“彭里案”中意见相当不统一，很难按照自由与保守阵营去简单划分，他们在智障死刑犯的法理上存在很大分歧。因为该案一直悬而未决，拖到了美国最高法院对智障者不再执行死刑，最终，彭里被免除了死刑。2002 年，美国最高法院在“阿特金斯诉弗吉尼亚州案”（*Atkins v. Virginia*，简称“阿特金斯案”）中判决：对于智商低于 70 的死刑犯，即被认定为智力障碍的死刑犯，执行死刑是违反宪法的。[2] 在“阿特金斯案”中，美国最高法院一改“佩林案”的见解，基于“成熟社会进步的演化标准”，认为对精神障碍者执行死刑违反美国宪法“残酷与异常的刑罚”的条款。[3] 智障死刑犯对事实无法作出正确判断，自我供述有很大几率是错误的，法院有可能在此类案件中受到误导、误判、甚至错杀无辜，因此，不应该允许此种系统性风险存在于刑事审判中，因此应该把此类案件排除在外。在“阿特金斯案”中，自由派大法官和保守派大法官的阵

---

[1] Penry v. Lynaugh, 492 U. S. 302(1989).

[2] Atkins v. Virginia, 536 U. S. 304, 338(2002).

[3] Atkins v. Virginia, 536 U. S. 304, 321(2002).

营非常明显，斯蒂文斯起草了法庭多数意见，奥康纳、肯尼迪、苏特、金斯伯格和布雷耶大法官加入撰写，奥康纳和肯尼迪属于立场中间偏右的温和派，他们在死刑上选择了自由派的立场。伦奎斯特、斯卡利亚及托马斯三位大法官是坚定的保守派，他们撰写了异议意见。

第二类是低于18周岁的未成年人不再执行死刑。2005年，美国最高法院在“罗珀诉西蒙斯案”（*Roper v. Simmons*，简称“西蒙斯案”）中判决对犯罪年龄在18岁以下的青少年死刑犯不再执行死刑。[1] 伦奎斯特法院在最后一个庭期终于废除18周岁以下未成年人执行死刑，不仅远远落后于世界上三分之二完全废止死刑的国家，更是排在所有发达国家之后，成为全世界最后一个废除少年犯死刑的发达国家。1993年，密苏里州17岁的少年西蒙斯伙同另两名少年入室绑架并杀害了一名46岁的女性。该案后来由密苏里州最高法院审理，该法院认为，反对对未成年人执行死刑已经形成全民共识，若执行死刑则违反了宪法第八条修正案“残酷与异常的刑罚”的条款。[2]“阿特金斯案”对该案产生了深远影响，既然智障犯人不执行死刑，那么未成年人心智同样发育不全，无完全民事行为能力，可以参照“阿特金斯案”的判决。密苏里州最高法院判决西蒙斯终身监禁，该案后来上诉到了美国最高法院。

2005年，美国最高法院在“罗珀诉西蒙斯案”（*Roper v. Simmons*，简称“西蒙斯案”）中以5∶4的票数作出判决：对18岁以下的犯罪之人判处死刑是违宪的。[3] 肯尼迪、斯蒂文斯、苏特、金斯伯格和布雷耶五名大法官形成多数意见，该判决具有明显的自由主义色彩。“西蒙斯案”也推翻了1989年美国最高法院的“斯坦福诉肯塔基州案”（*Stanford v. Kentucky*，简称“斯坦福案”）的判决，该判决支持对16周岁或以上罪犯的人执行死刑，同时推翻了25个州的法规。[4] 在“西蒙斯案”中，保守派阵营伦奎斯特、斯卡利亚、托马斯及奥康纳投了反对票。伦奎斯特撰写的反对意见建议“最高法院应当用一种敏锐的、高瞻远瞩的眼光寻找未成年人死刑制度在实体上的正当化基础；只有通过谨慎的法律论证，才能保证在边缘化的案件中维护社会

---

[1] Roper v. Simmons, 543 U. S. 551(2005).

[2] State ex rel. Simmonsv. Roper, 112 S. W. 3d 397(Mo. 2003).

[3] Roper v. Simmons, 543 U. S. 551(2005).

[4] Stanford v. Kentucky, 492 U. S. 361(1989).

公正的终极价值”❶。

以伦奎斯特为核心的保守主义大法官一直维护死刑制度存在的必要性。时过境迁，到了21世纪，美国最高法院不得不悄然改变对死刑制度的看法。这也体现了美国法院在执行死刑制度中严格执行比例原则。执行比例原则有两个判断标准：一个标准是社会对特殊群体实施死刑是否达成共识。如果社会对某类特殊群体不能实行死刑存在一定程度的共识，那么就慎用死刑。例如，2002年“阿特金斯案”审判时，未废止死刑的31个州中有21个州已经禁止对智障死刑犯执行死刑，说明对智障死刑犯慎用死刑已达成一定共识。另一个标准是刑罚是否具有报应与威慑功能。❷ 显然，无论“阿特金斯案”还是“西蒙斯案”，对智障犯人和未成年犯人实施死刑，都不能达到报应与威慑功能。❸ 因此，美国最高法院对死刑制度进行适度调整也是符合美国社会发展的。

无论是堕胎、同性婚姻还是死刑案件，对于伦奎斯特法院来说都不是新生的文化战争的主题，保守的伦奎斯特最高法院还是与时俱进，作出了有利于自由派的判决，或许是美国最高法院呼应当时美国社会的要求，抑或是美国最高法院内部保守的肯尼迪大法官和奥康纳大法官在特定的文化战争主题上偏向自由。伦奎斯特法院时期，安乐死问题和大麻合法化问题是这一时期比较突出的文化战争问题，是最高法院亟待解释的问题。

## 四、保守派的挫折：博克提名大法官的失败

1987年鲍威尔大法官突然提出辞职，对于保守派来说，这是扭转沃伦法院和伯格法院自由主义和司法能动主义的重要时刻。大法官的提名人资质是否合格、是否道德高尚，是否有太多裙带关系或者是否存在各种狭隘的观点，这些或许都不再重要，提名人的意识形态问题成为最重要的指标。通过对大法官的提名改变最高法院格局被视为一种策略。鲍威尔是一个坚定的温和派，他在堕胎、死刑、平权行动、刑事司法和宗教等一系列问题投下了关键一票。鲍威尔的辞职意味着“给了里根总统一个塑

---

❶ 王战军.美国未成年人死刑制度:对伦奎斯特法院刑罚观的法律思考[J].湖南公安高等专科学校学报,2009(5):57.

❷ 魏昌东.美国宪法修正案与其死刑制度改革[J].法学评论,2014(1):135.

❸ Atkins v. Virginia,536 U.S. 304,318-321(2002).

造最高法院未来的历史性机会”。当时，在参议院内民主党以 55 票对共和党 45 票组成了一个自由派“稳固的阵营”，对于民主党参议员来说，他们反对任何“意识形态极端主义”大法官候选人。

保守派代表人物、前总检察长博克通往最高法院殿堂之路的挫败标志着保守与自由阵营的斗争异常激烈。博克的履历非常完美，曾是耶鲁大学反托拉斯和宪法学教授、联邦法官和总检察长。1982 年，当他被里根总统提名为哥伦比亚特区巡回法院的法官时，里根总统就已经看上了博克的才华及坚定的保守思想。博克不仅法学理论很有造诣，而且法律实战经验也非常丰富，在尼克松政府和福特政府担任副检察长，经常代表美国政府出现在最高法院。当时美国很多民众都认为博克是潜在的大法官最佳人选之一，尼克松总统曾向博克许诺提名他为美国最高法院大法官，但尼克松在履行承诺之前就辞职了。鲍威尔大法官荣退给予里根总统第三次提名大法官的机会。事实上，当年伦奎斯特大法官荣升为首席大法官时留下了一名空缺，里根总统的第一人选就是博克，但是他最终放弃了，转而选择了更加稳健、人缘颇佳的斯卡利亚。鲍威尔留下的空缺对里根总统来说，博克最合适不过了。无论是学识、思想还是履历，博克明显要高于其他候选人。

然而，里根总统提名博克从一开始就受到抵制。一般来说，美国最高法院历史上，参议院很少对大法官的提名候选人进行百般刁难，拒绝确认。博克可能是开了头。博克遭到抵制的主要原因有以下三点。一是博克极端的保守派思想引起民主党人的警觉。博克在公开场合多次表态 1973 年“罗伊案”的判决是一个错误，“罗伊案”应该被推翻；二是博克个人履历有“污点”。博克担任尼克松总统的司法部总检察长时，忠实地执行了尼克松总统的命令，实施了“周六夜大屠杀” (Saturday Night Massacre),，并且解雇了调查“水门事件”丑闻的特别检察官考克斯。[1] 三是博克当时是美国保守派重要的理论家和旗手，他也是美国宪法解释原旨论理论重要的奠基者

---

[1] 1973 年 10 月 20 日星期六晚上，尼克松总统下令司法部长(Attorney General)艾略特·理查森(Elliot Richardson)解雇“水门事件”特别检察官阿奇博尔德·考克斯(Archibald Cox)，而理查森拒绝并立即辞职。随后尼克松又下令副司法部长(Deputy Attorney General)威廉·鲁克豪斯(William Ruckelshaus)解雇考克斯，鲁克豪斯也拒绝了并提出辞职。尼克松随后下令在司法部第三号人物总检察长(Solicitor General)罗伯特·博克解雇考克斯，博克按照尼克松的要求解雇了他。注意“Attorney General”和“Solicitor General”这两个词在美国的区别在于，前者一般翻译为“司法部长”或“检察总长”，后者翻译为“总检察长”。博克担任总检察长的时间为 1973 年 6 月 27 日至 1977 年 1 月 20 日。

之一，影响力非常大。以上三点原因导致民主党和自由派非常担心博克进入美国最高法院的殿堂。

博克是当时具有学识的法学家之一，同时也是经验丰富的法律工作者。“博克在宪法解释理论方面的建树和影响力更为突出，尤其是他对原旨论解释方法不遗余力地倡导、推广和实践。”❶ 博克始终坚持“原旨论”原则，即法律解释应受制于当时制定宪法的人的原始意图。❷ 他认为，只有最初的意图，“才是解释宪法的立足点，最初的意图不是法官的意志，却优于法官的意志”。博克认为，原旨论是一种更民主的司法哲学，而不是沃伦法院和后来的伯格法院所倡导的自由激进主义，就像“罗伊案”裁决所体现的那样。原旨论解释方法是“将法官限制在制宪者设定给他们的领域，制宪者留置那里的生活领域应保留给民主进程（以民主的方式去解决）”❸。博克的理论深深影响了斯卡利亚等大法官。在他任总检察长期间，保守派的法学理念开始影响美国最高法院和学术圈，博克功不可没。例如，1968 年，他为《财富》杂志写了一篇题为《最高法院需要一种新哲学》的文章。在该文章中，他驳回了沃伦法院的判案司法哲学。他认为，“沃伦法院判案不是根据他们所引用的标准，而是根据他们对社会和政治的同情心。”❹

博克明确阐明了自己的司法约束原则，并对沃伦法院提出尖锐批评。博克认为，沃伦法院应该对“布朗案”和“米兰达案”等案的判决负有责任，这些案件具有自由主义色彩。博克的司法哲学具有强烈的保守主义色彩且过于引人注目。❺ 博克拒绝隐私权，不仅拒绝“格里斯沃尔德案”中确立的先例，而且也同样拒绝在 1973 年“罗伊案”中使用隐私权。1996 年，博克在他的专著《堕向罪城：现代自由主义与美国衰落》（*Slouching Towards Gomorrah: Modern Liberalism and American Decline*）中写道，他“在决定的那一刻反对‘罗伊案’，不是因为对堕胎有任何怀疑，而是因为

---

❶ 林彦，杨珍. 罗伯特·博克的原旨主义[J]. 交大法学，2011(1)：20.

❷ HARTMAN A. A War for the Soul of America：A History of the Culture Wars[M]. Chicago，Illinois：The University of Chicago Press，2015：152.

❸ HARTMAN A. A War for the Soul of America：A History of the Culture Wars[M]. Chicago，Illinois：The University of Chicago Press，2015：152.

❹ BORK R H. The Supreme Court needs a new philosophy[J]. Fortune，1968(78)：138-141.

❺ HARTMAN A. A War for the Soul of America：A History of the Culture Wars[M]. Chicago，Illinois：The University of Chicago Press，2015：152.

这个判决严重歪曲了宪法。[1]“美国宪法对堕胎没有表述，就像大多数主题一样，它取决于美国人民及其民选代表的判断和道德意识。”博克将“罗伊案”比作1857年臭名昭著的“斯科特案”，该案裁决非洲裔美国人不是美国公民。“就像（美国最高法院）在‘斯科特案’中把南方支持奴隶制的立场强加给整个国家一样，”博克辩称，“‘罗伊案’只不过是最高法院强加给我们的文化精英的道德。”[2]

提名博克为大法官候选人事实上是践行1984年共和党总统竞选纲领的承诺。该总统竞选纲领承诺任命一位反对堕胎的保守派大法官。用里根政府的一名律师的话来说，“反对博克法官升任最高法院大法官在很大程度上是因为许多人担心他会提供必要的一票来推翻‘罗伊案’的判决”[3] 因此，博克在大法官提名听证会上依旧坚持己见，丝毫不妥协，公开反对“罗伊案”的司法判决，这让自由派和民主党大为光火。“博克提名之争影响甚为深远，它已经不仅仅是关于一位右翼学者的命运的战斗，更是处于司法控制悬崖边缘的保守派和意图加固司法控制的自由派之间的关键之战。”[4] 可惜博克在参议院以42票赞成58票反对的结果败北，毕竟民主党把持了参议院。博克的极端保守立场难以获得民主党参议员的认可。里根总统无奈地放弃了博克，改为提名联邦上诉法院的肯尼迪出任大法官，肯尼迪在参议院以97：0的高票得以确认。博克的大法官之路向外界表明了美国最高法院的政治性，“意识形态在其中扮演了重要角色，而党派性和利益集团的压力也不可忽视。”[5] 博克被参议院驳回，损及了自己的信用和声誉。博克的失败让保守派至今耿耿于怀，而英文词典中收录的“Borking”一词形象地表达了博克司法提名过程的政治化，意思是，政治对手组织性地诽谤或中伤被提名人，尤其是透过大众媒体，通常带有阻止其被提名人进入政府部门的目的。

博克是保守派阵营的一面旗帜，博克提名失败让他们痛心疾首。保守派对20世

---

[1] BORK R H. Slouching Towards Gomorrah: Modern Liberalism and American Decline[M]. New York: Regan Books/ Harper Collins, 1996, pp. 174-175

[2] HARTMAN A. A War for the Soul of America: A History of the Culture Wars[M]. Chicago, Illinois: The University of Chicago Press, 2015: 154.

[3] HARTMAN A. A War for the Soul of America: A History of the Culture Wars[M]. Chicago, Illinois: The University of Chicago Press, 2015: 153.

[4] 李丹. 罗伯特·博克：大法官之梦的破灭[J]. 世界文化，2017(9)：13.

[5] 杰弗瑞·西格尔，哈罗德·斯皮斯. 正义背后的意识形态：最高法院与态度模型[J]. 刘哲玮，等译. 北京：北京大学出版社，2011：178.

纪 60 年代美国社会的堕落深恶痛绝。美国保守主义历史学家格特鲁德·希梅尔法布（Gertrude Himmelfarb）认为："现代主义的野兽变成了后现代主义的野兽，相对主义变成了虚无主义，非道德性变成了不道德，非理性变成了精神错乱，性变态变成了多形态反常。"❶ 博克也赞同这个观点："一头野蛮颓废的野兽，孕育了很长一段时间，在过去的 30 年里已经成熟了，它让我们走向一个新的地方，不是伯利恒，而是戈摩拉（Gomorrah）。"❷ 希梅尔法布和博克等右派学者提出了美国的国家道德在沉沦的历史叙事，无论语气多么夸张，都或多或少是准确的。一个古老的美国已经消失了。❸以希梅尔法布和博克为代表的保守派对于 20 世纪 60 年代以来美国社会的骚乱、道德的沉沦及政治上过度的自由主义表现出了整体性焦虑和无奈。

## 第二节　伦奎斯特法院与系列"安乐死"案件

如前文所述，伦奎斯特法院时期，继续审理并判决了一批堕胎、死刑和同性恋权利相关的一些案件。然而，进入 20 世纪 90 年代，伦奎斯特法院遭遇了文化战争中的另一主题——安乐死，安乐死案件相继进入美国最高法院的视野。进入 21 世纪以来，西方一些发达国家相继实现安乐死合法化。1994 年，俄勒冈州选民投票通过《尊严死亡法》（*Oregon Death With Dignity Act*）。该法实施安乐死须满足以下四个条件：一是须有两名及以上医生的诊断证明，认定该患者的存活时间不超过六个月；二是该患者极度痛苦，痛不欲生；三是在符合法律规定下，医生给患者开出致命药物，患者自己服用，终结生命；四是患者是具有独立的民事行为能力的成年人，能独立作出的医

---

❶ HARTMAN A. A War for the Soul of America：A History of the Culture Wars［M］. Chicago，Illinois：The University of Chicago Press，2015：4.

❷ HARTMAN A. A War for the Soul of America：A History of the Culture Wars［M］. Chicago，Illinois：The University of Chicago Press，2015：4. 在《圣经》中，伯利恒（Bethlehem）是以色列的一个古老城市，位于耶路撒冷以南约 10 公里处，以耶稣基督的诞生地而闻名，是一座圣城。戈摩拉（Gomorrah）是圣经中所提到的一座城市，与所多玛（Sodom）一起，因为恶行被上帝毁灭，成为警示人类罪恶的象征。

❸ HARTMAN A. A War for the Soul of America：A History of the Culture Wars［M］. Chicago，Illinois：The University of Chicago Press，2015：5.

疗决定。《尊严死亡法》是全美第一个合法的协助自杀法律，挑战了美国伦理、道德、医学及法律既有观念，争议很大，美国最高法院最后也不得不卷入其中。

## 一、安乐死运动与立法

“安乐死”及与之相近的几个概念有必要厘清。生命权是一项基本权利，然而安乐死的权利是否需要满足？这涉及生命伦理与道德。当安乐死在道德与伦理上都争论不休的情形下，让司法强行介入进行裁决，这会让司法陷入一种尴尬的境地。

### （一）“安乐死”“协助自杀”与“尊严死”

安乐死（Euthanasia）是为了减轻痛苦，从遭受的痛苦中解脱出来而故意结束生命的一种做法。❶ 一般来说，安乐死是个人并没有直接结束他自己的生命，而是另一个人的行为导致了个人的死亡。❷ 大多情形下，为他人实施安乐死的行为要得到被安乐死人的同意，只有极少数情形下，如患者已经无意识，则由监护人同意。安乐死分为两类：一是主动安乐死。它是指医务人员为了减轻临终患者的极度痛苦，在患者请求下，主动进行医疗干预（例如，注射巴比妥酸盐），促进无痛苦死亡过程；二是被动安乐死。它是指不再提供或撤除维持生命措施，不再进行治疗，任由患者生命终结。无论是主动安乐死还是被动安乐死，都拷问了生命伦理。

安乐死和协助自杀是两个不同概念。协助自杀（Assisted suicide）是指在另一个人的帮助下进行的自杀，一般而言，特指医生协助自杀（physician-assisted suicide），即在医生或其他医护人员的协助下结束患者生命。安乐死和协助自杀的关键区别是，协助自杀是个人接受他人援助（或材料），最终是自愿和直接导致自己的死亡。严格来说，协助自杀是安乐死的一种形式。人是否有死亡权？人是否有终结自己生命的权利？人是否有在他人协助下终结自己生命的权利？是否可以追究协助自杀的人刑事责任？如果安乐死是一项宪法权利，那么禁止安乐死的法律是否构成违宪呢？

安乐死和尊严死有区别。尊严死是指：“有尊严地死去，能够按照本人的意愿，

---

❶ “安乐死”的翻译来自日文，本义是无痛苦死亡，和快乐与否没有关系。参见傅伟勋．死亡的尊严与生命的尊严［M］．北京：北京大学出版社，2006：25.

❷ HARRIS D，RICHARD B，KHANNA P. Assisted dying：the ongoing debate［J］. Postgraduate Medical Journal，2006（82）：479-482.

死得‘像个样子’，两者是目的与手段的关系，反对安乐死的人不一定反对尊严死，赞同尊严死的人不一定赞同安乐死。”❶ 一般来说，尊严死，是指病人预先设立医疗方案，让病人在临终时提出自己的医疗选择方案。例如，病人在生命末期时，不再使用生命支持系统，如气管切开、人工呼吸机、心脏电击等积极的“有创抢救”等。尊严死是导致自然死的一种手段，即不再做延命医疗措施。

### （二）权利革命与死亡权

自20世纪60年代以来，美国民权运动风起云涌，权利革命导致很多个人权利应运而生。“民权运动扩大了公民自由权利的内涵，死亡权利成为安乐死运动的追求目标，与争取妇女堕胎权利的女权运动并肩战斗。”❷ 美国安乐死运动源于第二次世界大战之后美国病人权利观发生重大变化，而这种变化契合了当时的历史背景，其中“为某个病人做一切可能做的事”转变为“为所有病人做一切合理的事”，强调病人作为个人应该享有的各项权利。

有学者总结了导致这种主流思潮的嬗变三点原因：一是“战后美国社会变革思潮激发了人们主张思维权利”；二是“现代医疗技术革命延长了人类寿命，改变了死亡方式，增加了医疗费用”；三是“美国社会生命观念的变化”。❸ 事实上，1973年的“罗伊案”对安乐死运动也产生了深远影响。“罗伊案”确立了妇女堕胎权，“自己的身体自己做主”，个人权利的边界又一次扩张，自由选择权与生命权自此进行了漫长的较量。“罗伊案”从法理层面刺激了安乐死运动。“安乐死运动倡导者认为，二者法理相同，既然妇女拥有支配自己堕胎的权利，后果是直接导致胎儿死亡，那么，病人也应该拥有支配自己身体的权利，自主选择死亡。”❹

学者黄贤全把安乐死运动分为两个时期：“死亡权利”运动时期和“尊严死亡”运动时期。“死亡权利”运动的核心是死亡权获得社会的承认。安乐死运动成立了很多团体，开展一系列活动宣扬个人有选择死亡的权利；推动州议会出台法律保障“个人死亡权利”的实现；通过法律诉讼确保死亡权利的实现。经过安乐死运动多年

---

❶ 韩大元. 论安乐死立法的宪法界限[J]. 清华法学,2011(5):28.

❷ 黄贤全,陈学娟. 评析美国安乐死合法化的进程[J]. 世界历史,2012(1):54.

❸ 黄贤全,陈学娟. 评析美国安乐死合法化的进程[J]. 世界历史,2012(1):54-56.

❹ 黄贤全,陈学娟. 评析美国安乐死合法化的进程[J]. 世界历史,2012(1):56.

的努力，美国社会对死亡权及安乐死的看法有所转变。

病人权利运动率先在欧洲产生，它与现代系统医学的发展相伴而生。“20 世纪 70 年代以来，世界范围内的病人权利运动进入新的阶段，但病人自主权在当时尚未被视为应受法律保护的权益。”❶ 到了 20 世纪 80 年代，美国社会基本达成以下共识：“根据公民自主权和自决权，有自主意识的成年人有权拒绝医院治疗，即便结果会导致死亡；丧失判断能力的病人有权由家人作出维持或撤除治疗决定；明确区分拒绝治疗导致的死亡与采取其他措施加速病人死亡。”❷ 在美国，病人自治理念及其权利结构的发展进入一个新阶段。

直至 20 世纪 90 年代，随着现代医事法律制度的发展，病人自主权的法律保障进一步完善，才使病人自治逐步由理念成为现实。例如，美国 1990 年通过《病人自主决定法》，规定病人有权对医疗措施作出决定，有权接受或者拒绝医疗措施，有权制定预立医疗指示。❸ 从 20 世纪 90 年代开始，“尊严死亡”运动开始，运动的重点是让痛不欲生的晚期病人获得尊严死亡的权利，也就是请求医生协助自杀的权利。

但是，同其他权利一样，所有的权利不是被施舍的而是靠争取的，同样协助自杀的权利不是靠州议会或国会自动赋予，因此，“尊严死亡”运动还是依靠草根运动的力量去推动，“安乐死运动起源于民间，根基在民众，争取‘尊严死亡’权利的立法途径必然是，可以充分发挥民众力量，创设一个立法议案，然后全体公民投票公决，而非通常的州议会或国会立法”❹。

### (三) 安乐死立法

从世界范围来看，20 世纪 90 年来以来，欧洲及其他发达国家陆续通过协助自杀合法化法律。宪法学者韩大元认为，世界上第一部《安乐死法》可以追溯到 1996 年澳大利亚北部地区议会通过的《垂死病人权利法》。该法规定了严格的安乐死条件：接受安乐死的病人必须年满 18 周岁以上，而且患有不治之症，无法忍受痛苦，必须

---

❶ 刘静坤. 病人自治、尊严死亡与最佳利益原则[J]. 中外法学,2022(4):906.

❷ 黄贤全,陈学娟. 评析美国安乐死合法化的进程[J]. 世界历史,2012(1):58.

❸ 刘静坤. 病人自治、尊严死亡与最佳利益原则[J]. 中外法学,2022(4):906.

❹ 黄贤全,陈学娟. 评析美国安乐死合法化的进程[J]. 世界历史,2012(1):59.

由本人递交要求安乐死的申请书，要有本人签字。[1] 2001 年 4 月 10 日，荷兰议会上院以 46 票赞成 28 票反对的结果顺利通过一项法案，使安乐死合法化，荷兰成为第一个安乐死合法化的国家。比利时紧随其后，2002 年 5 月 16 日，该国议会也通过了医生协助自杀合法化法律，成为第二个承认安乐死合法化的国家。

继 1994 年俄勒冈州通过《尊严死亡法》之后，1999 年得克萨斯州通过《预先指示法》(*Advance Directives Act*)，医生可以撤除进入生命晚期且遭受极端痛苦的患者的生命维持系统，医生可以免除刑罚。严格说来，该法更像是医生实施协助自杀非刑罚化法律；华盛顿州是第二个实施安乐死法的州，2008 年华盛顿州以俄勒冈州为样板，通过了《尊严死亡法》，并于 2009 年 3 月 5 日正式实施；蒙大拿州是第三个实施安乐死法的州。2009 年 12 月 31 日，蒙大拿州最高法院裁定，医生帮助绝症患者实施安乐死合法，该州也是由州最高法院判决安乐死合法化。佛蒙特州是第四个认定安乐死合法化的州，该州在 2013 年 5 月，州立法机关通过安乐死法；加利福尼亚州是全美第五个通过安乐死合法化法律的州，2015 年 9 月，该州国会通过《选择死亡权利法案》(*California End of Life Option Act*)。2018 年 3 月 29 日夏威夷州参议会通过立法，23∶2 的票数赞成医疗协助死亡合法化，夏威夷成为美国第六个安乐死合法化的州。2019 年 4 月，新泽西州州长墨菲签署《辅助安乐死法案》(*Medical Aid in Dying for the Terminally Ill Act*)，该法案成为法律，同年 8 月 1 日生效。允许主治医生为预期寿命剩余六个月或更短的晚期绝症患者开具终止生命的处方……截至 2023 年，全美共有 8 个州在有限程度上宣布安乐死合法化。

在联邦层面，1997 年克林顿总统签署《联邦协助自杀资助限制法》(*Federal Assisted Suicide Funding Restriction Act of* 1997)，该法禁止利用联邦拨款基金支持协助自杀。联邦政府不承认协助自杀的权利且该权利不受正当程序保障。1999 年 11 月，美国参议院司法委员会讨论《促进减轻痛苦法案》(*Pain Relief Promotion Act of* 1999)。该法案有两个主要目标：首先，它鼓励医生开处方和管理受控物质，以缓解患者的疼痛和不适；其次，鼓励医生积极地治疗疼痛，即使这些治疗可能会增加死亡的风险。参议院讨论《促进减轻痛苦法案也间接说明美国支持安乐死的法律和政治环境已经改善。但是，最近几任美国总统都明确表示不支持安乐死。美国小布什总统

---

[1] 韩大元. 论安乐死立法的宪法界限[J]. 清华法学,2011(5):25.

极力反对安乐死，提倡“生命文化”（详见本章第四节内容）。当奥巴马总统积极推进医疗改革之时，医疗改革也被质疑有意支持安乐死。目前，安乐死的文化战争在美国依旧继续，相比于堕胎、持枪和同性婚姻等文化战争主题，安乐死的文化战争的热度还不是特别高。

## 二、安乐死的伦理与道德

同堕胎权引起的纷争一样，安乐死权利（特别是协助自杀的权利）挑战了美国传统、道德及现行法律。从传统来说，美国传统价值观是建立在犹太-基督体系之上，生命具有神圣性，“西方生命神圣论是反对安乐死的人所依赖的重要伦理道德准则”。❶ 在基督教教义中，“人的生命是上帝按照自己的形象创造的，因此拥有着内在的尊严可以使生命免于不必要的伤害”。❷ 美国病人多信教（不限于基督教），相信：自杀不能上天堂。同样，宗教也禁止杀害他人，否则可能会下地狱。因此，安乐死反对者认为，安乐死就是自杀的一种形式，违背了上帝的意志，降低了生命的价值。事实上，有些宗教信仰者认为，如果对行将死亡的病人给予特别照顾从而延长没有尊严的生命也违背了上帝的安排与意志。

20 世纪 70 年代的“昆兰事件”让安乐死的宗教冲突爆发出来。❸ 昆兰是一位服药过量导致脑死亡的患者，她的父母因为信奉天主教而想要切断她的呼吸器。许多宗教人士的争论围绕着“上帝赋予的”生活领域，及世俗社会认为是“普通”还是“特别”的关怀展开。许多人，包括昆兰的父母，都认为呼吸机是一种特别的照顾方式，因此提供它不是家属或医院的责任。教皇庇护十二世（Pope Pius Ⅻ）在 1957 年就曾谈到了这个话题，他说，虽然食物和水是普通的照顾，但呼吸器或其他复苏或维

---

❶ 刘刚. 论西方生命神圣思想中的安乐死与病人权利[J]. 华南理工大学学报,2018(3):51.

❷ 刘刚,“论西方生命神圣思想中的安乐死与病人权利[J]. 华南理工大学学报,2018(3):51.

❸ 20 世纪 70 年代,美国一位名叫卡伦·安·昆兰(Karen Ann Quinlan)的年轻女子引发了全美一场全国性的讨论,其内容涉及死亡的权利、拒绝拯救生命的权利、生前遗嘱的必要性以及安乐死。昆兰因意外服药过量缺氧,而几乎完全脑死亡,随后进入昏迷状态。昆兰永远处于植物人状态,永远不会康复,她虔诚的天主教徒父母决定摘除她的呼吸机。然而,他们的请求引发了多起法律诉讼,1976 年 3 月在新泽西州最高法院以 7 比 0 的比分做出了有利于昆兰父母的裁决。全国各地的法官和法院继续支持他们的判决,即不应该强迫任何人被人为维持生命。昆兰在离开呼吸机、靠食道饲管生存了十年之后,昆兰因肺炎去世了。1976 年摘掉呼吸器时,美国社会看待医疗问题出现重大变革。

持生命的手段是非同寻常的照顾手段。因此，医生和家属在法律上（或道德上）不能强迫昏迷或植物人状态的人活着。安乐死在宗教层面也有不同看法的。

从道德层面来说，首先要面对的问题就是生命价值的伦理问题。传统生命价值观认为，人活着是生命追求的最高价值，是最大的善，死亡则是最大的恶。“安乐死鼓吹者主张人道主义生死观，生死同值，生有意义，死有尊严。其核心是尊重人、关爱人，首先尊重人的生命；但当生命仅剩下病痛煎熬的痛苦时，人们的同情心便体现在帮助病人结束丧失生存价值的生命。因此，面对现代医疗无法救治的晚期病人的痛苦，应尊重患者意愿，允许患者自主选择离开人世，这也是道德上的至善追求。”❶但是每个人对良善有不同的理解。对于医护人员来说，最大的良善就是救死扶伤，而对于病人来说，延年益寿还是捍卫快乐舒适与尊严？其次，安乐死面临的第二问题就是道德滑坡问题。安乐死的反对者认为，安乐死合法化必然导致安乐死的扩大化，最终殃及弱势群体。

从法律层面来说，在尊严与生命权之间取舍是非常难的。对于安乐死的反对者来说，无论是美国历史还是传统，医生协助自杀是犯罪行为，也是不道德的行为。然而，对于安乐死的支持者来说，安乐死不仅体现了文明的进步，而且也是个人权利与尊严得到保护的体现。美国法学家德沃金认为，安乐死是个人有尊严的死亡的一种宪法权利。❷ 安乐死支持者则认为，法律赋予患者选择的权利，患者可以决定何时、如何结束生命，可以有尊严地选择离开世界。痛苦而没有尊严地活着维护了生命的价值和生命权利，但是没有尊严的生命又有何价值呢？这是一个非常矛盾的问题。尊严和生命权都非常重要。“人的尊严与生命权是人类享有的最基本、最根本的权利，是构成法治社会理性与道德的基础。”❸ 生命权与生命的尊严孰轻孰重？安乐死提倡者提出了“让生命享有尊严”（仅有生命是不够的，有“尊严”的生命才有价值），选择死亡是“天赋人权”，亦是“宪法赋予的权利”。然而，“如果仅仅以维护人的尊严为理由实现安乐死的合法化，有可能同时牺牲其他人的尊严”。❹“人的尊严既是人类感受的概念，同

---

❶ 黄贤全，陈学娟. 评析美国安乐死合法化的进程[J]. 世界历史，2012(1):59.

❷ JONES R. Liberalism's Troubled Search for Equality: Religion and Cultural Bias in the Oregon Physician: Assisted Suicide Debates[M]. Indiana: University of Notre Dame Press, 2007:4.

❸ 韩大元. 论安乐死立法的宪法界限[J]. 清华法学，2011(5):27.

❹ 韩大元. 论安乐死立法的宪法界限[J]. 清华法学，2011(5):28.

时也是实践中的概念，不能仅仅以个案的正义来思考一个国家和社会的政策趋向。”[1]

美国宪法对生命终极的目标和意义这类伦理问题持中立态度。美国宪法既保障个人的生命权，也保障个人的生存权。作为人类，当然要尊重生命、敬畏生命、爱惜生命，这是基本的道德伦理。不能依据多数人的意见轻易给予死亡权，除非万不得已，当病痛折磨、尊严丧失的时候，选择死亡而维护最后的体面。毕竟死亡权具有强烈的伦理色彩，它虽然保护了人趋向死亡、选择死亡的自由，但也挑战了生命本身的价值。法律当然要保护对生命有敬畏之心的人，无论如何都要活着。当然，法律是否也要保护那些不畏选择死亡的人的权利呢？一个人病得很痛苦，没有尊严活着，与其这样还不如平静且没有痛苦地死去，这也是一种解脱，如果阻止他去安乐死，是不是侵犯了他的个人权利呢？是否用公权力和强权暴戾地、非公正地剥夺对生命的选择权利？这是对安乐死当下的一种法理拷问。

## 三、“克鲁赞案”（1990）、“格鲁克斯伯格案”（1997）和“夏沃案”（2005）

1973 年“罗伊案”的判决向外界传达了另一个清晰的讯息：既然女人有堕胎的权利，那么就产生了“我的身体我做主”的权利，甚至包括选择死亡的权利。20 世纪 90 年代初至 21 世纪初，伦奎斯特法院相继审理了若干起涉及安乐死的案件。这些案件同堕胎一样，对美国社会和政治产生深远影响。

### （一）“克鲁赞案”（1990）：不得剥夺任何人生命

在伦奎斯特法院时期，“克鲁赞诉密苏里州卫生局局长案”（*Cruzan v. Director, Missouri Department of Health*，以下简称“克鲁赞案”）是美国最高法院第一次审理“死亡权”的案件，因此，该案具有里程碑意义。

1983 年 1 月 11 日，年仅 25 岁的南希·克鲁赞（Nancy Cruzan）由于一场严重的车祸而严重受伤变成植物人。1988 年，南希的父母在确信女儿没有机会恢复意识功能后，向初审法院提出法律诉求，撤除南希的人工喂养设备，减少南希的痛苦，让她早点儿离开人世。但是，南希父母的请求并没有得到初审法院的支持。初审法院找到南希的

---

[1] 韩大元. 论安乐死立法的宪法界限[J]. 清华法学,2011(5):28.

闺蜜作为证人。这位闺蜜作证：南希与她讨论过生死问题，如果得了不治之症或受伤导致生命垂危，极度痛苦之时，宁愿终结生命。初审法院采信了这样的证言并由此推断：南希如果知道自己是植物人了，会选择医生协助自杀的方式了断自己的生命，因此，初审法院判决，宪法赋予了南希拒绝“苟延生命”的基本权利。[1] 然而，密苏里州最高法院推翻了初审法院的判决。密苏里州最高法院认为，初审法院不应采信南希闺蜜的证言，监护人的请求也不应得到支持，他们都不能代替南希本人作出选择。最终，密苏里州最高法院判决，没有清楚的和令人可信（clear and convincing）的证据表明，南希本人希望结束维持生命的治疗，她的父母也没有权利提出这样的请求。[2] 于是南希的父母向美国最高法院提出上诉。1990 年 6 月 25 日，美国最高法院在“克鲁赞案”中以 5：4 的票数维持密苏里州最高法院的判决，即否定了植物病人克鲁赞可以通过其父母行使安乐死的一种宪法权利。[3] 密苏里州拒绝移除南希的喂食管没有违反第十四条修正案的正当程序条款。[4] 伦奎斯特大法官起草了法庭多数意见。

美国最高法院认为，本案的核心问题之一就是联邦宪法是否赋予了克鲁赞在“植物人”状态下仍然有要求终止其维持生命的药物治疗的权利。[5] 美国最高法院认为，在普通法中，在没有征得同意或者没有合法正当理由的情况下甚至触碰他人都是一种侵犯。[6] 在 1891 年“联合太平洋铁路公司诉博茨福德案”（*Union Pacific Railway Co. v. Botsford*）中，美国最高法院认为，“根据普通法，没有哪种权利比个人拥有控制自我、不受其他人限制干涉的权利更加神圣和值得悉心捍卫，除非不得不受制于法律清晰而绝对的权威”[7]。美国最高法院认为，“每一个成年、拥有健全头脑的人都有权在自己身体上做什么，病人没有征得医生同意就实施手术是对病人权利的侵犯，须负赔偿责任。”[8] 医生必须征得病人的书面同意才能实施手术是美国侵权法的明确规定，这也就意味着病人有不同意或者拒绝做手术的权利。

---

[1] Cruzan v. Harmon, 760 S. W. 2d 408, 434(Mo. 1988).

[2] Cruzan v. Harmon, 760 S. W. 2d 408, 434(Mo. 1988).

[3] Cruzan v. Director, Missouri Department of Health, 497 U. S. 261(1990).

[4] Cruzan v. Director, Missouri Department of Health, 497 U. S. 261(1990).

[5] Cruzan v. Director, Missouri Department of Health, 497 U. S. 261, 269(1990).

[6] Cruzan v. Director, Missouri Department of Health, 497 U. S. 261, 269(1990).

[7] Union Pacific Railway Co. v. Botsford, 141 U. S. 250, 251(1891).

[8] Cruzan v. Director, Missouri Department of Health, 497 U. S. 261, 269(1990).

事实上，随着医疗技术的发展，提出安乐死请求的患者开始多起来，他们希望有尊严地死去，因此拒绝延续生命治疗的案例出现了。根据以往的司法经验，“多数法院把拒绝治疗的权利或者建立在普通法书面同意的基础上，或者建立在普通法和宪法隐私权的基础上”❶。美国最高法院认为，根据美国宪法第十四条修正案，各州不得“剥夺任何人的生命、自由和财产，除非通过正当的法律程序”，因此可以推导出：宪法保护一个有民事行为能力的人拒绝进行药物治疗的权利。然而，尽管某些自由权受程序公正法的保护，但法庭依旧可以对该自由权提出质询，“当事人的权利是否受到侵害应该通过在平衡个人利益和国家利益的基础上得出”。❷

在该案中，密苏里州最高法院遇到一个悖论：假设宪法授予一个有行为能力的人因病痛折磨拒绝维持生命的权利，而南希父母认为，没有行为能力的人也应享有同等的拒绝延续生命的权利，但没有行为能力的人却又无法做出书面同意拒绝治疗，而只能由监护人去代为完成。在美国最高法院看来，密苏里州所主张的必须出示“清楚而令人信服的”证据的要求是否合宪，在某种程度上由“要保护的权益”所决定。人的生存权值得尊敬，不容置疑。美国最高法院认为，“在任何国家，包括那些敬畏生命的文明国家，结束他人生命是一种重罪。同样，在美国，绝大多数州认为协助自杀也是一种犯罪。”❸

总而言之，在“克鲁赞案”中，国家利益大于个人利益。个人可以作出自己的生死抉择，但苏里州最高法院通过“清楚而令人信服的”证据捍卫个人的选择。“美国程序公正法不允许把任何个人做选择的权利授予别人除非是南希本人，但不怀疑南希的父母是慈爱而善良的。密苏里州可以尊重家属的意愿，但不能把决定权交给他们。”❹

### （二）“格鲁克斯伯格案”（1997）：协助自杀的权利不受第十四条修正案正当程序保护

七年之后，伦奎斯特法院又审理了一起涉及安乐死的案件。该案件涉及华盛顿州有关协助自杀的法律。华盛顿州历来将协助自杀定为犯罪。早在 1854 年，当华盛顿

---

❶ Cruzan v. Director, Missouri Department of Health, 497 U. S. 261, 270(1990).

❷ Cruzan v. Director, Missouri Department of Health, 497 U. S. 261, 279(1990).

❸ Cruzan v. Director, Missouri Department of Health, 497 U. S. 261, 280(1990).

❹ Cruzan v. Director, Missouri Department of Health, 497 U. S. 261, 286-287(1990).

州还是华盛顿领地的时候，当时领地议会就通过了一部法律宣布“协助他人自杀”是非法行为。[1] 1994 年华盛顿州的法律是这样规定的：“当一个人故意导致或帮助他人意图自杀时，他就会涉嫌促进他人自杀企图而被判有罪。”“促进他人自杀企图”是一项重罪，最高可判处 5 年监禁和 1 万美元罚款。与此同时，1979 年颁布的《华盛顿州自然死亡法》（*Washington's Natural Death Act*）规定，根据病人的指示“停止或撤回维持生命的治疗”“不构成自杀”。[2]

本案中，格鲁克斯伯格博士、其他三名医生、三名绝症患者，及非营利组织“濒死同情”（Compassion in Dying）——一个为考虑协助自杀的人提供指导的组织——在联邦法院挑战了华盛顿州的法律。他们认为，“有尊严地死亡的权利”是受第十四条修正案正当程序条款保护的基本自由利益。”[3] 也就是说，华盛顿州的禁令是违宪的，因为它违反了正当程序。1994 年 5 月 3 日，在“濒死同情组织诉华盛顿州案”（*Compassion in Dying v. Washington*）中，联邦地区法院法官芭芭拉·罗思斯坦（Barbara Jacobs Rothstein）推翻了华盛顿州长达 140 年的《反协助自杀法》，并宣布：一个具有行为能力的绝症患者享有在一个愿意协助的医生的帮助下实行自杀的宪法权利。[4] 在上诉中，第九巡回上诉法院的合议庭（panel）投票推翻了地方法院的判决。然而，由于该案争议过大，第九巡回上诉法院举行全院庭审（en banc）后反转[5]，又确认了地方法院的决定。于是，华盛顿州提出上诉，美国最高法院决定审理该案。1997 年 6 月 26 日，美国最高法院在“华盛顿诉格鲁克斯伯格案”（*Washington v. Glucksberg*，简称“格鲁克斯伯格案”）中判决：禁止医生协助自杀的法律并没有违反正当程序条款，这也就是说，协助自杀的权利不受第十四条修正案正当程序保

---

[1] Washington v. Glucksberg, 521 U. S. 702, 706-707(1997).

[2] Washington v. Glucksberg, 521 U. S. 702, 706-707(1997).

[3] Washington v. Glucksberg, 521 U. S. 702, 709(1997).

[4] Compassion in Dying v. Washington, 850 F. Supp. 1454(W. D. Wash. 1994).

[5] En banc 与 panel 相对，指由法院全体法官审理和裁决案件的制度，区别于通常由法院部分法官审理案件的制度。美国最高法院和州最高法院无一例外进行全院庭审，而联邦和州上诉法院一般只委派三名法官主持上诉审，但有时也进行全院庭审。此外，在对非常重要的案件进行审理或重审时，当事人也可以申请上诉法院进行全院庭审，但这种请求很少被批准。不过通常只在案件争议很大或合议庭法官对主要法律问题意见不一时，才进行全院庭审。薛波主编. 元照英美法词典[M]. 北京：法律出版社，2003：470.

护。[1] 首席大法官伦奎斯特为最高法院撰写了多数人的意见。

美国最高法院从三方面进行了论证，认为无论从美国历史、法律传统和美国普通法实践，还是根据第十四条修正案所保护的权利和自由及宪法性的要求都证明，禁止协助自杀的法律并不违宪。该判决推翻了第九巡回上诉法院关于禁止医生协助自杀违反了正当程序条款的判决，禁止医生协助自杀的法律并没有违反正当程序条款。[2] 伦奎斯特认为，协助自杀不含基本的自由权益（liberty interest），因此一个国家宣布协助自杀禁令违宪，这种做法是错误的。[3] 伦奎斯特从历史和传统论证了协助自杀是一种犯罪行为，他说："回顾英美普通法的传统和做法，700 多年来，协助自杀要么受到惩罚，要么遭到反对。"[4] 从北美殖民地开始，协助自杀也一直被视为一种犯罪行为。[5] 对协助自杀的禁令最近被重新审查，并在许多国家得到了重申。

美国最高法院认为，实质性正当程序分析有两个显著特点，首先是在评估一个实质性的正当程序挑战时，法院必须看看一项权利"是否植根于这个国家的历史与传统""是否植根于我们人民的传统和良心，是否被列为最基本的权利""是否隐含在有序自由的概念中"。[6] 其次，我们要求在实质性正当程序案件中，对所主张的基本自由利益进行"仔细描述"（careful description）。因此，我们国家的历史、法律传统和实践提供了关键的"负责任的司法判决的指导性标杆"，指导和约束了我们对正当程序条款的阐述。[7] 在该案中，美国最高法院认为，美国宪法第十四条修正案"禁止政府侵犯……'基本的'自由利益，无论是什么程序，除非是为了服务于令人信服的国家利益，政府的侵权受到严格的限缩（narrowly tailored）"。[8]

显然，权利不仅植根于美国的历史传统和人民的良心之中，自由利益已经有许多不同的方式被描述。美国最高法院认为，该案所主张的自由利益是否存在"自杀的

---

[1] Washington v. Glucksberg, 521 U. S. 702(1997).

[2] Washington v. Glucksberg, 521 U. S. 702, 705-706(1997).

[3] Washington v. Glucksberg, 521 U. S. 702, 728(1997).

[4] Washington v. Glucksberg, 521 U. S. 702, 711(1997).

[5] "Assisted Suicide Laws in the United States", https://www.patientsrightscouncil.org/site/assisted-suicide-state-laws/

[6] Washington v. Glucksberg, 521 U. S. 702, 721(1997).

[7] Washington v. Glucksberg, 521 U. S. 702, 721(1997).

[8] Washington v. Glucksberg, 521 U. S. 702, 721(1997).

权利，而自杀的权利本身就包括获得协助自杀的权利”。美国最高法院不认为这种权利是美国社会的根本权利。这里所主张的权利不同于拒绝治疗的权利。协助自杀是非自然死亡，它是药物诱导的死亡。正如在美国最高法院在“莫尔诉东克利夫兰案”（*Moore v. East Cleveland*）所言，不是“深深根植于美国历史”的自由利益是没有资格获得保护的。[1] 美国最高法院认为，华盛顿的法律是合理的也是合法的，它维护了政府利益。国家有责任和义务维护生命权利、预防自杀、维护医学道德和保护那些可能不同意用药物终止生命的人的合法利益。美国最高法院认为，协助自杀可以辩论，辩论可以继续，不会扼杀这样的辩论。[2]

2008 年，华盛顿州选民以公投的方式通过了《华盛顿州尊严死亡法案》，该法案为医生提供终止生命的服务提供了指南。这项措施将允许患绝症、有民事行为能力、预计将在六个月内死亡的华盛顿成年居民要求并自行服用医生开出的致命药物。该措施需要两份口头要求和一份书面要求，需要两名医生来诊断患者是否达到终止生命的条件并确定患者是否有行为能力，确定等待时间，及对知情患者决定的医学验证。医生、患者和其他善意遵守规定的人将享有刑事和民事豁免权。

### （三）“夏沃案”（2005）

伦奎斯特法院的最后一年 2005 年，由于美国最高法院拒绝审理“夏沃案”而把美国安乐死的辩论推到新高潮。1990 年 2 月 25 日，佛罗里达州姑娘特丽·夏沃（Terri Schiavo）在家中突然患病摔倒，导致脑部受损，心搏骤停，虽然抢救过来，但已成为植物人。接下来两年里，医生尝试各种医疗手段唤醒夏沃，但丝毫没有好转的迹象。1992 年，夏沃的丈夫迈克尔一纸诉状把夏沃的医生告上法庭，理由是存在医疗过失。迈克尔认为，正是夏沃的医生没有检查出她体内元素缺失，导致身体失衡。法院最终支持了迈克尔的诉讼理由，并判夏沃的医生支付赔偿金 100 万元。然而，迈克尔转身却和另一个女子结婚并生有两个孩子，于是他向法院提出申请实施安乐死结束夏沃的生命。迈克尔说，夏沃健康的时候曾向他表达过这样的想法。夏沃的父母认为迈克尔没有尽责、谎话连篇，不仅没有把赔偿金用于夏沃的治疗，相反，却

---

[1] Moore v. City of East Cleveland, 431 U. S. 494(1977).

[2] Washington v. Glucksberg, 521 U. S. 702, 735(1997).

用这笔钱聘用律师采取法律行动，终结夏沃的生命。1998 年，夏沃的丈夫请求佛州第六巡回法院裁决终止夏沃的生命，但夏沃的父母反对，他们认为夏沃依然有意识。经过几年的争论与调查，法院支持了夏沃丈夫迈克尔的提议。2001 年 4 月 24 日，夏沃被正式“拔管”，但因为反对者的上诉和抗议，几天后生命维持系统又被插在夏沃的身上。2005 年 2 月 25 日，佛罗里达州第六巡回法院法官下令移除生命维持系统，但反对者又上诉到联邦法院，联邦政府出手干预，小布什总统甚至签署行政命令维持夏沃的生命。

“夏沃事件”让美国国会和美国总统也都卷入其中。2005 年 3 月 21 日，美国国会众参两院投票通过了允许夏沃父母维持夏沃生命的法案，小布什总统签署生效。但是，美国联邦地区法院和联邦上诉法院在之后的两天内相继作出判决，拒绝夏沃父母提出的为她恢复进食管的要求。[1] 2005 年 3 月 18 日，夏沃的生命维持系统被移除。维持生命的管子被拔下又插上，插上又拔下，来来回回好几次，夏沃丝毫没有任何的尊严。于是，夏沃父母紧急上诉到美国最高法院，美国最高法院最后还是决定拒绝审理此案。[2] 进食管被拔除 13 天之后，夏沃去世了，她的遭遇令人唏嘘不已。“夏沃案”在佛州法院共上诉 14 次，其间多次请愿、听证、辩论与重审。联邦法院反反复复开庭 5 次。“夏沃案”中，各路政客纷纷发表高论，激烈辩论，消费夏沃，捞取政治私利。夏沃的离世并没有终止安乐死的道德拷问与法律纷争。

## 四、政治操弄安乐死议题——以“夏沃案”为例

安乐死议题涉及“生命文化”。“生命文化”描述了一种生活方式，它基于人类生命从怀孕到自然死亡的所有阶段都是神圣的信念。它反对在任何阶段破坏人类生命，包括堕胎、安乐死、死刑、胚胎干细胞的研究和药物，以及避孕等。“生命文化”这个词起源于道德神学，尤其是天主教会，并得到了教皇约翰·保罗二世的广泛支持。[3] 小布什总统是生命文化坚实的支持者，在 2004 年美国总统大选时他就在

---

[1] Schiavo ex rel. Schindler v. Schiavo, 403 F. 3d 1289(2005).

[2] “夏沃案”起诉书：https://web.archive.org/web/20060113153024/http://news.findlaw.com/hdocs/docs/schiavo/32405acluopp.pdf.

[3] Vincent Barry, Bioethics in a Cultural Context: Philosophy, Religion, History, Politics, Mason, Ohio: Cengage Learning, 2011, p. 192

竞选纲领中专门有一节包括“提升生命文化”（Promoting a Culture of Life）阐述生命的意义、反对堕胎等。[1] 在这一节当中，小布什总统明确提出：“我们支持任命那些尊重传统家庭价值观和无辜人类生命的神圣性的法官。”[2] 可见，小布什总统力求以“生命文化”作为自己 2004 年总统竞选的王牌之一。

学者张业亮认为，2004 年小布什获得胜选的关键因素之一就“道德价值观”问题上获得优势，“道德价值观（moral values）问题虽没有像反恐和伊拉克战争那样作为竞选的主要议题引起激烈的辩论，但在选举投票日却成为小布什胜选的关键，是此次大选的又一特点。特别是在俄亥俄州的选举中，社会和宗教保守派的选票对布什战胜克里起到了至关重要的作用”[3]。2004 年美国总统大选非常不平凡：这一年的 5 月，马萨诸塞州实现同性婚姻合法化；堕胎议题的争论一直处于胶着状态。2004 年，小布什总统连任美国总统，保守派及宗教右翼给予了他很大支持。小布什总统也成为保守派的旗手。因此，2004 年沸沸扬扬的“夏沃案”是考验小布什总统是否恪守道德价值的“试金石”，因此，小布什总统阵营把“夏沃案”当作一个绝佳的表演舞台，他要演好道德价值观的捍卫者。

佛罗里达州法院曾在 2001 年和 2003 年两次批准夏沃的丈夫迈克尔的申请，但是，夏沃的父母却希望利用州立法机构进行干预。佛罗里达州议会通过了《夏沃法》，授权该州州长在特定情形下进行干预。而此时佛州州长是小布什总统的弟弟杰布·布什。杰布下令重新给夏沃插上进食管。佛罗里达州最高法院认为，杰布州长和州议会违反了三权分立原则，干预司法，违反了州宪。[4] 杰布州长和夏沃的父母一纸诉状将此案上诉到美国最高法院。然而，美国最高法院鉴于 1990 年和 1997 年安乐死的判例，不想接手这个烫手的“山芋”，因此拒绝受理这起诉讼。2005 年 2 月 5 日，佛罗里达州最高法院又作出判决，批准在 3 月 18 日拔掉夏沃的进食管。

夏沃的父母希望联邦政府进行干预。众议院多数党领袖汤姆·迪莱（Tom De-

---

[1] 2004 年共和党总统竞选纲领：https://www.presidency.ucsb.edu/documents/2004-republican-party-platform.

[2] 2004 年共和党总统竞选纲领：https://www.presidency.ucsb.edu/documents/2004-republican-party-platform.

[3] 张业亮. 2004 年美国大选剖析[J]. 美国研究，2005(2)：68.

[4] Bush v. Schiavo, 885 So. 2d 321(2004).

lay）及时向夏沃父母伸出援手。在迪莱的推动下，国会迅速通过了一项法案：禁止拔掉夏沃的进食管。2005 年 3 月 21 日，美国国会不顾本来因为复活节的休会，紧急召开临时会议，以 203 票赞成、58 票反对的投票结果通过了这一议案，效率之高令人惊叹。小布什总统也提前结束休假，风尘仆仆地从老家得克萨斯州农场穿越大半个美国赶回来，在议会通过法案不到一小时后签署了该议案。小布什立刻发表声明："今天，我签署了允许联邦法院审理'夏沃案'的法案，根据这项法案，赞成和反对继续给特里·夏沃进食或进行维持生命所需的药物治疗的人都可以向联邦法院申诉……像这样关系重大和容易引起争议的案件，我们的社会、法律和法庭在考虑问题时应该从爱护生命出发。"❶

共和党作为国会的多数派，自然不会放过这次扛起保守大旗、弘扬美国传统价值观的机会。这些共和党议员通过法案，允许夏沃的父母请求联邦司法帮助，授权联邦法院审理该案。立法和行政同时对司法进行施压。共和党人的这番操作令民主党人大为不满。他们指责部分共和党人是在利用夏沃，消费夏沃，意图把"夏沃事件"炒作成一个选举议题，意图从中期选举获利。很显然，对于法律人来说，国会共和党人的做法无疑是在炒作"夏沃案"，已经违背了美国宪法的基本原则。以小布什总统为代表的共和党人的功利性行为遭到美国国内和其他国家人民的挞伐。德国《新闻报》认为："布什在此刻化身为生命权的卫道者，不过这种价值观却未从一而终：他相信社会、法律和法官应该站在维护生命的立场上。这太可贵了——尤其是从这样一名推崇死刑、热衷战争的政治家嘴里说出。"德国《南德意志报》认为，"（美国）保守派主流正试图影响公民们最为私人的决断……把个人自由塞进道德、宗教的束缚中……"❷ 美国参议院之所以如此积极主动介入"夏沃案"，是为了在中期大选中推行"生命的文化"，即对堕胎和干细胞研究的限制。在 2006 年美国国会中期选举中，共和党扛起"生命的文化"这面大旗，意图获得选民支持。共和党有消费夏沃的嫌疑，他们炒作夏沃，利用夏沃造势。对于保守派人士来说，"夏沃案"也许能为他们

---

❶ HULSE C, KIRKPATRICK D D. Congress Passes and Bush Signs Legislation on Schiavo Case [EB/OL]. (2005-3-21) [2024-4-22]. https://www.nytimes.com/2005/03/21/politics/congress-passes-and-bush-signs-legislation-on-schiavo-case.html.

❷ 布什插手'植物人案'遭质疑[EB/OL]. (2005-3-23) [2024-4-22]. https://news.sina.com.cn/w/2005-03-23/14415442976s.shtml.

创造胜选契机。

夏沃去世的时候并没有尊严。她躺在病床上，食管随着陪审团和法院的判决一会儿拔下，一会儿又续上，她成为美国政治斗争的砝码。美国政治精英围绕着夏沃的生死问题展开了旷日持久的政治博弈，表面上是一场生命伦理的大讨论，实质上是美国传统主义与进步主义、选择权与生命权之争。事实上，美国政治精英为了选举的需要，把“夏沃案”作为选举议题，政治操弄该议题。“夏沃案”远远超出了生命伦理的范畴，它关乎美国权力之争，关乎民主与共和两党的党争，联邦与州的权力划分及美国三权的制衡问题。美国广播（ABC）新闻在 2005 年 3 月 21 日做了一项民意调查，有 70% 的美国人认为夏沃的生死问题不应该成为联邦问题，并反对国会立法将案件移交给联邦法院。在同一次民意测验中，当美国广播公司（ABC）说“夏沃遭受脑损伤并且已经维持生命 15 年。医生说她没有意识并且她的病情不可逆转”时，有 63% 的人表示他们支持拆除夏沃的进食管。❶ 美国很多民众也认为，美国国会不宜介入“夏沃案”当中。2016 年，盖洛普民意测验表明，美国总体趋势是越来越多的人支持安乐死，1996 年高达 75% 的人支持安乐死，2016 年依旧有高达 69% 的美国人支持安乐死（如图 8-1 所示）。

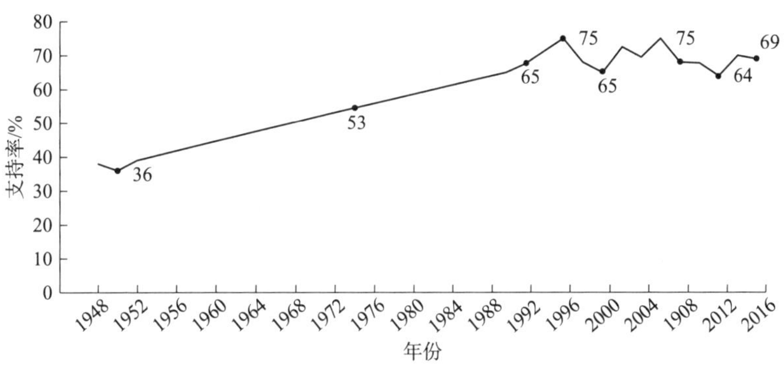


图 8-1　美国支持安乐死趋势

资料来源：“Euthanasia Still Acceptable to Solid Majority in U. S. ”, https://news. gallup. com/poll/193082/euthanasia-acceptable-solid-majority. aspx.

---

❶ Federal Intervention in Schiavo Case Prompts Broad Public Disapprova[EB/OL]. [2024-4-24]. https://abcnews. go. com/images/Politics/978a1Schiavo. pdf.

## 第三节 伦奎斯特法院与大麻合法化

自20世纪60年代起，大麻和摇滚等成为反文化运动的重要符号。大麻合法化运动方兴未艾，在追求人性解放的自由主义者眼中，那是社会进步的象征，但在保守派看来，则是世风日下、道德败坏的明证。早在伦奎斯特法院时期，大麻合法化问题就已经成为文化战争的主题之一。进入21世纪，美国联邦政府围绕着大麻合法化问题依旧争执不休。2022年4月1日，美国众议院以220票对204票的微弱优势，通过了《大麻机会再投资和消除法案》（*Marijuana Opportunity Reinvestment and Expungement Act*），该法案除将大麻合法化外，还取消对与大麻有关的犯罪行为的刑事处罚，并将对大麻产品的销售征税。但是，在美国最高法院层面，大麻合法化还需要一段路要走。

### 一、何为大麻?

大麻首先在英文中有很多名字和外号，包括“Cannabis”“Hemp”“Pot”“Weed”“Marijuana”等。但是，这些名字代表了不同的含义，也代表了大麻的不同分类。大麻最常见的英文名是Cannabis，来自拉丁文，包括植物学上的三大类大麻。从用途上分，可分为工业大麻、医用大麻和休闲性大麻（毒品），其中有些种类是多用途的。从地域上分，原产于中国的大麻（汉麻）、印度大麻、西方大麻也不是完全同样的种类。

中国人几千年来都在合法种植汉麻，即工业大麻，包括将其纤维用于织布或纺线、制绳索、编织渔网和造纸，这是“麻绳”“麻线”“麻布”等词汇的来源。汉麻有十多个品种，还可以提取食用油，用于化工、医药、建筑、饲料等有益用途。目前汉麻主要在中国种植，法国等其他国家也有较大面积种植。由于耕种培育方式和目的的不同，汉麻和所谓毒品大麻演变成了两种外观和内质都不同的植物。大麻是不是毒品，关键在于这种大麻中所含的毒品成分四氢大麻酚（简称THC）的含量有多少。中国汉麻中THC的含量低于0.3%。

近年来，一些新品种大麻含有高水平的 THC，这是一些人士坚决要求严禁大麻的原因，他们说：它可能导致使用者对大麻上瘾，出现生理和精神问题。特别是年轻人吸食或口服大麻后，大大增加了他们患精神病的危险，包括精神分裂症和双重人格等。支持大麻合法化的人认为，人类吸食大麻的历史远比吸食烟草长，并没有想象中那样具有危害性。他们强调，大麻可用于医疗，治疗癫痫病的药物之一就是大麻二酚，大麻二酚还可以治疗某些精神分裂、缓解精神压力等，其负面作用与香烟无异。“大麻无害说”深深地影响了西方青年，很多政客试图放松大麻管制从年轻人那里捞取选票。这种对大麻的放松态度让青少年群体互相影响，直接导致了使用大麻人数的增长。随之，在美国也产生了“大麻政治”的现象。

## 二、美国大麻合法化运动

毒品泛滥是美国社会的痼疾。美国也是世界上最早对毒品进行管制的国家之一。早在 1906 年美国国会就通过了《食品与毒品法》（*The Food and Drugs Act*）。实际上，从 20 世纪六七十年代开始，美国经历了一场长达半个世纪的“毒品战争”。20 世纪 60 年代以来，美国反文化运动风起云涌。“反文化运动是指 20 世纪 60 年代发生在美国社会的一切抗议运动，既包括校园民主运动、妇女解放运动、黑人民权运动、反战和平运动、环境保护运动、同性恋者权利运动等方面的政治‘革命’，也包括摇滚乐、性解放、吸毒、嬉皮文化以及神秘主义和自我主义的复兴等方面的文化‘革命’。”❶ 以“垮掉的一代”为代表的反文化运动横行美国，社会过度放任自流，毒品成为“垮掉的一代”的青年美国人反叛主流文化的标志。20 世纪 60 年代反文化运动，特别是“嬉皮士运动”兴起时，大麻在美国年轻白人中迅速流行开来。而此时美苏冷战如火如荼，美国政府在军事上进行了史无前例的巨大投入，而如此大规模的军事开支与当时美国社会的反战思潮产生了巨大的对立，美国的政治精英不希望毒品让美国年轻人萎靡、堕落、丧失尚武精神，从而输掉冷战，于是他们向毒品宣战。约翰逊政府时期加大对毒品的控制，1966 年颁布的《麻醉品成瘾者康复法》（*Narcotics Addict Rehabilitation Act of* 1966）明确指出，“麻醉品成瘾”是一种精神病。1969 年，尼克松总统命令司法部长约翰·米切尔（John Mitchell）起草一份全面禁毒新法案，将所有现行联邦法律整合成一项新法规，在联邦一级更有效地解决麻醉品和危险药物

---

❶ 赵梅. 美国反文化运动探源[J]. 美国研究,2000(1):69-70.

问题，通过严厉的执法和监禁刑罚来减少毒品的使用、分发和交易，《管制物质法》（*Controlled Substances Act*）就这样应运而生。按照《管制物质法》，大麻被列入第一类（Schedule I）管制物质。这部法律和国际禁毒条约一致，把管制物质列表分为五类，其中第一类滥用危害最高，同时不存在任何公认的医药价值。对于第一类管制物，任何人都不得开处方，其生产配额受联邦司法部辖下的缉毒署控制。也就是说，联邦法律不承认大麻有任何药用功能，而且禁止任何人擅自持有、生产和分发大麻，违反者构成刑事犯罪。

1970 年，美国国会通过了《全面预防和控制毒品滥用法》（*Comprehensive Drug Abuse Prevention and Control Act of* 1970），美国开始在全国范围内加强对毒品和成瘾性药物的管制。因而，尼克松对大麻等物质的严厉管控也被认为是打击自由派的手段。与毒品泛滥的起因类似，促成尼克松政府对禁毒采取如此果决判断的也是一场战争——越南战争。1971 年，两名国会议员罗伯特·斯蒂尔和摩根·墨菲发布了一项关于海洛因滥用的报告。这份报告指出，在越南的美国士兵中有 10%—15% 对海洛因成瘾。据说，尼克松担心反战人士利用这个报告加大反战宣传，即越战导致军人吸毒，进而影响自己的政治生涯，于是他把士兵吸毒归咎于美国原本就存在的毒品泛滥这一社会问题，尼克松营造出了这些士兵来到越南前就已吸食毒品的印象，从而把对反战的关注引向对社会问题的关注。[1] 1971 年 6 月 17 日，时任美国总统的尼克松宣称，将毒品称为“一号公敌”（public enemy number one），并由此展开了一场旷日持久的禁毒战争。事实上，此时尼克松政府严厉打击的对象并不包含大麻，而仅仅是以海洛因为代表的具有极强成瘾性和危害更大的毒品。20 世纪 70 年代，在卡特任内，美国各州就出现了对大麻的“非罪化”运动，旨在减轻对少量持有大麻的刑罚。

事与愿违，美国的禁毒战争既没有减少毒品的使用，也没有减轻毒品的危害，更没有建成一个“无毒社会”，禁毒战争导致反弹的结果之一就是大麻合法化运动。从尼克松政府时期开始，历经数届总统执政后，美国对大麻的管制从原本的明令禁止变成了如今的多州“合法”，其转变之大及所造成的严重后果令人瞠目结舌。1996 年，加州成为第一个实行医用大麻合法化的州，拉开了各州通过医用大麻合法化的序幕。2012 年，华盛顿州和科罗拉多州在世界范围内率先通过娱乐用大麻合法化，更是开

---

[1] KUZMAROV J. The Myth of the Addicted Army: Vietnam and the Modern War on Drugs, Amherst and Boston[M]. MA: University of Massachusetts Press, 2009.

启了美国国内娱乐用大麻合法化的新时代。美国对毒品长达半个世纪的管制思路变化，最终令美国成为全世界最大的毒品消费国。在医用大麻合法化的各州，只有政府批准的医用大麻患者（如艾滋病患者、慢性疼痛患者、肿瘤晚期患者等）可以使用医用大麻。但市场上各种医用大麻产品既非处方药，也未通过 FDA 批准上市。医用大麻合法化更像是允许民众把大麻当“药”用。而在娱乐用大麻合法化的各州，大麻的管制模式与酒精类似。

在世界范围内，大麻合法化运动取得明显成效。2020 年 12 月 2 日，联合国麻醉药品委员会在维也纳召开第 63 届会议，会上以 27 票赞成，1 票弃权、25 票反对的投票结果，正式通过了世界卫生组织 WHO 所提出的大麻建议 5. 1，从 1961 年《麻醉药品单一公约》附表四中删除大麻和大麻脂，，这意味着在国际标准当中对于大麻的认可度正在增加，大麻将不再被认为是跟芬太尼、鸦片等同程度的毒品。两天后，美国众议院对《大麻机会再投资和删除法》进行了投票，该法案将大麻从《管制物质法》规定的分类中删除，这就意味着涉及大麻的某些刑事检控也可能被撤销。这是自 1970 年《管制物质法》通过以来，美国众议院第一次投票解除联邦对大麻的禁令。2013 年，乌拉圭率先成为全球首个大麻销售、种植合法化的国家。2018 年 10 月，加拿大紧随其后。近十年来，美国大麻合法化浪潮也波涛汹涌，越来越多的州正在给大麻合法化开口子。2020 年美国总统大选期间，有 30 多个州举行了公投，议题五花八门，包括投票权、堕胎权、种族不平等、税务和教育等，大麻合法化也是其中之一。选举日当天，亚利桑那州、新泽西州、南达科他州、蒙大拿州和密西西比州等 5 个州全民公投，支持了某种形式的大麻合法化的措施。2020 年 11 月 4 日，美国大麻法律改革组织副主任保罗·阿尔门塔诺（Paul Armentano）在《国会山报》刊文声称，总统大选夜，有一个无可置疑的赢家，既不是特朗普也非拜登，而是大麻！的确，截至 2025 年 3 月，美国有 38 个州允许医用大麻合法化，23 个州和首都华盛顿特区已将娱乐性大麻合法化，这意味着超过三分之一的美国人可以获得合法的大麻。目前，美国民众支持大麻合法化的比例越来越高，从 1969 年的 12% 上升到 2021 年的 68%（如图 8-2 所示），美国大麻合法化成为大势所趋。

但当前各州推行的大麻合法化，究竟是为了消除“毒品战争”的危害，还是为了增加税收？美国最高法院能否阻挡大麻合法化浪潮？

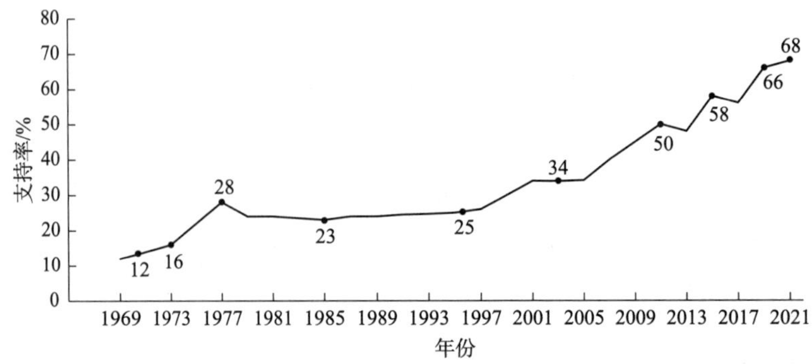


图 8-2 1969—2021 年美国民众大麻合法化支持率上升趋势

资料来源：Support for Legal Marijuana Holds at Record High of 68% [EB/OL]. [2024-4-23]. https://news. gallup. com/poll/356939/support-legal-marijuana-holds-record-high. aspx.

## 三、“奥克兰大麻买家合作社案”（2001）与“瑞奇案”（2005）

自 20 世纪 70 年代以来，美国民众大麻合法化的支持率越来越高。据最新的盖洛普民意测验表明，大麻合法化支持率从 1972 年的 14% 左右上升到 68%。虽然阿尔门塔诺认为，美国民众对大麻合法化的支持，跨越了地理和人口的界限，它与党派政治无关，是获得大多数美国人支持的问题。大麻合法化动因极其复杂，既有社会文化动因，也有经济、政治、司法、媒体宣传等诸多因素的推动。事实上，大麻合法化同枪支管制、堕胎及同性婚姻一样，也是美国当代文化战争的主题之一。截至 2021 年，50% 的共和党人支持大麻合法化，高达 83% 的民主党人支持大麻合法化，从宗教信仰来说，经常参加宗教活动的人士支持大麻合法化的比例为 52%，而不经常参加宗教活动的人群中有高达 78% 的人支持大麻合法化（如表 8-1 所示）。

**表 8-1 不同党派和宗教人支持大麻合法化占比** 单位：%

| | | 应该合法化 | 不应该合法化 |
|---|---|---|---|
| 政党认同 | 共和党人 | 50 | 49 |
| | 无党派人士 | 71 | 28 |
| | 民主党人 | 83 | 16 |
| 宗教活动参与频率 | 每周一次 | 52 | 48 |
| | 几乎每周/每月一次 | 52 | 48 |
| | 较少频率 | 78 | 22 |

资料来源：Support for Legal Marijuana Holds at Record High of 68% [EB/OL]. [2024-4-23]. https://news. gallup. com/poll/356939/support-legal-marijuana-holds-record-high. aspx.

1996年11月，加利福尼亚州第215号提案——“大麻的医疗使用”倡议，在加州选举中获得56%的公民通过，并以“同情使用（大麻）法案”（*Compassionate Use Act*）之名被编进加州法律之中。其他八个州也紧随加利福尼亚州，通过了医用大麻倡议，宣布为了医疗的需要，持有或制造大麻及吸食大麻都不会被起诉。美国联邦层面控制毒品的法规是1970年的《全面预防和控制毒品滥用法》，该法案禁止各种毒品的生产和销售。该法案特别明确规定，任何人有意制造、分发或提供一种受控物质，这将是非法的。在这份法案中，国会将大麻、迷幻药和海洛因一起放在了《附表一》中。但是，支持大麻医用合法化的人士希望对大麻分类进行修改，希望将大麻放到《附表二》中，遭到联邦政府的拒绝。

自从加利福尼亚州第215号提案通过以来，有几个人已经创建了非营利性的“医用大麻药房”或“合作社”组织，根据医生的建议，为重症患者提供医用大麻。在这些合作社中，一般有一名医生担任医疗指导，注册护士在工作时间为该组织工作。❶ 要成为合作社的一员，患者必须提供一份同意接受大麻治疗的治疗医生的书面声明，然后患者必须进行筛选面谈。❷ 如果患者被接受，那么他就会收到一张《身份证明》，允许他从合作社获得大麻。❸ 如果没有加利福尼亚州第215号提案的通过，伦奎斯特法院在它退出历史舞台的最后几年也不会审理这两起著名的大麻案件。加州的《同情使用法案》允许患者或他的主要照顾者在医生的建议下种植或持有大麻。在该法案的支持下，某些组织以与该法案一致的方式为患者提供大麻。奥克兰大麻买家合作社（以下简称“合作社”）就是这样一个群体。1998年1月，美国政府起诉合作社，要求其停止种植和分销大麻，因为这违反了联邦法律。政府的论点基于《受管制物质法》的规定，该规定禁止分销、制造和持有并意图分销或制造受管制物质（包括大麻）。

这起诉讼始于美国加利福尼亚州北部地区的地方法院，后来交由地区法官查尔斯·布雷耶（Charles Breyer）审理，此人是美国最高法院布雷耶大法官的胞弟。他得出的结论是，政府很可能会胜诉，并发布禁令。然而，合作社并未遵守布雷耶法官的禁令，于是政府对合作社提起了藐视法庭罪的诉讼。合作社认为，从医学来说，大

---

❶ United States v. Oakland Cannabis Buyers'Cooperative, 532 U. S. 483, 494–495(2001).

❷ United States v. Oakland Cannabis Buyers'Cooperative, 532 U. S. 483, 494–495(2001).

❸ United States v. Oakland Cannabis Buyers'Cooperative, 532 U. S. 483, 495(2001).

麻分配是必要的。布雷耶法官认定合作社藐视法庭，拒绝了合作社授权在医学上进行必要的分配大麻的请求，并授权美国法警没收合作社办公场所。合作社不得不同意停止分发大麻，它对布雷耶法官的判决不服，于是上诉到第九巡回上诉法院。第九巡回上诉法院推翻了这一判决，它认为根据《管制物质法》，“医疗必要性”从法律上说是可以作为可承认的辩护理由。因此，地方法院本可以制定一种禁令，划定有限的范围分销大麻而不是一禁了之。第九巡回上诉法院命令地方法院考虑合作社为了医疗需要，设立销售大麻的标准。对于第九巡回上诉法院的判决，美国政府不服，随后要求美国最高法院复审此案，美国最高法院批准了调卷令。[1]

2001 年 5 月 14 日，美国最高法院在“奥克兰合作社案”中以 8∶0 的投票结果作出裁决，《管制物质法》“禁止生产和销售大麻，医用大麻也不例外”，禁止将大麻作为药物提供或出售。[2] 托马斯大法官撰写了多数意见。合作社认为，尽管《管制物质法》禁止分销和制造大麻，但“医疗需要”是《管制物质法》可以接受的一个例外。美国最高法院的判决却并非如此。多数意见认为，早在 1812 年，最高法院在“美国诉哈德逊和古德温案”（*United States v. Hudson and Goodwin*）中认为联邦法律中没有普通法犯罪。[3] 因此，该法律要求国会，而不是联邦法院，来定义联邦罪行。《管制物质法》不承认医疗需要的例外。因此，“大麻的医疗需要例外与《管制物质法》的条款不一致”[4]。当国会通过《管制物质法案》时，它已经作出了价值判断，即大麻“（使用大麻）医疗用途的例外目前是不可接受的”。[5] 应该由立法机关作出价值判决而非法院，否则就是越权，超越了法院的职责范围。因此，美国最高法院认为，第九巡回上诉法院认为《管制物质法》包含“医疗必要性”，这样的辩护是错误的；同样第九巡回上诉法院命令地方法院制定禁令，划定更有限的范围分销、使用大麻，让某些人用来缓解病痛，这样的考量也是错误的。[6]

美国最高法院明确指出，它没有对联邦法律的另一个重要问题作出裁决，即联邦法律是否可以推翻加利福尼亚州一项允许在本地种植并销售大麻的法律。最高法院命

---

[1] United States v. Oakland Cannabis Buyers'Cooperative, 532 U. S. 483(2001)

[2] United States v. Oakland Cannabis Buyers'Cooperative, 532 U. S. 483, 494(2001)

[3] United States v. Hudson and Goodwin, 11 U. S. (7 Cranch) 32(1812).

[4] Oakland Cannabis Buyers'Cooperative, 532 U. S. 483, 491(2001).

[5] Oakland Cannabis Buyers'Cooperative, 532 U. S. 483, 493(2001).

[6] Oakland Cannabis Buyers'Cooperative, 532 U. S. 483, 493(2001).

令第九巡回上诉法院在一审中处理这一论点，然而第九巡回上诉法院又依次要求地区法院就州允许为了医学目的种植并销售大麻的法律与联邦禁止种植与销售大麻的法律所产生的冲突进行裁决。终于在 2005 年 6 月 6 日，美国最高法院在“冈萨雷斯诉瑞奇案”（*Gonzales v. Raich*，以下简称“瑞奇案”）中以 6 票对 3 票作出了判决。多数意见对这一遗留问题作出了以下解释：“根据美国宪法的商业条款，国会可以将种植大麻的生产和使用定为刑事犯罪，即使州法允许将大麻用于医疗目的。”[1] 史蒂文斯大法官起草了多数意见，他认为，法院不判断大麻的潜在医学效果，但宪法允许政府管制自产大麻。也就是说，政府以违反有关毒品管制法律的名义，起诉使用大麻减轻疼痛的病人……[2]

被告安吉尔·瑞奇（Angel Raich）使用国产医用大麻，这在加利福尼亚州法律下是合法的，但在联邦法律下是非法的。瑞奇的医生说，如果没有大麻，瑞奇就会受到极度痛苦的威胁。加利福尼亚州是当时 14 个允许药用大麻的州之一（截至 2024 年 1 月有 38 个州）。加利福尼亚州的“同情使用（大麻）法案”也允许有限地使用大麻用于医疗目的。在加利福尼亚州也存在着一些大麻种植业，种植生产专为医用的大麻。2002 年 8 月 15 日，巴特县治安官和联邦毒品执法局的特工摧毁了加利福尼亚州居民黛安·蒙森（Diane Monson）的 6 座大麻种植园，蒙森与他们发生了轻微冲突。根据《联邦管制物质法案》，大麻是非法的《附表》一类药物，该法案是 1970 年《综合药物滥用预防和控制法案》第二章的内容。于是，蒙森和瑞奇提起诉讼，声称对他们执行联邦法律将违反美国宪法中的商业条款、第五修正案的正当程序条款、第九修正案、第十修正案和医疗必要性原则。[3] 瑞奇、蒙森及其他两位匿名护理人员提起诉讼，要求政府不要干预他们生产和使用医用大麻的权利。他们认为，联邦《管制物质法案》不符合宪法，该法案不能管制他们的行为。瑞奇和蒙森的辩护律师是大名鼎鼎的兰迪·巴尼特（Randy Barnett）教授。瑞奇声称她用大麻来维持自己的生命。她和她的医生均声称，她尝试了几十种处方药来治疗她的许多疾病，但她对大多数疾病过敏。她的医生在宣誓后宣布，如果她不能继续使用大麻，她将有生命危险。蒙森在十年前因一场车祸而遭受慢性疼痛。她用大麻来缓解疼痛和肌肉痉挛。然而，

---

[1] Gonzales v. Raich, 545 U. S. 1(2005).

[2] Gonzales v. Raich, 545 U. S. 1, 5(2005).

[3] Gonzales v. Raich, 545 U. S. 1(2005).

一个不容忽视的事实是实现大麻完全合法化并非易事，必须要把大麻从 1970 年的联邦《管制物质法》中删除。联邦《管制物质法》与州治安权存在着极大矛盾。

1996 年，加利福尼亚州通过全民公投使药用大麻合法化以来，自由派人士极力把大麻从《管制物质法》名录中删除，他们首先从医用大麻合法化着手，继而实现娱乐性大麻合法化。对于主张大麻合法化的州来说，联邦《管制物质法》具有违宪嫌疑，侵犯了州的治安权。州的治安权由美国宪法第十条修正案所赋予，该修正案规定："宪法未授予合众国、也未禁止各州行使的权力，由各州或其人民保留之。"依据此修正案，州有权制定和实施保障公共卫生、公共安全和社会福利的法律，或将此权委托给地方政府，但不能违反法律程序。识别持有或使用大麻是否构成犯罪属于地方治安权管辖范围，州大麻管制法无须同联邦大麻管制法相同。民主党、自由派精英甚至认为，把大麻纳入《管制物质法》本身就是错误。例如，众议院司法委员会现任主席纳德勒就表示，20 世纪的"大麻刑事化"政策，是源于资讯不足和对个别种族先入为主的印象，把非裔和拉丁裔人与大麻扯上关系。言下之意，大麻纳入《管制物质法》是时代的产物，是种族歧视的产物。当联邦《管制物质法》与州大麻合法化相关法律发生冲突的时候，最高法院的态度和角色就凸显出来。

美国最高法院对毒品法律的相对保守主义普遍存在，所以在大麻议题上非常小心谨慎。美国最高法院尚未全面处理大麻使用的合宪性问题，目前最高法院的态度明确，极力维护大麻在《管制物质法》的分类标准。虽然最高法院的这些判例暂且为大麻合法化设置了司法障碍，但是，它无力阻挡大麻合法化的浪潮。美国支持大麻合法化的民意已经发生根本改变。大麻的经济利益与政治利益让美国政治精英难以拒绝。大麻在带来丰厚利润与税收的同时，成为选举的重要议题，美国政客往往利用"大麻牌"来争取选民尤其是少数族裔和年轻选民的选票。民意与选票又促使国会和行政分支逐渐放松对大麻特别是医用大麻的管制。例如，2014 年美国国会通过《罗拉巴克尔-法尔修正案》（*Rohrabacher-Farr Amendment*）禁止美国司法部动用联邦资金干预州大麻医疗法的实施。在奥巴马任总统期间，大麻管控政策严重倒退，从他本人担任司法部长后就任由州的大麻合法化，不采取任何法律行动反对"娱乐性大麻合法化"。大麻合法化的趋势使大法官的态度也发生变化。例如，2014 年 4 月，已经荣退的史蒂文斯大法官认为："人们对于大麻的看法已经有所改变，并且大麻和酒精性饮料的区别也并不大。人们公认对酒精性饮料的贩卖进行限制并不合理，而我认为，总有一天，大众会同意对大麻贩卖进行限制同样也是不合理的。”很难想象，9年前在“瑞奇案”中，史蒂文斯可是一位坚定的大麻合法化反对者！

在很多美国人看来，大麻合法化不仅带来了可观的经济收益，更重要的是它体现了尊重生命的价值和个人的自由选择，遵从个体的内心意念和倾向，追求不同的人生体验和多元化的生活方式。然而，对于保守派来说，这样追求个性化的体验是危险的。他们认为，大麻合法化的危害是显而易见的：不仅给全球禁毒事业带来重大负面影响，而且还威胁了美国既定禁毒政策，也诱导诸如海洛因在内的全部毒品合法化，将加剧美国社会的进一步分裂与犯罪率上升。

第九章

# 罗伯茨法院（2005—）：新旧文化战争的叠加

当代罗伯茨法院是文化战争大爆发的时代。不仅堕胎、持枪权和同性婚姻等旧的文化战争的战火熊熊燃烧，而且相关案件还在源源不断地被送进美国最高法院。与此同时，诸如移民、气候变化等新的文化战争的战火已经燃起，美国最高法院已经进入新旧文化战争叠加的年代。新旧文化战争的叠加，说明旧的文化战争难以解决（或者说根本无法解决），新的文化冲突又涌出，美国国家与社会更加分裂。美国选举政治的议题操弄和两党极化等痼疾在文化战争中依旧扮演了重要角色。

## 第一节　“文化战争”旋涡中的罗伯茨法院

罗伯茨法院被称为美国最高法院史上最保守的法院之一。2005 年是美国最高法院特别的一年，奥康纳辞职回归家庭，伦奎斯特病逝，自由派与保守派的力量对比再次发生改变。小布什兑现竞选承诺，将罗伯茨、阿利托两名保守派送进美国最高法院，保守派阵营更加稳固。年轻的罗伯茨接替伦奎斯特，成为美国第 17 位首席大法官，美国最高法院罗伯茨时代来临。

从 2005 年起至现在，美国最高法院的格局完全滑向保守一端。目前，美国最高法院保守派阵营可谓兵强马壮，托马斯、罗伯茨、阿利托、戈萨奇、卡瓦诺与巴雷特等六名大法官构成了强有力的保守派阵营。美国最高法院今天的格局的形成，特朗普功不可没，他一口气向美国最高法院推送三名保守派大法官，一举奠定了现今美国最高法院保守派占绝对优势的格局。然而，相对于共和党来说，民主党近 20 年来向美国最高法院输送的大法官可谓“青黄不接”，没有做好“组织建设”和“干部培养”工作。罗伯茨法院在一些传统的文化战争案件如堕胎、公立学校祷告和安乐死等案件中作出了一些经典判决。传统文化战争的司法战火依旧熊熊燃烧，新型文化战争的司法战火有燎原之势。

## 一、“肯尼迪案”（2008）：死刑与“无死者、无死刑”原则

罗伯茨接手美国最高法院的第三年，也就是 2008 年，罗伯茨法院延续了伦奎斯特法院对待死刑的态度，不断给死刑制度设限，给特殊群体免除死刑，继续执行慎用死刑、少用死刑、能不用死刑就不用死刑的原则。

1998 年 3 月，路易斯安那州公民帕特里克·肯尼迪（Patrick Kennedy）因为强奸自己八岁的继女，手段特别残忍，情节非常恶劣，后果非常严重，给受害人身心造成极大的伤害而被判处死刑。而肯尼迪坚持认为，女孩受伤是由两名邻居男孩犯下的，他拒绝认罪。2003 年，根据 1995 年路易斯安纳州相关法律，强奸不满 12 岁的幼女，肯尼迪被初审法院判处死刑。肯尼迪不服，于是向路易斯安那州最高法院提起上诉。肯尼迪援引美国最高法院 1977 年“科克尔诉佐治亚州案”（*Coker v. Georgia*，简称“科克尔案”）的判决为自己辩护。“科克尔案”的判决认为，“强奸虽是一种严重犯罪，但毕竟不同于非法剥夺他人生命的谋杀”，所以，“对强奸犯判处死刑是极为过分和过度的刑罚，属于宪法第八条修正案禁止的‘残忍与异常刑罚’”。[1] 路易斯安那州最高法院认为，“肯尼迪案”与“科克尔案”有很大不同，“科克尔案”只禁止对强奸成年女性者适用死刑，但幼童是需要特别保护的群体，奸淫幼童对被害人与社会都危害极大，因此，对肯尼迪的刑罚不受“科克尔案”约束。[2] 于是肯尼迪又上诉

---

[1] Coker v. Georgia, 433 U. S. 584, 591 (1977).

[2] Kennedy v. Louisiana, 128 S. Ct. 2641, 2642-2643 (2008).

到美国最高法院。

2008 年美国最高法院在“肯尼迪诉路易斯安那州案”（*Kennedy v. Louisiana*，简称“肯尼迪案”）中以 5：4 的票数判决对强奸儿童并未致受害人死亡的罪犯不应执行死刑。该案确立了一个原则，罪犯是否致人死亡，成为是否适用死刑的一个标准……❶“肯尼迪案”也体现了自由与保守的分野。四名自由派大法官认为，判处强奸幼女者死刑违反宪法，而四名保守派大法官却持相反意见，中间派大法官肯尼迪站在自由派阵营投出了关键一票，并代表多数方撰写了判决意见。肯尼迪大法官认为，对强奸幼女执行死刑没有“全民共识”，回顾 1964 年以来各州的相关法律，并不支持这样的“全民共识”，只要强奸者没有杀人意图，且没有致死后果，无论被害人是不是幼童，都不得判处死刑。❷

在强奸案中实行“无死者，无死刑”标准引起保守派大法官的抨击。对此，阿利托大法官义愤填膺地说：“那么无论被强奸的女孩有多小，也无论这个女孩被强奸多少次，也无论强奸了多少幼女，强奸中也无论实施了多少变态行为，也无论给幼女造成多大的身体或心理创伤，也无论施暴者有多少次的犯罪记录，如果美国最高法院认为在这样的情形下施暴者依旧可以根据第八条修正案而免除死刑，我表示强烈反对。”❸

“肯尼迪案”让美国社会陷入分裂之中。保守派人士对此深感焦虑。就连参加 2008 年美国总统大选的民主党人、也是自由派代表人物的奥巴马都看不下去，对美国最高法院提出了尖锐的批评。他认为，“我曾反复表示，死刑只对罪大恶极者适用……但是，对一个 6 岁或 8 岁的孩子施暴，就是罪大恶极的行为。如果某个州认为在特定情况下可以对这类罪犯处以极刑，不算违反宪法”“执法部门严厉执法，打击那些令人发指的罪大恶极者，然而，（美国最高法院的判决）却挫败了这些执法者的努力。在美国，任何一个地方的法官都认为，强奸幼女就是令人发指的恶性犯罪，应该受到最严重的刑罚，然而，（该判决）让人深感不安”。❹ 美国虽然保留了死刑制

---

❶ Kennedy v. Louisiana, 128 S. Ct. 2641, 2651-2658(2008).

❷ Kennedy v. Louisiana, 128 S. Ct. 2641, 2653-2657(2008).

❸ Kennedy v. Louisiana, 128 S. Ct. 2641, 2665(2008).

❹ MARTIN P. Obama attacks US Supreme Court decision barring death penalty for child rape [EB/OL]. [2024-4-22]. https://www.wsws.org/en/articles/2008/06/obam-j26.html.

度，但是近 20 年来，美国的死刑制度几乎没有执行，美国最高法院通过一系列案件，通过美国宪法第八条修正案的“残忍与异常刑罚”条款，从死刑的清单上一次又一次地删去了许多本应被判死刑的罪犯，一些特殊的群体被剔除在死刑名单之外，就连强奸幼女、罪大恶极的强奸犯都被免除死刑，这当然让美国很多保守派人士愤愤不平。特朗普的政治功绩之一就是铁腕地执行死刑制度，他不仅向美国最高法院输送了三名保守派大法官，而且也向联邦巡回法院和联邦地区法院输送了一大批保守派大法官，他们将改变美国未来的死刑制度。

## 二、“退伍军人协会案”（2019）：和平十字架不违反立教原则

自 20 世纪 60 年代以来，美国最高法院审理了一系列宗教祈祷、宗教符号、宗教物品展示及宗教仪式等方面的法律诉讼，但是，此类文化战争案件判决的司法哲学不具有连贯性，以至于圣母院法学院（Notre Dame Law School）教堂、州和社会项目的创始主任理查德·加内特（Richard Garnett）表示：“美国最高法院有关宗教符号和展示的裁决和教义是出了名的具有不可预测性和可操纵性。”[1] 美国最高法院大法官们一直未能确定一种评估宗教节日展示、十诫和战争纪念十字架的方法，而“美国退伍军人协会诉美国人道主义协会案”（*American Legion v. American Humanist Association*，简称“退伍军人协会案”）为法官们提供了一个新的机会，来澄清有关公共宗教象征的法律。

1918 年，马里兰州乔治王子县（Prince George's County，Maryland）为纪念该县在第一次世界大战中牺牲的军人，该县居民决定建立一座和平十字架纪念碑，但由于资金短缺而不得不暂时中断。1925 年，美国退伍军人协会（American Legion）接手该项目并在同年完成修建工作。最终完工的拉丁式布兰登斯堡（Bladensburg）十字架坐落在多条公路的交叉口处，它有 12 米高，基座上有一块铜牌，上面列出了牺牲军人的名字，并写道：献给为了世界的自由而在第一次世界大战中献出生命的马里兰州乔治王子县的英雄们。2014 年，由无神论和不可知论者组成的美国人道主义者协会（American Humanist Association）联合三位居民向马里兰州联邦地区法院起诉，

---

[1] RODDEL S. Supreme Court memorial cross case to help clarify law regarding public religious symbols, expert says[EB/OL]. [2024-4-24]. https://news.nd.edu/news/supreme-court-memorial-cross-case-to-help-clarify-law-regarding-public-religious-symbols-expert-says/.

称委员会对纪念碑的维护投入和纪念碑对公共土地的占用违反了宪法第一条修正案的立教条款，退伍军人协会其后作为被告加入诉讼，这就是“退伍军人协会案”的由来。

2019 年，美国最高法院以 7∶2 的票数判决：政府对布兰登斯堡纪念碑的修建和维护没有违反立教条款。大法官们撤销了上诉法院的判决，将其发回下级法院重审。❶ 阿利托代表美国最高法院多数的大法官写道：“十字架毫无疑问是基督教象征，然而这一事实不应遮住我们的眼睛，让我们看不到布莱登斯堡十字架所代表的其他的意义。对有些人来说，这座纪念碑象征着那些再也未能返回故乡的先人们的安息之地。对一些人来说，这是社区聚集在一处向老兵和他们为我们国家所付出的牺牲表达敬意的地方。对另外一些人来说，这是一处历史性的地标。”❷ 多数意见认为，在案件涉及历史悠久的纪念碑、符号和实践（monuments，symbols，andpractice）时，不应当采用“莱蒙验证法”（该验证法详见第七章内容）作为判断标准，并提出以下四点理由：首先，距离纪念碑的建成已经过去多年，依据现存的资料很难准确判断出最初修建的目的。在无法确定的情况下，法院基于假定，强迫拆除或迁移纪念碑是不合适的。其次，随着时间的推移，纪念碑存在的目的会不断增加，使莱蒙验证法中的目的判断更加困难。再次，纪念碑所传达的信息也会不断变化。最后，当时代赋予长期存在的纪念碑以历史意义时，拆除这一行为本身将不再被视为是中立的，相反，对当地社会而言，这极大可能会被认为是对宗教充满敌意的。❸ 多数意见采用了历史分析法，着眼于就具体问题进行了历史分析，布兰登斯堡纪念碑对于纪念第一次世界大战具有特殊意义。在时代更迭中，纪念碑逐渐具有了历史意义。用纪念碑来纪念特定个体的逝世无疑是有意义的。❹ “退伍军人协会案”显示了美国最高法院保守派势力已经占据绝对优势地位，这样的判决结果似乎是基督教民族主义者希望看到的。

## 三、“多布斯案”（2022）：推翻“罗伊案”所赋予的堕胎权

“多布斯案”堪称罗伯茨法院的杰作之一，必将载入美国最高法院史册。自 1973

---

❶ American Legion v. American Humanist Association, 139 S. Ct. 2067, 2069(2019).

❷ American Legion v. American Humanist Association, 139 S. Ct. 2067, 2070(2019).

❸ American Legion v. American Humanist Association, 139 S. Ct. 2067, 2080-2085(2019).

❹ American Legion v. American Humanist Association, 139 S. Ct. 2067, 2069-2071(2019).

年“罗伊案”以来，保守派和共和党念兹在兹、无日或忘的就是推翻堕胎权。推翻堕胎权成为保守派和共和党近半个世纪以来所追求的事业，成为凝聚保守派势力的号角，成为让美国社会拨乱反正、回归传统与建国初心的重要指标。

美国最高法院推翻堕胎权不是一蹴而就的。自“罗伊案”之后，美国最高法院一直从激进的判决中往回撤，保守派一步一步地蚕食“罗伊案”的判决。1992 年的“凯西案”，美国最高法院的九名大法官中分了三派，其中有四名是赞成推翻“罗伊案”的，但是最终还是维持了原来的判决，理由就是要遵循先例，“如果不这样做，就会破坏本院对先例和法治的尊重”。[1] 在推翻堕胎权的道路上，特朗普可谓“厥功至伟”，他在总统竞选中明确表示要推翻堕胎权。特朗普上台后，全美反堕胎运动在一些保守州轰轰烈烈展开，2017 年共有 19 个州通过了 63 条限制堕胎的法规；2018 年第一季度，37 个州共通过了 308 条限制堕胎的规定。俄亥俄州于 2016 年 12 月立法规定怀孕 6 周禁止堕胎，所谓的《心跳法案》（胎儿有心跳，通常是怀孕 6 周）引发全国争议。一年多之后，艾奥瓦州也于 2018 年 5 月通过了类似的法律。这是对终止妊娠时间法律限制最严的两个州。随着各州各种限制堕胎的新规出台，提供这项医疗服务的专业机构和人员感受到的压力日益增大。美国全国堕胎联合会（National Abortion Federation，NAF）注意到，2016 年大选过后，针对堕胎的仇恨言论大增。2018 年密西西比州通过《胎龄法案》（*Gestational Age Act*），根据这一州法，妇女在妊娠超过 15 周之后除极个别危急情况外不得擅自堕胎，但例外情况不包括强奸或乱伦而怀孕的胎儿。美国国内反对堕胎的保守势力在 2022 年终于等来了机会。由于美国最高法院保守派阵营与自由派阵营是 6∶3，保守派阵营处于绝对优势，他们需要一个机会。《胎龄法案》通过的同一天，密西西比州仅存的堕胎诊所“杰克森女性健康组织”（Jackson Women's Health Organization）起诉该州，质疑该法案的合宪性。经过美国密西西比州南区地方法院初审和第五巡回上诉法院提出复审之后，密西西比州卫生部官员托马斯·多布斯（Thomas Dobbs）代表密西西比州于 2020 年 6 月就第五巡回法院的二审判决向最高法院提出上诉，这就是“多布斯案”的由来。2022 年 6 月 24 日，美国最高法院在“多布斯案”中终于推翻了堕胎权。

美国最高法院推翻“罗伊案”，虽是震撼美国历史的时刻，但在冲击之余却并不让美国社会感到意外——因为 6 月 24 日公布的判决意见书，基本上 2022 今年 5 月政

---

[1] Planned Parenthood v. Casey, 505 U. S. 833 (1992).

治新闻网“Politico”外泄的最高法庭内部判决初稿一致，从而给美国民众心理一个“缓冲期”。代表判决多数派主笔意见书的保守派大法官阿利托，几乎没有修改被泄露的草稿文件，甚至还加强了对“罗伊案”判决失误的指责语气：“‘罗伊案’的判决，打从一开始就错得离谱（egregiously wrong from the start）。其论述推理薄弱异常（exceptionally weak），作出的判决更带来伤害性的后果。相较于替堕胎议题找到全国性的解决之道，过去‘罗伊案’与‘凯西案’的大法官判绝不是解决问题，而是进一步煽动保守派与自由派的争辩，并加剧了社会的裂痕。”❶ 阿利托认为，美国最高法院在 1973 年对“罗伊案”的判决，是以宪法对“隐私权范围”的保障，来承认女性拥有选择堕胎的权利。但原判决刻意忽略“宪法文字与过往传统里，从来没有‘保障堕胎权’的内容存在”。“罗伊案”与支持此案者无法证明堕胎权是“根源自美国国家的历史与传统”；相反地，在美国司法历史里，反而留下大量对‘反堕胎’与‘保障胎儿生命’的前例”❷。

美国法学家德沃金曾对美国国内反对堕胎的理论进行了总结。他认为，“反对堕胎有两个理由，一个是‘衍生性反对’（derivative objection），另一个是‘超然性反对’（detached obection）。第一个理由认为，胎儿从一开始是具有自己利益的生物，这些利益包括——很明显——维持存活的利益；也因此，胎儿拥有所有人类必须用来保护这些基本利益的权利，包括免于被杀害的权利。根据这个主张，原则上堕胎是错的，因为堕胎违反了人免于被杀害的权利；正如杀害一个成人必然是错的，因为这违反了这个成人免于被杀害的权利；第二个反对理由认为，人类具有与生俱来、内在的价值；人类生命本身就是神圣的；一旦人类的生物性生命开始，生命的神圣本质就存在了，即使生命本身还没有运动、感觉，但他有自己的利益或权利。根据这个主张，原则上，堕胎是错误的，因为堕胎漠视且侮辱了这种与生俱来的价值和神圣的特质；而无论在哪个阶段，是以什么样的形式存在，人类生命都是神圣的，都具有内在价值。”❸ 德沃金反对堕胎的两点理由说出了保守派的心声。在“多布斯案”中，阿利托主张，美国宪法内容里根本没有针对堕胎权的有效解答，最高法院的“错判”反

---

❶ Dobbs v. Jackson Women's Health Organization,597 U. S. __(2022).

❷ Dobbs v. Jackson Women's Health Organization,597 U. S. __(2022).

❸ 德沃金. 生命的自主权：堕胎、安乐死与个人自由的论辩[M]. 郭贞伶，等译. 北京：中国政法大学出版社，2013：11-12.

而“僭越”了立法的权力，让民主过程陷入短路。因此，现在的最高法院有责任“拨乱反正”，通过推翻“罗伊案”来纠正这一历史错误。“罗伊案”所确立的堕胎权是否被推翻标志着保守派是否能够回归，美国立国精神和灵魂是否得到捍卫。因此，推翻了堕胎权是保守派50年来最扬眉吐气的一件事。

在“多布斯案”中，美国最高法院的9名大法官投票，虽然在“多布斯案”中得到6∶3的结果，但在推翻“罗伊案”与“凯西案”的延伸辩论上则是5票赞成、4票反对。卡瓦诺大法官在协同意见书中特别强调，“多布斯案”的判决虽然推翻了“罗伊案”，但并不代表最高法院有意把堕胎打上“违法”标签：“讲白了，本庭今日的决定，并没有让全美的堕胎行为变成非法；相反地，最高法院现在的决定，正把决定堕胎权地位的问题恰如其分地还给美国人民与其选出的民意代表，以借着民主过程来重新立法决定。”[1] 卡瓦诺主张：美国最高法院是“纯然中立”的，宪法现存本质并没有、也不应该在堕胎议题中选边站——最高法院必须严格地遵照宪法原则中的司法中立，1973年的“罗伊案”之所以作出卡瓦诺认为的“错误决定”，就是当时的大法官们错误的立场左右了判决过程。反对意见的4票中，首席大法官罗伯兹认为“多布斯案”合宪，但对推翻“罗伊案”则抱持保留态度［认为还可以观望一下，（现在）还不该直接推翻“罗伊案”］[2]；其余3名自由派大法官——布雷耶、索托玛约与卡根——认为不该废弃“罗伊案”与其代表的宪法保障堕胎权。

德沃金多年前就预测到推翻“罗伊案”将会产生严重后果：“如果‘罗伊案’真的被推翻，那么美国很快就会分裂成两块不规则的部分，一边是反堕胎势力强大的各州，大部分的堕胎行为都被禁止；另一边则是反堕胎势力微弱的州，进行堕胎要自由得多。”[3] “多布斯案”的判决将会造成很大影响，包括阿肯色州、爱达荷州、肯塔基州和得克萨斯州等13个州在内，已经或即将启动“触发法”（trigger law）以明确禁止堕胎，而这13个州无一例外均在2020年的选举中投票给共和党候选人。随着“罗伊案”被推翻，受法律保护的堕胎诊所数量将进一步锐减，很多想堕胎的女性将不得不逃到堕胎自由的州或者国外去堕胎。“多布斯案”将进一步加剧美国社会分裂和

---

[1] Dobbs v. Jackson Women's Health Organization, 597 U. S. __(2022).

[2] Dobbs v. Jackson Women's Health Organization, 597 U. S. __(2022).

[3] 德沃金. 生命的自主权：堕胎、安乐死与个人自由的论辩[M]. 郭贞伶，等译. 北京：中国政法大学出版社，2013：11.

政治极化。2024 年是美国大选年，共和党候选人特朗普宣称，他是美国历史上最坚定的“捍卫生命”的总统，若他再度当选总统会继续上一任期的政策。民主党各个层级的官员，从地方政府到联邦政府，都积极表达对堕胎自由的支持，甚至将这一立场当成选举活动的支柱。

## 四、罗伯茨法院的司法哲学

2005—2024 年这短短的十九年的时间里，罗伯茨法院宣判了一系列里程碑式案件，无论是推翻堕胎权案、医改案或者持枪权案还是同性婚姻案，❶ 罗伯茨法院注定成为美国最高法院史上的一段传奇。虽然罗伯茨法院也曾做过有利于自由派的判决，如同性婚姻的判决和医改案的判决，但是就其政治意识形态而言，2016 年特朗普上台之后，将三名保守派大法官相继送进最高法院，罗伯茨法院显然已经成为美国历史上最为保守的法院之一。总体来说，罗伯茨法院政治意识形态的光谱当然属于保守一端，“多布斯案”标志着美国最高法院彻底完成向保守的转向。然而，严格来说，罗伯茨法院不是简单地以保守和自由进行划分。《经济学人》杂志认为，美国最高法院九名大法官形成了 3∶3∶3 的格局：人们普遍认为法院在意识形态上分为三派，索托马约尔、卡根和杰克逊组成自由派；而保守派内部又分为两个小派别：罗伯茨、卡瓦诺和巴雷特组成相对温和保守派，通常不愿意推翻判决先例，而阿利托、托马斯和戈萨奇组成强硬派保守派，通常愿意推翻判决先例。❷

就罗伯茨本人而言，学界对他的评价也是多元化的，莫衷一是，有人说他是最高法院中最为保守的大法官之一，也有人说他是秘密的自由派战士。❸ 还有学者认为，罗伯茨大法官教条主义色彩不浓，言下之意，他可能更多的是政治实用主义者。❹ 就

---

❶ “医改案”法理分析详见本章第四节内容。

❷ America's Supreme Court is less one-sided than liberals feared [EB/OL]. (2021-6-24) [2024-4-2]. The Economist, https://www.economist.com/united-states/2021/06/24/americas-supreme-court-is-less-one-sided-than-liberals-feared

❸ ROEDER O. Is Chief Justice Roberts A Secret Liberal? [EB/OL]. [2024-4-24]. https://fivethirtyeight.com/features/is-chief-justice-roberts-a-secret-liberal/

❹ GEIDNER C. Chief Justice John Roberts Has Changed A Little Bit. And That Could Be A Big Deal [EB/OL]. [2024-4-24]. https://www.buzzfeed.com/chrisgeidner/chief-justice-john-roberts-has-changed-a-little-bit-and? utm_term=.xh4dYveON#.iiZ2VvrBg.

堕胎权而言，罗伯茨无疑是坚定的“生命派”，不主张宪法所保护的堕胎权。1990年，罗伯茨作为老布什总统白宫法律顾问的时候，他就认为“罗伊案”是“错误的决定”，“应该被推翻”。任首席大法官之后，在“卡哈特诉冈萨雷斯案”（*Gonzales v. Carhart*）中，罗伯茨参与多数意见，支持内布拉斯加州2003年的《部分堕胎法》（*Partial Birth Abortion*）。[1] 现任大法官托马斯和阿利托加入了他的行列。在“全体妇女健康诊所诉赫勒斯泰特案”（*Whole Woman's Health v. Hellerstedt*）中，罗伯茨参与异议意见，支持了得克萨斯州的一项法律，该法律要求对堕胎诊所进行某些限制，例如缩短与入院治疗的距离。[2] 现任大法官托马斯和阿利托加入了他的行列。

虽然罗伯茨属于保守派，但是，在具体的司法哲学方面他和其他保守派有所不同。例如，同去世的斯卡利亚大法官和现任的托马斯大法官相比，罗伯茨的司法哲学显然更加温和、居中。斯卡利亚和托马斯大法官格外强调原旨论或立宪者意图的解释。罗伯茨对美国最高法院的最大期望之一是试图重新确立美国最高法院的中间派方向，即政党中立。事实上，在政治极化的今天，这一点难能可贵，也难以实现。作为保守派大法官，罗伯茨格外尊重先例，不轻易推翻先例，在“多布斯案”中，罗伯茨并未加入多数意见中，只提交了一份协同意见，事实上，“在2020年之前，尽管最高法院由5∶4的保守派多数控制，但首席大法官罗伯茨强调尊重判决先例，使得任何试图推翻‘罗伊案’的尝试都无功而返”[3]。尊重先例是美国最高法院优良的传统之一。

罗伯茨大法官非常推崇马歇尔，他想恢复马歇尔法院的荣光。他希望现在的大法官们能像马歇尔法院时期的大法官一样，判决时能保持意见高度一致。罗伯茨倡导“司法最低限度主义”（Judicial Minimalism），反对过度司法能动主义；另一方面，罗伯茨也富有“政治智慧”，他联合其他保守派大法官，逐步搁置了许多自由派的先例，变相推翻这些判决。罗伯茨的投票模式反映了他保守的司法哲学，与法庭上的阿利托最为相似，后者也与保守司法哲学中的自由主义倾向联系在一起。因

---

[1] Gonzales v. Carhart, 127 S. Ct. 1610, 1614(2007).

[2] Whole Woman's Health v. Hellerstedt, 136 S. Ct. 2292, 2296(2016).

[3] MICHAELS C. US supreme court justices on abortion-What They've Said and How They've Voted [EB/OL]. (2022-5-4)[2024-4-22]. https://web.archive.org/web/20220504141016/https://www.theguardian.com/law/2022/may/04/how-supreme-court-justices-voted-abortion-alito-roberts-thomas-kavanaugh.

此，就连同一家媒体对罗伯茨法院的评价也前后不一。例如，《纽约时报》2010 年对罗伯茨法院的评价是：最高法院进入几十年来最为保守的时期！[1] 而到了 2018 年，《纽约时报》对罗伯茨的评价却是：找寻中间立场！[2] 事实上，2022 年美国最高法院的形势已经明朗，“多布斯”推翻了“罗伊案”表明美国最高法院彻底进入最为保守的时期。

2005 年，当美国宪政史开启罗伯茨法院时代的时候，年富力强、胸怀大志的罗伯茨有一个宏伟的梦想，他想成为 21 世纪的马歇尔！他想恢复马歇尔时代最高法院团结和谐的氛围。然而在现代两党无休止的角斗中，美国最高法院难以偏安一隅，为了不给世人留下“分裂的最高法院”或者“政治的最高法院”的印象，罗伯茨不得不有时超越意识形态的藩篱，充当平衡者的角色，“医改案”就充分说明了这一点。然而，罗伯茨超越党派藩篱的梦想却被政治现实击得粉碎。“医改案”让罗伯茨失去了很多保守派阵营的朋友，同时，自由派阵营也未必认可罗伯茨的“超然”，因为文化战争的议题让罗伯茨必须作出非此即彼的选择，这是“大是大非”的问题，难以左右逢源。恰恰是涉及文化战争议题的判决凸显了罗伯茨法院的“政治极化”！无论是两起“持枪案”还是两起“同性婚姻案”，都是 5∶4 的判决结果，也就是说，这些案件都是一票定乾坤！简单的一票就能改变美国枪支管理制度的走向！肯尼迪大法官的关键一票就能在全美实现同性婚姻合法化。

“多布斯案”还隐含了更为危险的信号，这意味着现在保守的美国最高法院将重新检讨和审视沃伦法院以来一系列自由主义的判决，如同性婚姻判决、节育判决等。保守派大法官托马斯直言不讳：美国最高法院必须重新审视并否决过去对于避孕权和同性婚姻合法化的重大判决。这就意味着 1965 年的“格里斯沃尔德案”、2003 年的“劳伦斯案”和 2015 年的“奥伯格菲尔案”等一系列判决将会被“拨乱反正”，美国文化战争的战火将越烧越旺，美国社会将会进一步分裂。

---

[1] LIPTAK A. Court Under Roberts Is Most Conservative in Decades[EB/OL]. (2010-7-25) [2024-4-23]. http://www.nytimes.com/2010/07/25/us/25roberts.html? _r=1 & hp= & pagewanted=print.

[2] Linda Greenhouse, The Chief Justice, Searching for Middle Ground, https://www.nytimes.com/2018/02/01/opinion/chief-justice-roberts-middle.html.

## 第二节　个人持枪权：从“赫勒案”到“布鲁恩案”

在美国最高法院史上，罗伯茨法院最大的历史贡献之一，就是清晰地解释了美国宪法第二条修正案的含义，并赋予了个人持有和携带武器的权利，且适用于全美各地，包括公共场合。“在现行的美国政体下，根除枪患毫无希望，唯一的办法就是尽量减少枪杀案件发生的可能性。这种带有悲凉甚至绝望的观点，道出了制度性因素在美国控枪问题上的悖论与窘境。”❶ 枪支泛滥是美国社会的痼疾，枪击事件此起彼伏，死伤无数，成为美国“亮丽的风景线”，由于美国个人持枪权有宪法保障，因此，在美国实现禁枪难于上青天！

### 一、美国例外主义与枪文化

美国枪支泛滥成灾已久，是美国特有的“国情”，也是美国“例外主义”突出的表现。事实上，自 20 世纪 30 年代起，美国政府就开始进行枪支管制了，但是，根本无法限制枪支流通，更不用说禁枪了。美国枪支管制不是一件小事，它关系到美国的宪制问题。围绕着枪支管制，美国政治舞台上形成了“限枪派”（gun-control advocate）和“持枪派”（gun-rights advocate）两股政治势力。它们分别与美国共和、民主两党结盟，组成强大的院外游说集团，影响国会立法，推动政治进程。持枪派和限枪派分别与共和党和民主党结盟，枪支管制变成了竞选的热门话题，形成具有美国特色的“枪支政治”（gun politics）。❷

美国“枪文化”历史悠久。1970 年，美国历史学家理查德·霍夫施塔特（Richard Hofstadter）在《美国遗产》杂志发表了一篇文章，首次用“枪文化”这个概念来描述美国人民长期以来对枪的挚爱、拥护和赞美。❸ 美国政治学教授罗伯特·施皮

---

❶ 梁茂信.无望的困局:美国的控枪政策及其制度性因素[J].四川大学学报,2018(6):44.

❷ WILCOX C,et al. The Changing Politics of Gun Control[M]. Lanham,Md:Rowman & Littlefield,1998:1-4.

❸ HOFSTADTER R. America as a Gun Culture[J]. American Heritage Magazine,1970(10):4.

策认为，美国枪文化的形成得益于以下三个因素：一是美国早期开疆拓土时枪支的出现并激增；二是个人持有武器与早期为了生存而斗争、独立战争及边疆历史有关系；三是随着书籍、电影、民间传说及其他传播媒介创造出来的枪的文化神话（cultural mythology）。[1] 总而言之，枪俨然成为美国文化的图腾和美国精神的象征。

美国枪支泛滥有其宪法基础。枪支管制在美国可谓一波三折，困难重重，其原因在于以下几点：第一，枪支管制涉及对美国宪法第二条修正案的不同理解，也就是“管理良好的民兵是保障自由州的安全所必需的，人民持有和携带武器的权利不得侵犯”究竟作何解释；第二，相关利益集团博弈较量势均力敌；第三，限枪派和持枪派具有草根性，有时情绪胜过理性；第四，民主、共和两党截然对立，枪支管制问题也已党派化。[2] 其中，枪支管制困难最主要的原因还是第二条修正案的解读。美国宪法第二条修正案规定：“管理良好的民兵是保障自由州的安全所必需的，因此人民持有和携带武器的权利不得侵犯。”该修正案位列保护言论自由、宗教自由等权利的第一条修正案之后，可见美国建国先贤们是如此看中“持有和携带武器的权利”！第二条修正案只有 27 个单词，但是表述不清，宪法学家列文森甚至认为：“从来没有人认为此条款是清晰的，它是所有修正案中最糟糕透顶的。”[3] 也就是说，后人根本无法准确理解第二条修正案到底说的是什么，因此，形成“集体权利说”和“个人权利说”两种第二条修正案解释模式。“集体权利说”的立足点是，第二条修正案捍卫的是州权，各州有维持武装力量的权利，且这个武装必须独立于全国性政府；而“个人权利说”的立场是，第二条修正案保护的是个人的“持有和携带武器的权利”。其实这两种解释模式都有其理论渊源，“集体权利说”与公民共和主义息息相关，而“个人权利说”源于对古典自由主义的解读，由此可见，第二条修正案既是联邦党人和反联邦党人妥协的产物，也是他们两派思想理念妥协、调和与共融的产物，这也体现了公民共和主义和古典自由主义这两种思想的妥协与融合。[4]

---

[1] SPITZER R J. The Politics of Gun Control[M]. New Jersey: Chatham House Publishers, 1995: 7-13.

[2] 参见袁征. 论美国枪支管制运动的发展及前景[J]. 美国研究, 2002(4): 79-83.

[3] LEVINSON S. The Embarrassing Second Amendment[J]. Yale Law Journal, 1989(99): 644.

[4] 美国制宪时期，自由主义这一概念还未提出，但毋庸置疑制宪者是熟悉这一概念内涵的。参见万绍红. 美国宪法中的共和主义[M]. 北京：人民出版社 2009: 3，注释 1。

## 二、“赫勒案”（2008）：个人拥有持有和携带武器的权利

第二条修正案的模糊性导致整个 19 世纪和 20 世纪无数学者、法官及立法机构都无法厘清第二条修正案真正的含义，美国最高法院审理涉及第二条修正案的案件也寥寥无几，多年来美国最高法院一直不愿意接手第二条修正案这个烫手的“山芋”。然而，进入 21 世纪后，形势逼人，不管限枪派利益集团还是持枪派利益集团，他们都急于向美国最高法院讨“说法”。他们精心设局，千方百计地把“试验案件”送进最高法院。2008 年“赫勒案”和 2010 年“麦克唐纳案”两个持枪权案件就是这样的“试验案件”。在这两个案件中，不论最高法院的多数意见还是少数意见，大法官均以学术论文一样严谨的《意见书》，参与了这场话语大战，并为这场争执暂时画上了一个句号。两个案件均以 5∶4 的微弱多数裁定：“持有和携带武器”是一项个人基本权利且适用于州。这意味着在全美范围内首次从宪法上明确了个人持枪权。”❶

截至 2007 年，在美国 12 个区域性联邦上诉法院中，除了哥伦比亚特区巡回区联邦上诉法院外，都审理过第二条修正案的案件，判决结果南辕北辙，造成联邦上诉法院系统意见分裂，导致人们怀疑司法权威。面对这一局面，美国最高法院很难再置身事外。正是在这种背景下，持枪派再次精心设计一个案件，并以首都华盛顿哥伦比亚特区作为攻击目标。早在 1976 年，哥伦比亚特区颁布了一个当时全美最严厉的枪支管制法。它规定，除了现役和退役的执法人员及本法通过前手枪拥有者以外，该市居民一律不准拥有手枪；所有其他武器，包括步枪和霰弹猎枪，必须存放在家中，而且“必须上锁或分拆，子弹不能上膛”。❷ 迪克 · 赫勒（Dick Heller）是华盛顿联邦法院办公楼站岗的武装警卫，平时佩戴左轮手枪执勤。由于生活在犯罪高发地区，他没有安全感，希望在家里就和上班一样能够拥有手枪自卫。他提出携带枪支的申请，但被特区政府拒绝。于是，持枪派律师推出 66 岁的赫勒作为原告提起诉讼，并成功地把案件送到最高法院。这就是“赫勒案”的由来。

2008 年 6 月 26 日，美国最高法院宣布“赫勒案”的裁决，五位大法官对第二条修正案第一次作出历史性解释：①第二条修正案保护的是个人持枪权，它与民兵服役无关；为了传统合法的目的，如在家中自卫，个人有权使用武器。②像其他多数权利

---

❶ District of Columbia v. Heller, 554 U. S. 570(2008); McDonald v. Chicago, 561 U. S. 742(2010).

❷ D. C. Code § § 7-2501. 01(12), 7-2502. 01(a), 7-2502. 02(a)(4)(2001).

一样，持枪权不是绝对的。③哥伦比亚特区的手枪禁令及要求在枪支上配备扳机扣的法律违反了第二条修正案。[1]

由于《权利法案》（美国宪法前十项修正案）传统上只能够约束联邦政府，哥伦比亚特区属于联邦直辖，所以，“赫勒案”判决效果只局限于联邦直接管理的行政区域，不能适用于各州。要将这一权利全国化，需要一个独特的司法过程。这就是用美国宪法第十四条修正案来“吸收”（incorporate）《权利法案》中的内容。第十四条修正案是美国内战后通过的最著名的修正案，其主要目的就是限制各州对公民权利的损害。该案第一项中有三个重要条款：任何一州，“都不得制定或实施限制合众国公民的特权或豁免权的任何法律”（特权-豁免权条款）；“不经正当法律程序，不得剥夺任何人的生命、自由或财产”（正当程序条款）；“在州管辖范围内，也不得拒绝给予任何人以平等法律保护”（平等保护条款）。在以往的司法实践中，美国最高法院主要利用正当程序条款吸收《权利法案》中的权利使之适用于州。也就是将《权利法案》列举的权利（自由）视为正当程序条款中“自由”概念的具体内涵。《权利法案》涉及言论、信仰、刑事司法等自由和权利就是这样被吸收的。因此，持枪派认为，第十四条修正案同样可以吸收持枪权，将其适用于全国。

“赫勒案”最突出的一点，就是保守派阵营旗手斯卡利亚大法官向外界第一次清晰地解释了“公众意义原旨论”的宪法解释方法。不仅如此，斯卡利亚还阐释了自然法解释方法和历史解释方法，无非是证明个人持有携带武器就是个人自卫权的具体体现，它是一项自然权利，也是美国的“光荣传统”，是美国历史的一部分，因此，第二条修正案保护的是个人持有和携带武器的权利。而对于自由派大法官而言，公共安全利益与个人持有和携带武器的权利之间要进行利益平衡分析。（这几种解释方法详见第五章第一节）。在自由派看来，时过境迁，美国建国时期的个人持枪传统与公共安全利益发生冲突的时候，公共安全利益优先。然而，对于保守派和持枪派来说，个人持枪权是一项基本权利，同其他基本权利一样，不容侵犯。

“赫勒案”的判决揭示了一个法律命题：当解释宪法的时候，是恪守宪法通过时的文本原意，还是恪守“活的宪法”（living constitution）原则，与时俱进地对宪法进行解释。斯卡利亚大法官运用原旨论的解释方法是否客观地反映了21世纪的美国？中国美国史教授梁茂信认为，美国宪法及第二修正案通过时美国尚处在农业社会，当

---

[1] District of Columbia v. Heller, 554 U. S. 570, 570-571(2008).

时美国没有正规军、国民警卫队和警察机构，宪法中的“人民”概念尚不包括黑人、印第安人、妇女及下层白人，美国最高法院却往往越俎代庖，否决国会和州议会关于枪支管理的法律，甚至出现9名大法官在投票中4：4均势的情形下，最关键的一名大法官的一票却左右了美国枪支管制的命运，这很不合理。[1]

## 三、“麦克唐纳案”（2010）：个人持有和携带武器的权利适用全美各地

就在“赫勒案”宣布的当天，持枪派律师在芝加哥市提起诉讼。芝加哥也是美国枪支管制最严的几个城市之一。早在1982年，芝加哥就通过了全面禁止手枪持有的法律。但是，该市的枪支犯罪率多年来一直居高不下。本案主告是76岁的黑人奥蒂斯·麦克唐纳（Otis McDonald），无论从年龄、种族、和善的面容还是热心公益的品格、令人同情的处境（时刻受到黑帮分子的威胁）都使得麦克唐纳成为最佳主告人选。这就是“麦克唐纳案”的由来。很显然，在麦克唐纳的背后依旧站着一群主张持枪权的民权律师与利益集团。

2010年6月28日，美国最高法院再次以5：4作出裁决，支持原告。[2] 最高法院的多数意见解决了两个核心问题，其一“持有和携带武器”是一项个人基本权利（fundamental right）；其二，通过第十四条修正案正当程序条款的吸收，各州也不得损害第二条修正案赋予个人的基本权利。

在“赫勒案”中，最高法院虽然判定持枪权是一项个人权利，但是并没有明确判定它是一项基本权利。所以，由保守派大法官阿里托起草的多数意见，花了大量的篇幅论证持枪权是一项基本权利，符合被第十四条修正案吸收的标准。根据宪法裁决先例，吸收的标准有二，其一该项权利是否属于“自由序列体系”（scheme of or-

---

[1] 梁茂信. 无望的困局：美国的控枪政策及其制度性因素[J]. 四川大学学报，2018(6)：43.

[2] McDonald v. Chicago，561 U. S. 742(2010). 该案一共形成5个独立的司法意见：一份多数意见（由阿利托起草，罗伯茨、斯卡里亚和肯尼迪加入，托马斯部分加入）、两份独立的协同意见（斯卡里亚和托马斯各写一个）和两份异议意见（斯蒂文斯一份；布雷耶一份，金斯伯格和索托马约尔加入布雷耶的异议意见），共214页。这样的法庭意见正可谓“四分五裂”。但是，仔细分析，该判决结果暗藏玄机。严格来说，投票的票数分配应该是4：1：4。Alan Gura，Ilya Shapiro & Josh Blackman，“The Tell-Tale Privileges or Immunities Clause”，Cato Supreme Court Review2009—2010，p. 174. 也就是说，这样的判决虽有一个结果，但说明结果的意见书其实没有多数，因此，该意见书的权威性将大打折扣。

dered liberty）的基本内容；其二该项权利是否‘根植于我国的历史与传统’（deeply rooted in this Nation's history and tradition）”。据此，以“赫勒案”的判决为基础，多数意见逐一参考了从英国法律家布莱克斯通到《权利法案》的制定者，再到 19 世纪早期美国法律大家乔治·塔克（George Tucker）、威廉·罗尔（William Rawle）和约瑟夫·斯托里（Joseph Story）等人的论著，认为这些先贤都认定持枪权是一项基本权利，“深深根植于国家的历史与传统”。❶

为了加强自己的说服力，争取民权人士的支持，阿里托不惜笔墨，突出美国重建时期黑人的持枪权，认为重建时期的国会立法强化了这一基本权利。内战后，南方一些州颁布法律解除黑人的武装，黑人的人身和财产受到威胁。为此，国会颁布了一系列法律，如 1866 年通过的《自由民局法》（*Freedmen's Bureau Act of* 1866）和《1866 年民权法》（*Civil Rights Act of* 1866）等，保障了黑人的持枪权。阿里托认为，这些都“表明此项权利被视为基本权利”。国会后来认识到这些立法还不足以保护黑人，必须从宪法上保护黑人，第十四条修正案正是在这样的背景下制定，“就是要保护《1866 民权法》所设立的权利”❷。阿里托还援引了第十四条修正案批准时，州宪对持枪权的规定，说明该权利在一些州宪也被视为是一项基本权利。回忆这段历史，阿里托总结道：“很显然，第十四条修正案的起草者和批准者都把持有和携带武器视为我们自由序列体系中一项重要的基本权利。”❸

斯蒂文斯大法官对上述观点不以为意。他在独自发表的异议意见中认为，枪支与自由之间的关系模糊不清。“枪支和自由的关系基本上是摇摆不定的。它可以帮助房主保护家人和财产，也可以帮助暴徒和叛乱分子滥杀无辜之人。”❹ 该权利不符合正当程序条款所认定的“自由”（liberty）。他认为，“没有一起案件的判决书中的‘自由’一词包含了普通法中的自卫权或持有和携带武器的权利。”他认为，和其他发达的文明国家相比，美国特有的持枪权很显然不符合文明的潮流，不符合自由的内涵。他认为，“其他一部分发达民主国家——包括和我们一样共同继承英国遗产的国家的经验告诉我们，持有和携带武器的权利是‘自由序列体系’本质之一这个概念并不

---

❶ McDonald v. Chicago, 561 U. S. 742, 769-770(2010).

❷ McDonald v. Chicago, 561 U. S. 742, 773-774(2010).

❸ McDonald v. Chicago, 556 U. S. 742, 775(2010).

❹ McDonald v. Chicago, 561 U. S. 742, 861(2010).

牢靠。这些发达国家对枪支的持有、使用或者携带的限制远远比我们要严格得多。”❶

斯蒂文斯发表这个意见时已经 90 岁高龄了，即将告别其服务了 35 年的宪法舞台。即便如此，他依然单枪匹马地挑战多数意见，这种对法律的忠诚和执着令人动容。不过，他的说法在逻辑上不够严谨，将权利本身与权利运用混淆起来。同时，他用其他国家的经验来证明美国持枪权更是一个败笔。每个国家的国情不一样，美国例外论已经成为美国人的基本共识。大概是这个原因，他的三位自由派大法官同僚并没有像“赫勒案”那样加入他的异议意见，而是另外写了一份异议意见。在这一份异议意见中，起草者布雷耶避免讨论枪支与自由的关系，而是指出持枪权并非“自由序列体系”中的基本权利，因为对此“公众没有共识”（no popular consensus）。布雷耶言下之意是，全民不能达成共识、存在很大纷争的权利根本不具有“基本性”。布雷耶认为，判定一项权利是否具有基本性，是否应该被吸收，除了依赖历史考察之外，还有一系列其他考量因素，例如此项权利的本质、现代人对待此项权利的观点，等等。因此，他认为，必须在个人持枪与公共安全之间进行利益权衡，“法官应评估枪支限制的成本和利益”。❷ 总之，这两份异议意见一致认为，在评估持枪权是不是基本权利时要慎之又慎，不能轻易地认定。至少目前在全民无法达成共识的情形下可以先放一放，留给后代去解决。

美国宪法《权利法案》当初入宪的时候，目的是约束联邦政府不要侵犯《权利法案》中所规定的公民基本权利。事实上，州侵犯这些公民基本权利一点儿也不比联邦政府少，因此如何把《权利法案》的约束也适用于州政府呢？美国司法采取了选择性吸收（selective incoporation），“是指最高法院在审理宪法案件的过程中，利用宪法第十四条修正案中的正当程序条款，来逐条吸收权利法案（美国《联邦宪法》前 10 条修正案），从而使原本只是限制联邦政府的《权利法案》也被用来约束州政府”。❸ 在美国宪法史上，能够被第十四条修正案吸收的一般都属于基本权利。所以，既然多数意见认定了第二条修正案个人持有和携带武器持枪权是一项个人基本权利，不仅联邦政府不能侵犯该权利，而且州政府也不能侵犯该权利，那么，通过第十四条修正案吸收该权利适用于州也似乎顺理成章了。但是，“麦克唐纳案”中多数派法官

---

❶ McDonald v. Chicago,561 U. S. 742,910-911(2010).

❷ McDonald v. Chicago,561 U. S. 742,924-925(2010).

❸ 马洪伦.论美国联邦最高法院宪法解释的创造性[J].现代法学,2011(3):167.

对于通过第十四条修正案哪个条款来吸收则产生了分歧。托马斯大法官只同意多数意见的第一个观点，也就是持枪权系基本权利，完全适用于州。[1] 但是，他不赞成多数意见利用第十四条修正案的正当程序条款来吸收该权利，而是主张用该修正案中的特权-豁免条款来吸收。为此，他独自撰写了一份协同意见来阐述他的看法。

美国法律界有个说法，称："重建后最高法院的历史很大程度上可以根据最高法院对第十四条修正案及其正当程序条款的解释来撰写。"[2] 长期以来，由于"屠宰场案"中的多数意见，特权-豁免条款一直处于休眠状态。[3] 在正当程序条款已经用到极致的时候，"复兴"特权-豁免权条款是很多法律人的梦想。早在 1999 年，托马斯在"萨恩斯诉罗案"（*Saenz v. Roe*）中就表达了重新评估该条款的愿望，他认为："在很大程度上，我相信特权-豁免条款的失效归因于当前第十四条修正案的司法原理和实践的混乱。如果遇到一个合适的案件，我将持开放的态度，重新评估该条款的意义。"但是，考虑到为避免失控的结果，托马斯大法官和首席大法官伦奎斯特在该案意见书中特别提出警告，在复苏这一条款之前，"我们应该努力了解第十四条修正案的制定者对该修正案的意义的理解"[4]。

十年过去了，"麦克唐纳案"终于给托马斯大法官一个酣畅淋漓解读特权-豁免条款的机会。运用原旨论的解释方法，他考证了第十四条修正案制定时特权-豁免权

---

[1] McDonald v. Chicago, 561 U. S. 742, 805-806(2010).

[2] 施瓦茨. 美国最高法院史[M]. 毕洪海，等译. 北京：中国政法大学出版社，2005 年，第 172.

[3] 在"屠宰场组案"(Slaughter-House Cases, 83 U. S. 36(1873))中，最高法院多数意见认为美国公民有双重身份，既是合众国公民，也是州公民。作为联邦公民，其权利非常有限，比如出入首都，海外美国领事保护等。其余的公民权利则依附于州公民身份。特权-豁免条款只是禁止州损害联邦公民身份所拥有的极为有限的几项"特权与豁免权"，并不涉及州公民身份的"特权与豁免权"。这样一个解释就使得后来的法官无法用特权-豁免条款来吸收《权利法案》，他们只好另辟蹊径，依靠正当程序条款。由于州立法在制定过程中，基本上能够做到"程序"合理正当，因此，如果将"正当程序"理解为"正当手续"，那么，几乎所有州的立法都符合这个标准。因此，为了能够限制州对个人权利的损害，最高法院在司法实践中发展出了下面要提到的"实体性正当程序"。学者王希认为，"尽管立法的程序可能是正当的和合理的，但仍可能会产生不合理的和不正当的法律，尤其是出现那种武断地剥夺公民权利(生命、自由和财产权等)，在这种情况下，法院有必要对立法的内容(substance)进行审查。反对者则认为这种理论无疑等于将最高法院大法官的主观意志置于立法者之上，使最高法院变成了事实上的最高立法机构。"参见王希. 原则与妥协：美国宪法的精神与实践[M]. 北京：北京大学出版社，2000：325.

[4] Saenz v. Roe, 526 U. S. 489, 527-528, 528(1999).

的含义，他认为当时“特权和豁免权”的含义很明确，就是“‘权利’的意思”。在此基础上，托马斯使用了大众意义原旨论来确定持枪权就是一项特权-豁免权，托马斯甚至认为，要推翻“屠宰场组案”这个先例，因为它的法院意见是历史错误的转折点，阻塞了利用特权-豁免权条款吸收《权利法案》的渠道，造成了人们不得不依赖正当程序条款进行吸收。久而久之，美国最高法院开始接受实体性正当程序去吸收权利，只要这些权利是“基本的”。但是，托马斯认为，如何判定一个权利是“基本的”，却缺乏一个非常清晰的标准。因此，托马斯把整个实体性正当程序称为“法律杜撰”（legal fiction）。最后，托马斯大法官认为，实体性正当性条款其实并不能保护实体性权利。[1] 因此，在他看来，利用特权-豁免权条款吸收更加忠实于第十四条修正案的历史和文本，远比正当程序要好得多。

大法官的意见书在发表前均相互传看，他们因此可以修改和强化自己的看法，反驳对自己意见的批评。针对托马斯的意见，多数意见承认“屠宰场组案”存在很多争议，也了解“很多法学家对‘屠宰场组案’解释正确性的争议”；但是，用特权-豁免权条款吸收也存在很多不确定性。虽然“特权-豁免条款保护了《权利法案》所列的所有权利及其他未列举的权利，但是，上诉人却不能辨别出特权-豁免条款的全部范围”[2]。也就是说，确定哪些未列举的权利属于特权-豁免权条款所保护的范围是一件非常困难的任务，因此，阿利托认为，没有必要重新考虑“屠宰场组案”，更不需要推翻它，维持先例非常重要。[3] 在这一点上，两份异议意见都赞同阿里托的意见，极力反对利用特权-豁免权条款吸收《权利法案》所列举的权利。

由于美国新权力不断涌向美国最高法院，而正当程序条款已经用到极致，因此，唤醒特权-豁免权条款很可能是早晚的事。在评述2010年最高法院所审理的里程碑式案件时，《哈佛大学法律评论》对于美国最高法院在“麦克唐纳案”拒绝启用特权-豁免权条款表示了一丝遗憾：“尽管最高法院本来可以依靠特权-豁免权条款进行判决的，但是多数意见对推翻先例有所顾忌，他们都认识到正当程序条款才是权利适用于州的传统基础。”[4]

---

[1] McDonald v. Chicago,561 U.S. 742,811(2010).

[2] McDonald v. Chicago,561 U.S. 742,754-758(2010).

[3] McDonald v. Chicago,561 U.S. 754(2010).

[4] The Supreme Court-Leading Cases[J]. Harvard Law Review,2010(124):229.

“赫勒案”和“麦克唐纳案”的判决引起轩然大波，在赢得保守派和持枪派喝彩的同时，也遭到自由派的抨击。联邦第四巡回上诉法院法官哈维·威尔金斯认为，“‘赫勒案’标志着保守派律师的狂胜。但同时也标志着美国最高法院的完败：它的裁决摈弃了保守的司法原则。事实上，‘赫勒案’鼓励了美国人不是通过选票而是通过法院来推行政治议程（political agenda）。”❶ 事实上，“麦克唐纳案”又何尝不是呢！

## 四、“布鲁恩案”（2022）：个人有权在公共场所持有和携带武器

无论是2008年的“赫勒案”还是2010年的“麦克唐纳案”都没有解决一个根本问题：个人是否有权在公共场合持有和携带武器？“赫勒案”和“麦克唐纳案”中持枪的场地限定为私人领域——家中。对于持枪派来说，个人拥有持枪权应适用于全美各地，如果仅限于家中使用该项权利，这是远远不够的。所以，持枪派在利益集团的支持下，向一些枪支管制法律发起挑战，纽约州的枪支管制法律便是他们的目标之一。

20世纪初，纽约市是犯罪者的天堂，犯罪率非常高，尤其是少数族裔社区枪支暴力触目惊心。1911年，纽约市市长威廉·盖纳（William J. Gaynor）险遭暗杀，作家大卫·格雷厄姆·菲利普斯（David Graham Phillips）被枪击而亡。这两起枪击事件让全美震惊。于是，时任州参议员和前国会议员的蒂莫西·沙利文（Timothy Sullivan）领导纽约州议会颁布了《沙利文法案》（*Sullivan Act*）。该法案对纽约州公民持有隐蔽式枪支，例如手枪，进行严格限制，并由当地执法部门酌情决定发放《隐蔽枪支携带许可证》，要获得许可证，申请人必须“证明对自我保护的特殊需要，有别于一般社区或从事同一职业的人”。纽约州法律阐明，必须是出于自卫的非投机性需要，方能确立授予许可的适当理由。同时，该法还规定，拥有或出售其他所谓“危险武器”也属于重罪，包括“手杖（blackjacks）、棍棒（bludgeons）、攻击沙包（sandclubs）、警棍（billies）、弓箭（slungshots）和金属指关节（metal knuckles）”。❷ 早在1980年，纽约州最高法院在“克列诺斯基诉纽约市警察局案”（*Matter of Klenosky v. New York City Police Dept*）中支持了《沙利文法案》，申请人只有在

---

❶ WILKINSON J H. Of Guns, Abortions, and the Unraveling Rule of Law[J]. Virginia Law Review, 2010(95):254.

❷ DEARMENT R. Gunfighter in Gotham: Bat Masterson's New York City Years, Norman[M]. Oklahoma: University of Oklahoma Press, 2013:90.

能够“证明对自我保护的特殊需要有别于一般社区的需要”时，才可满足警察局的“正当理由”要求。[1] 事实上，纽约州居民找到一个“正当理由”获得持枪许可是非常难的一件事。客观说，《沙利文法案》在过去 100 多年的历史中对于控制枪支泛滥、维护纽约州治安方面还是发挥了作用。

然而，转眼到了 21 世纪，“赫勒案”和“麦克唐纳案”之后，对于持枪派来说，纽约州严苛的枪支管制法律应该被推翻。纽约州步枪和手枪协会寻找合适的原告。布兰登·科赫（Brandon Koch）和罗伯特·纳什（Robert Nash）是纽约州伦斯勒县（Rensselaer County）成年守法的居民，基于自卫申请了在公共场合携带手枪的无限制执照，但是遭到纽约州的拒绝，因为他们未能满足“正当理由”的要求。2014 年，纳什申请了在公共场合携带手枪的无限制执照。纳什声称他的人身安全没有任何独特的危险，他只是想携带一把手枪自卫。2015 年初，纽约州拒绝了纳什的无限制执照申请，只授予他狩猎和打靶的有限制执照。2016 年底，纳什以他所在社区最近发生的一系列抢劫案为由，要求一名纽约州官员取消这些限制。在非正式听证会后，该官员拒绝了他的请求。2008—2017 年，科赫与纳什的处境相同，虽然他没有面临特殊危险，但是他想要一把手枪进行一般自卫，并且只有一个限制许可证允许他在家外携带手枪进行狩猎和打靶。2017 年底，科赫以他在安全处理枪支方面的丰富经验为由，向一名许可官员申请取消对他的执照的限制，然而申请被拒。原告之一是 1871 年成立的纽约州步枪和手枪协会。纽约州步枪和手枪协会是一个公共利益团体，旨在捍卫纽约人的第二条修正案权利，而另两位原告科赫和纳什都是该协会的成员。被告凯文·布鲁恩（Kevin Bruen）是纽约州警察局局长，他于 2021 年后任职。案件也经过了初审和州最高法院的审理，最后上诉到了美国最高法院。

2022 年 6 月 23 日，美国最高法院以 6∶3 的票数判定，100 多年前纽约州的《沙利文法》中规定的必须有“正当理由”申请持枪许可的规定违反了第十四条修正案，纽约州法律阻止了具有普通自卫需要的守法公民行使他们的第二条修正案权利，即为了自卫而在公众场合保留和携带武器，违反了美国宪法第二条修正案所赋予的、在公共场合持有和携带枪支的基本权利。[2] 托马斯起草了法庭多数意见（阿利托、戈萨

---

[1] Matter of Klenosky v. New York City Police Dept, 75 A. D. 2d 793(1980).

[2] New York State Rifle & Pistol Association, Inc. v. Bruen, 597 U. S. __(2022), Opinion of Court, pp. 8-63.

奇、卡瓦诺及巴雷特大法官加入），另外，阿利托和巴雷特各自单独撰写了协同意见，卡瓦诺也撰写了协同意见（罗伯茨加入），布雷耶起草了异议意见（索托马约尔、卡根加入）。

多数意见认为，纽约州对持枪的管理（例如提出正当理由获得持枪许可等）侵犯了个人的持枪权，纽约州法规没有定义“正当理由”是什么意思，以及法院裁定的那些表现出“特别需要自我保护”的人符合的标准是什么。[1] 显然，纽约的枪支管理规定既不合理也不合法，“这个‘特殊需求’标准要求很高”。托马斯写道：“例如，在‘以犯罪活动闻名’的地区生活或工作是不够的。”“因为纽约州仅在上诉者表现出特别需要自卫时才颁发公共携带（枪支）许可证，我们得出结论认为，纽约州的许可证制度违反了宪法。”[2]

多数意见认为，2008 年的“赫勒案”和 2010 年的“麦克唐纳案”已经确认了个人持有和携带武器是一项基本权利。多数意见认为，衡量枪支管理法律是否符合第二条修正案，“赫勒案”和“麦克唐纳案”至少提出了两个相关的指标：现代和历史上的枪支管制法律是否对个人持有武器自卫的权利施加了类似的负担？二是这样的管制负担是否相对合理？[3] 个人持有武器的自卫权利是第二条修正案的核心。如果给这项权利带来不必要的负担，例如只能在家中行使，那么第二条修正案的这项权利是没有存在意义的。“将‘携带’武器的权利限制在家里，将使第二条修正案的有效保护一半无效。此外，鉴于自卫是（第二条修正案）权利本身的核心组成部分”，托马斯在引用“赫勒案”的观点时写道：“将‘携带’武器的权利限制在家里是不合理的。”[4] 多少意见在解释宪法时运用了历史分析方法，说明“个人持有和携带武器的权利根植于美国的历史与传统。对枪支进行管制，必须要证明其管制的合理性，政府……必

---

[1] New York State Rifle & Pistol Association, Inc. v. Bruen, 597 U. S. __(2022), Opinion of Court, pp. 30-37.

[2] New York State Rifle & Pistol Association, Inc. v. Bruen, 597 U. S. __(2022), Opinion of Court, pp. 30-37.

[3] New York State Rifle & Pistol Association, Inc. v. Bruen, 597 U. S. __(2022), Opinion of Court, pp. 30-37.

[4] New York State Rifle & Pistol Association, Inc. v. Bruen, 597 U. S. __(2022), Opinion of Court, pp. 30-37.

须证明该管制符合国家枪支监管的历史传统”。❶ 在多数意见看来，纽约州的枪支管制给第二条修正案的权利施加了不必要的负担，不符合美国的历史传统。

最后，多数意见认为，人的基本权利不应该有三六九等，既然是人的基本权利，那么它们都是平等的，第二条修正案所赋予的公民基本权利同其他公民基本权利一样，应该享受同等待遇。对于托马斯等保守派大法官而言，公民行使自己的基本权利时还要提出申请吗？还要必须得到政府官员的同意后才能行使吗？纽约州公民行使第二条修正案持有和携带武器的权利就是这样的情形。“当涉及不受欢迎的言论或宗教信仰自由时，第一条修正案不是这样运作的。当涉及被告与证人对质对他不利的权利时，第六修正案不是这样运作的。当涉及为了自卫在公开场合携带枪支时，第二条修正案也不是这样运作的。”❷ “在多数意见看来，纽约州的枪支管制法律变相地剥夺了美国公民第二条修正案的基本权利。”❸

阿利托大法官在协同意见中写道：1791 年第二条修正案通过时，“没有警察部门，许多家庭独自生活在孤立的农场或边境。如果这些人受到攻击，他们就只能靠自己了。很难想象如果联邦政府和各州试图夺走这些人自卫所需的枪支，会爆发多大的骚动。不幸的是，今天，许多美国人有充分的理由担心，如果他们无法保护自己，他们将成为受害者。而今天，（危险）不亚于 1791 年，而第二条修正案保障了他们的（权利）”❹。

卡瓦诺大法官在他撰写的协同意见中认为，美国 43 个州使用的手枪许可制度不需要“正当理由”是令人赞许的。卡瓦诺写道，许多州法规定，包括检查持枪执照申请人的犯罪和心理健康记录、采集申请人的指纹及要求他们接受枪支培训，这些都是符合宪法的。❺

布雷耶撰写了异议意见，他认为，美国最高法院只是基于本案的诉状来裁决本

---

❶ New York State Rifle & Pistol Association, Inc. v. Bruen, 597 U. S. __(2022), Opinion of Court, pp. 15-17.

❷ New York State Rifle & Pistol Association, Inc. v. Bruen, 597 U. S. __(2022), Opinion of Court, pp. 62-63.

❸ 江振春. 美国枪击案层出不穷，枪支管制不紧反松[J]. 世界知识, 2022(14): 39.

❹ New York State Rifle & Pistol Association, Inc. v. Bruen, 597 U. S. __(2022), ALITO, J., concurring, p. 9.

❺ New York State Rifle & Pistol Association, Inc. v. Bruen, 597 U. S. __(2022), KAVANAUGH, J., concurring, p. 2.

案，缺乏必要的证据或发现；美国最高法院在分析案件时错误地只依赖于历史分析方法，丝毫不顾及政府利益本身，丝毫不考虑枪支管制所带来的益处。美国最高法院如果只依赖历史分析方法，最高法院将带来实践问题。❶ 布雷耶还认为，“当最高法院在解释宪法第二条修正案时，应当考虑到：正是因为枪支暴力日益严重，才导致枪支管制法律的产生，这样的考虑是必要的，从宪法解释来说，也是适当的。”❷

“布鲁恩案”对于持枪派和保守派来说，无疑是一次胜利，其重要性不亚于推翻堕胎权的“多布斯案”。全国步枪协会执行副总裁韦恩·拉皮埃尔（Wayne LaPierre）对最高法院的最新决定表示欢迎，称其为“全美善良男女分水岭式的胜利”，并在“全国步枪协会领导的长达数十年的战斗中赢得了胜利”。❸ 同纽约州一样，新泽西、马里兰、马萨诸塞、加利福尼亚和夏威夷这五个州及哥伦比亚特区都有类似的法律，它们的命运几乎同《沙利文法案》一样违宪。当美国最高法院发表“布鲁恩案”洋洋洒洒 135 页的判决时，与美国最高法院一街之隔的美国参众两院通过了一份长达 80 页的《两党安全社区法》（*Bipartisan Safer Communities Act*），拜登很快签署了该法案。“《两党安全社区法》让美国民众对枪支管制燃起了希望，而‘布鲁恩案’的判决让《两党安全社区法》黯然失色，让美国民众对枪支管制前景感到担忧。”❹“《两党安全社区法》主要有以下三项内容：一是加强了对 18—21 岁枪支购买者的背景调查，将‘找人代买’（straw purchases）或贩运获得枪支定为联邦犯罪；二是澄清了获得联邦许可的枪支经销商的定义；三是法案还将拨款 7.5 亿元帮助各州执行《红旗法》，并投资其他干预计划，包括为心理健康治疗提供资金。”❺

事实上，《两党安全社区法案》对于扭转美国枪支泛滥的困境作用不大，毕竟该法案只是两党相互扯皮、相互妥协的权宜之作。“从‘赫勒案’到‘布鲁恩案’，大法官的投票完全体现了保守与自由的分野与美国最高法院的政治化。最高司法机构和

---

❶ New York State Rifle & Pistol Association, Inc. v. Bruen, 597 U. S. __(2022), BREYER, J., dissenting.

❷ New York State Rifle & Pistol Association, Inc. v. Bruen, 597 U. S. __(2022), BREYER, J., dissenting.

❸ “NRA Wins Supreme Court Case, NYSRPA v. Bruen”, https://www.nraila.org/articles/20220623/nra-wins-supreme-court-case-nysrpa-v-bruen.

❹ 江振春. 美国枪击案层出不穷，枪支管制不紧反松[J]. 世界知识，2022(14):38.

❺ 江振春. 美国枪击案层出不穷，枪支管制不紧反松[J]. 世界知识，2022(14):39.

最高立法机关的对立，反映极端保守的最高法院与民主党控制的国会在枪支管制议题上两极分化明显，枪支政治是美国政治极化的侧影。《两党安全社区法》与其说是两党就枪支管制达成共识的新时代的开始，不如说是一个罕见的妥协时刻。”❶

美国个人持枪权的存在彰显了美国另类的例外主义，与其他发达国家显得格格不入。“在控枪问题上出现了政出多门的格局，不仅联邦立法体系效率低下，各州立法步调不一，而且最高法院判决彻底推翻了一些地方政府在控枪问题上构建的最后一道防线，因此，在枪支合法交易兴盛的同时，非法交易也日益泛滥。”❷ 在 21 世纪的今天，美国依旧保留了 18 世纪美国农业社会的“遗风”，坚守美国的枪支文化遗产，标榜捍卫个人权利，令人啧啧称奇。美国《独立宣言》开宗明义——生命、自由和追求幸福的权利不可剥夺。生命权是最大的人权，也是最优先的基本权利，生命权的实现是国家与社会的最高价值。只有生命权受到尊重和保障，才有可能实现宪法规定的国家目标，宪法规定的其他基本权利与自由才有意义。当美国宪法赋予“持有和携带武器”为个人基本权利的时候，完全漠视了公共安全利益和他人的生命权。在政治极化的形势下，面对日益严重的枪支泛滥与社会撕裂问题，美国两党政客碌碌无为，政府治理低效无能，却格外“热心”关切他国人权。❸

## 第三节　同性婚姻合法化

三个“持枪权案”让美国社会深知罗伯茨法院内部是有政治派别的，文化战争案件审判时保守与自由的分野非常明显，尽管包括罗伯茨在内的大法官们都不承认。文化战争的议题最能够检验大法官到底归属保守派阵营还是自由派阵营。2013 年和 2015 年两起“同性婚姻案”再次见证了最高法院内部保守与自由两种意识形态的对决。

同性恋历史同人类历史一样久远。同性婚姻是同性恋权利运动的最高价值诉求。

---

❶ 江振春. 美国枪击案层出不穷,枪支管制不紧反松[J]. 世界知识,2022(14):42.

❷ 梁茂信. 无望的困局:美国的控枪政策及其制度性因素[J]. 四川大学学报,2018(6):44.

❸ 江振春. 美国为何做不到禁枪？[J]. 历史评论,2024(1):59.

当人类历史迈入21世纪的第2个年头，也就是2001年，荷兰成为世界上第一个同性婚姻合法化的国家，从那时起，象征同性恋的“彩虹旗”席卷很多国家和地区，比利时、西班牙、加拿大、南非、以色列、挪威、瑞典、葡萄牙、冰岛、阿根廷、丹麦、巴西、法国、乌拉圭、新西兰、英国、卢森堡、爱尔兰、美国、哥伦比亚、芬兰、墨西哥等国家和地区相继承认同性婚姻。仅2017年这一年，芬兰、斯洛文尼亚、德国、马耳他、奥地利和澳大利亚6个国家和中国台湾地区实现了同性婚姻合法化，2017年是同性恋者名副其实的“骄傲年”！

与此同时，美国同性婚姻合法化历程格外引人注目。在实现同性婚姻合法化的国家和地区中，实现的路径有所不同：有的国家是通过全民公投的方式实现同性婚姻合法化，例如爱尔兰；有的国家通过议会专门立法实现同性婚姻合法化，例如荷兰、加拿大等国；而有的国家则是通过最高法院判决实现同性婚姻合法化，例如美国。美国是现代同性恋权利运动的发源地，也是同性恋权利运动的“大本营”。由于权利运动、种族、文化多元性、宗教、两党政治、联邦制、司法审查等一系列因素，同性婚姻问题在美国变得异常复杂。因此，在美国同性婚姻问题不仅是社会问题，它更是美国的宪政问题，最终要对簿公堂，通过司法途径予以解决。从20世纪50年代美国最高法院开始审理有关同性恋的案件到2016年彻底实现同性婚姻合法化，美国的风雨彩虹路整整走了50年。

## 一、“温莎案”（2013）：联邦《捍卫婚姻法》违宪

进入21世纪后，美国社会对同性婚姻更加包容，支持率呈上升趋势。三十年河东，三十年河西，同性婚姻现在成为民主党手中的“王牌”，成为分化共和党支持者的“楔子议题”。在以奥巴马总统为代表的民主党的支持下，同性恋权利运动发展一日千里。同性恋权利运动组织是奥巴马入主白宫最大的“金主”之一，他当选后，投桃报李，2010年废除了“不问、不说”法案，[1] 表明同性恋者完全可以参军服役，同性恋者的平等权进一步得到保障。

2003年，美国最高法院的“劳伦斯案”和马萨诸塞州实现同性婚姻合法化标志

[1] “不问，不说”法案，即美军在1994年至2010年间对待军队内同性恋的政策，由时任美国总统比尔·克林顿提出。这一政策规定，只要军队中的同性恋者不主动表示他们的性倾向，长官就不会试图揭露或驱逐他们。“不问，不说”政策从1994年开始实施，一直到2010年被废除。

着全美实现同性婚姻合法化已经是大势所趋。[1] 然而，要真正实现同性婚姻合法化，必须还有搬走横亘在合法化道路上的最后一个障碍——联邦《捍卫婚姻法》。谁也没料到挑战《捍卫婚姻法》的竟然是一位 84 岁高龄、气质高雅的老太太——爱迪丝·温莎（Edith Windsor）。温莎是一位女同性恋者，早在 1963 年，温莎遇见了她此生的挚爱——西娅·斯派尔（Thea Spyer），从那时起，她们相依相爱，直到斯派尔去世，这段 50 年的旷世恋情令很多美国人动容。然而，温莎继承斯派尔遗产时却遇到了麻烦，因为温莎不是斯派尔的配偶，所以，不能享受有关配偶继承遗产所享有的免税政策，温莎必需支付近 37 万美元的不动产遗产税。温莎不享有配偶法律身份，完全有法可依，那就是 1996 年的联邦《捍卫婚姻法》，为此，温莎提起诉讼，法律诉求就是《捍卫婚姻法》有关条款违背美国宪法，这就是“温莎诉美国案”（*Windsor v. United States*，简称“温莎案”）的由来。[2] 事实上，包括奥巴马总统和司法部都认为《捍卫婚姻法》是到了该推翻的时候了，因此，他压根儿就不派司法部律师代表美国政府应诉，不得已国会两党法律顾问小组才决定介入此案进行干预，由司法部来代表美国应诉，捍卫《捍卫婚姻法》的合法性。

美国最高法院于 2013 年 3 月 27 日开庭审理“温莎案”，辩论的焦点是，“婚姻乃由一男一女所组成”的这个法律定义是否违反美国宪法第五条修正案赋予的公平保障权利。2013 年 6 月 26 日，美国最高法院以 5∶4 的票数裁决联邦《捍卫婚姻法》第三款违宪，美国政府败诉。多数意见认为，第五条修正案就规定了“非经正当程序，不得不剥夺生命、自由或财产”，因此，美国最高法院首先论证的是，同性恋者结婚是一项基本自由和权利，否则就不存在剥夺“自由”之说！然后再论证《捍卫婚姻法》违反实体性正当程序因而违宪。美国最高法院通过一系列判例法，确立了婚姻权是一项基本权利，但是，婚姻权是否涵盖同性恋伴侣存在极大争议，然而，“温莎案”多数意见的论证路径让很多美国人不得不怀疑最高法院试图拓展婚姻权的边界，确立同性婚姻权也是一项基本权利。肯尼迪大法官与时俱进，诠释了他的婚姻观：婚姻其实只是媒介，借此各州对相爱的伴侣及他们的家庭进行权利和福利的分配，婚姻“不仅仅为了符合有关婚姻法律所规定的有关权益而对婚姻进行例行的分

[1] “劳伦斯案”的法理分析详见第八章第一节内容。

[2] Windsor v. United States, 133 S Ct. 2675(2013).

类”。[1] 同性恋伴侣“非常荣幸接受”“婚姻的责任和义务，它们是婚姻生活重要的构成部分”。[2] 婚姻是州对相爱双方的关系的法律认可，承认婚姻双方彼此的相互忠诚、在更大范围传播忠诚的力量。

多数意见认为，无论从立法技术、立法目的与立法过程还是从内容来说，联邦《捍卫婚姻法》都存在重大问题，特别是从实体程序角度来说，《捍卫婚姻法》是违宪的，也就是说《捍卫婚姻法》程序本身没有问题，实体内容在执行过程中出了问题。正如伦斯特洛姆所说的，法律的正当程序建立在政府不得专横、任性地行事的原则之上。它意味着政府只能按法律确立的方式和法律为保护个人权利对政府施加的限制进行活动。显然，多数意见认为，联邦《捍卫婚姻法》侵犯了实体性正当程序，侵犯了同性恋者的基本权利和自由。

多数意见认为，同性恋群体是弱势群体，他们被作为特殊的群体遭受歧视，《捍卫婚姻法》明显歧视了他们。“美国宪法保障的平等至少不应建立在国会赤裸裸地试图伤害某一类政治上不受欢迎的群体之上。”决定某项法律是否受到不正确的态度或目的的驱使，特别要仔细考虑“具有不正常特征的歧视”，《捍卫婚姻法》显然都违背了这些原则。[3] 多数意见认为，《捍卫婚姻法》歧视了同性恋者，把他们视为“二等公民”，“《捍卫婚姻法》削弱了同性婚姻的公共和私人意义；该法向同性伴侣宣告：在整个世界，他们有效的婚姻是不配得到联邦承认的。这将同性婚姻置于一个不稳定的次等地位。这些差异贬低了这些伴侣”[4]。

最后，在“温莎案”中，美国最高法院推翻《捍卫婚姻法》关键条款最主要的一个问题就是联邦制。因为根据美国历史、传统及判例，婚姻的定义与管理应该属于各州权力范围，联邦《捍卫婚姻法》违反了这个长期以来所形成的观念。[5] 也就是说，从联邦制原则来说，《捍卫婚姻法》是联邦国会越权的产物，它侵蚀了州权，危害了美国联邦制。

2013年“温莎案”的判决给很多同性恋伴侣带来了福音。横亘在他们面前的

---

[1] Windsor v. United States, 133 S Ct. 2675, 2692(2013).

[2] Windsor v. United States, 133 S Ct. 2675, 2695(2013).

[3] Windsor v. United States, 133 S Ct. 2675, 2693(2013).

[4] Windsor v. United States, 133 S Ct. 2675, 2694(2013).

[5] United States v. Windsor, 133 S. Ct. 2675, 2689-2693(2013).

《捍卫婚姻法》这道屏障被拆除后，同性恋伴侣的婚姻权利与义务可以得到法律的保障，同性恋配偶将享有异性恋配偶同等的福利与待遇，涉及税务、福利、移民、医疗、保险、教育、继承、职场等不同领域，美国将会重新界定配偶认定的新标准。

当然，"温莎案"的判决并没有从根本上解决同性婚姻问题，它只是宣布《捍卫婚姻法》第三款婚姻只限于"一男一女"这样的定义违宪，至于婚姻究竟如何定义，美国最高法院最终还是把这个"烫手山芋"扔给了州。"温莎案"的判决表明了美国最高法院的态度：婚姻的定义需要改变。"温莎案"的判决无疑是一个信号，这是一个鼓励各州可以通过司法程序全新定义本州的婚姻概念的信号！这是一个可以通过司法途径挑战现存传统婚姻制度的信号！

"温莎案"之后，同性婚姻不仅造成了美国社会的"大乱"，而且也造成了美国政治与法治的混乱，同性婚姻问题成为美国一个急需亟待解决的宪政问题，面对一系列由同性婚姻引起的矛盾和冲突，美国最高法院必须给同性婚姻给一个清晰的"说法"。全美真正实现同性婚姻合法是在"温莎案"判决两年后的 2015 年，美国最高法院在"奥伯格菲尔案"中明确判决同性恋伴侣可以拥有结婚权。[1]

## 二、"奥伯格菲尔案"（2015）：同性伴侣可以结婚

同温莎"两口子"一样，奥伯格菲尔"两口子"的爱情故事同样令很多美国自由派人士唏嘘不已。1993 年，吉姆·奥伯格菲尔（Jim Obergefell）和约翰·亚瑟（John Arthur）相识于酒吧，自那时起，他们一起工作，一起生活，形影不离。2011 年亚瑟不幸被诊断患了"渐冻症"，这种病目前还无法治愈，神经衰退令亚瑟失去行动和说话的能力，严重时甚至无法呼吸，但是，奥伯格菲尔依旧不离不弃。他们想有一个正式的婚姻名分，所以他们在民权组织的安排下，包了一架医疗飞机，离开自己的家乡辛辛那提市来到允许同性伴侣结婚的马里兰州巴尔的摩市，他们在飞机上举行了特别的"婚礼"。他们与时间赛跑，当他们回到家乡再进行婚姻登记的时候却遭到拒绝，也就是说，他们的配偶身份依旧得不到俄亥俄州的许可，因为该州的同性婚姻禁令依旧有效。为此，奥伯格菲尔提起诉讼。案件进行中间，2013 年 10 月 22 日约瑟辞世，奥伯格菲尔的配偶法律身份依旧没有落实，在亚瑟死亡证明的配偶一栏依旧

[1] Obergefell v. Hodges, 576 U. S. __(2015), Opinion of the Court, pp. 3-28.

空白。奥伯格菲尔的遭遇引起了更多美国人的同情，奥伯格菲尔在民权组织支持下，提起法律诉讼，案件最后一直上诉到美国最高法院，时间已经过了2年。

2015年6月26日，美国最高法院对“奥伯格菲尔案”以5∶4的票数作出判决，根据美国宪法第十四条修正案，各州应给同性恋伴侣颁发《结婚证》，也应认可他州给予同性恋伴侣的《结婚证》的有效性及其所缔结婚姻关系。[1] 不出外界所料，意识形态中间偏右的肯尼迪大法官又一次与自由派大法官结盟，并起草了多数意见。

肯尼迪认为，婚姻史具有连续性和变化性（continuity and change）这两个特征。人类的包办婚姻，就是父母基于宗教、政治、财富等因素考虑对儿女的联姻一手作出的安排；在婚姻家庭中，妇女附属于男人，已婚夫妇只被视为一个独立的法律主体，这个主体当然是男人说了算；随着时代发展，妇女权利得到解放，女人也获得同等尊严；从禁止不同种族的通婚（美国有些州历史上禁止黑人和白人结婚）到跨越种族自由结婚……[2]肯尼迪大法官阐述美国婚姻制度的变迁，无非要告诉人们：既然婚姻制度变动不居，那么讨论同性婚姻时，思维就不能局限于传统婚姻观，因为婚姻观必须“与时俱进”，婚姻的界限就要拓展。

在“奥伯格菲尔案”中，肯尼迪大法官最终使用了第十四条修正案中的正当程序条款和平等保护条款来证明同性婚姻被包含在婚姻权之内，它也是一项基本权利。肯尼迪大法官认为，“美国宪法在它权限范围内，保护每个人的自由，自由包括人们在合法的范围内拥有某些特定权利去决定和表达他们的身份。”[3] 选择和某人结婚是个人“自治”的应有之义。肯尼迪认为，基于个人自治和自由，同性恋伴侣有结婚的基本权利。对于以肯尼迪为代表的多数大法官来说，婚姻自由是个人自治的基本要义，因为婚姻另一半的选择关乎个人尊严，“个人选择自己最亲密的人”。[4] 只有婚姻才能支持相互忠诚的两个人结合在一起，婚姻的重要性远高于其他形式的重要性。肯尼迪的婚姻观点源自以下这样的结论，即“同性婚姻禁令侵犯了同性恋伴侣的尊严，同性恋伴侣“希望通过彼此的忠诚相爱来定义自己”。[5] 另外，肯尼迪大法官认为，

---

[1] Obergefell v. Hodges, 576 U. S. __(2015), Opinion of the Court, pp. 3-28.

[2] Obergefellv. Hodges, 576 U. S. __(2015), Opinion of the Court, pp. 5-6.

[3] Obergefell v. Hodges, 576 U. S. __(2015), Opinion of the Court, pp. 1-2.

[4] Obergefell v. Hodges, 576 U. S. __(2015), Opinion of the Court, p. 11.

[5] Obergefell v. Hodges, 576 U. S. __(2015), Opinion of the Court, p. 14.

同性婚姻禁令“伤害和羞辱了同性伴侣所抚养的孩子”。[1]

最后，多数意见认为，如果把那些想组成家庭的同性伴侣排除在婚姻法保护的范围外，那么可能造成社会秩序不稳定，破坏社会的和谐，只会增加社会的对抗。婚姻体制在国家治理和社会稳定中扮演了极其重要的角色，基予同性恋伴侣婚姻法律关系，对于国家治理和社会稳定同样重要。

2015年的“奥伯格菲尔案”的判决让那些保守州的同性婚姻禁令作废，标志着全美实现同性婚姻合法化。同性婚姻合法化是1973年堕胎合法化以来，美国最高法院在社会议题上作出的最重要的判决，颠覆了人们的传统价值观，具有划时代意义。从法律角度来说，同性婚姻颠覆了婚姻的定义，原有的民事婚姻关系发生剧变。“奥伯格菲尔案”的判决不仅在全美乃至全球引起极大震撼。这一判决必然会带来众多法律、道德和伦理上的激烈冲突。个人权利的边界的扩张没有停歇。人类对于权利的探索和正义的追问永不停止，而争议也相伴而行。

美国同性婚姻合法化有许多值得我们反思的地方。首先，这是西方民主的胜利。所有实现同性婚姻合法化的国家几乎都是西方民主国家或者是按照西方民主体制建立的国家。在西方“一人一票”的制度下，选票是所有政党所关切的问题，因此，选民对同性婚姻的态度往往左右了这个国家对同性婚姻的态度。在美国自20世纪80年代以来，同性婚姻成为共和、民主两党操弄政治的议题，成为测试两党意识形态的“试金石”。西方发达国家能否以同性婚姻权作为自己的道德优势，从而对其他国家提出人权要求，强迫其他国家也要给予同性婚姻权呢？同性婚姻问题可能会成为下一个世界范围内被西方国家操弄的人权问题。

其次，同性婚姻权的产生证明了美国个人权利边界的扩张。严格来说，美国史就是一部美国个人权利的扩张史。在过去两百年中，个人权利的边界在扩张，体现了西方“绝对的个人权利”的法律“真谛”，但是，个人权利的边界究竟在哪里？在不同的法律文化中，这个问题无法作出清晰的回答。当同性恋者的个人同性婚姻权扩张到侵犯了其他人的宗教信仰与言论自由时，两种个人权利就会发生冲突与矛盾，如何平衡这种冲突与矛盾？例如，一个虔诚的天主教徒蛋糕师拒绝为同性恋伴侣制作婚礼蛋糕，他是否构成基于性取向的歧视？法律是否要强迫他必须为同性恋伴侣制作蛋糕，

---

[1] Obergefell v. Hodges, 576 U. S. __(2015), Opinion of the Court, p. 15.

他有无权利基于个人的宗教信仰和言论表达自由而拒绝提供这样的服务呢？这些法律难题都需要美国最高法院来解释。

最后，美国同性婚姻合法化的实现也折射出美国宗教的格局发生变化。作为基督教国家，美国也面临着宗教世俗化问题，信教民众人数下降，去教堂做礼拜的次数也在下降，如何挽回这样的局面？基督教自由派异军突起，为了尽可能多地不让信教群众流失，他们站在“正义”一边，促进社会公平，关爱包括同性恋者在内的弱势群体，因此同性婚姻合法化的实现，不是基督教缺位，而是基督教自由派的推波助澜。

## 三、同性婚姻与良心自由

同性婚姻保障了一部分人的尊严与自由，在拓展了个人权利边界的同时，它也会和其他个人基本权利发生冲突，例如，良心自由，美国最高法院又如何平衡同性婚姻权与良心自由之间的关系呢？

### （一）良心自由

良心自由是一项基本权利。一般来说，良心自由是指信仰自由。狭义的良心自由特指宗教信仰自由，而广义的良心自由“包括了世界观、人生观、主义、主张等个人人格意义上的内在精神作用”，它往往和“思想”连在一起考察。[1]

1948 年，《世界人权宣言》第十八条规定：“人人有思想、良心和宗教自由的权利；此项权利包括改变他的宗教或信仰的自由，以及单独或集体、公开或秘密地以教义、实践、礼拜和戒律表述他的宗教或信仰的自由。”美国宪法第一条修正案规定：“国会不得制定关于下列事项的法律：确立国教或禁止信教自由；剥夺言论自由或出版自由；或剥夺人民和平集会和向政府请愿申冤的权利。”美国宪法第一条修正案规定：“国会不得制定关于下列事项的法律：确立国教或禁止信教自由；剥夺言论自由或出版自由；或剥夺人民和平集会和向政府请愿申冤的权利。”虽然第一条修正案里没有明确规定“良心”这样的字眼，但是，国会不得禁止信教自由就包含了狭义的良心自由的含义。麦迪逊当初提交给众议院的草案提及了“良心自由”，而且在第一届议会辩论中，“草拟的宗教条款共有 15 次列出了良心自由”，而且众议院讨论的最

[1] 陈斯彬. 良心自由及其入宪：基于宪法文本的比较研究[J]. 浙江社会科学，2014(3)：65.

终版本为“国会不得制定任何与设立宗教有关的法律，或者阻碍人民信仰自由的法律，也不得制定侵犯良心权利的法律”。[1] 可见，良心自由虽然没有入宪，但是它已作为一项基本权利深入美国民众心里直至现在。

然而，对于保守派信教民众或者世俗主义者来说，同性婚姻让他们的良心同样难以接受，让他们良心深受伤害。他们对婚姻有严格的定义，只限于男女异性之间。同性婚姻的确赋予了同性恋者自由、尊严和权利，然而，同性婚姻伴侣是否有权让虔诚的天主教徒心安理得地去承认这样的婚姻关系呢？如果拒绝承认同性婚姻关系是否构成违法？如果拒绝为他们提供服务是否构成违法呢？“奥伯格菲尔案”之后，美国最高法院审理了一批同性婚姻权与良心自由相冲突的案件。

### （二）同性婚姻自由与良心自由的博弈

2018 年“杰作蛋糕店诉科罗拉多州人权委员会”（*Masterpiece Cakeshop v. Colorado Civil Rights Commission*，简称“蛋糕店案”）是美国最高法院审理的第一起涉及同性婚姻与宗教良心自由博弈的案件。在该案中，“杰作蛋糕店”（Masterpiece Cakeshop）的老板杰克·菲利普斯（Jack Phillips）是一位虔诚的教徒，他拒绝为同性伴侣的婚礼制作蛋糕，因为他心里有道坎实在迈不过去，因为他的良心不允许他去做这样的蛋糕，他相信参与庆祝同性婚礼是有罪的。虽然那对同性伴侣找到了其他蛋糕供应商，后者也为他们制作了令人满意的糕点，但这对新人仍对菲利普斯表示不满，并对他提起了反性向歧视诉讼。科罗拉多州人权委员会认为菲利普斯违反了一项科罗拉多州法律，并下令禁止其为任何婚礼制作蛋糕，除非他同样为同性婚礼制作蛋糕。于是“杰作蛋糕店”一纸诉状将人权委员会告上了法庭，作出了不利于菲利普的判决。菲利普斯将该案件上诉至科罗拉多州上诉法院，但该上诉法院维持了委员会的决定。随后，菲利普斯继续将案件上诉至科罗拉多州最高法院，但州最高法院驳回了他的上诉请求。案件一直打到了美国最高法院。“蛋糕店案”所要解决的法律问题是：州政府惩罚因坚守良心自由而拒绝为同性婚礼设计制作蛋糕的公民，这一行为是否违反了美国宪法第一条修正案。当然该案不局限于制作蛋糕，可以拓展到任何其他的公共服务项目。

2018 年 6 月 4 日，美国最高法院以 6∶3 的票数判决撤销科罗拉多州人权委员会

---

[1] 陈斯彬. 良心自由及其入宪：基于宪法文本的比较研究[J]. 浙江社会科学，2014(3)：63.

的决定。[1] 肯尼迪大法官撰写多数意见，罗伯茨、阿利托、布雷耶、卡根和戈萨奇等大法官也加入其中。多数意见认为，尽管面包师有能力为公众服务，但是他有权享有宗教信仰自由（拒绝某些服务），且受普遍适用的法律的约束，然而，州最高法院的判决表现出了州自身对宗教的敌意，违反了州对宗教保持中立的义务，该义务由美国宪法第一条修正案的宗教自由实践条款所规定。[2] 多数意见认为，科罗拉多最高法院对菲利普的宗教信仰自由充满了敌意。科罗拉多州人权委员会将菲利普斯利用自己宗教信仰不为同性伴侣提供服务同捍卫奴隶制或印第安人大屠杀一样，都是反人类的。肯尼迪认为，这种比较“不适合庄严、负责、公正和中立地执行科罗拉多州反歧视法的委员会”。[3]

事实上，在“蛋糕店案”中，美国最高法院对反歧视法及宗教信仰自由权利之间的博弈也只是蜻蜓点水，并没有展开。美国最高法院站在各自立场进行了阐释。美国最高法院站在州人权委员会一边认为，州一定确保中立，充分考虑到宗教豁免。因此，可以不受反歧视法约束，民众有第一条修正案宗教信仰自由。

“蛋糕店案”之后，美国境内出现了很多类似的案件。其中，“阿琳花店诉华盛顿州案”（*Arlene's Flowers v. State of Washington*，简称“花店案”）最具代表性。阿琳花店（Arlene's Flowers）店主巴若妮尔·斯塔兹曼（Barronelle Stutzman）多年来一直向一对同性恋情侣出售鲜花，当这对同性恋伴侣结婚需要鲜花布置时，店主却拒绝提供服务，于是，店主遭到华盛顿州首席检察官的起诉，而美国公民自由联盟（ACLU，American Civil Liberties Union）也代表那对同性伴侣对她提起了诉讼。州初审法院判她违反了关于禁止性向歧视的州法律，该项判决使她必须支付罚金、损害赔偿金及律师费。华盛顿州最高法院维持了该项判决。如此一来，斯塔兹曼将会倾家荡产，因为光律师费可能就要几十万美元。于是斯塔兹曼向州最高法院提出申诉，州最高法院就该案根据“蛋糕店案”的判例进行审理。2018 年，美国最高法院把这一案

---

[1] Masterpiece Cakeshop, Ltd. v. Colorado Civil Rights Commission, 584 U. S. __(2018), Opinion of Court, p. 2.

[2] Masterpiece Cakeshop, Ltd. v. Colorado Civil Rights Commission, 584 U. S. __(2018), Opinion of Court, pp. 2-3.

[3] PAVLICH K. BREAKING: Supreme Court Overwhelmingly Rules in Favor of Colorado Baker in Wedding Cake Case[EB/OL]. (2018-6-4)[2024-4-23]. https://townhall.com/tipsheet/katiepavlich/2018/06/04/scotus-rules-bakers-opposed-to-gay-marriage-cant-be-forced-to-bake-cakes-n2487137.

件重新发回州法院，勒令其应根据美国最高法院对“蛋糕店案”的判决对该案进行重审。❶

在“尼利诉怀俄明州司法行为与伦理委员会案”（*Judge Neely v. Wyoming Judicial Conduct &Ethics Commission*）中，涉及公务人员如果拒绝给同性伴侣证婚是否可以被政府处罚，而不论他所信仰的上帝是否禁止这样的婚姻？尼利（Ruth Neely）法官兼有两个司法职位：一个是当地法官，这个职位并没有授权她为任何人证婚；另一个是兼职的州基层司法官员，她可以该职位的身份为联系她并向她支付一定费用的新人证婚。怀俄明州的基层司法官员可以因为各种原因拒绝为他人证婚。2015 年，同性婚姻在怀俄明州合法化。一家当地报社记者采访了尼利法官，问她对将要在同性婚礼上证婚这件事是否感到兴奋。尼利法官回应说，她的信仰不允许她这么做，但是其他的基层司法官员还是很愿意的。虽然并没有同性伴侣邀请尼利法官为他（她）们证婚，而且有很多其他基层司法官员都愿意为这些新人证婚，但是怀俄明州司法行为与伦理委员会还是控诉了尼利法官，并且建议她同时辞去在任的两个职位。在上诉过程中，怀俄明州高级（上诉）法院降低了对尼利法官的处罚，变更为谴责，但是要求她停止为任何人证婚，除非她也为同性伴侣证婚。怀俄明州最高法院的裁决让律师和法律系的学生知道，如果他们的宗教良心禁止他们举行同性婚礼，他们就不应该渴望担任司法职位。但是，美国宪法第六条第三款规定：“上述参议员和众议员、各州议会议员及合众国政府和各州一切行政、司法官员均应宣誓或郑重声明拥护本宪法；但不得以宗教信仰作为担任合众国任何官职或公职的必要资格。”❷ 美国宪法规定了公务人员任职不得测试调查他的宗教背景，并以此作为任职资格条件。怀俄明州最高法院的判决会引起很大的宪法纷争。

## 四、同性婚姻合法化的悖论

美国最高法院通过司法手段实现了美国同性婚姻合法化。从长远来看。同性婚姻合法化带来一系列的悖论：传统婚姻一度被视为美国社会制度的基石，然而，美国最

---

❶ Arlene's Flowers v. State of Washington[EB/OL].[2024-4-23]. https://adflegal.org/case/arlenes-flowers-v-state-washington.

❷ Judge Neely v. Wyoming Judicial Conduct & Ethics Commission[EB/OL].[2024-4-23]. https://www.clsreligiousfreedom.org/judge-neely-v-wyoming-judicial-conduct-ethics-commission.

高法院同性婚姻合法化的判决，虽然保护了少数人的个人权利，但是，让“美国民众的价值观发生转变，人民对婚姻和家庭问题的认识四分五裂”“影响美国的家庭结构、青少年成长、社会贫困与犯罪等方面”“关乎国家治理的集体利益”。[1] 根据美国联邦制原则，美国各州有管辖婚姻的权力，然而当美国最高法院维护个人同性婚姻权利的时候，却又背弃了联邦制原则，整齐划一地对婚姻作出统一规定，个人的权利与各州的权力孰轻孰重？显然，在崇尚个人权利的美国，各州的权力有时不得不让位于个人权利。美国最高法院通过司法手段实现了民选的立法机构才能实现的目标，谁又能约束美国最高法院恣意地扩张权力？美国最高法院历史表明，不是每一个判决都能经得起历史的检验。当美国社会趋向保守的时候，美国最高法院那些自由的判决就会被质疑，甚至被推翻，在保守与自由之间完成一个轮回，不仅造成司法浪费，而且也造成社会无谓的对立与分裂。

## 第四节　美国“医改案”：文化战争新的爆发点

美国是西方发达国家中唯一没有实行“全民医保”的国家。“美国在尖端医疗技术方面具有世界领先优势，但国内却有高达 25% 的成年人因无力承担昂贵的医疗费而被迫放弃必要的治疗。”[2] 自 20 世纪 40 年代开始，美国就开始构建全民医疗体系，然而，直到现在，美国都没有完成这一目标，美国医疗体系的失灵与美国文化及制度息息相关，结构性矛盾无法构建一个行之有效的社会医疗体系。“美国社会意识形态的分歧加剧、医疗改革背后的利益纠葛、美国传统的价值观念应如何解读、利益集团在国家的政治经济生活中究竟能够起到多大作用等问题交织在一起，多种思想、多种利益和多种政治、经济势力开始了一场混乱的较量，使一个本来并不复杂的医改案成

---

❶ 梁茂信. 权力与权利的博弈：美国同性婚姻的合法化及其悖论思考[J]. 吉林大学社会科学学报，2020(3)：163-164.

❷ 张晓云，杜崇珊，李成威. 美国百年医改的成败及其制度分析[J]. 经济社会体制比较，2021(4)：153.

为了美国社会与政治发展的风向标。”❶

## 一、美国医疗改革与文化战争

医疗改革是美国社会的一件大事。“美国 1776 年《独立宣言》中的第二条称‘生命、自由和对幸福的追求’是人类不可被剥夺的权利。富兰克林·罗斯福总统于 1944 年 1 月在国会发言中首次提出医疗保障是一项基本权利，罗斯福认为政府应通过保障个人医疗保障权利从而确保个人有能力获得生命、自由和追求幸福。但美国 1787 年的《联邦宪法》及其修正案均未提及获得医疗照顾是一项基本权利，也没有任何州宪法明确这项权利。”❷ 政府有无责任和义务对公民个人的医保大包大揽？政府有无权力强制个人购买医疗保险？共和党和民主党向来在政府的角色定位和功能上分歧很大。“联邦政府是否应该介入医疗保障领域在美国争论已久，多位总统试图建立某种形式的全民医疗保障体制都因遭到强烈反对而失败。”❸ 1965 年，美国以 1935 年《社会保障法》修正案的形式通过了分别针对 65 岁及以上老人的联邦医保（Medicare）和针对穷人的医疗救助（Medicaid）计划，国家医疗保障计划正式建立。美国式医疗系统存在支出费用过高、覆盖人群率低两大弊端。❹ 目前有 4 700 万美国人（占美国总人口的 15%）没有医疗保障，其中 80% 为工薪阶层，还有 4 000 万美国人的医疗保障不完整，这两部分人口占总人口三分之一，这些人无力支付昂贵的医疗费用，一场大病足以让他们破产。

2008 年，以“改变”为竞选口号上台的奥巴马总统，上台后决意推动医疗改革。经过国会辩论等程序，奥巴马医改方案涉险过关。2010 年 3 月 23 日，奥巴马总统签署《患者保护与平价医疗法案》（*Patient Protection and Affordable Care Act*），又称为“奥巴马医改法”（Obama care），该法案是美国第 111 届美国国会关于医疗改革的主要立法。奥巴马也把这项医疗改革视为最大的政绩，是 20 世纪 30 年代建立保障制度以来最大的改革之一。“奥巴马医改法”要求，所有美国公民都必须购买医疗保险，否则将需要缴纳一笔罚款，除非因宗教信仰或经济困难的原因而被豁免；另外，还对

---

❶ 荣霞，陈晓律. 透视奥巴马医改下的美国“政治乱象”[J]. 学海，2014(1)：193.

❷ 荣霞，陈晓律. 透视奥巴马医改下的美国“政治乱象”[J]. 学海，2014(1)：193.

❸ 荣霞，陈晓律. 透视奥巴马医改下的美国“政治乱象”[J]. 学海，2014(1)：193.

❹ 荣霞. 试析首席大法官罗伯茨对《医改案》的判决[J]. 江南论坛，2013(9)：30.

私人医保行业与公共医保项目进行了改革，将3 000万没有医保的美国公民纳入了医保体系，扩大了医保范围。[1] 显而易见，如果该法施行，当然会增加国家医疗开支，同时减少联邦医保开支。“奥巴马医改法”遭到保守派和共和党人激烈反对，医改法案成为美国共和党和民主党新的文化战争的主题。

## 二、“西贝柳斯案”（2012）：强制个人购买保险不合法

“奥巴马医改法”几乎实现了全民医保。然而，这一看似“造福于民”的改革却偏偏遭到很多人的反对。“奥巴马医改法”签署不到一小时，佛罗里达州检察长比尔·麦克伦（Bill McCollum）联合其他13个州的检察长向美国联邦地区法院提起集体诉讼，声称“奥巴马医改法”违反美国联邦宪法相关规定。同一天，弗吉尼亚州的检察长单独向美国联邦地区法院提起诉讼。随后几个月，共有26个州单独或者共同对“奥巴马医改法”提起诉讼，这些代表各州诉讼的检察长或州长全部来自共和党。该案最终以联邦卫生部长西贝柳斯为被告打进了美国最高法院，这就是“全国独立企业联合会诉西贝柳斯案”（*National Federation of Independent Business v. Sebelius*，简称“西贝柳斯案”）的由来。[2]

“西贝柳斯案”辩论的焦点是：美国联邦政府的法定授权边界在哪里？授权到底有多大？这个焦点主要分为两个层面：第一层面是国会通过立法规范商务活动的权力边界，也就是宪法授予国会根据“商事条款”管理公民“不作为”的商业行为的性质，这涉及政府与公民自由的关系；第二层面就是联邦政府与各州政府在扩大“医疗救助”计划时各自的合法权限，也就是说联邦政府能否迫使各州服从统一的医改方案，这涉及美国的立国根基联邦制的问题。[3]

2012年6月28日，美国最高法院以5∶4的票数支持了“奥巴马医改法”1501章的“个人强制保险”（individual mandate）并没有侵犯公民自由选择权，个人必须购买健康保险是国会实施征税权的行为。[4] 令世人大为惊讶的是，保守派阵营的罗伯茨大法官竟然加入了金斯伯格、布雷耶、索托马约尔和卡根的自由派阵营，并起草了

---

[1] National Federation of Independent Business v. Sebelius, 567 U. S. 519(2012).

[2] National Federation of Independent Business v. Sebelius, 567 U. S. 519(2012).

[3] National Federation of Independent Business v. Sebelius, 567 U. S. 519(2012).

[4] National Federation of Independent Business v. Sebelius, 567 U. S. 519(2012).

《判决书》。

针对“奥巴马医改法”中“个人强制保险”条款的合宪性问题，罗伯茨大法官进行了精彩的阐述。无论根据美国宪法“商事条款”，还是“必要和适当条款”，国会要求“个人强制保险”是不合法地行使权力。[1]“个人强制保险”条款规定每个公民从2014年开始购买最低限度的医疗保险，否则将罚缴滞纳金95美元，若仍不购买保险，罚金逐年增加，2015年升至325美元，2016年升至695美元或相对于收入2%的罚款（两者取其高）。由于罚金会以年度税收的形式征收，也称为“税收罚金”（Tax penalty）。如果的确经济难以承担，政府可以提供帮助或提供豁免，所有符合法定条件的人最终都必须纳入医疗保险。然而，辩论双方就国会是否有权强制个人购买医疗保险难分难解，这涉及商事条款的宪法解释问题。美国宪法第一条第八款中的第三自然段被称为“商事条款”，该条款规定：国会有权管制同外国的、各州之间的和同印第安部落的商业。共和党及美国一些民间组织和法学家认为，商事条款只规定了国会有权管辖那些已经或者正在发生的商业活动，并没有授权国会管辖不购买医疗保险这样的“未付诸行动”的商业活动，所以强制参保的规定违宪。尽管联邦政府的律师表示：联邦政府管辖的基础在于医保不仅是一种商业活动，而且具有州际商事行为的特点。如果公民不履行购买医保义务，对其罚款也是联邦税收行为，体现了公民和政府为实现全民医保共同担责。

罗伯茨大法官把商事条款分为两类：一个是商事行为（activity），另一个是商事不行为（inactivity），[2] 对不购买医疗保险的行为也就是对人们的商事不行为实施强制。在罗伯茨看来，这个群体没有参与经济活动，因此不在国会商事权力管辖范围内。然而多数意见认为：商事条款仅仅授权国会立法规范正在发生的商事行为，并没有授权它去“推进”商事行为。[3] 同样，根据“必要和适当条款”，“奥巴马医改法”“个人强制保险”条款也不能得到支持。“个人强制保险”条款显然授予了国会不同寻常的权力，超越了国会所明确列举的权力，“个人强制保险”条款显然是“不适

---

[1] National Federation of Independent Business v. Sebelius, 567 U. S. 519, 547-561(2012).

[2] 商事不行为(inactivity)是指商事主体在一段时间内没有进行任何商事活动或交易的行为状态。这种状态可能对商事主体的营业状态、法律责任以及市场地位产生一定的影响。

[3] National Federation of Independent Business v. Sebelius, 567 U. S. 519, 547-558(2012).

当”的。[1] 罗伯茨认为，“个人强制保险”条款的合法性不是来自“商事条款”或者“必要和适当条款”，而是来自国会的“征税条款”。个人强制保险应该解释为一种税收，向那些没有进行健康投保的人征收的一种税，“出于合宪性的目的，个人强制保险应该是一种税收行为”，医改法鼓励人们购买保险，不是对不合法行为进行“惩罚”，也不是赋予国会新权力。[2]

大法官针对低收入群体的“医疗救助”计划存在严重分歧。奥巴马医改计划的一项重要内容是各州遵照统一标准，扩大医疗补助范围，低收入群体家庭和个人能够享受联邦政府和州政府共同资助的医保计划。倘若某州不执行这个标准，不扩大救助范围，联邦政府卫生部长有权扣留相应拨款。罗伯茨认为，此举违宪，因为国会如果威胁州不接受这个扩大医保范围计划就结束联邦资助，显然违反了这个国家的联邦制。[3]

谁都没有想到最后为民主党总统奥巴马医改保驾护航的竟是共和党保守派自己人、美国最高法院首席大法官罗伯茨，这让外界非常吃惊。其实，罗伯茨加入保守派大法官阵营是基于他一贯的司法哲学，他一向推崇司法最低限度主义，强调最高法院在美国政治生活中的有限角色，而不是把手伸得很长。很显然，在“医改案”中，多数意见认为“个人强制保险”不适用于“商事条款”或者“必要和适当条款”，因为两个条款在美国宪政史上分歧严重，多数意见想避免在这两个条款上做过多的纠缠，同时避免作出原则性的判决。最终，美国最高法院就事论事，找到一个“浅显的”理由，即个人强制保险是一种征税行为，从而判定个人强制保险合宪。罗伯茨大法官的转向令保守派阵营措手不及。一方面，罗伯茨同意保守派的意见，认为国会没有权力强制人们购买医疗保险这样的私人产品；另一方面，他转而又说，“医改案”并没有真把这项规定强加给美国人，它只是要求那些没有医疗保险的人支付税务罚款，这并不违反宪法，联邦政府有权向那些没有医疗保险的征税。中间派肯尼迪大法官本来被政府寄予厚望，普遍认为是他将为“奥巴马医改法”投第五张支持票，他是最佳人选，但没想到他却加入了斯卡利亚、托马斯和阿利托保守派阵营。在这四名大法官所发表的意见中，他们认为最高法院存在司法行为，多数意见“是一种对

---

[1] National Federation of Independent Business v. Sebelius, 567 U.S. 519, 558-561(2012).

[2] National Federation of Independent Business v. Sebelius, 567 U.S. 519, 563-574(2012).

[3] National Federation of Independent Business v. Sebelius, 567 U.S. 519, 577-578(2012).

司法权力的极大滥用”。[1]

## 三、“伯韦尔案”（2015）：州和联邦医疗保险交易均可享受“税收抵免”

2012 年的“西贝柳斯案”并未平息医改纷争。依据“奥巴马医改法”有关规定，联邦政府应采取政府补贴方式来帮助数百万美国中低收入者购买医疗保险，目的是建立一个联邦政府统筹的保险体系，让那些没有得到雇主或政府保险的公民还可以购买保险，加入医保计划中。然而有大量的反对者认为，大部分的补贴行为都是非法的，必须予以推翻。自 2012 年“西贝柳斯案”判决以来，共和党人一直很憋屈，他们一直冀希借助最高法院的力量推翻或严重削弱“奥巴马医改法”的影响，为此他们对该法案再次发起冲击。美国公民大卫·金等人反对奥巴马医改补贴政策，一纸诉状，起诉了美国卫生与公众服务部部长西尔维亚·伯韦尔，这就是“金诉伯韦尔案”（*King v. Burwell*，简称“伯韦尔案”）的由来。

“伯韦尔案”的诉讼重点是“奥巴马医改法”中的一系列举措是否可以平等适用于各州，而不论各州是否建立医保机构？特别是联邦医疗保险是否包含医改法案中的“税收抵免”？原告认为，税收抵免仅适用于在州属医疗保险机构购买医疗保险的居民。而最高法院多数意见却提出以下两点：一是“保证发行”要求（guaranteed issue requirement），即禁止保险公司根据投保人身体状况逆向选择客户；二是“共同费率”要求（community rating requirement），即患病的公民的入保费率不能高于联邦政府限制的上限，适用于各州，这两点要求的实现依赖于保险覆盖率和税收抵免相结合。也就是说，无论各州居民从州属医疗保险交易所还是从联邦医疗保险交易所购得医疗保险，均可享受“税收抵免”。

2015 年 6 月 25 日，在“伯韦尔案”中，罗伯茨起草了《判决书》，美国最高法院以 6∶3 的票数再次支持了奥巴马医改案。罗伯茨再次加入了自由派大法官阵营，而中间偏右的肯尼迪大法官，这次也加入了自由派阵营，但在 2012 年的“西贝柳斯案”中，肯尼迪大法官站在了保守派阵营这一边。“伯韦尔案”是奥巴马医疗改革法案中遇到的一次挑战。如果法院推翻该法案，美国 640 万人可能将失去保险补贴，买

---

[1] National Federation of Independent Business v. Sebelius, 567 U. S. 519, 691 (2012).

不起保险。“伯韦尔案”的判决意味着最高法院认可联邦政府可以补贴50个州，民众可以通过联邦医保体系购买保险。保守派旗手斯卡利亚大为光火，他对罗伯茨大法官先后两次在医改案中加入保守派阵营极为不满，“我们应该把《患者保护与平价医疗法案》改称为‘最高法院医改法’（SCOTUS care）”❶。国会中共和党人群情激愤，他们纷纷谴责“伯韦尔案”的判决。

在2012年和2015年的两起“医改案”中，罗伯茨两次“倒戈”加入自由派大法官阵营，这两起判决集中体现了罗伯茨法院剑走偏锋及罗伯茨本人非同寻常的司法哲学。虽然两起“医改案”让罗伯茨大法官处于风口浪尖，但他也得到了很多美国人的称颂。保守的美国最高法院大法官罗伯茨似乎已经超越了党派的藩篱，或许他更多的考虑还是从政治大局出发，努力改善健康保险市场，而非用司法的手段毁掉这个市场，否则这会给外界一个口实：美国最高法院政治化严重，党派利益超越司法公正。然而，随着不按套路出牌的特朗普登上总统宝座之后，奥巴马总统的政治遗产之一的医疗改革方案受到严重挑战，虽然特朗普无法彻底取消或取代奥巴马医改方案，但是，特朗普和共和党人采用“蚕食”的方式，一点点地撤销这部法案，他的措施已经削弱和部分删去了这部法案的部分核心特征，围绕着医疗改革，共和党和民主党将继续争斗下去。

## 第五节　移民、族裔身份与文化战争

源源不断的移民造就了今天的美国。美国的座右铭“我们来自各方，却结合为一体”吸引了很多移民。“美国这个国家就成了过去和现在的联盟：一个由怀念故国、感伤往事的移民集团组成的联邦。这些移民集团由于保持其特性而产生了新的民族风俗习惯。”❷ 另一方面，美国民主、共和两党分歧最大议题之一是移民问题，困扰着第二次世界大战后美国的各届政府。出于对美国未来的担忧及现实中棘手的移民

❶ King v. Burwell, 576 U. S. __(2015), SCALIA, J., dissenting, p. 21.

❷ 丹尼尔·布尔斯廷. 美国人：民主的历程[M]. 谢延光，等译. 上海：上海译文出版社，2014：311.

难题，让美国移民政治变得格外复杂。事实上，移民人口比例的变化，特别是西裔人口比例的增加，让美国保守派和共和党对美国国家未来的前途表示担忧，以 WASP 为主体的美国特质将会丢失。其他族裔人口的增加会改变选民结构，影响选举结果，从而改变政治版图。例如，2016 年美国总统大选，白人 58% 的票投给了特朗普，而少数族裔的票大部分投给了希拉里（如表 9-1 所示）。

**表 9-1　美国 2016 年大选投票情况**

| 族群（样本）/% | 希拉里/% | 特朗普/% | 其他或没回答/% |
|---|---|---|---|
| 白人（79） | 37 | 58 | 5 |
| 黑人（12） | 88 | 8 | 4 |
| 拉丁裔（11） | 65 | 29 | 6 |
| 亚裔（4） | 65 | 29 | 6 |
| 其他族群（3） | 56 | 37 | 7 |
| 受访人数24 537 人 | | | |

资料来源：转引自范丽珠，陈 纳．全球性的人口迁移与身份认同：从宗教社会学角度看文明冲突论［J］．世界宗教文化，2017（3）：12.

随着西裔移民的增加，西裔人口已经超过黑人成为美国最大的少数族裔，美国保守派担心长此以往，美国白人将成为少数族裔了，那么美国白人所主导的盎格鲁-撒克逊传统文明将会边缘化，美国将面临分裂危险。“随着 20 世纪中后期新移民潮的高涨和发展，美国社会的人口结构、族群意识和文化认同面临着建国以来所未见之新变局，围绕着移民问题产生了不同的观点和理论，直接挑战着传统的‘熔炉论’。”❶ 在美国，移民问题不仅是社会问题，它更多涉及身份认同和国家认同的问题，当 WASP 沦为少数族裔，对于保守派来说，美国“国将不国”。因此，共和党和保守派主张严格控制移民，特别是非法移民。

特朗普是美国历史上对移民严加管控的总统。为了控制西裔非法移民进入美国，在他执政时期甚至不惜挪用军费在美墨边界修建“长城”以阻止西裔移民进入美国。❷ 相比较拜登政府，自特朗普政府在移民问题上冷血无情，残酷打击，不仅造成

---

❶ 范丽珠，陈纳．全球性的人口迁移与身份认同：从宗教社会学角度看文明冲突论［J］．世界宗教文化，2017(3)：14.

❷ 江振春．特朗普建墙，美国审计署有话要说［J］．世界知识，2019(6)：45-47.

了人道危机，而且还引起民主党和共和党两党内斗，美国社会也尖锐对立，移民管制问题已成为美国新时期“文化战争”的另一个“导火索”。

## 一、非法移民：美国另一个“政治风暴眼”

美国是移民组成的国家，很多移民奔着“美国梦”而来，移民为美国作出了杰出贡献，随之也产生了一系列社会问题。美国历届政府必须小心谨慎处理移民难题。特朗普在 2017 年《国家安全战略报告》严厉炮轰前几任总统的不作为和乱作为，他说：“尽管美国人民表达了强烈的不满，但是这些前任领导人依旧放任美国的国境线大开，数百万移民非法入境……华盛顿的前任领导人所推行的移民政策从未征求过民众的意见。正是这样的政策招来了不该入境的坏人，却将好人拒于国门之外。当然，最终还是美国人民承受并为这一切买单。”[1]

发誓要成为非法移民“终结者”的特朗普上台伊始，便大刀阔斧且不计后果地管制非法移民问题：颁布“禁穆令”，暂禁伊朗、伊拉克和利比亚等七个伊斯兰国家的移民进入美国；遣返大量非法移民，特朗普上任六个月前的遣返数量竟增长了 30%；推出《改革美国移民政策以促进经济法案》（*Reforming American Immigration for a Strong Economy*），着手启动移民体制全面改革；同墨西哥达成了《美墨协议》的《附加条款》，逼迫墨西哥答应美国长期以来提出的使墨西哥成为“安全第三国”的要求，即取道墨西哥前往美国的移民，必须首先向墨西哥申请庇护；在美墨边境处修建一堵隔离墙；司法部宣布终止旨在为入境时 16 岁以下的非法移民提供暂缓遣返和便利入籍通道的《梦想法案》（*Dream Act*）；宣布退出联合国大会 2016 年 9 月通过的《关于难民和移民的纽约宣言》等。这一系列措施为特朗普政府赢得了数量众多的坚定支持者，同时也招来了无休止的批评和抗议行动，甚至因为某些移民政策过于严苛造成了人道主义灾难。例如，特朗普曾对非法入境者实施“零容忍”政策，执法人员关押成年非法入境者，对其随行未成年子女另行安置。这种“骨肉分离”情形被曝光后，国际组织、美国社会各界及西方国家纷纷谴责，呼吁特朗普政府叫停这一不人道的政策，就连罗马教皇方济各都认为，特朗普政府将移民家庭分开的政策是

---

[1] 江振春. 获联邦最高法院“加持”，特朗普加强管控非法移民［J］. 世界知识，2020（6）：36. “2017 年美国国家战略报告”参见：https://trumpwhitehouse.archives.gov/wp-content/uploads/2017/12/NSS-Final-12-18-2017-0905.pdf

不对的，称民粹主义并不是解决移民问题的办法。

在美国，移民问题已成为另一个“政治风暴眼”。美国共和党和民主党围绕着移民问题展开了激烈的博弈。例如，2018 年初，因两党移民政策分歧严重，众议院通过的一项为期四周的《临时拨款法案》被参议院民主党人拦下，导致特朗普政府被迫暂时关门歇业。相对来说，共和党的移民政策非常严苛，甚至不惜牺牲人权打击非法移民，而民主党的移民政策总是谨小慎微，喜欢把移民的人道与权利联系在一起，毕竟移民（特别是西裔移民）是民主党重要的票仓之一。

## 二、美国最高法院“加持”特朗普的移民政策

非法移民管制是一个系统工程，它涉及人权、外交、联邦制和两党政治等一系列问题。进入 21 世纪以来，非法移民已成为美国重要的社会焦点问题。有学者认为，特别是‘9·11 事件’之后，移民政策变化非常大，有大量的证据表明，联邦政府越来越依赖种族、宗教和意识形态来构建移民管制。特朗普多项移民政策越来越极端、严苛，遭到法律挑战不足为奇，这几年有关移民的案件如潮水般涌进美国联邦各级法院，美国最高法院几乎每年都要审理涉及移民管制的案件。

2017 年 1 月，特朗普总统颁布第 13769 号行政命令，颁布《阻止外国恐怖分子进入美国的国家保护计划》（*Protecting the Nation from Foreign Terrorist Entry into the United States*，俗称“禁穆令”），该法令禁止中东和非洲的七个伊斯兰国家的国民入境美国，对来自这些国家已拥有签证或绿卡的移民，也同等对待。[1] 后来该行政命令又进行了微调。民主党强烈反对该行政命令，大量示威者抗议该行政命令并作出法律行动。特朗普的“禁穆令”受到司法挑战，案件最终打到最高法院，这就是“特朗普诉夏威夷州案”（*Trump v. Hawaii*，简称“特朗普案”）的由来。

“特朗普案”只有两个法律诉讼请求，一是特朗普是否有权颁布移民限制令？二是特朗普移民政策是否违背了第一条修正案的政教分离条款。2018 年 6 月 26 日，美国最高法院在“特朗普案”中以 5∶4 的票数裁定：根据“美国法典”第 8 编第 1182 节规定，美国总统合法地行使授予他的广泛的自由裁量权，有权暂停外国人进入美

[1] Executive Order 13780［EB/OL］.［2024-4-23］. https://www.dhs.gov/publication/executive-order-13780-protecting-nation-foreign-terrorist-entry-united-states-initial.

国[1]，这也就是说，特朗普所颁布的移民限制令是总统合法地行使总统职权的表现！虽然特朗普对穆斯林出言不逊，但不构成侵犯政教分离条款。该判决树立了特朗普管控移民的权威，这也仿佛给了特朗普一把“尚方宝剑”，让他在移民问题上更加大胆。

难民和寻求庇护者一直困扰着美国。很多非法入境美国的人，一旦被抓，寻求政治庇护就成为他们留在美国的最佳理由。事实上，只有很少一部分人符合美国庇护申请要求。根据美国国土安全部统计，2017 年，有 53 691 人作为难民进入美国，到美国寻求庇护的有 26 568 人。2019 年 7 月 15 日，特朗普政府规定，如果移民途经第三国来到美国，首先应在该国寻求庇护，否则将丧失避难申请资格。该项规定几乎堵死了那些中美洲移民途经墨西哥来到美国的通道。当然，该项规定也存在一系列难题，难以操作。因此，一些州抵制该项规定的执行。2019 年 9 月 11 日，美国最高法院在“巴尔诉东湾庇护公约案”（*Barr v. East Bay Sanctuary Covenant*，简称“巴尔案”）中判决允许美国政府实施一项更为严格的限制移民庇护申请的规定，为新规的生效扫清了障碍。[2] 依据该判决，任何先行途经其他国家却并未申请庇护的避难者，如到达美国后自动丧失避难申请的资格，美国政府可以拒绝他们的避难申请。一些民权机构如“美国公民自由联盟”（ACLU）对该判决极端失望，该判决明显站在特朗普一边，特朗普政府庇护禁令极其极端，“这显然违反了国内和国际法，这是无法忍受的”。

2020 年是特朗普第一任期的最后一年，美国最高法院也终于在 2020 年 1 月 27 日的“沃尔夫诉库克县案”（*Wolf v. CookCounty*）中以 5∶4 的票数支持了特朗普的移民新规，该新规对“公共负担”设定了新标准，凡是移民在申请绿卡前的 36 个月内享受了现金补助、粮食券、医疗补助、贫困家庭补助和房屋补助等福利中的一项且超过 12 个月，将难以获得绿卡。[3] 自 2020 年 2 月 24 日起，美国国土安全部正式实施这项新规。

“公共负担”新规负面影响已现，它产生的“寒蝉效应”造成大量低收入居民不得不放弃福利，正如凤凰城地区西班牙移民知名领袖安东尼奥·韦拉斯克斯（An-

---

[1] Trump v. Hawaii, 138 S. Ct. 2392(2018).

[2] Barr v. East Bay Sanctuary Covenant, 140 S. Ct. 3, (2019).

[3] Wolf v. Cook County, Illinois, 140 S. Ct. 681(2020).

tonio Velasquez）所言，该政策“将带来更多的贫困、更多的无家可归者和更多的疾病。”美国很多学者也抨击该新规具有歧视性，那些受过教育且富有的人更容易拿到绿卡，这无疑改变了美国新移民的构成。该新规将影响那些试图获得合法永久身份的人，兰德公司估计，每年将有多达 40 万的人可能因为新规而被拒签绿卡或签证。

长期以来，保守派阵营对非法移民充满偏见，他们认为非法移民不仅败坏美国社会治安，而且会“揩美国油”、损害纳税人利益。因此，特朗普政府出台新规，扩大“公共负担”的范畴，努力去堵这个漏洞。然而，这样“一刀切”的做法看上去很爽，但部分民权组织批评了该项规定。因为该规定惩罚了那些需要资助的合法移民，对合法移民的家庭、身心健康及安全带来风险，不排除他们家庭成员中已经获得美国国籍的儿女。此外，该移民规定会给医疗体系急诊部门造成数百万美元的财政负担，同样州与地方政府也随之增加预算，民间企业、社会医疗及救济部门都同样面临压力。

总的来看，这几年美国最高法院对待非法移民的态度也呈现保守态势，大多情形下支持了行政分支管制非法移民的规章和措施。特朗普及团队在移民问题上激进，原因之一是最高法院现已沦为“完全保守的法院”，极化态势明显对保守派非常有利，这正是保守派的底气所在。

## 三、“联手管控”移民的真相：国家安全利益至上

2017 年 12 月，特朗普在《国家安全战略报告》中指出：“数百万的人未经彻查就被准入国门，威胁到了我国的安全与经济局势。”[1] 特朗普把非法移民问题第一次上升到国家安全的高度。在该报告中，他列出了“四项至关重要的国家利益”，其中第一条就是必须“保护美国人民、国土安全和生活方式”。这一战略的含义是：“如果我们不保卫边界，我们就无法保卫我们的国家。”[2] 2017 年，特朗普上台之后，他明显地强化了移民管制权。根据美国宪法第二条第三款：“总统应负责法律的切实执

---

[1] “2017 年美国国家战略报告”参见：https://trumpwhitehouse.archives.gov/wp-content/uploads/2017/12/NSS-Final-12-18-2017-0905.pdf.

[2] “2017 年美国国家战略报告”参见：https://trumpwhitehouse.archives.gov/wp-content/uploads/2017/12/NSS-Final-12-18-2017-0905.pdf.

行，并委任合众国的所有官员。”总统以行政令等方式执行国会通过的移民法律。国会也明确授权总统移民管制权，根据“美国法典”第 8 编第 1182 节规定：“总统可以在任何时候用行政令，以任何他认为合适的时长，暂停任何一个外国人或者任何群体的外国人入境，不管是移民还是非移民都一样，或者是设置任何入境限制，只要他觉得合适。”美国联邦最主要的移民管制法是 1996 年的《非法移民改革及移民责任法》（*Illegal Immigration Reform and Immigrant Responsibility Act of* 1996）。事实上，联邦移民管制法由于缺少具体规定，或者由于没有颁布行政规则，相关机构无法操作执行，国会的这项法律并没有得到有效执行，国会不得不依赖行政分支（总统）辅助执行。因此，在移民管制上，总统有相当大的自由裁量权。

美国最高法院转向保守，这固然对特朗普的移民政策有利。但是，美国最高法院在非法移民问题上对特朗普相对“友好”的最根本原因还是最近几年美国最高法院基于国家安全尊重总统行政权，这就是“谢弗林尊重”原则（Chevron Deference）。1984 年，美国最高法院在“谢弗林诉自然资源委员会案”（*Chevron*，*U. S. A.*，*Inc. v. NRDC*）中，确立了一个行政解释的司法审查标准：首先，要判断国会是否已直接对争议问题作出明确规定。如果国会的意图是明确的，则法院和行政机关都必须遵循；其次，如果国会没有就争议问题作出明确的规定，那么除非行政机关没有提供解释，否则法院不应直接适用自己对成文法所作出的解释，而是应当尊重行政机关的合理解释。[1] 总统所领导的行政分支具体执行国会通过的移民法律，总统在移民管制上有相当大的自由裁量权。移民管制是一项难度高、程序极为烦琐的行政事务，而它往往是一系列专业性的难题。行政分支涉及移民管制的机构非常多，内有大量的专业人士，他们能处理各类移民难题，在解释和适用有关移民法规时比法官更加专业，这就是美国最高法院在移民案件中倚重“谢弗林尊重”原则的逻辑起点。在美国最高法院史上，很多判例都表明国家安全利益远比个人权利重要。可见，特朗普政府和联邦最高法院“联手管控”非法移民最真实的原因还是它们都坚持美国国家安全利益至上！

---

[1] Chevron USA Inc. v. Natural Resources Defense Council, Inc. , 467 US 837, 843-844(1984).

## 第六节　气候变化与文化战争

同移民问题一样，气候变化也是美国新文化战争议题之一。在气候变化问题上，美国民主党和共和党政策截然不同。自20世纪90年代起，民主党和共和党就气候变化问题争执不休。在共和党人特朗普总统第一个任期，美国甚至退出了《巴黎气候协定》，而民主党人拜登入主白宫之后，立刻又重返《巴黎气候协定》。2025年1月20日，特朗普再次就任美国总统的首日，就签署了行政令宣布美国将退出《巴黎气候协定》。

### 一、气候问题、两党政策与文化战争

民主党和共和党在气候政策上可谓南辕北辙。克林顿民主党政府时期通过了《美国气候变化行动计划》，认同气候变化是人类过度排放温室气体所导致的，并强调将采取措施以达到减少温室气体排放的目标，然而，等共和党小布什上台之后，立刻宣布不会批准《京都议定书》（*Kyoto Protocol*），理由是气候变化产生的原因在科学上还未有定论，气候变化与人类生产活动之间的关系也没有定论。民主党奥巴马上台后，奥巴马政府先后出台了《2009美国清洁能源与安全法案》（*American Clean Energy and Security Act*）《总统气候行动计划》《清洁电力计划》，旨在削减温室气体排放，延缓全球变暖的趋势。在国际舞台上，奥巴马也非常重视气候多边和双边谈判，重视国际合作，签署并积极推动《巴黎协定》的生效实施。等共和党人特朗普上台之后，美国政府气候政策又是180度大转弯，"在关于气候变化问题的观念认知方面，特朗普不认同气候变化的科学基础及其产生的影响，也不主张对该问题加以积极应对"[1]。特朗普多次质疑全球变暖的真实性，他甚至认为这是一场"骗局"，2017年6月和2025年1月他先后两次宣布退出美国《巴黎协定》。

2021年1月，拜登上台伊始通过了一系列应对气候变化的措施，包括暂停新的联邦石油和天然气开发授权，主张开发建设新能源。拜登限制传统能源的开发和使用

---

[1] 刘元玲.特朗普执政以来美国国内气候政策评析[J].当代世界,2019(12):64.

意图非常明显。例如，将对每吨额外二氧化碳排放的气候影响成本评估增加到了51美元，而特朗普时期只有7美元；宣布美国政府重返《巴黎协定》，此前特朗普政府退出了该协议；在格拉斯哥的联合国气候变化峰会上，拜登总统推动美国恢复了与中国在气候问题上的合作，等等，然而，拜登的气候变化应对政策因受到共和党人的掣肘而困难重重。“自20世纪90年代以来，共和党和民主党在环境保护、气候变化等问题上的分歧就日趋明显，立场日渐对立。共和党对待气候变化的主流立场是质疑并否定气候变化、拒绝改变美式生活方式、反对以减排来应对气候变化，并且这一立场随着时间的推移愈演愈烈；而民主党则在应对气候变化问题上持积极立场，在观念和政策层面都主张积极应对气候变化，并以此来吸引更多选民支持。”❶

2022年7月，皮尤调查机构针对“拜登气候变化政策”进行了民意测验，两党态度极化，民意“高度分裂”。47%的成年民众认为拜登的气候变化政策方向是错的，而49%的成年民众认为方向是对的。高达82%的共和党人认为拜登的气候变化政策方向是错的，只有15%的共和党人认为方向是对的。79%的民主党人认为拜登的气候变化政策方向是对的，18%的民主党人认为拜登的气候变化政策是错的。79%的民主党人中有61%的民主党人认为拜登还可以做得更多，37%的民主党人认为拜登现在所做的和自己所期望的差不多（如图9-1所示）。❷

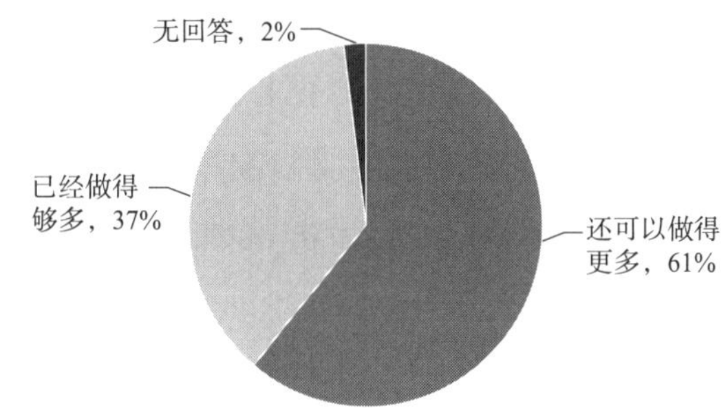


图9-1　民众和政党对拜登气候变化政策的方向态度极化

❶ 刘元玲.特朗普执政以来美国国内气候政策评析[J].当代世界,2019(12):67.

❷ KENNEDY B. TYSON A，FUNK C. Americans Divided Over Direction of Biden's Climate Change Policies[EB/OL].(2022-7-14)[2024-4-22]. https://www.pewresearch.org/science/2022/07/14/americans-divided-over-direction-of-bidens-climate-change-policies/.

## 二、两党气候政策差异的原因

美国民主党和共和党在气候变化问题上的政策差异与利益集团和选举制度有一定关联。为了加大两党的区分度，气候变化问题是一个非常重要的分化指标。同时两党应对气候问题的政策不同也显示两党的国家治理政策的不同。

### （一）两党所代表的选民群体和利益集团不一样

美国两党气候政策的不同，主要原因之一是两党能源政策不同。气候政策和能源政策息息相关。能源政策与民主党和共和党的选区关联很大，与选民的关联也很大。一般来说，民主党所在的蓝州一般都是高科技产业和金融产业等新兴产业所在地区。新兴产业属于低能耗、低碳环保的产业，包括新能源、新材料、高科技企业及现代金融服务业等。该派利益集团认同气候变暖的科学结论，主张转变传统生产模式，大力发展低碳经济。它们对气候议题比较在意，主张限制化石能源的使用，鼓励美国参与多边气候治理机制，优先考虑气候变化和清洁能源问题，注重节能减排与新能源的开发；而共和党所在的红州是传统农业、制造业、能源重工业等所在地。共和党代表了传统产业利益集团的诉求，它们主要集中在化石能源行业、钢铁、汽车等高能耗产业及传统农业。他们是美国经济的重要组成部分，它们依赖传统能源，比较排斥新能源，它们在气候议题上比较消极，认为气候变化的影响被夸大了，担心改变现行生产方式会影响其既得利益，因而对全球变暖也持怀疑态度。因此，民主党和共和党为了本选区和选民基本盘，两党的气候政策因此有很大不同。

### （二）两党极化政治和党争的需要

民主党和共和党为了差异化竞争的需要。差异化竞争是为了扩大选民的基础。差异化的政策也能满足以往固定选民群体的政治偏好和政策取向，实现政党利益的最大化。民主党和共和党除在传统文化战争中增加差异化之外，随着时代发展，民主党和共和党也另辟蹊径，扩大文化战争的边界，从传统价值观领域拓展到身份认同、国家认同及追求幸福生活的路径。对于民主党及自由派人士而言，清洁能源是人类未来发展方向，而共和党和保守派人士认为，传统产业保障了当下的生活质量。

### （三）两党治国理念不同

民主党主张全面福祉和福利，主张政府对国家经济发展和社会治理要深度介入，加大治理力度，主张“大政府”的概念；而共和党则认为，政府不宜管得太多，太主张“小政府是最好的政府”。这两种治国理念反映到气候变化政策上时，民主党对气候变化这类宏大的、涉及人类未来发展的问题非常在意，积极介入，积极管理；而共和党则认为气候变化问题离现实太远，气候变化问题是一个未有结论的科学问题，关注当下，政府不宜在气候问题上涉入太深，投入太多。因此，两党治国理念的根本不同导致它们对气候变化管理的态度根本不同。

## 三、“西弗吉尼亚州案”（2022）：环保署对发电厂整顿行为属于过度使用权力

2015 年，在时任民主党总统奥巴马的支持下，美国环保署推出了《清洁能源计划》（*the Clean Power Plan*）。根据《清洁能源计划》，联邦政府对火力发电厂的排放进行整顿，整顿范围涵盖《美国法典》第四十二条第七千四百一十一款 d 项的规定的现有火力发电厂。整顿分两种类型：第一种类型是处于“警戒线内”的火力发电厂必须进行排放技术升级改造；第二种类型是处于“警戒线外”的火力发电厂要进行能源替代，用清洁能源如太阳能和风能进行代替。对于第一种类型的整顿，或许大部分火力发电厂勉强可以接受，而对于第二种类型的整顿，等于让以煤炭发电的火力发电厂关门歇业，这让一些火力发电厂和煤炭公司都难以接受。于是，几个红州及煤炭产业公司去挑战《清洁能源计划》第二种类型整顿的规定，《清洁能源计划》被告到法庭，事实上该法案也从未有效执行过。特朗普上台后，一改前任总统奥巴马咄咄逼人的做法，他让美国环保署重新制定了环保计划。2019 年，特朗普政府的美国环保署提出了《可支付的清洁能源规则》（*Affordable Clean Power Rule*）。即使这样，有些州依旧对《可支付的清洁能源规则》提出法律挑战，该法案也被搁置下来了。他们主要在法律上想解决这样一个问题：美国环保署是否有权对《美国法典》第四十二条第七千四百一十一款 d 项的规定的现有火力发电厂进行整顿？西弗吉尼亚州伙同共和党控制的其他 19 个州对美国环保署提出法律诉讼，该案后来打到了美国最高法院，这就是“西弗吉尼亚诉美国环保署案”（*West Virginia v. Environmental Protec-*

*tion Agency*，简称“西弗吉尼亚州案”）的来历。

拜登政府敦促美国最高法院不要干预，允许环保署发布新规则时“考虑所有相关考虑，包括过去几年中传统电力行业发生的能源替代的情况”，让时间去检验、不要急于审查，更不要匆匆地对环保署规则下司法判决。然而，共和党和保守派等不及了。2022 年 6 月 30 日，也就是 2021—2022 年开庭期的最后一天，美国最高法院在“西弗吉尼亚州案”以 6∶3 的票数作出判决，根据“重大问题原则”（Major Questions Doctrine）[1]，《清洁能源计划》处理的问题是如此具有“经济和政治意义”，因此需要明确的声明表明国会意图授权美国环保署实施此类具体类型的行动。显然，多数意见认为国会没有对美国环保署进行明确的授权，这就意味着美国环保署对火力发电厂实施监管整顿的行为属于过度使用权力，环保署在成立时，国会并未打算把如此重大的权力授予它。[2] 显然保守的美国最高法院站在提出诉讼的各州和传统能源利益集团一边。尽管最高法院的裁决并没有阻止美国环保署在未来对排放进行监管，但它清楚地表明，国会必须明确同意该机构可以这样采取行动。“西弗吉尼亚州案”的判决等于把气候变化、节能减排的“皮球”扔给了国会，让国会对美国环保署的节能减排等事务的监管职能进行授权，否则美国环保署无权对其他州的火力发电厂提出要求。

“西弗吉尼亚州案”的判决完全体现了保守与自由意识形态的对垒。首席大法官罗伯茨撰写了多数意见，其他五名保守派大法官加入，另外戈萨奇大法官还撰写了一份协同意见，阿利托大法官加入，卡根撰写了异议意见，布雷耶和索托马约尔大法官加入。保守派大法官阻止了美国政府气候变化政策的实施，这对民主党来说是一次重大挫败。“西弗吉尼亚州案”的判决当天，拜登发表声明：“西弗吉尼亚州案”的判决是一个“毁灭性的判决”，它让美国倒退。[3] 联合国秘书长发言人杜加里克表示，

---

[1] “重大问题原则”类似于“非授权原则”（the nondelegation doctrine），是指国会明确授权机构去监管一些重要问题，而这些问题美国最高法院认为非常有意义，美国最高法院才判定这些机构可以这样做。

[2] West Virginia v. Environmental Protection Agency，597 U. S. __（2022）.

[3] Statement by President Joe Biden on Supreme Court Ruling on West Virginia v. EPA［EB/OL］.（2022-6-30）［2024-4-23］. https://www.whitehouse.gov/briefing-room/statements-releases/2022/06/30/statement-by-president-joe-biden-on-supreme-court-ruling-on-west-virginia-v-epa/.

美国最高法院周四对联邦环境保护局的判决是“我们应对气候变化斗争中的一个挫折”。[1] 这一裁决将削弱美国在国际舞台上的领导地位，并损害全球应对气候变化的努力。正值美国总统拜登政府雄心勃勃地寻求使美国经济脱碳并引领全球，从排放温室气体的化石燃料转向更清洁的资源。

全球变暖已成为科学共识，然而，在美国这仍然是一个有争议的话题，上到总统下到一般百姓，他们经常表现出完全截然不同的态度，这样一个简单的科学问题都引起争论，这不是用简单的一句“反智主义”所能解释。美国两党和民众对气候变化所持南辕北辙的态度事实上与党派的意识形态和立场有关，与同利益集团的自身关切有关。气候问题已成为两党选举的操纵性议题，也是两党斗争的政治工具。自 20 世纪 90 年代起，每届民主党政府积极投身于气候变化政治议程之中，而每届共和党政府总是打退堂鼓，取消、抵制上届民主党政府所取得的成果，倒退或逆转时有发生。美国政府这种钟摆式变化的气候政策不仅降低了美国气候政策的有效性和可信度，而且还降低了美国在全球气候治理进程中的影响。

---

❶ “美国最高法院关于环境保护的裁决是‘应对气候变化斗争中的一个挫折’”，参见联合国网站：https://news.un.org/zh/story/2022/06/1105432.

结语

# 文化战争的司法化与司法的限度

## 一、文化战争议题的政治化

美国自诩是“美国例外主义”国家。它具有以下含义：美利坚合众国地位独特，独一无二地以自由、个人主义、法律面前人人平等、自由放任资本主义等思想为建国基础；国家稳定强盛，人民富裕幸福，外国无可比拟；在世界上引领捍卫自由潮流，为人类提供机会与希望，国家治理基于注重人身权利与经济自由的宪政理想，并由此衍生出独特的公私利益平衡，等等。[1]“美国例外主义”这个观念一直是历届总统喜欢引用以加强向心力的词汇。文化战争或许是美国例外主义的真实映照。

近代以来，美国例外主义经过精心包装，美国已被塑造成民主与自由的“灯塔国”，公平与正义的“模范国”。而事实上，这也为文化冲突埋下伏笔：一边是温思罗普的“山巅之城”的清教徒理念，另一边是启蒙运动所激发的共和主义和常识道德。两种理念时常附着在美国的躯体之上，让美国产生文化的“精神分裂”与冲突。美国的民主是建立在“一人一票”之上，选战成为美国政治生活常态，为了胜选获

---

[1] LIPSET S M. American Exceptionalism：A Double-Edged Sword[M]. Replica Books，1998：1，17 - 19，165 - 74，197.

得资源分配的权力，堕胎、同性婚姻、持枪权和安乐死之类的议题成为简单操作的选战议题，它们也容易升格为政治议题与意识形态问题，成为关乎美国国家前途和命运的“宏大叙事”议题。

文化战争的战火最初的燃点是在宗教领域，源于美国宗教保守派与进步主义、多元主义在内的主流文化在政治上的争斗。文化战争最初议题如堕胎、同性婚姻、安乐死、人体干细胞试验等本来属于社会议题，这些议题涉及宗教、文化、历史和传统等社会意识形态的纷争。后来随着文化战争概念的拓展，移民和气候变化等问题也成为文化战争的内容。在美国，文化战争议题一般属于价值观领域的纷争，而价值观在美国事实上成为意识形态的神话，很难达成全民共识。相比较经济发展和国计民生等迫切需要解决的议题，文化战争很多议题并不是迫切的社会议题。然而，由于文化战争议题与价值观息息相关，因此在政党的操弄下，这些文化战争议题俨然成为关乎个人自由与权利、公平与正义，甚至关乎美国国家的前途与命运的议题。价值观问题本可以留给社会足够的时间进行广泛讨论和辩论，而政党不能因为选举的需要，而不断刺激、强化、操纵价值观议题，从而使得美国社会陷入旷日持久的文化战争之中，美国社会分为两大不同阵营，社会也越发撕裂。

具体而言，文化战争的核心内容有两点：一是由于保守与自由两大阵营利用文化战争议题构建不同的文化叙事，彼此争权夺利，为了胜选，双方动用一切政治资源——人、选票和政党来做斗争；二是“宏大叙事”的背后是支撑政治背后的美国建国的基督教-犹太体系的初心与多元文化主义的冲突，这种文化冲突所反映的不仅仅是观念和价值观的不同，它超越了理性的范畴，而是与群体的传统生活方式和身份认同密切相关。文化战争最初的原因归结于宗教，宗教经常不过是斗争的借口和叙事的语境罢了。

当代美国几乎所有文化战争议题都可以成为选举议题。从社会学角度分析，文化战争是由美国政治掮客和社会活动家炒作起来的。文化战争议题最能识别选民属于自由派阵营还是保守派阵营的身份，也是最能动员、鼓动本阵营选民进行街头运动的议题。身份认同是一种归属感认同，是某种感情和意识上的归属。个人在一定的社会关联中确定自己的身份（或许存在多重身份），并自觉或不自觉地对这种身份的要求来规范自己的社会行为和政治行为。政党为了选举的需要，它需要选民的依附，身份认同是最好的粘连手段。不同党派具有鲜明的党派属性，无论是堕胎、枪支管制、同性婚姻、还是移民、气候变化等，文化战争议题可以强化党派属性，增强身份认同，增加选民党派黏性。政党及其领导人通过笼络身份群体来巩固并扩大选民基础。因此，文化战争议题是凝聚本阵营基本盘选民的议题，同时也是分化其他阵营非基本盘选民的议题。身份政治以其身份重叠、身份固化、身份冲突和身份隔离的特性，打着平等、公正、尊严的旗号，煽动民粹主义，掩盖阶级矛盾，深刻地分裂着美国社会，威胁着国家的政治稳定。

美国两党都热衷于把文化战争议题作为选战议题始于 20 世纪 70 年代。在两党的总统大选纲领中，堕胎、持枪权和同性婚姻等开始陆续出现，本书作为专门章节分别进行了介绍。文化战争议题深深地影响了美国 1980 年、1984 年、2000 年、2004 年和 2016 年的总统大选，这是由于基督教右翼坚决地站在共和党的一边，它的中坚分子就是福音派中的“基要派”，他们几乎是一边倒地支持了共和党的总统候选人。❶ 进入 21 世纪 20 年代，美国的文化战争开始发生质变。美国的文化战争开始不限于“口水战”，而是血腥和暴力，就连文化战争的提倡者亨特教授都为美国民主的未来忧心忡忡。2021 年 1 月 6 日，特朗普的支持者因占领国会山而发生暴力冲突之后，亨特教授说：“在我看来，民主是一项协议，即我们不会因为我们政见的分歧而互相残杀。相反地，我们将通过这些分歧进行讨论。而令人不安的是，我开始看到为暴力辩护的迹象。”他继续说：“文化战争总是发生在枪战之前。它们不一定会导致武力冲突，但如果没有文化战争，你永远不会有枪战，因为文化为暴力提供了掩护。”那么，到底是什么因素带来这种冲突的质变？亨特认为，原因是：“现在不再只是文化战争，而是一种阶级-文化的冲突”，已经超越了宗教性的简单界限。“早期的文化战争确实是关于世俗化，其争论与神学立场相关，并在神学的基础上进行辩论。但现在情况不同了，你很少看到右派的人将他们的立场扎根于《圣经》神学或教会传统之中。如今，它的立场主要植根于对灭亡的恐惧。”❷ 文化战争的 2.0 版本或更加关乎种族、移民与身份认同等问题。2.0 版本的文化战争突出的特点是抢权夺利，不再遮

---

❶ NORTEY J. Most White Americans who regularly attend worship services voted for Trump in 2020 [EB/OL]. (2021-8-30) [2024-4-25]. https://www.pewresearch.org/fact-tank/2021/08/30/most-white-americans-who-regularly-attend-worship-services-voted-for-trump-in-2020/.

❷ How the “Culture War” Could Break Democracy [EB/OL]. (2021-5-20) [2024-4-25]. https://www.politico.com/news/magazine/2021/05/20/culture-war-politics-2021-democracy-analysis-489900.

遮掩掩，为了生存，无所不用其极，没有底线。

美国共和党和民主党把文化战争议题进行政治化操弄之后，文化战争议题变得“高大上”起来，它们涉及“何为良善”，涉及美国国家前途，涉及美国立国的意识形态，因此，此类议题没有妥协的空间，成为美国“大是大非”的问题，似乎只有黑与白去选择，不存在灰一样，这可谓水火不容、泾渭分明。文化战争议题关乎“我们是谁”，严格来说，这些议题就是政治学中身份识别问题。而非要“如何解决问题”，因为这样的极化问题短时间内根本无法解决。美国共和党和民主党在很多议题上已经无差别了，共和党在预算、产业和贸易上向左偏，甚至和民主党有趋同态势，经济议题已经中立化。如何区分两党，文化战争议题最能够进行区分。

司法系统是政治机构之一，文化战争的战火烧向美国最高法院也是必然的。文化战争议题不仅是社会议题，更是美国共和党和民主党的选举议题。文化战争议题表面上是文化传统和家庭价值之争，实质上是美国共和党和民主党的政治权力之争，资源分配之争。文化战争议题一旦成为政治问题，那么文化战争议题的司法化是迟早的事情。

## 二、文化战争议题的司法化

在日趋极化的政治环境中，美国共和党和民主党之间的激烈对抗在一定程度上会导致总统与国会的工作陷入僵局，这使得三权分立的政治结构中美国最高法院的地位与影响力进一步提升，两党围绕最高法院大法官席位所展开的竞争与对抗在近年来也日趋激烈。文化战争议题比较棘手，它是烫手的山芋，美国最高法院一般不愿触及。例如，北美殖民地时期，堕胎问题就已存在，它不是一个重要的社会问题。直到20世纪60年代以来，女性权利得到尊重，堕胎权成为一项政治诉求。1973年，美国最高法院捅了堕胎议题的“马蜂窝”，直到现在堕胎议题仍搅动着美国社会与政治，撕裂着美国；美国宪法第二条修正案中到底是个人还是民兵有权持有和携带武器长期模糊不清、语焉不详，美国最高法院两百多年缄默不语，直到2008年美国最高法院才给予清晰的解释，个人拥有持枪的权利，导致美国禁枪比登天还难……文化战争议题的司法化的背后几乎都有不同的利益集团驱动，它们处心积虑地“设计”试验案件，把文化战争的案件送到美国最高法院，逼迫美国最高法院表态。

美国宪法并未赋予最高法院司法审查权，美国当今司法审查权是美国最高法院在

1803 年的“马伯里诉麦迪逊案”（*Marbury v. Madison*）通过宪法解释而获取的。[1] 美式民主并非遵循国会至上，而是建于分权与制衡之上。作为对国会权力的制衡，“美国宪法之父”麦迪逊主张赋予美国最高法院宣告国会制定的法律违宪无效之权。[2] 美国是世界上第一个采用成文宪法的国家，由于大法官拥有司法审查权，使得大法官处于“无冕之王”的地位，美国民主政治中的人民统治异化为法官统治；民主政治的法官异化为政客。这在文化战争案件中大法官 5 ∶ 4 的票数对决中表现得异常突出：仅凭一票优势就能使个人拥有持枪的权利；仅凭一票优势就能改变人类的婚姻制度……从中可以看到大法官的政治算计。

文化战争议题的案件一般事关公共政策，然而美国最高法院却卷入其中，参与公共政策决策，自然引来批评。美国最高法院曾被称为“最少危险的部门”，如今却沦为“超级立法者”。[3] 美国最高法院的大法官具有造法功能，同议会一样参与国家政策制定。然而，法官是人不是神，他以自身好恶来解释法律与宪法，裁判争讼。大法官通过司法审查权，实现了堕胎权、个人持枪权、同性婚姻权等一系列权利，而这些基本权利在美国宪法中并没有提及，“法官造法”得以实现。就文化战争议题而言，自由派大法官倾向于主张族群平等、平权（affirmative action），废除死刑、同性婚姻、安乐死、妇女堕胎、废除个人持枪权等，而保守派大法官则倾向于强调国家利益、法律秩序及社会公益，主张死刑、反对堕胎、反对同性婚姻和支持个人持枪权等。大法官并不会与社会脱节，他们也不是生活在真空中，他们也是通过一套政治程序走进最高法院的殿堂，“无论最高法院由哪些人构成，都趋向于增加自己的权力”，毕竟“最高法院是人成立的制度，宪法政治随着法院人员与整个国家的变化而变化”。[4]

美国民主的吊诡之处在于宪法前言规定“我们，美国人民”享有主权，然而非民选的法官可以推翻民选机构——假如国会通过的法律、民主的原则之一是多数统治的话，那么少数终身制的大法官却可以轻松推翻依据多数民选代表制定的政策，将多数统治异化为少数统治。在责与权相匹配的责任政治中，民选总统、官员和议员承担问责责任，那么法院却以司法独立之名参与政治决策，却又不负政治责任。美国一直

---

[1] Marbury v. Madison,5 U. S. 137(1803).

[2] 奥布莱恩. 风暴眼:美国政治中的最高法院[M]. 上海:上海人民出版社,2018.

[3] 奥布莱恩. 风暴眼:美国政治中的最高法院[M]. 上海:上海人民出版社,2010:24.

[4] 奥布莱恩. 风暴眼:美国政治中的最高法院[M]. 上海:上海人民出版社,2010:26.

标榜司法独立，那么又何以卷入文化战争的政治斗争呢？司法独立的基本精神就是法院超然于党派政治斗争，避免政治控制法院，然而，美国最高法院史表明，美式司法独立并不能阻止法院卷入政治、参与政策的制定而沦为政治部门。美国最高法院审理的涉及文化战争的案件几乎都打上政治斗争的烙印。司法独立旨在保护法官不受政治操纵，法官独立审理判案，但是美式司法独立并不能保证法官完全超然于个人的政治偏好、意识形态、宗教背景等个人要素和特质去公平适用法律去裁判争讼，保障个人权利。无论是堕胎、同性婚姻、个人持枪权抑或是医改，无不是保守与自由阵营的对决，大法官的个人偏好左右着案件的最终走向。美式司法独立并不等同于司法中立，完全司法中立并不存在，在文化战争案件中无法做到完全超然中立。因此，美国最高法院去裁判文化战争议题，让文化战争议题司法化，会削弱美国的司法尊严和威严，毕竟司法有它的限度！

## 三、司法的限度与最低限度主义

纵观美国最高法院与文化战争的关系发现，司法不是万能的，司法去解决文化战争议题未免捉襟见肘、左支右绌，毕竟司法是有限度的。“司法的限度，即司法权运作的范围或边界。对司法权运作范围的解答涉及纠纷和权利的可诉性范围、司法的能动性及其限度、社会自治领域的权利保护、司法对公共政策形成的影响、道德如何进入司法等有关司法权运作的基本原理的问题。司法限度的核心命题是，司法能够解决的问题是有限的。”[1] 文化战争议题涉及宗教、道德、历史传统和身份认同等一系列问题，而这些问题全民难以达成共识。文化战争议题演化为政治问题，在极化政治的背景下，文化战争议题不但没有解决，反而成为两党都乐于进行政治操弄的议题，让政治更加极化。就文化战争议题而言，司法是否应该介入？如果介入，司法的边界又在哪里？如果希冀司法权在文化战争中能给出客观、公允、公正的答案，那么显然高估了司法能力。司法能力是指“司法机关运用司法权在解决纠纷过程中维护法律价值和实现自身功能的有效性”。[2] 这些年来，美国司法机关审理文化战争案件恰恰体现了它的局限性，而非有效性。

从 1973 年的“罗伊案”到 2022 年的“多布斯案”向世人展示了美国司法的限

---

[1] 吴英姿. 司法的限度：在司法能动与司法克制之间[J]. 法学研究，2009(5)：111.

[2] 王国峰. 司法权的限度与司法能力建设[J]. 法律适用，2006(1)：5.

度。1973年的“罗伊案”让保守派耿耿于怀。美国宪法中并未出现堕胎权，堕胎权在20世纪60年代以来的民权运动、女权主义运动和自由主义运动的浪潮中应运而生。那时的沃伦法院、伯格法院为了呼应人民自由民主的呼声，充分发挥司法能动主义，介入了堕胎这一复杂的领域。司法介入文化战争议题就要进行司法风险评估，“如果法律有意从事宪法的未来预测，就应该将他们的干预幅度仅限于小步推进而非狂飙突进。司法单边主义所激起的反弹也提醒我们，在推广超前的社会共识时，法院的能力往往很有限”❶。堕胎问题本可以留给更专业的立法部门去讨论、辩论、发挥协商民主功能和机制，寻求社会共识，毕竟堕胎问题涉及美国历史、传统、宗教及道德评判，非民选的美国最高法院介入堕胎这一复杂的社会问题，从而让这一社会问题司法化。美国最高法院的介入不仅不会解决这一问题，而只会让美国政治更加复杂，社会更加撕裂，司法权威也会受到损害，正如已故著名美国史教授任东来所言：“一个无法用民主政治解决的社会难题，同样也无法指望由法院来解决，而且，直接介入一个宪法权利并不确定的争议，很可能会适得其反，激化矛盾，损害自己的司法威望。”❷ 1973年的“罗伊案”的判决不能让人心服口服，毕竟当时的自由派大法官利用隐私权这个概念来解释美国宪法，并推导出并不存在的堕胎权，从法律上很难证明堕胎权的存在。这也为以后文化战争议题的诉讼打开了“潘多拉的盒子”。

1992年的“凯西案”是保守派势力对“罗伊案”判决的一次纠偏。在“凯西案”中，斯卡利亚大法官就睿智地提出，司法要远离诸如堕胎之类社会问题，否则将陷入不能自拔的泥淖中。用司法手段来解决本应该由立法解决的问题，结果只会事与愿违：“预先关闭所有的民主渠道——堕胎问题所唤起的澎湃激情需要民主渠道；把堕胎问题作为政治议题让人们去讨论，公平听证，公开辩论，这会让所有参与者，哪怕他是一个失败者，都会感到满足。就堕胎政策而言，如果全国都用一个僵硬的规则而不允许差别的存在，将堕胎问题从政治性讨论中剥离，这会延长和加剧人们的痛苦。

我们应该远离这一领域，我们没有权利在此继续逗留，这对我们自己、对这个国

---

❶ 罗森. 最民主的部门：美国最高法院的贡献[M]. 胡晓进，译. 北京：中国政法大学出版社，2013：115.

❷ 任东来. 司法权力的限度：以美国最高法院与妇女堕胎权争议为中心[J]. 南京大学学报，2007(2)：75.

家皆无任何好处。❶

然而，对于当时的自由派大法官来说，及时回应人民自由的呼声、回应时代的需要是法官的美德，也是司法机关的职责。布莱克门对斯卡利亚法院应从堕胎权领域退出、将问题交由各州依民主程序来处置的主张深不以为然。布莱克门大法官在“凯西案”中驳斥道：“我们确信，民主过程的保护一直存在。自建国伊始，我们国家一直承认存在某些基本自由，这些基本自由并非由某次选举的奇思妙想（whims）所决定。妇女的生育权是就属于这些基本自由的一种。因此，堕胎权不必到选举箱中寻求庇护。”❷ 任东来教授曾评价道，布莱克门认为堕胎权属于基本权利反映了“现代社会重视个人权利的大趋势”，但是，时过境迁，“凯西案”发生的时间“毕竟不是自由主义余音不绝的20世纪70年代，而是经历了里根保守主义革命的20世纪90年代”，布莱克门关于堕胎权属于基本自由的论断成为“绝唱也不足为奇”了。❸ 任东来教授的这一评价可谓一语中的。20世纪60年代的自由主义浪潮已过，再经历了里根新保守主义，美国社会开始整体反思，保守派甚至想“拨乱反正”了，推翻堕胎权被视为保守派矢志不渝的目标。

从1973年的“罗伊案”到2022年的“多布斯案”，在近半个世纪的光景中，从美国最高法院赋予女性堕胎权到美国最高法院“没收”女性堕胎权，完成一个轮回，堕胎貌似又回到了历史的起点。但是，这个轮回消耗了大量的社会和司法资源，却依旧悬而未决。堕胎权的纷争依旧没有终结，它会继续搅动美国社会和政治，永无宁日，造成了美国社会的分裂，政治的极化。斯卡利亚劝诫司法要远离堕胎权这类文化战争的主题，司法要保持相对克制，是因为他知道司法权的限度。堕胎权绝非仅仅是一个法律问题，它也涉及道德和宗教等一系列问题。因此，文化战争的议题不要“关闭民主的渠道”，要允许民众充分讨论，充分协商，努力追求共识。在没有充分讨论、协商之下，如果非民选的最高司法机构——美国最高法院利用司法解释的技巧回应当时的所谓民意和思潮，“一锤定音”，等于变相地阻塞了民主协商的通道，以司法霸权推行政治进程，那么就会丧失司法威严。

---

❶ Planned Parenthood v. Casey, 505 U.S. 833, 1002(1992).

❷ Planned Parenthood v. Casey, 505 U.S. 833, 943(1992).

❸ 任东来. 司法权力的限度：以美国最高法院与妇女堕胎权争议为中心[J]. 南京大学学报, 2007(2):75.

美国政府的政策虽由国会所制定，总统若不赞成则可以动用否决权否决该政策，美国最高法院大法官若不同意，也可以行使司法审查权宣告其违宪无效。当今最高法院有权从大量案件中选择自己愿意判决的案件，这一权力不仅可以让最高法院介入政策的决策过程，甚至可以充当超级立法者角色，为社会从事权威性的价值分配，那么最高法院大法官也就变身为“穿着黑袍的政客”，而最高法院也就异化成一个政治部门，与国会和总统形成一种政治上的竞合关系，这也就衍生出司法与政治之间的第三项争议，即大法官如何认定自我角色，以及如何行使其司法审查权的问题。

美国最高法院大法官虽然可以行使其司法审查权来参与政府决策，但其如何行使司法审查权，则不能无视国会和总统在政治上可能的报复，以及大法官彼此之间的情感。因此，大法官对于如何认定自己的司法角色及如何行使司法审查权有相当大的争议，从而有司法克制与司法能动两派之别。司法克制派大法官认为，民主政治的基础在于多数统治。法院乃是司法部门，法官又非选举产生，因此不宜也不应扮演自居于民选政治部门之上的角色，不应通过行使司法审查权来参与政府决策，介入政争而自陷于政治的风暴，从而损害司法的威信。然而司法能动派大法官则以为，民主政治的多数统治不宜也不应侵害政治上少数人的人权与尊严，法院既是司法部门，即应扮演宪法守护神的角色，通过行使司法审查权来宣告违宪的法律无效，以落实宪法保障人权的目的。[1] 有学者评价道：无论是所谓的司法克制还是司法能动，只不过是大法官为掩饰其司法不中立，以主观价值与政策偏好参与政治决策的借口而已。[2]

无论是自由派大法官还是保守派大法官，都可以采取“司法克制”，不主动积极行使司法审查权，或是采取“司法能动”，积极行使司法审查。无论大法官采取何种态度，都是基于一种政治的考量，积极地参与政治决策，落实特定的政治价值与政策偏好。只不过大法官虽然试图以自己的政治态度与政策偏好行使司法审查权来支持或否决正式部门所制定的政策，但是否能够实现自己的目标，还依赖所处的政治环境，尤其是在判决中能否与其他大法官形成多数意见，这涉及大法官彼此之间合纵连横的

---

[1] PORTO B. May It Please the Court:Judicial Processes and Politics in America[M]. Boca Raton:CRC Press,2009:295-302.

[2] SEGAL J,SPAETH H. The Supreme Court and the Attitudinal Model[M]. New York:Cambridge University Press,1993:305-327.

策略性投票（strategic voting），这是一种政治考量。[1] 大法官如何解释宪法，如何认定法律是否违宪，如何行使其司法审查权，甚至如何策略性投票，均与其主观价值与政策偏好有密切的关系。

在文化战争案件中，保持司法能动还是司法克制，这考验着大法官的智慧。事实上，“即便是激进的司法能动主义者，也主张法官的司法能动性要受到严格限制，认为这是民主国家对司法权和法官的自由裁量权进行严格限制的应有之义”[2]。对于造成涉及道德价值判断、造成社会分裂、无法达成全面共识的复杂的社会难题，司法介入要慎重，即使介入，也要遵照司法的最低限度主义。“所谓司法的最低限度主义，是指法官尽量避免宽泛规则和抽象理论，将注意力集中在对解决特定争议确实有必要的事情上。”[3] 作为“司法最低限度主义”（Judicial Minimalism）理论的创始人，哈佛大学法学院桑斯坦教授曾对该司法哲学进行过阐释。[4] 他认为，美国最高法院应该具备一种“消极的美德”：“法院应该对那些对解决案子无关紧要的观点不做裁决；法院应当拒绝对那些时机未成熟到可以下判决的案件进行庭审；法院应该避免对宪法性问题作出判决；法院应该遵循自己的先例；法院不应该发布供参考的意见……”[5] 桑斯坦认为，美国最高法院在判决案件时，要遵循以下两个标准：一是“宁窄勿宽”，也就是说，美国最高法院应“寻求一个狭窄的理由裁决案件，避免清晰的规则和终局性的解决方案”。“狭窄”地裁决具体案件，满足于解决具体问题，不制定可据以裁决其他案件的“宽泛”的规则；二是“宁浅勿深”，就深度来说，对某案件仅给出“浅显”的裁决理由，避免以“深刻”的基础性原则裁决案件，促使各方避开原则立场的分歧，求同存异，尽快在具体问题上达成共识。[6] 因此，美国最高法院在

---

[1] EPSTEIN L, et. al. Do Political Preferences Change: A Longitudinal Study of U. S. Supreme Court Justices[J]. Journal of Politics, 1998, 60(3): 801-818.

[2] 吴英姿. 司法的限度：在司法能动与司法克制之间[J]. 法学研究, 2009(5): 116.

[3] 吴英姿. 司法的限度：在司法能动与司法克制之间[J]. 法学研究, 2009(5): 116.

[4] 桑斯坦. 就事论事：美国最高法院的司法最低限度主义[M]. 泮伟江, 译. 北京：北京大学出版社 2007: 13.

[5] 桑斯坦. 就事论事：美国最高法院的司法最低限度主义[M]. 泮伟江, 译. 北京：北京大学出版社 2007: 13.

[6] 桑斯坦. 就事论事：美国最高法院的司法最低限度主义[M]. 泮伟江, 译. 北京：北京大学出版社, 2007: 22~33.

审理文化战争案件时，在司法能动主义与司法克制主义之间找到一个平衡点，那就是司法最低限度主义。

针对文化战争案件，美国最高法院可以依据司法最低限度主义采取以下策略：一是如果文化战争议题社会分歧比较大，严重撕裂社会，国会议事机构也无法解决，那么可以"案件尚未成熟，无法作出司法判决"为由拒绝听审，毕竟这是一个"烫手山芋"。二是迫于民众压力和政治压力不得不介入的时候，美国最高法院最好的审理方式或许是就事论事，解决具体的法律问题，而不宜制定一个宽泛的规则，更要避免"对宪法性问题作出判断"。例如，针对堕胎问题，可以就法律适用问题进行探讨，而不必去选择一个堕胎权存在的宪法依据，即使美国最高法院在1973年特殊的历史背景作出了"罗伊案"的判决，既然已成为司法先例，可以在不推翻该先例的情形下，做适当的调整，毕竟"罗伊案"没有像维持奴隶制的"斯科特案"必须被推翻那样的迫切。因此，2022年"多布斯案"虽然推翻了堕胎权，保守派扬眉吐气了，但同时也损害了美国司法权威。无论是堕胎权，还是同性婚姻，美国最高法院其实都没有必要卷入那样深，钻研那样透，提出那么深奥的、分歧很大的宪法性的原则与理论。美国最高法院可以浅尝辄止，探究一些大家都能接受的、宽泛的法律理由，而不是刺激和加剧民众对立和社会的分离。

## 四、美国民主的困境与美国最高法院司法改革

如前文所述，文化战争议题或许留给协商民主去完成，协商民主以讨论和协商为主要方式，就某些政策或议题进行充分酝酿、讨论、辩论，理性对话，审慎思考，以求共识。美国的民主制度以选举为主要方式，以选票为依归。然而，美式选举制度存在很大弊端，文化战争议题超越民生与经济议题，选举可以模糊政治焦点与核心，选举可以被操弄。目前，美国的协商民主仅仅停留在点状分布阶段，没有正式制度的有效保障，对美国的国家治理改进作用还不明显。尽管如此，协商民主也可以成为美国民主改良的一部分。

实际上，"美国的宪法之父认为，民主协商的主体不应该是人民自身，而应该是人民的代表，也就是政治精英"[1]。文化战争本来可以避免，或者说本来就没有文化战争，这完全是美国政治精英操弄的结果。美国政治精英恰恰是为了选票、巩固基本

---

[1] 霍伟岸. 美国联邦参议院的协商民主及其时间困境[J]. 学海,2014(2):61.

盘、炒作操弄堕胎、持枪、同性婚姻、移民和气候变化等一系列议题，谋取政治私利；恰恰是政治精英不愿给协商民主的空间，让文化战争议题成为两党差异化竞争的手段，从而撕裂社会。协商民主在政治极化的背景下很难实现，美国的国会变成了“空谈馆”，议员们扯皮、推诿、不作为、乱作为时有发生。文化战争议题在国会往往沦为政党投票交易的筹码。“从 20 世纪 70 年代开始，联邦参议院正在沦为一个党派化的立法机构，这已经是大多数国会研究者的共识。”❶ 自博克在参议院大法官提名未被确认开始，大法官提名人选在参议院的确认程序越来越政治化，尤其在最近几次大法官确认过程中党派色彩非常浓厚。

民主政治的要义是人民以民主的方式、民选的机构解决政治争议，民选机构解决一些问题更具有专业性。非民选的美国最高法院无法、也没有能力应对枪支管制、移民这类复杂的难题，更何况涉及伦理、宗教、传统与道德的议题（如堕胎、同性婚姻等），立法机构都难以解决的问题让司法机构去解决实在强人所难。然而，为了选举的需要与获得政治权力，在政治势力、宗教势力或者利益集团的驱使下，社会问题政治化，政治问题司法化，最后却沦为司法政治化的诡异怪圈。

尽管有些争议具有非常的专业性和复杂性，但是非民选的大法官依旧位于最高法院庙堂之上，全凭他们的司法解释来定夺，往往一票决胜负，使司法判决结果充满偶然性和不确定性，从而影响司法判决的权威性。文化战争案件审理中，5∶4 和 6∶3 的判决比比皆是，大法官完全以意识形态的分野去判案，以一票的多数确立了个人的持枪权，又以一票的多数废除了人类几千年的异性婚姻制度、确立了同性婚姻制度，又以两票的多数推翻了近 50 年的堕胎权……非民选的大法官通过司法解释就能改变根本制度。美国最高法院的大法官不仅参与政策的制定，他们利用司法审查权甚至可以宣告国会通过的法律违宪、总统的行政命令无效。美国最高法院不仅决定国家权力的运行这样的国之大事，如决定国会议员和美国总统如何选举产生、总统是否具有不执行预算的权力（impoundment power）及交战权，也可以判决公民个人的房帏之事，如节育、堕胎和同性性行为等，美国最高法院因此被称为“最有权势的法院”。❷

美国哈佛大学政治学教授罗伯特·麦克洛斯基（Robert G. McCloskey）认为，民

---

❶ 霍伟岸.美国联邦参议院的协商民主及其时间困境[J].学海,2014(2):65.

❷ 任东来,胡晓进,江振春,颜廷.最有权势的法院:美国最高法院研究[M].南京:南京大学出版社,2011.

主与法治是一对矛盾体，“主权在民表示人民意志，而基本法则表示限制”（Popular sovereignty suggests will；fundamental law suggests limit.）。[1] 真正的民主政治是代表多数人的统治，而非少数人的所谓“精英治国”。多数统治是民主政治原则之一，多数人制定了法律，体现了多数人的意志，而好的法律必然保障少数人的权益。司法独立是法治政治原则之一，司法机关保障少数人权益的前提是不受任何政治干扰甚至控制。人们向往民主，因为没有民主的法律将成为暴政；人们强调法治，因为没有法治的民主将又沦为暴民的专横。无论暴政还是暴民都是糟糕的国家治理形式，对人民和国家来说，都是灾难。暴民是一群乌合之众，无组织地侵害人权；而暴政则是组织严密，有计划地迫害人权。因此，维持民主政治和司法独立，确保多数统治，保障少数人的权利是美国司法追求的目标，任重而道远。

尽管法官表面上维持司法中立，进行司法审查，参与政治决策，但是，在政治极化情形下，现在的法官很难超然于政治，法官完全不受国会、总统、民主党和共和党、媒体、选民及利益团体的影响这几乎不可能。当今的美国最高法院已沦为“政治法院”，暴露出美国政治制度的先天不足，美国一直标榜的司法独立也受到质疑。受孟德斯鸠、洛克等人“三权分立”等理论的影响，在建国之初，美国建国先贤确立了司法独立是一项基本立国原则，然而，就现实来看，随着美国政党政治的发展，“三权分立原则”并没有使司法真正独立。“行政、立法、司法三大部门都试图扩张自己的权力，更导致三权之间的制衡变成了恶性制衡关系，甚至彼此刁难。”[2]

美国最高法院在“多布斯案”推翻堕胎权一事告诉人们一个事实：曾经在美国民众心中至高无上的美国最高法院，如今正遭遇前所未有的危机。“多布斯案”判决前的 2022 年 2 月，美国皮尤调查机构针对美国最高法院进行民意调查，结论是：最近几年来，美国民众对最高法院持正面看法的比例在急剧下降，持负面看法的比例在急剧上升；2019 年 8 月，美国民众对美国最高法院持正面看法的比例达到了 69%，而到了 2022 年 1 月，这一比例已下降到了 54%，反之，美国民众对美国最高法院持负面看法的达到了 44%。[3]

---

[1] MCCLOSKEY R. The American Supreme Court[M]. Chicago:University of Chicago Press,2005:7.

[2] 大法官之争为美国司法独立打上问号[N]. 人民日报,2016-2-17(03).

[3] BLAZINA C, GRAMCLICH J. 5 Facts about the Supreme Court[EB/OL]. (2022-2-25)[2024-4-25]. https://www.pewresearch.org/fact-tank/2022/02/25/5-facts-about-the-supreme-court/.

最近几年，美国大法官任命过程的政治化加剧了人们对美国最高法院负面的评价。很多美国人认为，最高法院的提名程序变得过于偏袒党派，如今的大法官正在变得比美国历史上的任何时候都“政治化”。❶ 一些里程碑案件的判决撕裂社会，美国民众对美国最高法院非常失望，也越来越不信任它。美国的司法独立形象岌岌可危。在特朗普提名巴雷特担任大法官后，美国最高法院日益保守。司法权的扩张是20世纪中期以来美国司法制度最突出的一个特征。法院在越来越多的领域发挥着积极的政治作用。❷ 在文化战争领域，司法机关的介入大都体现了民主党与共和党的政治角力。

在政治极化的背景下如何保持最高法院的司法独立？首先就从大法官遴选做起，英国最高法院的改革可以提供借鉴。在英国司法传统中，上议院充当了最高法院的功能，大部分案件的终审权均由上议院来行使，司法的独立性也深受诟病，于是，英国大刀阔斧地进行司法改革。1999年《上议院法》废除了英国沿袭千年之久的世袭贵族制；2005年的《宪政改革法》让上议院回归到第二院，同时把上议院的最高司法权从上院剥离开来，创设了新的英国最高法院。英国最高法院大法官遴选机制更加有利于司法独立。英国最高法院遴选委员会负责遴选大法官的工作，委员会由最高法院正、副院长二人和英格兰、威尔士、苏格兰及北爱尔兰四个地区的法官遴选委员会各派一名代表组成。大法官候选人的资质要求比较高，至少具有2年资深法官或者至少15年执业律师经验。遴选委员会最终提名的大法官人选名单经由司法大臣送交首相审核，司法大臣若有异议需再次与最高法院院长协商，最后经由首相送呈英国女王正式任命。❸ 而美国大法官遴选与英国截然不同，总统提名、国会批准的机制使得总统和国会在遴选大法官中发挥重要作用，而在英国，首相、议会在大法官遴选中的影响甚微。英国的司法改革值得美国学习和借鉴。

特朗普顺利向美国最高法院送进三名保守派大法官，得益于美国参议院由共和党把持。一般来说，如果参议院多数党和总统同属一个党派，那么大法官从提名到确认将一路畅通无阻。现在美国最高法院的格局对民主党来说相当不利，自由派法官只占

---

❶ GOLDSTEIN J K. Choosing Justices:How Presidents Decide[J]. Journal of Law & Politics,2011(26):488 - 489.

❷ 施瓦茨.美国法律史[M].王军,译.北京:中国政法大学出版社,1997:283.

❸ 江国华,朱道坤.世纪之交的英国司法改革研究[J].东方法学,2010(2):124-125.

大法官的1/3，这将导致之后几十年，美国最高法院将会彻底转向保守主义，自由派将失去最后的阵地。2022年，美国参议院由民主党把持，部分激进民主党人呼吁83岁高龄的布雷耶大法官自愿辞职，让拜登推选更年轻的大法官来替代他，布雷耶审时度势，辞去了大法官职务，终于给杰斐逊大法官腾出了位置，但这不会从根本上扭转目前的态势。

民主党显然已经意识到问题的严重性。民主党提出了很多司法改革建议。2021年4月，拜登总统颁布14 023号总统行政命令，组建了“美国最高法院总统委员会”(the Presidential Commission on the Supreme Court of the United States)，试图探讨司法改革的方案。[1] 民主党提出了以下司法改革建议。

### (一)“填塞最高法院”

该方案建议酝酿简化相关程序，增加大法官的数量，稀释最高法院保守派力量，以维持最高法院的两极平衡，毕竟在20世纪30年代民主党人罗斯福任总统的时候就曾计划“填塞最高法院”，试图将大法官人数从九人扩充至十五人，削弱保守派势力，为继续推行新政扫清障碍。这是最受欢迎的方案。尽管自1869年以来，最高法院的大法官人数一直都是九人，但在自由派人士看来，增加大法官人数是能够最快恢复最高法院意识形态平衡的最直接的办法。

### (二) 废除大法官任职终身制

大法官任职终身制本来的制度设计是让大法官不受任期限制的影响，保持超然与独立。然而，不少学者认为，造成目前最高法院失衡的很大原因，恰恰就是因为大法官的终身制所导致的。这一方案也受到不少人的欢迎。的确，纵观世界，美国是世界上主要民主国家中唯一给予最高法院大法官终身任期的国家，事实上，美国除了罗得岛州没有给法官规定任期之外，几乎所有的州都规定了法官的任期。从1971年到2000年，大法官的平均任期达到了25.6年，年迈的大法官给司法进程带来消极影

---

[1] Executive Order on the Establishment of the Presidential Commission on the Supreme Court of the United States[EB/OL].(2021-4-9)[2024-4-25]. https://www.whitehouse.gov/briefing-room/presidential-actions/2021/04/09/executive-order-on-the-establishment-of-the-presidential-commission-on-the-supreme-court-of-the-united-states/.

响，精神和身体都不堪重负。美国学术界认为，大法官任期 18 年是比较合适的，布雷耶等大法官也曾表示支持。[1]

### （三）推动哥伦比亚特区和波多黎各两个地区成州

哥伦比亚特区人口中 46% 是非裔，波多黎各超过 70% 的人口是西裔，而这两个族裔都是民主党的铁票仓。把这两个地区变成州，参议院将增加 4 名民主党参议员，显然这在大法官提名表决等重大事项上将有利于民主党。

事实上，以上三条司法改革建议很难得到共和党的同意。在政治极化的时代，民主党与共和党早已没有默契，只有政治利益。最高法院越来越成为政治权力的象征与工具。民主党的司法改革方案只是“一党情愿”，无法与共和党达成共识。民主党的司法改革方案对美国国体来说可谓“伤筋动骨”。事实上，尽管美国宪法没有规定美国最高法院大法官的人数，但是拜登政府填塞法院计划根本无法实现。如果政党或领导人为了一党之私动辄启动最高法院填塞程序，这会影响到美国最高法院的声誉。美国最高法院也终将沦为党派政治游戏中的一颗棋子。在法律程序上，在民主党与共和党无法达成共识的情形下，填塞最高法院在法律程序上也无法实现。对大法官任期进行限制看似简单可行，但事实上它比填塞最高法院更加复杂，因为美国宪法规定了大法官的终身制，如果增加任期限制很可能会涉及修宪。美国修宪程序极为复杂，难度很大，美国建国至今也才通过了二十七条宪法修正案。作为全世界修宪程序最复杂的国家之一，除非获得美国民众的高度支持，否则修宪极难通过。在如今美国政治两极分化的情况下，做到修宪是极为困难的。即使对大法官任期进行了限制，扩大了总统任命大法官的概率，但这无疑进一步扩大和巩固了总统的权力，这可能会打破三权分立体制的平衡。这很可能会摧毁美国民众对司法独立的信任，并引发更可怕的危机。对于最高法院司法改革的争论注定会持续很久，司法改革之路漫长而坎坷。

---

[1] COSTELLO K. Supreme Cour eme Court Politics and Lif olitics and Life Tenure：A Compare：A Comparative Inquir e Inquiry[J]. Hasting Law Journal，2020，4(71)：1167.

# 参考资料

## 一、原始材料

### （一）美国最高法院判决书（均来自 Lexis Nexis 数据库）

1. Abington School District v. Schempp, 374 U. S. 203(1963).

2. American Legion v. American Humanist Association, 139 S. Ct. 2067(2019).

3. Atkins v. Virginia, 536 U. S. 304(2002).

4. Baker v. Nelson, 409 U. S. 810(1972).

5. Barr v. East Bay Sanctuary Covenant, 140 S. Ct. 3, (2019).

6. Bowers v. Hardwick, 478 U. S. 186(1986).

7. Brown v. Board of Education of Topeka, 347 U. S. 483(1954).

8. Bush v. Gore, 531 U. S. 98(2000).

9. Church of the Holy Trinity v. United States, 143 U. S. 457(1892).

10. Coker v. Georgia, 433 U. S. 584, 591(1977).

11. Cruzan v. Director, Missouri Department of Health, 497 U. S. 261(1990).

12. District of Columbia v. Heller, 554 U. S. 570(2008).

13. Furman v. Georgia, 408 U. S. 238(1972).

14. Gideon v. Wainwright, 372 U. S. 335(1963).

15. Gonzales v. Carhart, 550 U. S. 124(2007).

16. Gonzales v. Raich, 545 U. S. 1(2005)

17. Gregg v. Georgia, 428 U. S. 153(1976)

18. Griswold v. Connecticut, 381 U. S. 479(1965).

19. In re Kemmler, 136 U. S. 436(1890).

20. Kennedy v. Louisiana, 128 S. Ct. 2641(2008)

21. Lawrence v. Texas, 539 US 558(2003).

22. Loving v. Virginia, 388 U. S. 1(1967).

23. Marbury v. Madison, 5 U. S. 137(1803).

24. Maynard v. Hill, 125 U. S. 190(1888).

25. McCulloch v. Maryland, 17 U. S. (4 Wheat.)316(1819).

26. McDonald v. City of Chicago, 130 S. Ct. 3020(2010).

27. Miranda v. Arizona, 384 U. S. 436(1966).

28. Moore v. City of East Cleveland, 431 U. S. 494(1977).

29. National Federation of Independent Business v. Sebelius, 567 U. S. 519, 577-578 (2012).

30. Obergefell v. Hodges, 576 U. S. ____(2015).

31. Penry v. Lynaugh, 492 U. S. 302(1989).

32. Planned Parenthood v. Casey, 505 U. S. 833(1992).

33. Railroad Retirement Board v. Alton R. Co., 295 U. S. 330(1935).

34. Reynolds v. United States, 98 U. S. (8 Otto.)145(1878).

35. Robinson v. California, 370 U. S. 660(1962).

36. Roper v. Simmons, 543 U. S. 551(2005).

37. Saenz v. Roe, 526 U. S. 489(1999).

38. Scott v. Sandford, 60 U S. 393(1856).

39. Slaughter-House Cases, 83 U. S. 36(1873).

40. Stanford v. Kentucky, 492 U. S. 361(1989).

41. Stenberg v. Carhart, 530 U. S. 914(2000).

42. Tileston v. Ullman, 318 U. S. 44(1943).

43. Torcaso v. Watkins, 367 U. S. 488(1961).

44. Trump v. Hawaii, 138 S. Ct. 2392(2018).

45. Union Pacific Railway Co. v. Botsford, 141 U. S. 250, 251(1891).

46. United States v. Oakland Cannabis Buyers'Cooperative, 532 U. S. 483(2001).

47. West Virginia State Broad. of Education. v. Barnette, 319 U. S. 624(1943).

48. Wilkerson v. Utah, 99 U. S. 130(1878).

49. Witherspoon v. Illinois, 391 U. S. 510(1968).

50. Wolf v. Cook County, Illinois, 140 S. Ct. 681(2020).

## （二）法律文本（英文文本均来自 EBCO Academic Source Premier 与 HeinOn-line 数据库）

1. Affordable Clean Power Rule.

2. American Clean Energy and Security Act.

3. American Constitution.

4. An Act Relating to Civil Unions.

5. Articles of War of 1916.

6. Bill of Rights.

7. Bipartisan Safer Communities Act.

8. Brady Handgun Violence Prevention Act of 1993.

9. California End of Life Option Act.

10. Civil Rights Act of 1866.

11. Civil Rights Act of 1875.

12. Civil Rights Act of 1964

13. Compassionate Use Act

14. Comstock Act

15. Controlled Substances Act.

16. Defense of Marriage Act.

17. Dream Act.

18. Family Protection Act.

19. Federal Assault Weapons Ban of 1994.

20. Federal Assisted Suicide Funding Restriction Act of 1997.

21. Federal Firearms Act of 1938.

22. Firearms Owner's Protection Act of 1986.

23. Foment Marriage Equality Act of 2009.

24. Gestational Age Act.

25. Gun Control Act of 1968.

26. Gun-Free School Zones Act of 1990.

27. Kyoto Protocol.

28. Marijuana Opportunity Reinvestment and Expungement Act.

29. Medical Aid in Dying for the Terminally Ill Act.

30. Monkey Law.

31. Morrill Anti-Bigamy Act of 1862.

32. Narcotics Addict Rehabilitation Act of 1966.

33. National Firearms Act of 1934.

34. Omnibus Crime Control and Safe Streets Act of 1968.

35. Oregon Death With Dignity Act.

36. Pain Relief Promotion Act of 1999.

37. Patient Protection and Affordable Care Act.

38. Reforming American Immigration for a Strong Economy.

39. Sullivan Act.

40. Violent Crime Control and Law Enforcement Act of 1994.

41. Virginia's Racial Integrity Act of 1924.

# 二、二手材料

## (一) 外国学者专著

1. 乔治・恩德勒等. 经济伦理学大辞典[M]. 王淼洋,等译. 上海:上海人民出版社,2001.

2. 托克维尔. 论美国的民主[M]. 董果良,译. 北京:商务印书馆,1988.

3. 亨特. 文化战争:定义美国的一场奋斗[J]. 安获,译. 北京:中国社会科学出版社,2000.

4. 博登海默. 法理学:法律哲学与法律方法[M]. 邓正来,等译. 北京:中国政法大学出版社,1999.

5. 施瓦茨. 美国最高法院史[M]. 毕洪海,等译. 北京:中国政法大学出版社,2005.

6. 布尔斯廷. 美国人:建国的历程[M]. 时殷弘,等译. 上海:上海译文出版社,2014.

7. 布尔斯廷. 美国人:民主的历程[M]. 谢延光,等译. 上海:上海译文出版社,2014.

8. 西格尔,斯皮斯,蓓娜莎. 美国司法体系中的最高法院[M]. 刘哲玮,等译. 北京:北京大学出版社,2011.

9. 赫什曼. 温柔的正义:美国最高法院大法官奥康纳和金斯伯格如何改变世界[M]. 郭烁,译. 北京:中国法制出版社,2018.

10. 麦克洛斯基. 美国最高法院[M]. 3 版. 任东来,等译. 北京:中国政法大学出版社,2005.

11. 德沃金. 生命的自主权:堕胎、安乐死与个人自由的论辩[M]. 郭贞伶,等译. 北京:中国政法大学出版社,2013.

12. 麦库姆斯. 议程设置:大众媒介与舆论[M]. 郭镇之,等译. 北京:北京大学出版社,2018.

13. 比斯丘皮克. 最高法院的喜剧之王:安东尼・斯卡利亚大法官传[M]. 钟志军,译. 北京:中国法制出版社,2012.

14. 亨廷顿. 失衡的承诺[M]. 周端,译. 北京:东方出版社,2005.

15. 布雷耶. 法官能为民主做什么[M]. 何帆,译. 北京:法律出版社,2012.

16. 卡拉布雷西. 美国宪法的原旨主义[M]. 李松峰,译. 北京:当代中国出版社,2014.
17. 威尔逊. 美国宪法释论[M]. 李洪雷,译. 北京:法律出版社,2014.
18. 贝尔. 意识形态的终结[M]. 张国清,译. 南京:江苏人民出版社,2001.
19. 房龙. 宽容[M]. 李强,译. 北京:光明日报出版社,2006.
20. 福山. 历史的终结及最后之人[M]. 黄胜强,等译. 北京:中国社会科学出版社,2003.
21. 福山. 身份政治:对尊严与认同的渴求[M]. 刘芳,译. 北京:中译出版社,2021.
22. 卡特. 我们濒危的价值观:美国道德危机[M]. 汤玉明,译. 西安:西北大学出版社,2007.
23. 图宾. 九人:美国最高法院风云[M]. 何帆,译. 上海:上海三联书店,2010.
24. 西格尔,斯皮斯. 正义背后的意识形态:最高法院与态度模型[M]. 刘哲玮,译. 北京:北京大学出版社,2012.
25. 唐纳利. 普遍人权的理论与实践[M]. 王浦劬,等译. 北京:中国社会科学出版社,2001.
26. 桑斯坦. 社会因何要异见[M]. 支振峰,译. 北京:中国政法大学出版社,2016.
27. 桑斯坦. 就事论事:美国最高法院的司法最低限度主义[M]. 泮伟江,译. 北京:北京大学出版社,2007.
28. 柯恩,唐哲,高进仁等. 当代美国死刑法律之困境与探索:问题与案例[M]. 刘超,等译. 北京:北京大学出版社,2013.
29. 沃尔夫. 司法能动主义:自由的保障还是安全的威胁[M]. 黄金荣,译. 北京:中国政法大学出版社,2004.
30. 格林豪斯. 美国最高法院通识读本[M]. 何帆,译. 南京:译林出版社,2013.
31. 戴维森等. 美国国会:代议政治与议员行为[M]. 刁大民,译. 北京:中国科学文献出版社,2016.
32. 图什内特. 分裂的法院:伦奎斯特法院与宪法的未来[M]. 田飞龙,译. 北京:中国政法大学出版社,2011.
33. 霍维茨. 沃伦法院对正义的追求[M]. 信春鹰,等译. 北京:中国政法大学出版社,2003.
34. 马斯登. 认识美国基要派与福音派[M]. 宋继杰,译. ,北京:中央编译出版社,2004.
35. 亨廷顿. 美国政治:激荡于理想与现实之间[M]. 北京:新华出版社,2017.
36. 亨廷顿. 谁是美国人?:美国国民特性面临的挑战[M]. 程克雄,译. 北京:新华出版社,2010.

37. 列文森. 美国不民主的宪法:宪法哪儿出毛病了[M]. 时飞,译. 北京:北京大学出版社,2010.

38. 霍姆斯. 普通法[M]. 冉昊,等译. 北京:中国政法大学出版社, 2006.

39. 约瑟夫·迪昂. 为什么美国人恨政治[M]. 赵晓力,等译. 上海:上海人民出版社,2011.

40. 艾兹摩尔. 美国宪法的基督教背景[M]. 李婉玲,等译. 北京:中央编译出版社,2011.

41. 施克莱. 守法主义:法、道德和政治审判[M]. 彭亚楠,译. 北京:中国政法大学出版社,2005.

42. 贝卡利亚. 论犯罪与刑罚[M]. 黄风,译. 北京:中国方正出版社,2004.

43. 洛克. 论宗教宽容[M]. 吴云贵,译. 北京:商务印书馆 ,1982.

44. WOLFE A. One Nation, After All: What Middle Class Americans Really Think about God, Country, Family, Racism, Welfare, Immigration, Homosexuality, Work, the Right, the Left, and Each Other[M]. New York: Viking Penguin, 1998.

45. RAYMOND A, SPIEGELMAN I. How to Rig an Election Confessions of a Republican Operative[M]. New York, NY: Simon & Schuster, 2008.

46. SCHMIDT A. The Menace of Multiculturalism: Trojan Horse in America[M]. Westport, Connecticut and London: Praeger, 1997.

47. GELMAN A. Red State Blue State Rich State Poor State: Why Americans Vote the Way They Do[M]. Princeton: Princeton University Press, 2008.

48. HARTMAN A. A War for the Soul of America: A History of the Culture Wars[M]. Chicago, Illinois: The University of Chicago Press, 2015.

49. WHITEHEAD A L, PERRY S L. Taking America Back For God: Christian Nationalism in the United States[M]. New York: Oxford University Press, 2020.

50. ORLECK A. Rethinking American Women's Activism[M]. New York: Routledge, 2015.

51. SINCLAIR B. Party Wars: Polarization and the Politics of National Policy Making[M]. Norman: University of Oklahoma Press, 2006.

52. CHAPMAN B, et al. Culture Wars: An Encyclopedia of Issues, Viewpoints, and Voices, vol. 1. [M]. Armonk, New York: M. E. Sharpe, 2010.

53. BROWN C, SILK M. The Future of Evangelicalism in America[M]. New York: Columbia University Press, 2016.

54. RIMMERMAN C A, WILCOX C, et al. The Politics of Same-sex Marriage[M]. Chicago: The University of Chicago Press, 2007.

55. DANIEL T. Rodgers, Age of Fracture[M]. Cambridge, Massachusetts: The Belknap Press of Harvard University Press, 2011.

56. GARROW D J. Liberty and Sexuality: The Right to Privacy and the Making of Roe v. Wade[M]. New York: Macmillan, 1994.

57. MCFARLANE D, MEIER K. The Politics of Fertility Control[M]. New York: Chatham House, 2001.

58. DIONNE E J. Why the Right Went Wrong: Conservatism—From Goldwater to the Tea Party and Beyond[M]. New York: Simon & Schuster, 2016.

59. SCHATTSCHNEIDER E E, ADAMANY D. The Semisovereign People: A Realist's View of Democracy in America[M]. Boston, Massachusetts: Wadsworth Cengage Learning, 1975.

60. LANE F. The Court and the Cross: The Religious Right's Crusade to Reshape the Supreme Court[M]. Boston: Beacon Press, 2008.

61. LANE F. The Court and the Cross: The Religious Right's Crusade to Reshape the Supreme Court[M]. I Boston: Beacon Press, 2008.

62. ANASTAPLO G. The Constitution of 1787: A Commentary[M]. Baltimore: The John Hopkins University Press, 1989.

63. HUNTER J D, WOLFE A. Is There a Culture War? [M]. Washington D. C.: Brookings Institution Press, 2006.

64. HUNTER J D, WOLFE A. Is There Culture War? A Dialogue on Values and American Pubic Life[M]. Washington D. C.: Brookings Institution Press, 2006.

65. PIERCESON J. Same-sex marriage in the United Sates: The Road to the Supreme Court[M]. New York: Rowman & Littlefield Publishers, INC., 2013.

66. KUZMAROV J. The Myth of the Addicted Army: Vietnam and the Modern War on Drugs, Amherst and Boston[M]. MA: University of Massachusetts Press, 2009.

67. JOHN C H WU. Fountain of Justice: A Study in the Natural Law[M]. Beaverton, Ore.: International Scholarly Book Services, 1980.

68. MURDOCH J, PRICE D. Courting Justice: Gay Men and Lesbians v. the Supreme Court[M]. New York: Basic, 2001.

69. STEWART K. The Power Worshippers: Inside the Dangerous Rise of Religious Nationalism[M]. New York: Bloomsbury Publishing, 2020.

70. PHILLIPS K P. Post-Conservative American: People, Politics, and Ideology[M]. New York: Vintage Books, 1983.

71. KENNET L, et al. The Gun in America[M]. Connecticut and London: Greenwood Press, 1975.

72. TUSHNET M. The Warren Court: in Historical and Political Perspective[M]. Charlottesville University of Virginia Press, 1996.

73. MATTHEWS M B S. Doctrine and Race: African American Evangelicals and Fundamentalism between the Wars[M]. Tuscaloosa: University of Alabama Press, 2017.

74. KLARMAN M J. From the Closet to the Altar: Courts, Backlash, and the Struggle for Same-Sex Marriage[M]. New York: Oxford University Press, 2013.

75. MILLER M. Exposing Hate Prejudice, Hatred, and Violence in Action, Minneapolis[M]. MN: Twenty-First Century Books, 2019.

76. BOXX T W. QUINLIVAN G, et al. Culture in Crisis and the Renewal of Civil Life[M]. New York: Rowman & Littlefield Publishers, INC., 1996.

77. ENNAJI M. Multilingualism, Cultural Identity, and Education in Morocco[M]. New York: Springer Science & Business Media, 2005.

78. WEYL N. The Jews in American Politics[M]. New Rochelle, New York: Arlington House, 1968.

79. DJUPE P A, LAURA R. Olson: Encyclopedia of American Religion and Politics[M]. New York: Facts on File, Inc., 2003.

80. KENNEDY R. Interracial intimacies: Sex, Marriage, Identity, and Adoption, New York: Pantheon, 2003.

81. SHAW R, JOHN D. The Unquiet Life and Times of Archbishop Hughes of New York[M]. New York: Paulist Press, 1977.

82. PUTNAM R D. Bowling Alone: The Collapse and Revival of American Community[M]. New York: Simon & Schuster, 2000.

83. JONES R. Liberalism's Troubled Search for Equality:Religion and Cultural Bias in the Oregon Physician: Assisted Suicide Debates[M]. Notre Dame, Indiana, University of Notre Dame Press, 2007.

84. JONES R. The End of White Christian America[M]. New York:Simon & Schuster, 2016.

85. WUTHNOW R. The Restructuring of American Religion, Princeton[M]. New Jersey: Princeton University Press, 1988.

86. CHAPMAN R, CIMENT J. Culture Wars: An Encyclopedia of Issues[M]. Viewpoints and Voices, New York:Routledge, 2014.

87. LIPSET S M. American Exceptionalism:A Double-Edged Sword[M]. Replica Books, 1998.

88. LIPSET S M. American Exceptionalism:A Double-Edged Sword[M]. Replica Books, 1998.

89. CARTER S. The Culture of Disbelief:How American Law and Politics Trivialized Religious Devotion[M]. New York:Anchor, 1994.

90. GREEN S K. Inventing a Christian America:The Myth of the Religious Founding[M]. New York:Oxford University Press, 2015.

91. TELES S M. The Rise of the Conservative Legal Movement:The Battle for Control of the Law[M]. Princeton:Princeton University Press, 2008.

92. BANCHOFF T, et al. Religious Pluralism, Globalization, and World Politics[M]. New York:Oxford University Press, 2008.

93. FRANK T. What's the Matter with Kansas[M]. New York:Henry Holt and Company, 2004.

94. NIVOLA P S, DAVID W. Brady, ed. Red and Blue Nation[M]. Washington, DC: Brookings Institution Press, 2006.

95. SCHUMACHER T. A New Religion, Bloomington[M]. IN:iUniverse, 2013.

96. YARBROUGH T E, BLACKMUN H A. The Outsider Justice[M]. New York:Oxford University Press, 2008.

97. BARRY V. Bioethics in a Cultural Context:Philosophy, Religion, History, Politics[M]. Mason, Ohio:Cengage Learning, 2011.

98. CAMPBELL D C, ROBINSON C. Religious Coalitions for and against Gay Marriage [M]//RIMMERMAN C A, WILCOX C, et al. The Politics of Same-sex Marriage[M]. Chicago: The University of Chicago Press, 2007.

99. ROHDE D, SPAETH H. Supreme Court Decision Making[M]. San Francisco: W. H. Freeman, 1976.

## (二) 外国学者论文

1. 加兰德. 死刑与美国文化[J]. 江溯, 译. 中外法学, 2005(6).

2. 拉特纳. 美国多元文化主义的实质[J]. 刘子旭, 译. 世界社会主义研究, 2016(1).

3. ABRAMOWITZ A, SAUNDERS K L. Is Polarization a Myth? [J]. Journal of Politics, 2008(70).

4. MARTIN A, QUINN K, EPSTEIN L. The Median Justice on the United States Supreme Court[J]. North Carolina Law Review, 2005(83).

5. SUNSTEIN C R. Second Amendment Minimalism: Heller as Griswold[J]. Harvard Law Review, 2008(122).

6. FRANKLIN C H, KOSAKI L C. Republican Schoolmaster: The U. S. Supreme Court, Public Opinion and Abortion[J]. American Political Science Review, 1989(83).

7. EISGRUBER C L. Secularization, Religiosity, and the United States Constitution[J]. Indiana Journal of Global Legal Studies, 2006(13).

8. CLAYTON C W, MCMILLAN L K. The Roberts Court in an Era of Polarized Politics[J]. The Forum, 2012(10).

9. GREEN C. What Does Richard Posner Know about How Judges Think[J]. California Law Review, 2010(98).

10. RICHARD D H B, KHANNA P. Assisted dying: the ongoing debate[J]. Postgraduate Medical Journal, 2006(82).

11. WILLIAMS D K. Baptizing Uncle Sam: Tracing the Origins of Christian Nationalism[J]. Reviews in American History, 2016(9).

12. GUSHEE D P. Evangelicals and Politics: A Rethinking[J]. Journal of Law and Religion, 2007.

13. GRANBERG D, BURLISON J. The Abortion Issue in the 1980 Elections[J]. Family Planning Perspectives, 1983(15).

14. RUPPENTHAL J C. Criminal Statutes on Birth Control[J]. Journal of Criminal Law and Criminology, 1919(10).

15. WILKINSON J H. Of Guns, Abortions, and the Unraveling Rule of Law[J]. Virginia Law Review, 2010(95).

16. ROSEN J. Can the Judicial Branch be a Steward in a Polarized Democracy? [J]. The Journal of the American Academy of Arts & Sciences, 2013, 9(142).

17. EPSTEIN L, MERSHON C. Measuring Political Preferences[J]. American Journal of Political Science, 1996, 40(1).

18. GREENHOUSE L, SIEGEL R. Before(and After) Roe v. Wade: New Questions About Backlash[J]. The Yale Law Journal, 2011, 120(8).

19. ABBE O G, GOODLIFFE J, PAUL S. HERRNSON P S, PATTERSON K D. Patterson, Agenda Setting in Congressional Elections: The Impact of Issues and Campaigns on Voting Behavior[J]. Political Research Quarterly, Vol. 56, 2003.

20. ENNS P K, WOHLFARTH P C. The Swing Justice[J]. The Journal of Politics, 2013 (75).

21. YANES R F, GLENDON M A. Religion and the Court 1993 [J]. First Things, Nov. 1993.

22. RENÉ REYES. The Supreme Court's Catholic Majority: Doctrine, Discretion, and Judicial Decision-Making[J]. John's Law Review, 2014, 85(2).

23. SIEGEL R B. Dead or Alive: Originalism as People Constitutionalism in Heller[J]. Harvard Law Review, 2008(122).

24. HOFSTADTER R. America as a Gun Culture[J]. American Heritage Magazine, 1970 (10).

25. PEARCE R G, WINER A B, JENAB E. A Challenge to Bleached Out Professional Identity-How Jewish was Justice Louis D. Brandeis? [J]. Touro Law Review, 2017, 33(2).

26. GALLOWAY R W. The Vinson Court: Polarization (1946-1949) and Conservative Dominance(1949-1953)[J]. Santa Clara Law Review, 1982(22).

27. BERCOVITCH S. How the Puritans Won the American Revolution[J]. The Massachusetts Review,1976(17).

28. GOLDMAN S. The Politics of Appointing Catholics to the Federal Courts[J]. University of St. Thomas Law Journal,2006,4(2).

29. FRIEDLAND S. Controversial Five to Four Supreme Court Decisions and the Politicization of the Majority of One[J]. The Dartmouth Law Journal,2014(12).

30. CALABRES S G, et al. Individual Rights Under State Constitutions When the Fourteenth Amendment Was Ratified in 1868:What Rights Are Deeply Rooted in American History and Tradition? [J]. Texas Law Review,2008(87).

31. HEINKELMANN-WILD T,et al. Divided They Fail:The Politics of Wedge Issues and Brexit[J]. Journal of European Public Policy,2020(27).

32. MARSHALL W P. The Culture of Belief and the Politics of Religion[J]. Law and Contemporary Problems,2000(63).

## (三) 中国学者专著

1. 常士訚. 异中求和:当代西方多元文化主义政治思想研究[M]. 北京:人民出版社,2009.

2. 楚树龙,荣予. 美国政府和政治[M]. 北京:清华大学出版社,2012.

3. 褚宸舸. 自由与枷锁:性倾向和同性婚姻的法律问题研究[M]. 北京:清华大学出版社,2014.

4. 梁茂信. 现代欧美移民与民族多元化研究[M]. 北京:商务印书馆,2011.

5. 傅伟勋. 死亡的尊严与生命的尊严[M]. 北京:北京大学出版社, 2006.

6. 何顺果. 美国史通论[M]. 上海:学林出版社,2001.

7. 江振春. 爱与自由:美国同性婚姻研究[M]. 北京:法律出版社,2017.

8. 江振春. 比登天还难的控枪路:持枪权与美国宪法第二修正案研究[M]. 北京:中国政法大学出版社,2013.

9. 李银河. 同性恋亚文化[M]. 呼和浩特:内蒙古大学出版社,2009.

10. 林来梵. 宪法审查的原理与技术[M]. 北京:法律出版社,2009.

11. 刘军. 美国公民权利观念的发展[M]. 北京:中国社会科学出版社,2012.
12. 刘澎. 当代美国宗教[M]. 北京:社会科学文献出版社,2012.
13. 刘绪贻,李存训. 美国通史[M]//第5卷:富兰克林·D·罗斯福时代. 北京:人民出版社,2002.
14. 钱满素. 美国自由主义的历史变迁[M]. 上海:上海三联书店,2006.
15. 任东来,陈伟,白雪峰. 美国宪政历程:影响美国的25个司法大案[M]. 北京:中国法制出版社,2005.
16. 任东来,胡晓进. 在宪政舞台上:美国最高法院的历史轨迹[M]. 北京:中国法制出版社,2007.
17. 任东来,胡晓进,江振春,颜廷. 最有权势的法院:美国最高法院研究[M]. 南京:南京大学出版社,2011.
18. 尚新建. 美国世俗化的宗教与威廉詹姆斯的彻底经验主义[M]. 上海人民出版社,2001.
19. 史庆璞. 美国宪法理论与实务[M]. 台北:三民书局,2007.
20. 谭融. 美国利益集团政治研究[M]. 北京:中国社会科学出版社,2002.
21. 万绍红. 美国宪法中的共和主义[M]. 北京:人民出版社,2009.
22. 王丽萍. 婚姻家庭法律制度研究[M]. 济南:山东人民出版社,2004.
23. 王希. 原则与妥协[M]. 北京:北京大学出版社,2014.
24. 徐显明. 人权研究(第四卷)[M]. 济南:山东人民出版社,2004.
25. 于歌. 美国的本质:基督新教支配的国家和外交[M]. 北京:当代中国出版社,2012.
26. 徐以骅. 宗教与美国社会(第八辑)[M]. 北京:时事出版社,2013.

## (四) 中国学者论文

1. 白雪峰. 上帝与权利之间的艰难选择:从“恩格尔诉瓦伊塔尔案”看美国宪政[J]. 甘肃社会科学,2005(4).
2. 曹鸿. 道德与权利的博弈[J]. 史学月刊,2013(8).
3. 陈根发. 论宗教宽容的政治化和法律化[J]. 环球法律评论,2007(2).
4. 陈斯彬. 良心自由及其入宪:基于宪法文本的比较研究[J]. 浙江社会科学,2014(3).

5. 陈阳. 传统婚姻的颠覆性危机:关于同性婚姻立法的几点思考[J]. 山东社会科学,2013(11).
6. 丛日云. 民粹主义还是保守主义:论西方知识界解释特朗普现象的误区[J]. 探索与争鸣,2020(1).
7. 董江阳. "1800 年美国总统竞选"引发的宗教争论及意义[J]. 基督宗教研究,2015(1).
8. 范丽珠,陈纳. 全球性的人口迁移与身份认同:从宗教社会学角度看文明冲突论[J]. 世界宗教文化,2017(3).
9. 郭九林,尤广杰. 社会福音运动与美国禁酒的宗教动因[J]. 西北民族大学学报[J]. 2011(2).
10. 韩大元. 论安乐死立法的宪法界限[J]. 清华法学,2011(5).
11. 韩玉璞. 道德宽容及其现代价值[J]. 河南师范大学学报(哲学社会科学版),2012(6):40.
12. 韩震. 当代美国政治思想的意识形态图景[J]. 江海学刊,2003(4).
13. 何晓跃. 美国政治极化的层次界定与生成逻辑[J]. 国际展望,2014(1).
14. 胡晓进. 美国伦奎斯特法院保守性初探:以联邦主义问题的相关判决为中心[J]. 南京大学学报,2004(3).
15. 胡玉鸿. 人的尊严的法律疏释[J]. 法学评论,2006(6).
16. 黄贤全,陈学娟. 评析美国安乐死合法化的进程[J]. 世界历史,2012(1).
17. 霍伟岸. 美国联邦参议院的协商民主及其时间困境[J]. 学海,2014(2).
18. 江振春,任东来. 浅析美国最高法院宪法裁决中的平衡解释模式:由"赫勒案"谈起[J]. 南京大学法律评论,2010(秋季卷).
19. 江振春. "地下组织部"还是右翼"阴谋集团"?:管窥美国联邦党人协会[J]. 世界知识,2018(17).
20. 江振春. 美国联邦最高法院裁决中的自然法解释[J]. 美国研究,2011(2).
21. 江振春. 美国联邦最高法院与法官助理制度[J]. 南京大学学报,2010(2).
22. 江振春. 美国麦卡锡主义时代"紫色恐慌"的历史考察[J]. 贵州社会科学,(2).
23. 江振春. 模糊语言学视角下的美国宪法稳定性[J]. 学术界,2007(4).
24. 江振春. "地下组织部"还是右翼"阴谋集团"?:管窥美国联邦党人协会[J]. 世界知识,2018(17).

25. 李丹,张庆熠,任东来. 美国联邦最高法院大法官制度[J]. 南京大学学报,2010(2).
26. 李华伟. "美国例外论""欧洲例外论"的由来及其超越[J]. 世界宗教研究,2021(4).
27. 李剑鸣. 美国宪法何以成为"活着的宪法"[J]. 美国研究,2001(2).
28. 李世隆. 重温德国历史上的文化斗争[J]. 德国研究,2005(1).
29. 林红. 身份政治与国家认同:经济全球化时代美国的困境及其应对[J]. 政治学,2019(4):30.
30. 刘义. 美国政治中的福音派与基要派:兼与伊斯兰原教旨主义的比较[J]. 上海大学学报,2012(2).
31. 刘刚. 论西方生命神圣思想中的安乐死与病人权利[J]. 华南理工大学学报,2018(3).
32. 刘辉. 美国最高法院大法官任选过程中的意识形态因素分析[J]. 美国问题研究,2011(2).
33. 刘元玲. 特朗普执政以来美国国内气候政策评析[J]. 当代世界,2019(12).
34. 刘长煌. 美国死刑的现状及历史流变(上)[J]. 现代世界警察,2019(7).
35. 马洪伦. 论美国联邦最高法院宪法解释的创造性[J]. 现代法学,2011(3).
36. 牛霞飞. 多元文化主义与美国政治极化[J]. 世界经济与政治论坛,2021(1).
37. 潘小松. 美国"文化战争"的历史根源[J]. 博览群书,2001(9).
38. 任东来. 还司法神殿以平常:《风暴眼:美国政治中的最高法院》评介[J]. 美国研究,2008(1).
39. 任东来. 司法权力的限度:以美国最高法院与妇女堕胎权争议为中心[J]. 南京大学学报,2007(2).
40. 荣霞,陈晓律. 透视奥巴马医改下的美国"政治乱象"[J]. 学海,2014(1).
41. 荣霞. 试析首席大法官罗伯茨对《医改案》的判决[J]. 江南论坛,2013(9).
42. 石现明. 滑坡论及其在法律推理中的应用[J]. 西南民族学院学报,2003(5).
43. 孙冰岩. 2020 年美国大选:决胜因素、选举特点与政治困局[J]. 国际关系研究,2021(1).
44. 孙显元. 宽容释义[J]. 安徽大学学报(哲社版),2009(1).
45. 王恩铭. 美国 20 世纪末的一场文化战争:保守派与进步派的较量[J]. 世界历史,2011(5).
46. 王恩铭. 试论美国新宗教右翼[J]. 世界历史,2007(6).

47. 王晖. 人之尊严的理念与制度化[J]. 中国法学,2014(4).

48. 王静. 19 世纪美国与教皇国关系的演变[J]. 理论学刊,2015(11).

49. 王苏珂. 个体理性引发的集体非理性[J]. 东南大学学报(哲学社会科学版),2009(6).

50. 王希. 多元文化主义的起源、时间与局限性[J]. 美国研究,2000(2).

51. 魏昌东. 美国宪法修正案与其死刑制度改革[J]. 法学评论,2014(1).

52. 徐以骅. 宗教在当前美国政治与外交中的影响[J]. 国际问题研究,2009(2).

54. 袁征. 论美国枪支管制运动的发展及前景[J]. 美国研究,2002(4).

55. 张力涛,代洪宝,魏沧波. 意识形态教育与“意识形态终结论”思潮”[J]. 国家教育行政学院学报,2014(3).

56. 张守东. 美国死刑制度的宪法法理及其未来[J]. 法学,2011(3).

57. 张晓云,杜崇珊,李成威. 美国百年医改的成败及其制度分析[J]. 经济社会体制比较,2021(4).

58. 张业亮. 2004 年美国大选剖析[J]. 美国研究,2005(2).

59. 张业亮. “极化”的美国政治:神话还是现实[J]. 美国研究,2008(3).

60. 张业亮. 弗吉尼亚种族骚乱:“新的文化战争”撕裂美国[J]. 唯实,2018(1).

61. 张业亮. 美国“宗教自由”的新难题[J]. 世界知识,2015(11).

62. 赵梅. “选择权”与“生命权”:美国有关堕胎问题的论争[J]. 美国研究,1997(4).

63. 赵梅. 美国反文化运动探源[J]. 美国研究,2000(1).

64. 郑易平. 浅析基督教对美国废奴和民权运动的推动作用[J]. 学海,2004(4).

65. 钟文范. 七八十年代美国宗教新右派运动[J]. 武汉大学学报,1997(3).

66. 周琪,王欢. 值得关注的美国政治“极化”趋势[J]. 当代世界,2011(4).

67. 朱世达. 美国社会中的文化断裂[J]. 美国研究,1999(3).

68. 梁茂信. 权力与权利的博弈:美国同性婚姻的合法化及其悖论思考[J]. 吉林大学社会科学学报,2020(3).

69. 梁茂信. 无望的困局:美国的控枪政策及其制度性因素[J]. 四川大学学报,2018(6).

## (五) 辞书

1. 恩德勒等主编. 经济伦理学大辞典[M]. 王淼洋,等译. 上海:上海人民出版社,2001.

2. 沃克. 牛津法律大辞典[M]. 李双元,等译. 北京:法律出版社,2003.

3. 薛波. 元照英美法词典[M]. 北京:法律出版社,2003.

4. 周雅荣. 美国法律辞典[M]. 上海:文汇出版社,2014.

5. HORNBLOWER S, SPAWFORTH A. The Oxford Classical Dictionary[M]. Oxford: Oxford University Press,2003.

6. HALL K, ELY J, GROSSMAN J. The Oxford Companion to the Supreme Court of the United States[M]. New York: Oxford University Press,2005.

# 后　记

《文化战争——美国最高法院的踌躇与公正的迷失》书稿即将付梓出版之际，美国2024年美国大选结束，唐纳德·特朗普胜出。特朗普这位文化战争的勇士发誓就职第一天就签署一项行政命令，驱逐美军中所有变性士兵，即禁止一切美军变性，禁止一切已经跨性别的，或计划跨性别的人加入美军，此做法是对民主党狂飙的LGBTQ政策进行“彻底的清算”。与此同时，特朗普政府宣布将动用军队驱逐非法移民，预计影响高达2000万人……美国文化战争烽烟再起，完全没有停歇的迹象。

在《文化战争——美国最高法院的踌躇与公正的迷失》书稿写作过程中，我有一定压力，毕竟美国文化战争中的某些主题非常敏感；同时我也感到社会与学术圈的宽容，使我比较幸运地能够深入探讨美国最高法院在文化战争中所扮演的角色，以及这一角色如何影响着美国的法律、社会和公正。这本书不仅仅是对美国最高法院20世纪60年代以来重大文化战争历史事件的审判的记录，更是对法律、道德和公正本质的深刻反思。

在书中，我试图通过分析美国最高法院的重要判决，揭示了最高法院在面对文化冲突时的犹豫不决，以及这种犹豫如何导致了公正的迷失。从堕胎权的争议到同性恋权益的斗争，从宗教自由的辩论到种族平等的追求，每一个案例都是对美国宪法精神的考验，也是对最高法院法官们智慧和勇气的挑战。

在完成这本书的时候，我意识到，尽管我们生活在一个不断变化的世界中，但有些核心价值是不变的。公正、平等和自由不仅是美国建国的基石，也是我们社会不断追求的目标。然而，这些价值在实践中往往面临着复杂的挑战和争议。美国最高法院作为解释宪法的最高机构，其判决不仅影响着法律的解释，也影响着公众对这些核心价值的理解。

在撰写过程中，我也深刻体会到，作为法律学者，我们不能看“西洋镜”般地看待美国的文化战争中的乱象，我们有责任去揭示这些文化战争议题背后的复杂性，去挑战那些看似不证自明的假设，去促进公众对法律和公正的深入讨论。我希望这本书能够激发读者对这些问题的思考，并且鼓励他们参与到这场文化战争的讨论中来。

最后，我要致谢所有在这本书的写作过程中给予我帮助的人。首先，感谢我的家人，他们的支持和理解是我完成这项工作的动力。其次，感谢南京大学历史学院陈晓律教授，他是位睿智博学的学者，从课题的论证对该书的出版，他总是不厌其烦地给出指导；东北师范大学梁茂信教授对本书提出了很多高质量的修改建议，他的严谨的治学态度让我深受感动。再次，感谢南京审计大学国际学院和外国语学院，有了这两个学院的共同资助，使得该书出版比较顺利。最后，感谢知识产权出版社李婧编辑、于晓菲编辑和出版团队，他们的专业和耐心使得这本书得以完善。

随着《文化战争——美国最高法院的踌躇与公正的迷失》的出版，我期待与读者们共同探讨美国文化战争中的议题，并希望我们能够一起为构建一个更加公正和包容的社会而努力。

江振春

2025 年 1 月